Blanche Barton

Die Satanischen Bekenntnisse des Anton Szandor LaVey

Die offizielle Biographie von Anton Szandor LaVey

Überarbeitete und erweiterte Neuauflage

INDEX VERLAG

Die Originalausgabe erschien 2014 unter dem Titel
„The Secret Life of a Satanist: The Authorized Biography of Anton Szandor LaVey“

Deutsche Erstauflage

Pro Media GmbH, Postfach 1323, 54516 Wittlich, Deutschland
Internet: www.index-verlag.org
Übersetzung: Oliver Fehn
Lektorat und Bearbeitung: Diana Glöckner
Satz und Grafik: Łukasz Jaszak (www.lukasjaszak.net)

Bibliografische Informationen der Deutschen Nationalbibliothek:
Die Deutsche Nationalbibliothek verzeichnet diese Publikation in der Deutschen Nationalbibliografie; detaillierte bibliografische Daten sind im Internet abrufbar: www.dnb.de.

ISBN: 978-393687832-5

Dieses Buch widme ich Anton Szandor LaVey, der für mich stets ein scharfer Kritiker, ein anspruchsvoller Lehrer und bis zu meinem Tod ein quälendes Geheimnis war.

Würdigungen

Diese erweiterte und überarbeitete Biographie wäre nie entstanden ohne die Inspiration und Unterstützung einiger außergewöhnlicher Individuen. So danke ich:

Meinem Sohn Xerxes – einer stetigen Quelle der Kraft, Klarheit und Ruhe, wenn ich es am dringendsten benötige.

Peter H. Gilmore – dessen Weisheit und Entschlusskraft uns alle ständig vorantreibt.

Peggy Nadramia – stets bereit, Ignoranz und Heuchelei mit der Kraft Satanischer Hingabe zu bekämpfen.

Ruth Waytz – die der Dunkle Fürst herbeirief, um alle zusammenzubringen, die es wert sind, und alle mit Verachtung zu strafen, die es verdient haben.

Tracy Muse – meine geschätzte, nicht-Satanische Freundin, die zwar nicht immer alles versteht, mich aber großzügig unterstützt.

Meinem geliebten Ehemann Brian – der dafür sorgt, dass ich nicht abhebe und mir meine spielerische Begeisterung bewahre.

Danke an den Bilderstürmer Adam Parfrey, der Anton LaVeys Bücher (ebenso wie dieses hier!) immer wieder neu auflegt und Satanisches Gedankengut in sämtlichen Spielarten veröffentlicht.

Danke an Monica und Jessica für all die harte Arbeit, mit der ihr dieses Buch möglich gemacht habt.

Eine extra Verbeugung gilt Nick Bougas, dem Fotografen des Teufels, der mir die Erlaubnis gab, viele seiner atmosphärischen Bilder zu verwenden, sowie Christopher Mealie, dem Fotografen und Zeitreisenden, für sein archivarisches Gespür.

Den Satanisten auf der ganzen Welt, die seit vielen Jahren wacker an meiner Seite kämpfen, namentlich Matt Paradise, Nemo und Isabel, Carl Abrahamsson, Michael Rose, Reverend Entity und Fiona, Robert Lang und Diana deMagis, Marge und Thorne, Michael Moynihan, Adam Campbell, R. Merciless, Beelzebob, Kevin Slaughter, George Sprague, S. Levine, G. Orlando, Tony Vincent, Gavin Baddeley sowie meiner örtlichen diabolischen Crew, insbesondere Miguel Guerrero, Zachary Simon und T. Permuy.

Danke an die zahlreichen Autoren, die seit Ende der fünfziger Jahre sensibel und empfänglich genug waren, um jenes unverkennbare Signal der Klarheit zu hören, das aus dem rätselhaften viktorianischen Haus in der California Street nach außen drang, und die sich die Zeit nahmen, aufschlussreiche und faire Texte über Anton LaVey zu verfassen.

Vielen Dank schließlich allen, die sich auf unvoreingenommene Weise mit dem Thema Satanismus beschäftigten und darin etwas Kostbares erkannten, das sie erfolgreich in ihrem Leben anwenden und sich von Anton LaVey inspirieren lassen konnten. Es war sein Wunsch, euch wissen zu lassen, wie viel Kraft ihr ihm gegeben habt. Ich hoffe, dieses Buch legt Zeugnis davon ab.

„Welthistorische Individuen... sind insofern Heroen zu nennen, als sie ihre Zwecke und ihren Beruf nicht bloß aus dem ruhigen, verordneten, durch das bestehende System geheiligten Lauf der Dinge geschöpft haben, sondern aus einer Quelle, deren Inhalt verborgen und nicht zu einem gegenwärtigen Dasein gediehen ist, aus dem innern Geiste, der noch unterirdisch ist, der an die Außenwelt wie an die Schale pocht und sie sprengt.

Sie waren praktische und politische Menschen. Aber zugleich waren sie denkende, die die Einsicht hatten von dem, was not und was an der Zeit ist. Das ist eben die Wahrheit ihrer Zeit und ihrer Welt, sozusagen die nächste Gattung, die im Innern bereits vorhanden war. Ihre Sache war es, dies Allgemeine, die notwendige, nächste Stufe ihrer Welt zu wissen, diese sich zum Zwecke zu machen und ihre Energie in dieselbe zu legen. Die welthistorischen Menschen, die Heroen einer Zeit, sind darum als die Einsichtigen anzuerkennen; ihre Handlungen, ihre Reden sind das Beste der Zeit."

— Georg Wilhelm Friedrich Hegel,
„Vorlesungen über die Philosophie der Geschichte"

„Der Begriff Held passt so gut wie nie zum Protagonisten des Film noir, da seine Welt den Moralkodex, dessen Inhalte den traditionellen Helden erst ermöglichen, nicht kennt. Er ist losgerissen von den vertrauten Ankerplätzen, und lässt sich nur als Held im Sinne der Moderne begreifen, die diesen Begriff in zunehmendem Maße uminterpretierte, um der existentiellen Richtung zeitgenössischer Belletristik zu genügen. Seit fünfzig Jahren ringen wir um einen Begriff, der einem solchen Protagonisten besser entspricht: der Hemingway'sche Held; der Anti-Held; der rebellische Held; der Nicht-Held."

— Robert G. Porfirio,
„No Way Out: Existential Motifs In The Film Noir",
International Film Quarterly, Herbst 1976

„Die Menschen erschaffen fiktive Charaktere, weil es das Wirkliche nicht gibt."

— Anton LaVey, im Gespräch mit der Autorin

INHALT

VORWORT ZUR NEUAUFLAGE

Anton LaVey lebte ein wunderbares und produktives Leben. Er gab sich dem hin, was ihn am glücklichsten machte, und inspirierte viele Menschen dazu, ein glückliches und erfolgreiches Leben zu führen. Dann starb er.

Um den Kern der Wahrheit auszusprechen, würden jene Sätze genügen. Für eine Biographie jedoch reichen sie nicht aus.

Meine Absicht ist es, anderen mit meinem Buch die Möglichkeit zu bieten, ein wenig Zeit mit diesem berüchtigten, blasphemischen und entschlossenen Mann zu verbringen. Zu diesem Zweck bediene ich mich vor allem langer wörtlicher Zitate, stütze mich aber auch auf die unabhängigen Recherchen und Aussagen guter Bekannter. Das schönste Echo, das ich von Lesern bekam, lautete, die Lektüre des Buches vermittle ihnen das Gefühl, einen Abend in Anton LaVeys Gesellschaft zu verbringen.

Diese Neuauflage enthält zusätzliches Material aus den letzten Jahren vor seinem Tod im Jahre 1997 und schildert, was seitdem geschah. Bevor er starb, hatte er seine produktivste Phase – er schrieb, gab Interviews und nahm seine eigene Musik auf, um sie einem Publikum zugänglich zu machen, das sie zu würdigen wusste. Zur selben Zeit wurden er und die von ihm gegründete Religion unablässig attackiert, und sein Gesundheitszustand verschlechterte sich zusehends.

In den neu hinzugekommenen Kapiteln verändert sich der Tonfall des Buches ein wenig und spiegelt damit wider, wie unsere Beziehung sich im Laufe der Zeit auf einschneidende Weise veränderte. Als das Buch erstmals veröffentlicht wurde, wahrte ich eine objektive Distanz, obwohl ich rasch zu einem Teil von Antons Leben wurde. Zum Zeitpunkt seines Todes waren mein Respekt

und meine Bewunderung zu einer tiefen, dauerhaften Liebe gereift, die erfreulicherweise auf Gegenseitigkeit beruhte. Folglich weisen die letzten beiden Kapitel einen weitaus intimeren, familiäreren Charakter auf.
Den Tod Anton LaVeys schildere ich auf peinigende Weise genau. Ich will damit nicht seine Stärke herunterspielen oder ihn in irgendeiner Weise bloßstellen. Im Gegenteil – die Art, wie er mit seiner mangelnden Gesundheit und den Angriffen auf seine Person umging, zeugen von seiner unerschöpflichen Energie, seiner Entschlossenheit und seiner Lebenslust. Ich glaube, es ist sowohl für seine Bewunderer als auch für seine Kritiker und die Nachwelt wichtig zu wissen, wie er starb. Er ist eine bedeutende historische Gestalt, und ebenso wie Rasputin war er verteufelt schwer umzubringen. Mehr als einmal ließ ich ihn wissen, dass er Strapazen überwand, an denen schwächere Menschen zugrunde gehen würden. Er duckte sich nicht und zuckte nicht, er jammerte nicht und kroch nicht zu Kreuze. Er betäubte seine Sinne nicht mit Opiaten oder Alkohol. Er sah dem, was vor ihm lag, mit Edelmut und Stärke entgegen und widerstand so lange, wie es ihm mithilfe seines Überlebenswillens möglich war.

Anton LaVey war erst 67, als er starb. Er hätte noch viele produktive Jahre erleben können: genügend Zeit, um sich mit dem Schreiben von Belletristik zu beschäftigen, womit er soeben begonnen hatte, genügend Zeit, um mehr von seiner kraftvollen Musik aufzunehmen, genügend Zeit, seinen Sohn großzuziehen und den stattlichen Mann zu bewundern, der aus ihm geworden ist. So viel hat sich schon wieder verändert, seit Anton von uns ging. Das Internet bewegte sich mit Riesenschritten voran, das Rollenbild der Frau ist in einer ständigen Fortentwicklung begriffen, neue Unterhaltungstechnologien entstanden, politische Skandale und Skandälchen ereigneten sich, das Netz quillt über vor Pornographie … Es vergeht kaum ein Tag, an dem ich mich nicht frage: „Was hätte der Doktor wohl dazu geschrieben?“

Ungeachtet des Bilds, das seine Verleumder von ihm zeichnen, war Anton LaVey aufrichtig daran interessiert, eine bessere Welt zu erschaffen. Er wäre nicht so lange am Ball geblieben, hätte er nicht felsenfest an das geglaubt, was er postulierte. Er hätte Abstand genommen und sich dem Schreiben von Drehbüchern, der Schauspielerei oder der Musik zugewandt und das Zepter an jemand anderes weitergegeben. Es gab zweifellos genügend Leute, die gern sein Erbe angetreten hätten. Er jedoch wusste, wie unverzichtbar das Bemühen war, die Massen aus ihrer Starre zu befreien. LaVey war ein wahrhaft zeremonieller Zauberer – ein Philosoph des 20. Jahrhunderts, dem es gelang, seine Schwarze Magie in Worte zu fassen und in einen breiteren revolutionären Kontext zu stellen. In geschichtlicher Hinsicht lehrte er uns, worum es ursprünglich im Diabolismus wirklich ging: um die Freiheit von Unterdrückung in sämtlichen Erscheinungsformen, und Anton verlieh dieser Freiheit Substanz wie keiner vor ihm.

Trotz allem Jahrmarktsrummel, trotz allem Schnickschnack, trotz all der schwarzen Capes und bizarren Ideen war LaVey dennoch ein authentischer Mensch. Nicht frei von Fehlern, was ihm das Leben bestimmt nicht immer erleichterte, doch letztendlich ein Mann mit Überzeugung, ein aufrichtiger Mann. Ich hoffe, meine Leser werden nach Lektüre dieses Buches nicht nur den außergewöhnlichen Magus kennengelernt haben, sondern auch den Musiker und vor allem den Menschen Anton Szandor LaVey.

EINFÜHRUNG

Was ist das nur für ein Mann?

Einen teuflischer aussehenden Mann kann man sich nicht einmal im Traum vorstellen. Mit seinem im Stil von Kirmes-Kraftmenschen kahlgeschorenen Kopf und dem schwarzen, mephistophelischen Van-Dyck-Bart sah Anton LaVey zweifellos barbarisch aus. Seine bernsteinfarbenen Augen schienen mehr die eines Löwen als die eines Menschen zu sein. Der kleine goldene Ring in seinem linken Ohr rief Kindheitsträume von Zigeunern und Piraten wach. Viele erkannten in ihm ihre alptraumhafte Vorstellung des Teufels höchstpersönlich.

Mein Bild von Anton LaVey entstand nach und nach über einen Zeitraum von etwa zehn Jahren, noch ehe ich ihn zum ersten Mal persönlich traf. Mein Vater (ein Bilderbuch-Satanist, auch wenn er jede theistische Etikettierung energisch von sich weist) erzog mich mit großzügigen Happen Kipling und London, dazu ausreichend Robert Louis Stephenson, um mich schon frühzeitig für das Verborgene und Phantastische zu begeistern. Mit dreizehn war ich bereits eine erprobte Kennerin des Okkulten. Ich vertiefte mich in alle alten wie neuen magischen Texte, derer ich habhaft werden konnte, von Albertus Magnus bis hin zu Sybil Leeks Diary of a Witch (Tagebuch einer Hexe), konnte für ihr saft- und kraftloses Um-den-heißen-Brei-Gerede jedoch nur Verachtung empfinden.

Es überrascht nicht, dass ich mich daraufhin lange Zeit weigerte, die Satanische Bibel zu lesen; ich wollte schließlich kein weiteres Mal enttäuscht werden. Während meiner in sexueller und intellektueller Hinsicht prickelnden Pubertät entwickelte ich meine eigenen Vorstellungen von Satan – Gedanken, die außer mir bestimmt kein lebendes Wesen verstand. Aber ich hatte mich getäuscht. Als ich LaVeys mittlerweile berüchtigtes Buch endlich aufschlug, war ich nicht nur befriedigt, sondern sogar gefesselt. Es gab also noch andere Menschen, die so dachten wie ich, und diese Menschen bezeichneten sich als Satanisten.

Ich las Burton Wolfes The Devil's Avenger, um herauszufinden, ob dieser seltsame, kahlköpfige Mann vielleicht nicht nur ein Poser war – einer, der vollmundig von seinem Elfenbeinturm herab predigte und dessen Zynismus nur gespielt war. Doch je mehr ich über LaVey erfuhr, umso mehr drängte es mich nach Antworten auf meine Fragen.

Als wir uns schließlich kennenlernten, sah der High Priest der Church of Satan nicht viel anders aus als 1967, als er über Nacht aufgrund der ersten Satanischen Eheschließung der Welt zu internationaler Bekanntheit gelangt war. Während seiner zehnjährigen Medienabstinenz (etwa von 1976 bis 1986) waren nur wenige neue Fotos erschienen, und so ist es sicher verzeihlich, dass ich damit rechnete, einem rundlichen, kahl werdenden, gutmütigen Typen zu begegnen. Aber Anton LaVey war weder rundlich noch gutmütig. Die dazwischenliegenden Jahre hatten seine Konturen nur noch härter gemacht, und er sah eckiger und kantiger aus als je zuvor. Er war auch zynischer geworden, auf bittere Weise misanthropisch, und wild entschlossen in seiner Rolle als Gründer der Church of Satan.

Dieses Buch versucht in die Seele eines Häretikers zu spähen. Nicht in die eines Klischee-Teufels und auch nicht in die jener so wunderbar bedrohlichen Märchengestalt, die Vertreter aller Religionen seit Jahrhunderten von ihren Kanzeln herab denunzieren und sich damit ihren Lebensunterhalt verdienen. Wäre LaVey ein entgegenkommender Buhmann gewesen, hätte er sich wohl als nicht sehr beredter, aufschneiderischer Dilettant verkauft, als wandelndes Klischee, auf das die Selbstgerechten sich in Talkshows stürzen und es zerlegen konnten. Diesen Gefallen tat LaVey ihnen nicht. Er war aber auch kein angeberischer, selbsternannter Évocateur, über den man gefahrlos kichern konnte, während aus ihm heraussprudelte, was er für das authentische Wort des Dunklen Prinzen hielt. Anton LaVey war eine vielschichtige Person und in vielerlei Hinsicht ein erschreckend trügerischer Mensch. „Niemand auf dieser Welt hat das Recht, so bitter und zynisch zu sein wie ich", sagte er. „Jeden Tag ist es mir ein Stückchen mehr egal, was andere denken." Diese „berechtigte Bitterkeit" ist es, in der LaVeys dunkelste Seite sich Ausdruck verschafft. Wie schon Wolfe in seinem Resümee zur ersten Autobiografie prophezeite, wurde LaVey mehr und mehr zum Einsiedler und nahm das, was er in diesem Leben erreicht hatte, auf immer heftigere Weise in Schutz. Er beschränkte seine Kontakte zur Außenwelt auf seine Töchter, einige enge, zerberushafte Freunde und professionelle Mitarbeiter.

Nachdem man mir 1984 endlich ein erstes Treffen mit LaVey gewährte, wurde mir klar: Falls ich das Herz und die Seele dieses Schwarzmagiers eingehender erforschen wollte, musste ich mich ins Gewebe seines Alltagslebens einflechten. Und das tat ich auch. Er brauchte einen weiblichen Freitag, und meine Begeisterung und Entschlossenheit schienen ihm zuzusagen. Nach einiger Zeit gehörte es zu meinen täglichen Pflichten, Interviewtermine mit Reportern, Schülern und Mitgliedern festzulegen, Reiserouten auszuarbeiten, Info-Literatur zu verfassen, Korrespondenz zu erledigen, in die Rolle des Vorarbeiters zu schlüpfen, und dafür zu sorgen, dass Probleme sich in Grenzen hielten. Währenddessen beobachtete ich und lauschte … auf Geschichten, Witze, in Vergessenheit geratene Melodien, Filme, in denen der Keim des LaVeyschen Satanismus sich finden ließ. Und so unauffällig wie möglich begann ich damit, mir Notizen zu machen.

Viele fühlten sich bei ihrer ersten Begegnung mit LaVey entwaffnet von seinem freundlichen Humor, seinem außergewöhnlichen Talent und seiner fast schon bescheidenen Art. Wer jedoch Gelegenheit hatte, sich längere Zeit in seiner Nähe aufzuhalten, lernte auch seine reizbare, brutale Seite kennen. Es gab Zeiten, in denen seine Intoleranz und sein Zorn so bedrückend wirkten, dass man es kaum ertrug. Er war ein Mensch, der sich stundenlang daran ergötzen konnte, vergessene Songs zu intonieren oder mit einem Tier zu spielen, er konnte aber auch zum gefühllosen Monster werden, wenn er es für nötig hielt.

LaVey war ein überzeugter Jagdgegner und wäre der Erste gewesen, der an der Straße angehalten hätte, um einem verletzten Tier zu helfen. Warf man jedoch eine Münze in einen anderen Schlitz, hätte er mit dem gleichen Enthusiasmus ein Kopfgeld auf bestimmte Leute ausgesetzt. Er sprach mit so viel Leidenschaft, dass man seine Aufrichtigkeit nicht in Frage zu stellen brauchte.

LaVey konnte in einem Moment schwach wirken, im nächsten jedoch mit der übermenschlichen Kraft eines Wahnsinnigen ausgestattet sein. Er war sehr erfahren im Umgang mit Schusswaffen und ein guter Judoka, und mehrmals wurde ich Zeugin, wie er irgendeinen Rüpel, der es gewagt hatte, ihm zu nahe zu treten, rasch und schonungslos in seine Schranken verwies. Einmal beging ich den Fehler, auf dem Schießübungsplatz ein Thema anzuschneiden, von dem ich wusste, dass es heftige Reaktionen bei ihm auslöste. Mit nur mühsam zurückgehaltenem Zorn beantwortete er meine Frage, dann traf er aus sechzig Metern Entfernung mitten ins Schwarze einer Zielscheibe. Noch lieber jedoch bediente er sich, um aufgestaute Aggressionen loszuwerden, seiner vier Meter langen Bullenpeitsche, mit der er eine Zigarettenglut so zielsicher wegschnippen konnte, als hätte er sich vierzig Jahre zuvor bei Colonel Tim McCoy in die Kunst des Peitschensports einweihen lassen. Aufgrund jener tollkühnen, mysteriösen und faszinierenden Wesensmerkmale ähnelte Anton LaVey weniger einem neurotischen, verkrampften Zeitgenossen als vielmehr einer eindrucksvollen, komplexen Gestalt aus den Romanen von Jack London oder Somerset Maugham.

Mit der Gründung der Church of Satan bezweckte er keineswegs, Millionen abhängiger Seelen um sich zu scharen, die gemeinsame Aktivitäten und wöchentliche Treffs benötigten, um „dazuzugehören". LaVeys Organisation war vielmehr für Anti-

Vereinsmeier gedacht, für die wenigen Nicht-Zugehörigen, die sich aufgrund ihrer Unabhängigkeit entrechtet fühlten und Satan, das Urbild des Rebellen, stolz zu ihrem Schutzpatron erwählten. LaVey wollte das Christentum, das in seinen Augen Dummheit und stumpfe Selbstzufriedenheit förderte, überflüssig machen. Die Kluft zwischen unserer gesellschaftlichen Weiterentwicklung und unseren wissenschaftlichen und technischen Fortschritten wurde auf bedrohliche Weise größer. LaVey wollte uns Werkzeuge für die Revolution gegen eine künstliche „Moral" in die Hände geben, bevor diese intellektuelle Verkrampfung uns alle umbringen würde. LaVeys Satanismus versetzte dem Christentum den Gnadenstoß.

Doch trotz seines Einflusses wurde LaVey von den Galionsfiguren unserer medienzentrierten Kultur weitgehend ignoriert. Besuchen Sie ruhig einmal die „New Age"-Abteilung Ihrer Buchhandlung. Sie werden auf die Werke jener Geschäftemacher stoßen, die LaVeys Gedanken aufgriffen und mit einem gefälligeren Label versahen, um gute Kritiken und hohe Verkaufszahlen zu erzielen. Selbst die Gelehrten, die „böse", „dämonische" oder sogar wortwörtlich „Satanische" Einflüsse in der modernen Welt erforschen, bedienen sich freimütig von LaVeys Philosophie, meist ohne dass er ihnen zumindest eine Erwähnung in ihren Bibliografien wert ist. Und dann wären da noch die Trittbrettfahrer mit ihren pseudo-Satanischen Gruppen, von denen manche behaupten, sie würden „dort weitermachen, wo die Church of Satan aufgehört" habe, aber meist noch immer das – wie LaVey sagte – gefürchtete S-Wort scheuen.

Unweigerlich begegnet man in Bücherregalen oder auf Talkshowbühnen einer beeindruckenden Reihe von „Satanismus-Experten" (die meisten davon im Auftrag der Rechtspflege, der akademischen Welt und von Beratungsstellen), die sich geschickt wegducken, wenn es um eine Konfrontation mit dem wahren Satanismus geht. Christliche Panikmacher halten mit zitternden Händen zerfledderte Ausgaben der Satanischen Bibel in TV-Kameras, wobei sie hirnverbrannten und unbelegten Mumpitz über Blutopfer und entsetzliche Verbrechen gegen Kinder vor sich hin plappern. Wer Anton LaVey so lange kennt wie ich, stellt sich manchmal heimlich die Frage: Ist die offensichtliche Absurdität der christlichen Hysterie vielleicht Teil eines teuflischen Plans zur Erzeugung einer pro-Satanischen Gegenreaktion? In solchen Momenten kommt mir der Gedanke, Anton LaVey müsse der gefährlichste Mann der Welt gewesen sein.

Der Außenseiter, der Abtrünnige wird stets nur spärliche Anerkennung ernten. LaVey wusste, einem Ankläger bleibt so etwas nicht erspart – dass die Menschen nicht hören wollen, was man zu sagen hat. Dennoch, vielleicht sind wir reif für eine Renaissance des brutalen, prinzipientreuen Antihelden des Film noir. In dieser neuen Satanischen Welt ganz nach seinen Vorstellungen – das sollte uns klar sein – wird der Teufel seinen Tribut fordern.

I

HERKUNFT

KAPITEL EINS
Satanisten werden geboren, nicht gemacht

Hätten die Götter ein wenig Sinn für Dramaturgie, so wäre die Nacht des 11. April 1930 finster und stürmisch gewesen – denn es war die Nacht, in der Anton LaVey geboren wurde. Ein wenig prophetisch wirkt allenfalls, dass dies im Sternzeichen des Widders (mit dem Symbol des gehörnten Schafbocks) geschah. Anton LaVey war eine Kreuzung aus französischen, elsässischen, deutschen, russischen und rumänischen Vorfahren. Schon bei seiner Geburt ließen sein ungewöhnlich dichtes, seidenschwarzes Haar und seine seltsam bernsteinfarbenen Augen auf seine mongolische Herkunft und sein Zigeunerblut schließen. Obwohl er in Chicago zur Welt kam - im Schatten eines Hauses, das mittlerweile dem trapezförmigen John Hancock Center wich –, zogen seine Eltern kurz nach seiner Geburt in die San Francisco Bay Area. „Tony“, wie man ihn in jungen Jahren nannte, verbrachte den größten Teil seiner Kindheit dort, wo er nach Herzenslust die weitläufigen, unerschlossenen Sumpfgebiete erforschen konnte, auf denen heute Wohnsiedlungen und Einkaufszentren stehen.

Gertrude LaVey und ihr Mann Michael, ein Spirituosenhändler, erzogen Tony, wie sie jeden anderen klugen und ausgeglichenen Jungen erzogen hätten: Sie versuchten, ihm sinnvolle Mittelschichtswerte zu vermitteln, ohne ihn irgendwelchen religiösen Zwängen zu unterwerfen. Als er sieben war, verschlang er Geschichten, die vom Übernatürlichen und Okkulten handelten – eine Obsession, die ihn zeit seines Lebens nicht mehr losließ. Da er aufgrund seines niedrigen Alters nicht alles verstand, was er las, fragte er oft seine Großmutter mütterlicherseits, Luba Kolton (geborene Lupescu-Primakov, Tochter eines Zigeuners und einer Jüdin), die Tony mit den Geheimnissen ihrer transsylvanischen Heimat vertraut machte – einem Aberglauben, der von Generation zu Generation weitergegeben wurde und Ausdruck fand in der bekanntesten aller Vampirlegenden, der Geschichte von *Dracula*. Hunde, die heulten, wenn ihre Herren starben; die Angst, man könne durch ein Foto, das man von sich machen ließ, seine Seele verlieren; oder was es bedeutete, wenn ein Vogel in ein Haus flog – diese und noch viele andere nächtlichen Ängste geisterten durch Grandma Koltons Geschichten.

Berichte von blutigen Schlachten gegen türkische und russische Invasoren oder Kriege um die Herrschaft zwischen Ungarn und Rumänien, all das beflügelte Tonys Fantasie. Auch von Sonderlingen in der eigenen Familie wusste Tonys Großmutter viel zu berichten – von ihrem verstorbenen Ehemann Boris Kolton, einem Trotzkisten und lebenslangen Bilderstürmer vom Stamm der Togarma in Georgien (von dem Togare, der berühmte eurasische Wildtierbändiger, seinen Namen ableitete), und von ihrem Bruder, der als Bärendompteur mit Jahrmarkts- und Zirkusunternehmen vom Schwarzen Meer bis nach Ungarn reiste. Bald standen dem jungen Tony die Gestalten, von denen er las und hörte, näher als die Jungs in seiner Klasse, deren Gesellschaft er eigentlich hätte pflegen sollen. Obwohl sein vollständiger Name Howard Stanton LeVey lautete, legte er das „Howard" bald ab, da er fand, es passe nicht so recht zu seiner Persönlichkeit. Als Zehnjähriger wählte er als zweiten Vornamen Szandor, um auf illustre Weise seine rumänischen Wurzeln zu würdigen. Er unterschrieb bereits, wie sein Onkel Bill, mit LaVey, was seinem Familiennamen einen leicht französischen Flair verlieh.

Da die Erzählungen seiner Großmutter ihn nicht vollends zufriedenstellten, begann Tony die Ursprünge ihrer apokryphen Geschichten zu erforschen. Ungeachtet seiner tiefreligiösen, abergläubischen Ahnen machte sich Tony auf zu einer autodidaktischen Reise durch die Welt des Okkultismus. Gierig las er alles, was er zu diesem Thema fand – klassische Geister- und Horrorgeschichten wie Bram Stokers *Dracula*, Mary Shelleys *Frankenstein* sowie die zu jener Zeit populärste Fundgrube für dunkle Themen: das Magazin *Weird Tales*. Mit zwölf hatte Tony bereits weitverbreitete Zauberbücher durchgeblättert und enttäuscht wieder weggelegt – wie etwa die Werke von Albertus Magnus sowie das „verschollene" *Sechste und Siebte Buch Mosis*. Die magischen Abhandlungen von Montague Summers und Arthur Waite waren aus seiner Sicht überladen mit nutzloser Geheimnistuerei, darum konzentrierte er sich auf richtige Magie wie Hypnose oder Bühneneffekte. Nachdem er Dr. William Wesley Cooks *Practical Lessons in Hypnotism* (*Praktisches Lehrbuch der Hypnose*) verschlungen hatte, war Tony rasch imstande, dessen Methoden erfolgreich anzuwenden. Auf die Forschungen seiner Kindheit zurückblickend, erinnerte er sich: „Ich sah mir sämtliche Zauberbücher an, und alles, was ich sah, war Müll. Einen Schutzkreis ziehen! Als ich meine eigenen Rituale entwarf, formte ich aus lauter Frustration über so etwas ein glühendes Pentagramm, gerade um jene Kräfte anzuziehen. Dann stieß ich auf (William) Mortensen [den grenzüberschreitenden Fotografen, der *The Command to Look* schrieb] und merkte schon bald: *Das* ist Magie. Das ist es, wonach ich gesucht hatte. Aber das kann nicht sein. Es ist doch nur ein schmales Buch über fotografische Techniken. Ich begann mit mir selbst zu hadern. Aber schließlich wurde mir klar, das war echte Magie. Ich stützte mich zur Entdeckung magischer Wahrheiten mehr auf fiktionale Werke. Lovecraft, Hodgsons *Carnacki*, Longs *Hounds of Tyndalos* – dort fand ich die Gedankennahrung, nach der ich in sogenannten «gefährlichen» Magiebüchern vergeblich suchte.

„Hatte schon mal irgendjemand die Dämonen als seine Freunde gerufen? Ich dachte, bestimmt hatte man das schon. Man möchte glauben, die Leute würden so etwas vermutlich unter Ausschluss der Öffentlichkeit tun, es also geheim halten – und vielleicht verrieten sie deshalb nichts, weil sie Resultate erzielten."

Es wurde immer deutlicher, dass Tony völlig andere Interessen hatte als der durchschnittliche Junge seines Alters. Für Sport konnte er sich nicht begeistern, was ihm das Stigma „kränklich" eintrug. Es fiel ihm jedoch nie schwer, neue Freunde kennenzulernen, und ständig wimmelte es bei ihm zu Hause vor Kids, die nur darauf warteten, dass Tony sich eine spannende Beschäftigung für den betreffenden Tag ausdachte. Er spielte gern Militär und Geheimdienst nach, wurde der Sache aber überdrüssig, wenn die anderen sich nicht an ihre Rolle hielten oder zu rasch das Interesse verloren. Mehr als einmal fühlte er sich von der Gemeinschaft anderer Jungen auf parasitäre Weise ausgelaugt. „Sie kamen einfach vorbei, waren Feuer und Flamme für das, womit ich mich beschäftigte, machten mir meine Sachen kaputt, dann gingen sie wieder." Sein Unvermögen, sich anzupassen, bekümmerte LaVey mehr als alles andere. „Ich war niemals ein «Rebell», da ich ja nicht Teil von irgendetwas war, wogegen man rebellieren konnte. Ich wurde von Gruppen schlechthin nicht akzeptiert."

Auch gegen seine Eltern zu rebellieren hielt Tony nicht für notwendig, obwohl er keinen der beiden für fähig hielt, ihn zu verstehen. „Meine Mutter war so ein richtiger Irrwisch – ständig musste sie Möbel umstellen oder, noch schlimmer, mit uns aus irgendeinem nichtigen Grund in ein anderes Haus umziehen. Ich hasste es, ständig umziehen zu müssen, doch mein Vater war nicht der Mensch, der wegen so etwas viel Wirbel machte. Die Leute nannten ihn einen «echten Prinzen». Für mich waren sie beide keine sehr entscheidungsfreudigen Menschen, und zu vielen Themen hatten sie keine eigene Meinung. Sie folgten, auch als ich noch jung war, einfach immer meinem Rat, zum Beispiel wenn es um einen Autokauf oder um andere Dinge ging, die ein Auge für Ästhetik erforderten. Im Großen und Ganzen ließen sie mich tun, was ich wollte, nur meine Mutter ermahnte mich ständig, mir wegen meiner Musik die Hände nicht zu verletzen – so nach dem Motto «Vertragt euch lieber». Als ich älter wurde, erzählte ich ihnen natürlich nicht mehr so häufig, was ich alles trieb. Sie sollten sich ja keine Sorgen machen."

Als LaVey eingeschult wurde, wurde es kompliziert. Die Schule war für ihn ein Ort zum Abgewöhnen. Er war nie glücklich damit, „einer der Kerle" zu sein und stellte fest, dass er am meisten lernte, wenn er schwänzte und sich mit Dingen beschäftigte, die ihn wirklich interessierten. Die meisten Jungs freuten sich auf den

Sommer, nur er nicht. Er fühlte sich dadurch in seinen langen, aber kurzweiligen Tagen des Alleinseins gestört. Im Sommer waren die Straßen voll großmäuliger Kids, die von ihm erwarteten, dass er sich an ihren Baseball- oder Footballspielen beteiligte. Er wartete darauf, dass die Tage wieder kürzer wurden und sie in die Enge ihrer Klassenzimmer zurückkehrten, damit er seine Studien anderswo fortsetzen konnte.

Huey Long, Rasputin, Sir Basil Zaharoff, Milton, London, Nietzsche, Capone und andere „de-facto-Satanisten", die einen gesunden Egoismus pflegten oder darüber schrieben, wurden zu seinen wichtigsten Lehrern. Wie LaVey später, in der Zeit vor Gründung der Church of Satan, in seinen Seminaren lehrte, bedurfte es oft nur der Entstehung einer bestimmten Symbolik, um einen starken Einfluss auszuüben. „Man braucht nicht alles über ihr Leben zu wissen oder ein Experte für alles zu sein, was sie schrieben oder taten. Fiktive Charaktere wie Ming der Grausame waren für mich nicht halb so bedeutend wie Personen, die wirklich gelebt haben. Wenn ich den Menschen anders vorkam, dann deshalb, weil ich anders war. Dieser Wesenszug äußerte sich bei mir zunächst einmal darin, dass ich das Bild eines Gesetzlosen vermittelte. Ich wurde verächtlich als Pachuco oder Ganove abgestempelt, da ich einen Hut und einen Anzug mit wattierten Schultern trug – aber das war die Kleidung, in der ich mich wohlfühlte. Ich versuchte nicht zwanghaft, anders zu sein – ich tat nur, was ganz natürlich aus mir kam."

Er erinnerte sich an einen Vorfall in seinem Garten, als er elf Jahre alt war. Aus einem Impuls heraus schoss LaVey einem Jungen mit dem Luftgewehr in den Rücken, als dieser Junge soeben auf einen Vogel schießen wollte, der etwa einen Viertelmeter entfernt auf einem Zweig saß. Der kühne Jäger heulte vor Schmerzen auf und ließ sein Gewehr fallen; der Vogel flatterte davon. Das war Tonys erste Lektion in puncto „Sportsgeist". Man schleppte ihn aufs Polizeirevier, hielt ihm eine eindringliche Standpauke und sagte ihm, nur ein Feigling würde einem anderen Jungen in den Rücken schießen. Immerhin habe es sich „nur um einen Vogel" gehandelt.

In den dreißiger Jahren gab es für einen Jungen viele Abenteuer zu erleben. Als 1937 die Golden Gate Bridge als architektonisches Meisterwerk des 20. Jahrhunderts eingeweiht wurde, war LaVey einer der Ersten, der von einem Ende zum anderen spazierte, da die Brücke für Autos noch nicht freigegeben war und Fußgänger freie Bahn hatten. „Es war unglaublich aufregend", erinnerte er sich. „Natürlich waren damals nicht so viele Leute unterwegs wie heute, so dass es wirklich Spaß machte, über diese riesige Fläche zu laufen, die ja eigentlich für Autos gedacht war. Ganz anders war es, als die Brücke 1987 zum fünfzigjährigen Bestehen einige Stunden lang für Autos gesperrt war. Die Veranstalter hatten nicht mit diesen Menschenmassen gerechnet. Achthunderttausend Leute drängten sich zusammen – so dicht, dass man die Fahrbahn nicht mehr sehen konnte. Sie walzten die natürliche Wölbung der Brücke nieder. Das wäre eine tolle Feier geworden, wenn sie zusammengekracht wäre." Da er schon zur Eröffnung dabei gewesen war, fuhr Anton auch zur Fünfundzwanzig-Jahr-Feier und am frühen Morgen der Fünfzig-Jahr-Feier aus alter Tradition mit seinem Lindberg-37-Cord-Cabrio über die Brücke.

Tonys musikalische Ausbildung begann schon sehr früh. Nachdem er als Fünfjähriger eine Musikalienhandlung betreten und aus dem Stegreif eine Melodie auf der Harfe gezupft hatte, erkannten seine Eltern sein Talent und stellten ihm frei, eine Musikerlaufbahn einzuschlagen. Schon in jungen Jahren lernte LaVey Instrumente zu spielen, die eine besondere Technik erforderten. Ob Blech- und Holzblasinstrumente, Percussions oder Saiten- und Tasteninstrumente – für seine musikalische Neugier war alles von Interesse. Folglich drängte es ihn danach, Orchesterarrangements zu spielen, bei denen er die Instrumente so kombinierte, wie er sie in seinem Kopf hörte.

Keyboards zogen ihn aufgrund ihrer vielfältigen Anwendungsmöglichkeiten besonders in ihren Bann. Er lernte, ein Piano zu spielen, mit dem sich die Klänge anderer Instrumente nachahmen ließen, und experimentierte mit zahlreichen Instrumenten, um herauszufinden, wie sie klingen müssen. Irgendwann konnte er jedes Instrument in die Hand nehmen und auf Anhieb spielen. „Vor allem bei den modernen Synthesizern sollte man vorher wissen, wie man akustische Instrumente spielt", sagte LaVey. „Nur wer die Technik beherrscht, kann sie nachempfinden und auf ein Tasteninstrument übertragen." Selbst als Kind hatte Tony das Glück, einen Geigenlehrer zu haben, der sich die Zeit nahm, Orchesterarrangements für ihn auszuarbeiten. „Ich weiß noch, wie er mir einmal ein vollständiges Arrangement für Tschaikowskys *Slawischen Marsch* schrieb, damit ich ihn auf der Geige spielen konnte." Nachdem er schon als Neunjähriger geradezu genial die Basstrommel (den Kanonen-Part) für die *Ouvertüre 1812* gespielt hatte, schaffte er es mit fünfzehn zum zweiten Oboisten beim San Francisco Ballet Orchestra. „Der Klang dieses Instruments (der Oboe) gefiel mir einfach." Eine Zeit lang gab er auch Hausunterricht für Akkordeon, einem damals sehr beliebten Instrument, das zu erlernen viele Eltern ihren Kindern „empfahlen". Obwohl er anfangs kaum Erfahrung mit diesem Instrument hatte, schaffte LaVey es zumindest, seinen Schülern jeweils um eine Woche voraus zu sein, während er selbst noch lernte. „Als ich mich um den Job bewarb, drückte dieser Typ mir ein Akkordeon in die Hand, und erstaunlicherweise gelang es mir, mich durch das Stück *Sorrento* zu mogeln – das zufällig seine Lieblingsnummer war. Bis zur sechsten Lektion fegte ich durch den *Säbeltanz* und erschütterte den Blasebalg zu *Lady in Spain*. Fast schon wie Dick Contino."

Wie LaVey gestand, hatte er schon als Kind seinen Erfolg oft nur dem Umstand zu verdanken, zur richtigen Zeit am richtigen Ort gewesen zu sein. Er war erst wenige Jahre alt, als seine Eltern ihn zur 1933 bis «34 stattfindenden Weltausstellung *Century of Progress (Jahrhundert des Fortschritts)* und ein Jahr später zu der *California Pacific International Exposition* nach San Diego mitnahmen. Die Gebäude und der Zoo, die man für diese Veranstaltung errichtet hatte, zählen noch heute zu den wichtigsten Touristenattraktionen von San Diego. Tony besuchte auch die New Yorker Weltausstellung im Jahre 1939, doch beeindruckte ihn das berühmte *Trylon and Perisphere* weitaus weniger als die Farbenpracht der Lichter in der

San Francisco Bay bei der anderen, weniger publikumsträchtigen Weltausstellung, die im gleichen Jahr auf Treasure Island stattfand.

Bei dieser 1939/49 stattfindenden Messe auf der künstlichen, eigens für dieses Event aufgeschütteten „Schatzinsel" entdeckte Tony weitere faszinierende Dinge. Obwohl er nur ein Schuljunge war, bekleidete er sich mit Erwachsenenklamotten und einem Erwachsenenhut – und keiner fragte sich, wer ihm wohl erlaubt habe, sich allein auf dem Messegelände herumzutreiben. In Sally Rands *Nude Ranch* an der *Gayway*-Vergnügungsmeile beobachtete er mindestens zwanzig Minuten lang die barbusigen Cowgirls beim Lasso- und Hufeisenwerfen, bevor man ihm die Tür wies. „Ich vermute, sie hielten mich für einen Zwerg." Ein etwas älterer Freund von LaVey zog das gleiche Ding durch, ohne erwischt zu werden, bemerkte jedoch unvermutet seine splitterfasernackte Sonntagsschullehrerin unter den Mädchen. LaVey erklärte diesen Augenblick zum Zeitpunkt seiner christlichen Desillusionierung und Satanischen Epiphanie.
Da er von Natur auf fasziniert war von Orten, die andere Leute mieden, schlenderte Tony bis zu den äußersten Randbezirken der Insel, auf der Luvseite. Seine Erkundungsgänge zahlten sich aus. Im Gebäude des Ministeriums entdeckte er das lebensgroße Modell einer Mietskaserne, als eines von zahlreichen Beispielen für die Arbeit, die die Regierung mithilfe von Behörden wie WPA, CCC, NRA, TVA und anderen geleistet hatte. Dieses extrem aufrüttelnde Ausstellungsstück diente dazu, das schreckliche Elend des Mietskasernendaseins zu dokumentieren und zu verdeutlichen, dass eine Säuberung der Slums die Lebensqualität der Gesellschaft in ihrer Gesamtheit steigern würde. Vor der eigentlichen Ausstellung wurde der Dreißiger-Jahre-Film *One Third of a Nation* gezeigt, der die beklagenswerten Umstände thematisierte, denen ein Großteil der Amerikaner zu jener Zeit ausgesetzt war. Nach dem Film wurden die Zuschauer an einem detailgenauen Bühnenbild vorbeigeführt, das die im Film geschilderten Umstände auf grafische Weise illustrierte. Schäbige und ungepflegte Zimmer; sich in Körben stapelnde Schmutzwäsche; fleckige, von den Wänden

abgelöste Tapeten mit Blumenmuster; die spärlich beleuchtete Wohnung zugemüllt mit zerschlissenen Möbelstücken. Aus den Lautsprechern drangen die Geräusche einer Hochbahnstrecke und das tuberkulöse Husten aus einem imaginären Nebenzimmer. Tony verspürte den Kick eines voyeuristischen Vergnügens, als wäre er in ein fremdes Haus eingebrochen.

Fasziniert von der geschlossenen Erlebniswelt vor seinen Augen lernte LaVey eine wichtige Methode der Magie und Geisterbeschwörung kennen. Es war unmöglich, dass jeder Bestandteil einer Wohnung ohne Warmwasser in dem verfügbaren Raum untergebracht werden konnte, dennoch reichte es, um auch all das nicht Vorhandene zu evozieren. Tony entdeckte, dass ein Objekt nicht in seiner Gesamtheit sichtbar sein muss, sofern nur die richtigen Schlüsselreize präsentiert werden und den Geist des Betrachters (oder Beteiligten) in die Lage versetzen, den Rest von sich aus hinzuzufügen. Eine verkleinerte Nachbildung von Chicago zog ihn so in seinen Bann, dass er sich dazu inspirieren ließ, in seinem Schlafzimmer eine Miniaturstadt aufzubauen. Diese frühe Begegnung mit empirischer Geisterbeschwörung, gepaart mit Techniken der sensorischen Projektion, die er im Laufe der Jahre verfeinerte, führten Tony später zur Entwicklung von Androiden und Ritualen für die Church of Satan.

Als der Zweite Weltkrieg ausbrach, begann LaVey sich für Militärwaffen, Logistik und Uniformen zu interessieren. Er verbrachte ganze Stunden in der Bibliothek und vertiefte sich in Texte über Kriegsflotten, Geschütze und Armeen. Auch zum Thema Luftschiffe informierte er sich eingehend – über *die Hindenburg, Graf Zeppelin, die Shenandoah, die Akron, die Macon.* (Viele Jahre später wirkte LaVey an Michael Mooneys Buch *Die Hindenburg* und dessen Verfilmung mit.) Der von Fred T. Jane erstmals im Jahre 1897 herausgegebene Marinemunitions-Katalog *Jane's Fighting Ships* galt dabei als Hauptbezugsquelle. Er enthielt Anzeigen für Kanonen, Torpedos – und alles, was ein Land brauchte, um Krieg zu führen – von führenden Munitionsherstellern wie Krupp und Vickers. Tony fand, er müsse unbedingt eine Ausgabe davon haben, und sparte ab sofort jeden Cent, um den Preis von 20 Dollar aufbringen zu können.

„Wenn du einen Krieg anfangen willst", dachte sich LaVey, „kannst du dir zu diesem Zweck anscheinend eine Armee oder Flotte kaufen. Da ist zum Beispiel dieser Typ namens Francis Bannerman, der sich eine Insel am Ufer des Hudson River kauft und ein Schloss mit genügend Munition hat, um die gesamte Welt auszulöschen. Wenn es irgendwo zu brennen anfängt, beliefert er diejenige Seite, die genug Geld hat, um ihm seine Rüstungsvorräte abzukaufen. Das ist ein abgekartetes Spiel. Die Kriegsherren bestellen aus Bannermans Arsenal genug Ausrüstung für eine Armee oder Flotte, und allein dadurch entscheiden sie über das Schicksal von Millionen Menschen. Für die Munitionshersteller ist es nur eine kommerzielle Unternehmung. Ganze Völker beteiligen sich an Kriegen, in der Annahme, hier kämpfe eine Seite gegen die andere. Trotzdem gibt es da, im Zentrum des Geschehens, jene Armeeausstatter – sogar dort, wo Menschen sich aufgrund einer Ideologie bekriegen. Sie verkaufen Armeen und Flotten über den Ladentisch an den Feind und fallen damit dem eigenen Land in den Rücken, dem Land, in dem sie selbst leben." Zu Ehren der französischen Fremdenlegion trug er zu seiner Fliegerjacke aus Leder und seinem weißen Seidenschal abwechselnd ein französisches Képi (direkt aus Bannermanns Katalog) und eine Mütze des Afrikakorps. Für seine Schulkameraden mit ihrem weniger ausgeprägten Hang zur Dramatik brachte er keine Geduld auf. Wenn er mit dem Schulbus fuhr, fühlte LaVey sich nach eigener Aussage „mit barbarischen Menschenaffen in einen Käfig eingesperrt".

Trotz seines verzehrenden Interesses an fast allen Dingen, die mit Militär zu tun hatten, war er entschlossen, nicht an dem Highschool-Pflichtfach Sport oder an militärischen Vorbereitungskursen teilzunehmen. Als Tony den Sportunterricht besuchen sollte, fühlte er sich angewidert von den Handtuchklatschern und jungen Sportskanonen, die immer ein Späßchen auf den Lippen hatten und mit denen nun auch er herumrangeln und -albern sollte. Wie viele junge Männer, die sich für außergewöhnlich gut bestückt hielten, hatte Tony Hemmungen, sich vor anderen Jungs auszuziehen. Hinzu kam noch der Umstand, dass ihm mit elf oder zwölf Jahren ein überzähliger Wirbel am Ende seines Rückgrats entfernt worden war, wovon ein zu Greifbewegungen fähiger „Schwanz", eine Art Fortsatz am Steiß zurückgeblieben war – eine Fehlbildung, die nur bei einer von 100.000 Geburten vorkommt. Sie verursachte ihm keinerlei Schmerzen – bis zur Pubertät. „Mit elf oder zwölf bekam ich auf einmal jede Menge Ärger mit dem Ding. Ich ließ es sogar ein paar Mal veröden. Ich musste lernen, in der Seitenlage zu sitzen." Dann entzündete es sich von Neuem – eine furchtbar schmerzhafte Angelegenheit. „Eines Nachts brachten sie mich in die Notaufnahme – das Ding musste wieder einmal verödet werden. Es war während einer Kältewelle. Es herrschte gerade Krieg, und im Krankenzimmer waren keine Zimmer mehr frei. Mich nach einer Vollnarkose hinaus in die Kälte schicken, das wollten die Ärzte nicht riskieren, also führten sie nur eine örtliche Betäubung durch. Ich biss die Gummimatte durch, auf der ich lag, und verbog das Stahlgitter an der Seite der Tragbahre." Als er sich seiner Einzigartigkeit bewusst wurde, begann er die „latent Homosexuellen und übereifrigen Typen" zu verachten, mit denen er im Sportunterricht zum Körperkontakt gezwungen war.

Wenn sie sich anschubsten, gafften und abfällige Bemerkungen machten, wurde Tony in seinem Bewusstsein, „anders" zu sein, nur noch bestärkt. Obwohl seine Klassenkameraden ihn für einen Freak hielten, fühlte er sich doch „wie eine Insel an Normalität inmitten des Lärms und Gebrülls von Kretins im Teenageralter, die fortwährend die Energie herausließen, die sie zu Hause unterdrückten". Er hasste Mannschaftssportarten, und rund um eine Aschenbahn zu rennen empfand er als kolossale Zeitverschwendung, die sich kein Tier dieser Welt freiwillig antun würde. (Aber Tiere, so meinte Tony, hatten ja auch mehr Verstand.)

Tony wollte Judo lernen, es wurden aber zu jener Zeit keine Kurse angeboten. Stattdessen überredete er einen Arzt, ihm ein Attest auszustellen, das ihn vom Sportunterricht befreite. Von nun an verbrachte er die Militär- und Sportstunden zusammen mit anderen nicht sportlichen Jungs in einem besonderen Raum. Zum Glück gab es eine junge, wohlproportionierte Schulkrankenschwester, die Tony bei Laune hielt. Anscheinend hatte sie eine Schwäche für den Intimbereich junger Knaben. Bei jeder Unpässlichkeit, über die er klagte, musste Tony sich vor ihr die Hose ausziehen, egal wo es wehtat. „Ich weiß nicht, ob sie es bei anderen Jungs genauso machte; ich war zu schüchtern, einen von ihnen zu fragen." Natürlich drehte sie sich um, um „seine Intimsphäre zu schützen", aber LaVey merkte schnell, dass sie dabei jedes Mal in ihren Handtaschenspiegel spähte, während sie so tat, als wäre sie mit ihrem Lippenstift beschäftigt.

Die männlichen Rollenvorbilder des jungen LaVey waren seine Onkels. Als Prototypen gestandener Männer der dreißiger und vierziger Jahre beflügelten und unterstützten sie seine Interessen. Durch einen dieser Onkels, der während des Krieges ein Schiff für die Unterwasser-Patrouille der Küstenwache rekrutierte, entdeckte Tony seine Liebe zum Meer. LaVey erzählte oft, wie fasziniert er von U-Booten war und sich geradezu für auserwählt hielt, als einmal Amerikas größtes U-Boot direkt vor seinen Augen aus dem Wasser auftauchte. Und als der *China Clipper*, die legendäre PanAm-Maschine, die in der San Francisco Bay startete, Pazifikflüge anbot, durfte auch LaVey mitfliegen, als er zusammen mit seinem anderen Onkel nach Europa reiste.

Als dieser Onkel im Jahre 1945 als Bauingenieur verpflichtet wurde, Landebahnen für die Armee in Deutschland wiederaufzubauen, kam Tony mit. Der Mann war vor Kurzem geschieden worden, besaß aber ein Familienvisum zur Unterbringung seiner nicht mehr anwesenden Frau. LaVey hatte also die Chance, ihn zu begleiten, sofern sie nicht dabei war. Während dieser Reise fand er Gelegenheit, sich an einem Kommandoposten in Berlin beschlagnahmte *Schauerfilme* der Nazis anzusehen. Der deutsche Dolmetscher erklärte, diese Filme seien mehr als nur erfundene Geschichten; es handle sich vielmehr um symbolisch gemeinte, nur vage verschleierte Darstellungen der okkulten Denkweise der Nazis. Gerüchte über einen Schwarzen Orden von Satansanbetern als wesentlichem Bestandteil des Dritten Reichs schürten zwangsläufig LaVeys Interesse. Er war beeindruckt von den kinematografischen Techniken deutscher Filme des Expressionismus wie *Das Kabinett des Dr. Caligari, M – Eine Stadt sucht einen Mörder, Hitlerjunge Quex, Morgenrot* und den *Dr. Mabuse*-Filmen. Die schummrige Beleuchtung und die seltsam beunruhigenden Kameraperspektiven übten eine einschneidende Wirkung auf ihn aus. Jahrzehnte später würde er diese Elemente in den Ritualen der Church of Satan wieder aufgreifen. Die stumpfen Winkel, derer sich der expressionistische Film bediente, bereiteten den Boden für das, was LaVey später als „Gesetz des Trapezoids" bezeichnete. Nicht minder aufregend war es für Anton, als er die Chance bekam, die Kirchenorgel im Brighton Dome zu spielen. Am Tag der Befreiung hatte er sogar Gelegenheit, das Hauptquartier der Fremdenlegion in Sidi bel Abbčs im nordafrikanischen Marokko zu besuchen – „wo ich mir natürlich ein Legionärs-Képi und eine Mütze des Afrikakorps aus erster Hand besorgte".

Während seiner Lektüre quer durch alle Themen stieß LaVey auf die Namen dreier Männer, die sich die Werkzeuge des Teufels wirklich zunutze gemacht hatten: Rasputin, Cagliostro und Sir Basil Zaharoff.

Rasputin wurde 1871 als Grigori Jefimowitsch im sibirischen Pokrovskoye geboren. Als er sich 1904 einer religiösen Sekte anschloss, die sich die „Chlysten" nannte, übernahm er die Philosophie, die auch der Marquis de Sade vertrat: „Sündiget, damit euch vergeben werden kann." Nachts setzte er sich in den Wäldern bei seinem Heimatdorf mit jungen Mädchen um ein Feuer und erklärte ihnen: „Ein kleiner Teil des Allerhöchsten Wesens ist in mir Fleisch geworden. Nur durch mich habt ihr die Hoffnung, erlöst zu werden; und zum Zweck der Erlösung müsst ihr euch seelisch und körperlich mit mir vereinigen." Während er solche Gedanken aussprach, Weihrauch entzündete und seine Hexen bis an den Rand des Fiebers hochschaukelte, feierte er mit ihnen ausschweifende Orgien, die sich bis Sonnenaufgang hinzogen. Irgendwann galt seine Aufmerksamkeit dem Zarenhof, und er verhängte über die Zarin einen Svengali-Zauber. Schon bald war sie davon überzeugt, nur Rasputin (dessen Name sich entweder von dem russischen Wort *„rasputny" für „sittlich verdorben" ableitet, oder von „rasputi"*, das so viel bedeutet wie „Kreuzwege" – ein Begriff, der sich auf sein Heimatdorf und dessen Bewohner bezog) sei in der Lage, ihr leidgeprüftes Kind zu heilen. So gelang es Rasputin, von seinen bescheidenen Anfängen zum einflussreichsten Mann des vorbolschewistischen Russland aufzusteigen.

Graf Alexander Cagliostro behauptete, 5.557 Jahre alt und ein Freund der Königin von Saba, von Kleopatra und einer Reihe weiterer mächtiger Frauen der Geschichte zu sein. Dieser Magier des 18. Jahrhunderts beteuerte, mithilfe dieser intimen Verbindungen aus seiner Vergangenheit an das geheime Wissen gelangt zu sein, wie man Wunder tut, Krankheiten heilt und sein Leben verlängert. Die Bewohner der Königshöfe, die er besuchte, kamen mit dem Erwerb seiner Zaubertränke gar nicht nach. Cagliostro war Everybody's Darling, der bei Kaisern, Kardinälen, Königinnen und sogar beim Papst auf großen Anklang stieß, bis sich herausstellte, dass er nur ein gewöhnlicher italienischer Hinterwäldler war, ein ungebildeter Schwindler. Die sich von ihm übertölpeln lassen hatten, schäumten jetzt vor Wut über ihre eigene Leichtgläubigkeit und klagten Cagliostro der Ketzerei an. Als er vier Jahre nach seiner Inhaftierung starb, weinte keiner ihm eine Träne nach.
Der im Leben von LaVey wichtigste der drei Männer jedoch war Sir Basil Zaharoff – und zwar so wichtig, dass LaVey Jahre später seinem Buch *Die Satanische Hexe* eine Würdigung Zaharoffs voranstellte, der genau gewusst habe, wie man die Macht der Frauen zum eigenen Vorteil nutzen könne. LaVeys Enkel, geboren 1978, wurde zu seinen Ehren „Stanton Zaharoff" genannt. Er war der erfolgreichste und zynischste Kriegsgerätehändler aller Zeiten, der Waffen für den Burenkrieg, den russisch-japanischen Krieg, die Balkankriege und den Ersten Weltkrieg bereitstellte. Obwohl

in Armut geboren, erwarb sich auch Zaharoff Einfluss auf Könige und Parlamente und wurde schließlich zum Ritter des Britischen Weltreichs geschlagen. In McCormicks Biografie *Peddler of Death* (*Hausierer des Todes*) jedoch fasste Zaharoff seine Philosophie wie folgt zusammen: „Ich sorgte für Kriege, damit ich Waffen an beide Seiten verkaufen konnte … Ich verkaufte Kriegsausrüstung an alle, die sie haben wollten. In Russland war ich ein Russe, in Griechenland ein Grieche, in Paris ein Franzose."

Zaharoff bediente sich zur Erlangung seiner Ziele sämtlicher ruchloser Taktiken, die ihm einfielen. Mithilfe von Schmiergeldern und Finten spielte er konkurrierende Waffenhändler gegeneinander aus. Er setzte Gerüchte in die Welt, um Freunde gegeneinander aufzuhetzen, und bediente sich des Charmes hübscher Frauen, um andere nach Belieben zu verlocken und zu besiegen. Er verbreitete Nachrichten, die bei den Menschen Kriegsgelüste schürten, ließ opponierende Amtsträger notfalls ermorden und griff nach Kriegsbeginn manipulierend in die Schlachten ein. Wenn nur dafür gesorgt war, dass der Krieg weiter wütete und weiteres Geld für Waffen ausgegeben wurde, kümmerte ihn das Leben von Millionen junger Männer nicht. LaVeys Respekt für Zaharoff wuchs sogar noch, als er herausfand, dass selbst nach Zaharoffs Tod Personen, die ihn bloßstellten oder kritisierten, ihre Jobs verloren, schwer erkrankten oder sogar starben, als würde Zaharoff sogar noch von seinem Grab aus die Geschicke auf Erden steuern. Einige seiner Gepflogenheiten schienen diesen Verdacht zu bestätigen. Auf Schloss Balincourt, Zaharoffs Landsitz in Südfrankreich, fand sich versteckt in den Gemäuern eine schwarz ausstaffierte Satanische Kapelle. Eine schummrig beleuchtete blaue Grotte tief in den unterirdischen Gewölben, wo Schwanenboote über einen getarnten Kanal unter den Schlossmauern hindurchgleiten konnten, diente als Treffpunkt.

Je mehr sich LaVey mit dem Leben von Magiern und mit okkulter Literatur beschäftigte, umso ferner fühlte er sich den anderen Jungen seines Alters und umso gleichgültiger wurden ihm die schulischen Leistungen, die man von ihm erwartete. Auf den Spuren von Zaharoff wandelnd wünschte er sich, das Vornehme und das Unbarmherzige in sich zu vereinen. Im Duke Moore Studio in San Francisco lernte er Judo und erlangte bis Ende 1946 mehrere Grade. Mit Judo konnte er weitaus mehr anfangen als mit dem althergebrachten amerikanischen Ideal der sogenannten „Boxkunst". Wenn er mal wieder einen übermäßig aggressiven Jungen mit einem seiner verwirrenden Manöver aufs Kreuz legte, nannte man ihn einen „hinterlistigen Japsen" und warf ihm vor, nicht fair zu kämpfen. LaVey fand Spaß darin, die engstirnigen Ansichten anderer Leute ad absurdum zu führen. Er verließ die High School als Elftklässler, im gleichen Jahr, als er zweiter Oboist beim San Francisco Ballet Orchestra wurde. Er ließ sich die Haare länger wachsen, trug Lederjacken und Anzüge mit wattierten Schultern, trieb sich in verrufenen Billardhallen herum und schloss Bekanntschaft mit Zuhältern, Nutten, Zockern, Abzockern und Billard-Königen. „Sie erklärten mir, eine Begabung fürs Billardspiel zeuge meist von einer vergeudeten Jugend." Tony gefiel die Unvereinbarkeit seiner Interessen: zu malen, magische und philosophische Studien zu betreiben, klassische Musik zu spielen, und trotzdem wie ein gewöhnlicher Ganove auszusehen und sich auch so zu verhalten.

Während seiner Zeit an der Ostküste hatte der junge Tony Gelegenheit, regelmäßig den Steeplechase Park zu besuchen und sich einen Eindruck davon zu verschaffen, wie sich durch die Kenntnis der Schwächen anderer Geld verdienen ließ. Ihm fiel auf, dass viele männliche Besucher sich in der Nähe des sogenannten „Blowhole Theater" versammelten – einem Ort, an dem ahnungslose Mädchen, wenn sie dort vorbeiliefen, einen kräftigen Windstoß von unten abbekamen, der ihnen den Rock bis über die Köpfe blies, so dass jeder ihre Beine und (falls vorhanden) ihre Unterwäsche zu sehen bekam. Eine Reihe von Sitzplätzen war dort aufgestellt, damit die Männer was zu sehen bekamen, ohne den ganzen Tag herumstehen zu müssen. Eines Tages beugte sich ein Mann mit verzweifeltem Gesichtsausdruck zu Tony hinüber und bot ihm 25

Cent dafür, seinen Platz zu besetzen, solange er auf der Toilette war. LaVey willigte frohgemut ein. Danach verdiente er sich regelmäßig ein Taschengeld damit, verfügbar auszusehen, sobald jemand aus dem „Publikum" nervös um sich blickte. Er trat dann zu ihm hin und fragte: „Soll ich Ihnen für 25 Cent den Platz besetzen, Mister?"

Auf die harte Tour lernte LaVey die Strategien der Unterwelt-„Geschäftsleute" kennen, als er nach dem Krieg Bill LaVey, den Bruder seines Vaters, ins neu gegründete Las Vegas begleitete, um ihm dort zu assistieren. Das aufstrebende Spielerparadies war damals noch eine kleine Oase mitten in der Wüste. Bill hatte während der Prohibition Al Capones Schnapsbrennereien in Chicago mit Rohalkohol beliefert und die alten Bande neu geknüpft, nachdem er während des Krieges mit der Herstellung von Flugzeugfahrgestellen und Patrouillenbooten erfolgreich gewesen war. Bill machte die Bekanntschaft von Bugsy Siegel, und zusammen entwarfen sie das Flamingo Hotel für Meyer Lansky. Wenn Tony mit seinem Onkel in Spielhöllen und Nachtclubs saß, lag es im eigenen Interesse von Siegels Stellvertretern wie Al Greenberg und Moe Sedway, dem beeindruckbaren jungen LaVey beizubringen, dass jeder gern die Hand aufhält, ob er nun eine hohe oder niedrige Position bekleidet. Der Rat dieser Männer lautete etwa wie folgt: „Alles ist nur Humbug, einschließlich der Kirche. Der überlegene Mann akzeptiert diese Tatsache und lebt entsprechend. Der Narr tritt weiterhin für Gott und sein Vaterland ein. Der findige Mann jedoch findet heraus, wie er selbst Teil des Humbugs werden kann, um nicht zum Sklaven der korrupten Politiker und Bosse zu werden. Er verweigert sich dem Dasein Millionen anderer Menschen in Büros und Fabriken, die gewohnheitsmäßig jeden Morgen um acht zur Arbeit gehen, in einem todlangweiligen Job vor sich hindümpeln, zu Mittag essen, wann es ihnen vorgeschrieben ist, abends um fünf Uhr nach Hause kommen – und all das für einen Lohn, der es ihnen gerade so ermöglicht, ihre stumpfsinnige Existenz fortzuführen."

LaVey war beeindruckt von diesen Gesetzlosen, denen es gelang, außerhalb des Systems zu überleben, indem sie sich die Schwächen und Laster der Menschen zunutze machten. Für ihn waren es ungeschliffene Versionen von Zaharoff, hinter deren Taten sich Philosophie und Überzeugung verbarg. Er begriff ebenso, dass diese Menschen einander oft umbrachten, und dass die Einzigen von ihnen, die dem Volk wirklich in Erinnerung blieben, diejenigen waren, deren Tod widerwärtig genug war, um in die Schlagzeilen zu kommen. Davon jedoch ließ Tony sich nicht desillusionieren; auch nicht davon, dass sein Onkel zuletzt wegen Steuerhinterziehung eine Haftstrafe im Staatsgefängnis auf McNeil Island absitzen musste. Sie überlebten nach wie vor auf die von ihnen bevorzugte Art, und das war die Hauptsache. Wären die Umstände nur ein wenig anders gewesen, hätte Tony sich wahrscheinlich selbst an den Schwindeleien beteiligt. Auch als LaVey älter wurde, geriet seine Bewunderung für diese praktischen Satanisten nicht ins Wanken. Wenn ihm etwas nicht gefiel an seiner Freundschaft mit diesen verlebten, alten Männern, dann nur die Tatsache, dass sie viel zu früh das Zeitliche segneten. Die meisten von ihnen starben in den fünfziger und sechziger Jahren. Und dem allein zurückgebliebenen LaVey blieb nichts anderes übrig, als sich neue Mitstreiter zu erschaffen/zu suchen.

„Es waren nicht viele Leute im gleichen Jahr geboren wie ich, deshalb fiel es mir schwer, Menschen zu finden, die meinen Geschmack und mein Wissen in puncto Musik, Filme, Erinnerungen – all den Dingen also, die die Vergangenheit eines Menschen ausmachen – mit mir teilten. Ich glaube, das ist der Grund, weshalb es mich als jungen Mann immer wieder zu Gefährten hinzog, die älter waren als ich; oder – als Gegenpol dazu – zu Leuten, die weitaus jünger waren als ich und von dem verlorenen Wissen, das ich heute mit mir herumtrage, fasziniert waren. Meine Welt war die der späten dreißiger und frühen vierziger Jahre. Der Kristallisierungsprozess fand bei mir während der Film-noir-Periode kurz nach dem Krieg statt – in jener unheimlichen Zwielicht-Ära. Verwundert es da, dass ich so bin, wie ich bin? Die Lebensphase, während der ich zum Mann reifte, war vom Saturn beherrscht. Meine Erinnerungen reichen zurück bis in die vorsintflutliche Welt vor dem Krieg. Sämtliche Erinnerungen aus meiner Kindheit und der Zeit als

junger Erwachsener spiegeln sich in dem, wer ich bin, was ich bin, was ich angefangen habe. Meine Rollenvorbilder gehörten zum Genre des amerikanischen Film noir mit seinen hartgesottenen Antihelden, die in Wirklichkeit tiefer empfanden und sich loyaler verhielten als die gesellschaftlich anerkannten Typen."

LaVeys musikalische Ausbildung setzte sich auch während seines Aufenthalts in der Unterwelt fort. Die Musik seiner älteren Gefährten verzauberte ihn ebenso wie tagesaktuelle Songs, und alle gehören sie heute zum traditionellen amerikanischen Liedgut: *Gal In Calico, For Sentimental Reasons, Nature Boy, All Through The Day, Either It's Love Or It Isn't, The More I See You, In Love In Vain, I Wonder, Temptation, Prisoner Of Love, Golden Earrings, I Remember You.* Als LaVeys Einfluss sich vergrößerte, wurden viele Originalaufnahmen dieser „Oldies" wieder ausgegraben, die er als „bombastische Musik" bezeichnete.

Als LaVey sechzehn war, entwickelte er seine eigenen Vorstellungen über Frauen wie auch über Magie und wahre Macht. Seine sexuellen Erkundungen reichten zurück bis in die Zeit, als er fünf war. Damals überredete ihn ein kleines Mädchen bei ihrer Geburtstagsparty, mit in ihr Schlafzimmer zu kommen. Ihre Mutter kam zurück und rügte sie dafür, ihre Gäste so lang allein gelassen zu haben, und das völlig verstörte Kind pisste sich ins Höschen. LaVey gestand, diese Erfahrung habe genügt, um ihn auf eindeutig fetischistische Pfade zu lenken. Noch schlimmer entwickelten sich die Dinge, als er elf war und sich ein Zubrot verdiente, indem er außerhalb eines Freiluft-Tanzpavillons Pfandflaschen einsammelte. Einmal, als er weit unter das Gerüst vordringen musste, entdeckte er ein Loch, das sich zufällig direkt unterhalb der Damentoilette befand. Eigentlich war es nur eine Lücke zwischen dem Fußboden und der Vorderseite des Klobeckens, durch die ein wachsamer Junge jedes Mädchen, das sich dort hinsetzte, aus nächster Nähe betrachten konnte. Tony war stets sprungbereit, wenn er sah, dass eine interessante Frau ihren Platz verließ, um sich zu erleichtern. Er hatte bereits seine eigenen Vorstellungen davon, was sexy war, und war ganz auf die Schauspielerin Iris Adrian fixiert, dem Archetypus des rundlichen, blonden, mit der Zunge schnalzenden Chormädchens aus B-Movies. Er fand, dass Hollywood ziemlich auf dem Holzweg war, da die hübschesten Mädchen dort stets nur Statistenrollen bekamen. (Schon wenig später sollte Miss Adrian zu LaVeys persönlichen Freundinnen zählen.)

Unglücklicherweise waren die meisten Mädchen dazu gezwungen, LaVey aufgrund seines finsteren Aussehens jenseits der Sichtweite ihrer Haustür zu treffen, damit ihre Eltern nicht mitbekamen, mit welcher Art von Männern sich ihre Tochter abgab. Sein erstes Liebeserlebnis empfand LaVey als äußerst schmerzlich; er fühlte sich aufgrund seiner Andersartigkeit verraten und betrogen, und beschloss, sich lieber der Fremdenlegion oder dem Zirkus anzuschließen. Als ihm klar war, dass seine Stigmatisierung ständig wuchs, verließ er sein Zuhause und begab sich auf die Suche nach Abenteuern. Und schon bald entdeckte er die für einen Außenseiter wie ihn goldrichtige Bühne.

KAPITEL ZWEI

Zeige nie einem Liliputaner, dass er klein ist!

Nach einem Gespräch mit einem jungen Mann in einer Billardhalle, der für den Clyde-Beatty-Zirkus gearbeitet hatte, packte LaVey die Faszination für das Zirkusleben und die damit verbundenen Möglichkeiten. Im Frühling 1947 verpflichtete er sich als Zirkushelfer und Manegenarbeiter, dessen Job es war, die Raubkatzen mit Futter und Wasser zu versorgen. Er hatte sofort einen Draht zu den Löwen und Tigern und stellte fest, dass er sich unter den Raubkatzen im Grunde behaglicher und entspannter fühlte als in den Straßen der Stadt und überall, wo Menschen sich zusammenscharten.

Es dauerte nicht lange, bis Beatty, der immer deutlicher sah, wie gut LaVey mit den Raubkatzen umgehen konnte, ihn mit den Tricks seines Gewerbes vertraut machte. Schon bald wandelte Tony auf den Pfaden seines Großonkels Lazlo (der mit einem Zirkus durch Russland und Ungarn gereist war). Er eignete sich alle Bewegungsabläufe von Beattys Dressurnummer an – den Umgang mit Peitsche, Stock, Revolver und Stuhl (der ein geöffnetes Maul nachahmen soll; es funktioniert aber auch alles andere mit einer Öffnung, also zum Beispiel auch ein Hut, den man dem Löwen vors Gesicht hält, um ihn sich vom Leib zu halten). Tony konnte eine Katze dazu bewegen, durch einen Reifen zu springen oder Saltos zu machen – und schon nach kurzer Zeit stand der siebzehnjährige LaVey mit acht nubischen Löwen und vier bengalischen Tigern gleichzeitig in der Manege, während aus den Lautsprechern Beattys allgegenwärtige *Paso Dobles* ertönten. „Man kann Katzen eigentlich keine «Tricks» beibringen“, sagte LaVey. „Man kann nur herauszufinden versuchen, worauf sie gerade Lust haben, und dann ein Kunststück daraus machen. Katzen bewegen sich von Natur aus gerne durch Reifen oder thronen auf ihrem «persönlichen» Podest

– und genau das ist es, was die Leute dann bei den Vorstellungen zu sehen bekommen.

Aus diesem Grund ist es auch angemessener, von einem «Trainer» zu sprechen anstatt von einem «Bändiger». Man arbeitet *mit* den Katzen, aber man versucht nicht, ihren Willen zu brechen oder sie zu bändigen." Wenn Beatty zwei Vorstellungen an einem Tag plante (neben dem regulären Abendprogramm meist eine Frühvorstellung für Kinder oder eine Wohltätigkeitsveranstaltung), trat LaVey oft ganz allein mit den Raubkatzen in der großen Manege auf.

„Während meiner Zeit beim Zirkus", erinnerte er sich, „ließ ich mir die Haare ziemlich struppig wachsen. Ich trug schwarze Hosen, rote Hemden mit Rundkragen und schwarze Lederstiefel – gewissermaßen die Show-Uniform. Das Publikum hielt mich vermutlich für den Angehörigen irgendeines Mongolenstammes. Aber mir gefiel dieses Image, ich war stolz darauf. Es wirkte sowohl bei den Raubkatzen als auch beim Publikum. Einen solchen Anblick vergessen die Leute nicht wieder. Und nur so konnten die Zirkusleute sich an mich erinnern oder erkannten mich, wenn ich später, bis in die sechziger Jahre hinein, mal auf einen Besuch vorbeikam."

Irgendwo sind noch Filme im Umlauf, die LaVey in der Manege zeigen. „Ein Typ namens Tom Upton war damals unterwegs", sagte LaVey. „Er filmte alle möglichen Zirkusvorstellungen. In jedem Zirkus kannte man ihn; und er war auch auf jedem Zirkusplatz im Land gern gesehen. Man musste nur in seine Richtung blicken, und schon überhäufte er einen mit Filmen und Geschichten. Er war immer darauf aus, Leute zusammenzurotten, die sich seine Filme ansahen. Die Zirkusartisten liebten ihn. Er stellte hinter der Bühne seinen Projektor auf und ließ ihn für sie laufen. Er war klein, etwas pummelig und hatte eine kugelrunde kleine Frau namens Crystal. Zwischen Ende der dreißiger und Anfang der sechziger Jahre muss er unzählige Filmspulen verbraucht haben. Einige unserer allerersten Mitarbeiter bekamen einen Teil davon zu sehen. Er kam mit dem Filmmaterial vorbei und spielte es uns einige Male vor. Kein Zweifel, das war ich, wie ich mit meinem flatternden, mongolischen Haar in der Manege herumsprang."

Damit sich die Löwen und Tiger in seiner Nähe noch wohler fühlten, und um die Gefahr, von ihnen verletzt zu werden, so gering wie möglich zu halten, ging LaVey mit den Tieren eine sehr enge Bindung ein, die weit über das gewöhnliche Verhältnis von Trainern zu ihren Raubkatzen hinausging. Die Tiere akzeptierten ihn als festen Bestandteil ihres Daseins. Wenn Tony sie fütterte, legte er seinen eigenen Hamburger auf den Boden neben ihr Futter und ahmte, während sie fraßen, ihre knurrenden Laute nach. Wenn er mit den Raubkatzen in der Manege trainierte, krabbelte er hinter ihnen durch das Sägemehl. Er gewöhnte es sich sogar an, gelegentlich bei ihnen im Käfig zu schlafen. „Es fehlt mir wirklich, eine Raubkatze um mich zu haben. Zwanzig Jahre lang hatte ich engsten Kontakt zu ihnen – von siebzehn bis siebenunddreißig, als ich Togare an den Zoo verkaufte. Man kann es mit nichts vergleichen. Wenn du erst mal eine Verbindung zu einer der Katzen hergestellt hast, wird sie dich nie vergessen. Bei Beatty arbeitete ich mit einem jungen Panther namens Zombie, der sich dreizehn Jahre später noch an mich erinnerte, als ich ihn zufällig in einem kleinen Wanderzirkus wiedersah. Er war inzwischen sehr alt und sein Fell schon ganz von Motten zerfressen. Als ich mich seinem Käfig näherte, hob er den Kopf und stieß jenes freundliche Gezwitscher aus, das typisch ist für Raubkatzen, die dich wiedererkennen. Ich näherte mich ihm ein Stück weiter, und tatsächlich – es war der Panther, mit dem ich vor so langer Zeit gearbeitet hatte."

Doch so gut Freund er mit den Katzen auch wurde – LaVey gestand auch, dass es oft um Haaresbreite zu einem Unfall gekommen wäre. Er hatte Narben an der Hand und auf der Brust, die ihn daran erinnerten, dass es vor unabsichtlichen Pannen keinen Schutz gab, und erst recht nicht vor allzu überschwänglichen Löwen. „Manchmal bekam ich einen Prankenhieb ab oder wurde zu Boden geworfen. Das passiert jedem Trainer ab und zu mal. Löwen sind unglaublich kräftige Geschöpfe. Sie brauchen dich nur zu streifen, während sie durch die Manege stolzieren; das reicht aus, um jeden Mann umzustoßen. Sie sind auch erstaunlich schnell. Kaum hast du den Boden berührt, hat einer von ihnen dich schon unter sich begraben. Da liegst du auf dem Rücken im Sägemehl, der Löwe prangt drohend über dir, bläst dir seinen heißen Atem in den Mund, und wenn du aufblickst, siehst du Beißwerkzeuge, die dir so mächtig wie die eines Wals vorkommen."

Was trieb LaVey dazu, sein Leben zu riskieren – nicht nur während der Zirkusvorstellungen, sondern auch wenn er zusammen mit den Löwen und Tigern aß und schlief, oder später, als er sich erst einen Leoparden, dann einen Löwen als Haustier hielt und täglich der Gefahr ausgesetzt war, angegriffen zu werden? „Ich habe in der Manege so viel gelernt", erklärte LaVey. „Selbst wenn ich zu Boden geworfen wurde, waren das für mich wichtige Lektionen. In solchen Momenten lernst du wirklich etwas über Macht und Magie, lernst sogar, wie man Gott spielt: wenn du im Sägemehl liegst und ein Löwe dir ins Gesicht schnauft. Und du weißt, dem Tier befiehlt sein natürlicher Instinkt, die Zähne in den verspielten Artgenossen auf dem Boden zu graben, weil er nicht weiß, wie zart dessen Haut ist und dass er ihm jederzeit alle Knochen brechen kann. Du weißt, dass er es sich nicht verkneifen kann, zu kratzen und zu beißen wie jeder andere Löwe auch. So liegst du also da, zu Boden gestreckt, und es bleibt dir nur ein Mittel, dich zu verteidigen: deine Willenskraft. Jeder gute Raubkatzentrainer muss lernen, wie man sie einsetzt, wie man sich selbst mit Adrenalin vollpumpt, wie man Gammastrahlen aussendet, die das Gehirn des Raubtiers durchdringen, so dass es mit Beißen und Kratzen noch wartet, während deine Hände nach deinem Stock tasten. Dann, wenn du den Stock zu fassen kriegst, bleibt dir genau eine Sekunde, ihn dem Löwen auf die Schnauze zu schlagen und auf die Beine zu kommen, solange er noch verwirrt ist. Und falls du den Stock nicht erwischst, musst du versuchen, der Raubkatze einen kräftigen Faustschlag auf die Nase zu verpassen."[1]

Nach einiger Zeit wurde LaVey von seinem kreativen Trieb in andere Bereiche innerhalb der Zirkusgemeinschaft gelenkt. „In einem Zirkus gibt es immer was zu tun", sagte er. „Leute, die vielseitig einsetzbar sind, müssen meist abwechselnd zwei oder mehr Jobs erledigen, es sei denn, sie haben ein echtes Spezialgebiet." Das Raubkatzentraining war aufregend, aber Tony wusste, dass es ihn nicht vollends befriedigen würde, ein Leben lang mit einer Raubtiernummer aufzutreten. Es war nicht zu umgehen, dass sein umfassendes musikalisches Talent irgendwann von anderen Zirkusmitarbeitern erkannt und genutzt wurde. So geschah es auch.

Im Laufe der Jahre hatte Tony sich selbst das Klavierspielen beigebracht, indem er sich die Noten und Akkorde von Songs im Radio oder auf dem Grammophon heraushörte, bis er sie problemlos spielen konnte. Als er mit der Beatty-Show unterwegs war, fragte er einmal den Dampforgelspieler, einen Alkoholiker, der sich mehr auf den Tasten abstützte als darauf zu spielen, ob er eine halbe Stunde lang üben dürfe, um keine steifen Glieder zu bekommen. („Fred hatte von der anstrengenden Spielerei schon Schwielen an den Ellbogen.") Der Dampforgelspieler sagte Nein, und LaVey – verärgert über die pingeligen Machtspielchen dieses Trunkenbolds – verfluchte ihn. Einige Abende später wurde der Musiker krank und konnte bis zur Abendvorstellung nicht mehr kuriert werden. Tony bot sich als Ersatzmann an, obwohl er keine Ahnung hatte, ob er die Dampforgel überhaupt spielen konnte. Doch wie immer ohne Furcht und Tadel begann LaVey sofort mit der galoppierenden Ouvertüre zu Rossinis *Wilhelm Tell* (die später zur Titelmusik des Films *Die Legende vom einsamen Ranger* wurde).

Sowohl beim Publikum als auch bei den anderen Zirkuskünstlern kam LaVey sofort gut an. Beatty verordnete dem trunksüchtigen „Professor" eine Auszeit und machte Tony zum regulären Dampforgelspieler. Schon in der nächsten Stadt, in die das Beatty-Unternehmen reiste, saß LaVey an der Dampforgel, die man auf einem Tieflader platziert hatte, und spielte den Rattenfänger von Hameln, der die Erwachsenen und Kinder aufs Zirkusgelände lockte. Wo auch immer Tony auftrat, kündigten farbenfrohe Flugblätter ihn mit den reißerischsten Vokabeln an.

Auch wenn viele der auf LaVeys Handzetteln erwähnten, fantastisch klingenden Instrumente so gut wie ausgestorben waren, beherrschte Anton (er bat seine Freunde, ihn jetzt nicht mehr mit dem Spitznamen aus seiner Kindheit anzusprechen) jedes Einzelne davon – oder zumindest eines, das ähnlich funktionierte. Getreu seinem eigenen Image fand LaVey heraus, dass er Menschen und Tiere mit seiner Musik tatsächlich aufrütteln oder beruhigen konnte. Mithilfe von Experimenten entdeckte er die magische Wirkung von Musik – also welche Wirkung bestimmte Akkorde oder Kadenzen auf Publikum, Tiere oder Zirkuskünstler ausübten. Er lernte, dass die Urwaldkatzen am stärksten auf Dominantakkorde und urwüchsige Beats reagierten. Auch stark betonte Molldreiklänge schätzten sie, doch LaVey variierte die Akkorde und wechselte entsprechend zwischen Dur und Moll hin und her. Elefanten bevorzugten es, wenn Dominantakkorde in einem schwerfälligen Rhythmus daherkamen, passend zur Langsamkeit ihrer Gangart und ihres Stoffwechsels. Robben und Hunde (die nach LaVeys Ansicht viel miteinander gemeinsam haben) schienen am besten auf reine Durklänge ohne einen gelegentlichen Wechsel in Molltonarten zu reagieren. Wenn LaVey sich auf schnörkellose Dominantakkorde beschränkte, gaben die Hunde und Robben sich am lernwilligsten. Die anderen Zirkuskünstler waren dankbar und staunten über LaVeys ungewöhnliche Gabe, ihren Nummern mit seiner Musik zusätzliches Leben einzuhauchen.

LaVey arbeitete nicht nur mit Kapellmeistern wie Vic Robbins, Merle Evans und Henry Keys zusammen, er überraschte auch mit stimmungsvoller, emotional aufgeladener Musik zur Untermalung einiger der berühmtesten Zirkusnummern der Welt: zu Hannefords Reitakrobatik, den Concellos, Harold Alzana, den fliegenden Wallendas, den Cristianis und anderen. Über all die Jahre erhielt LaVey immer wieder Dank- und Anerkennungsbriefe, aber auch Mitgliedschaftsanfragen von den Kindern, Enkeln, Nichten und Neffen dieser Artisten, die LaVey von den Geschichten her kannten, die ihnen ihre berühmten Verwandten beim Essen erzählt hatten. Einer von Antons Lieblingsartisten war Hugo Zachinni, besser bekannt als die menschliche Kanonenkugel. Auch wenn sein offizieller Bühnenname „Das menschliche Projektil" lautete – dem Volksmund gefiel „Kanonenkugel" besser, und dieser Name blieb dann auch an ihm haften. Zachinni war einst ein frommer Katholik gewesen, wurde jedoch schwer enttäuscht und entwickelte sich zu einem derart militanten Atheisten, dass er jede Gelegenheit nutzte, darauf hinzuweisen, was für ein unlauteres Unternehmen die Kirche sei: „Sobald ihn jemand nach seiner Kanonennummer fragte, steigerte er sich – ein angemessenes Trinkgeld vorausgesetzt – in eine Schimpfkanonade über die Gauner, denen die Kirchen unterstanden. Dann kam meistens seine Frau angerannt und bezichtigte ihn, wohl ‚etwas zu tief ins Glas geschaut» zu haben." Zachinni freute sich, dass er und sein Bruder Edmond eine Möglichkeit entdeckt hatten, aus der Lust des Publikums an Gewalt Kapital zu schlagen, indem sie eine Vorrichtung erfanden und sich patentieren ließen, mit der es möglich war, einen Mann aus einem Kanonenrohr abzufeuern, was ihnen ein kleines Vermögen einbrachte. Zachinni war eigentlich ein recht vielseitiger Zeitgenosse – unter anderem ein hochbegabter Maler, der bis zu seinem Tod Kurse in bildender Kunst gab. Viele seiner Gemälde fanden ihren Platz in namhaften Sammlungen." Auch an Zachinnis Missmut über die permanent fehlerhafte Aussprache seines Namens erinnerte sich LaVey gut: „Immer wieder kamen Leute zu ihm, die ihn mit Mr. Zucchini ansprachen. Er sagte immer: «Das letzte Mal war ich noch Mr. Zachinni, heute heiße ich bereits Zucchini, beim nächsten Mal werde ich wahrscheinlich eine Gurke sein.»"

Bei der Beatty Show kam es auch zum Zwischenfall mit einem Liliputaner. Als Anton über den Zirkusplatz lief, um einen Zelthering zu besorgen, sah er unter einem Sattelschlepper einen Liliputaner, der sich mit einer großen Elefantenkiste abmühte – einem jener bunt verzierten Hohlräume für Dressurnummern mit Elefanten. LaVey versuchte, ihm zu helfen, doch der Liliputaner beschimpfte ihn und trat ihm gegen das Schienbein. Wie er später erfuhr, sei der Liliputaner im Grunde gut zurechtgekommen. Er lernte daraus, dass es keine gute Idee war, Kleinwüchsigen bei körperlichen Verrichtungen zu helfen – es sei denn, man legte Wert auf einen Tritt in die Eier.

Eine weitere interessante Person, die LaVey während seiner Zeit beim Zirkus kennenlernte, war der *Weird-Tales*-Autor Robert Barbour Johnson („Rubberbubber" Johnson, wie er sich selbst nannte). LaVey und ihn verband eine Freundschaft, die noch lange nach der offiziellen Gründung der Church of Satan fortbestehen sollte. Johnson, der einen Vertrag mit dem *Blue Book Magazine* abgeschlossen hatte, der ihn dazu verpflichtete, jährlich fünf Zirkusgeschichten abzuliefern, arbeitete zu jener Zeit selbst als Tiertrainer. Er war seit jeher fasziniert von der Magie und Synchronizität des Alltags, so richtig in seinen Bann jedoch schlug ihn das Ungeheuerliche, das Skandalöse. Obwohl er als Künstler nie zu öffentlicher Bekanntheit gelangte, bleibt doch zu hoffen, dass seine Bilder mit den Zirkus- und Jahrmarktsszenen, die mittels winziger Farbpunkte ganz ungewöhnliche Licht- und Reliefeffekte zaubern, eines Tages zusammengetragen und öffentlich ausgestellt werden. LaVey quoll über vor Erinnerungen an ihre gemeinsamen Jahre und erzählte gern von ihren Entdeckungsreisen. Dann, eines Tages, meldete sich Johnson plötzlich nicht mehr bei LaVey. „Er hatte immer vorgehabt, irgendwann zu verschwinden, einfach die Schwelle zur Welt zu übertreten wie Ambrose Bierce oder B. Traven. Und ich glaube, das hat er auch getan."

Kurz bevor Clyde Beatty an Magenkrebs starb, kam er eines Abends ins *Lost Weekend*, einen Nachtclub in San Francisco, in dem LaVey während der sechziger Jahre arbeitete, und hörte Anton zu, wie er auf der Kinoorgel spielte. Er nippte an einem Seven-Up und lauschte. Es war einer jener stillen und diesigen Abende im Winter, und unter den nur spärlich versammelten Stammgästen wirkte er noch mehr wie ein Fremder. Anton zog sein Programm durch: *The Jungle Queen, España Caňi*, Ravels *Bolero* und all die anderen Songs.

Er endete mit den rätselhaften Schlussakkorden von Puccinis *La Bohčme*. Niemand außer Anton wusste, wer der Fremde war; einer der Eigentümer jedoch, der unauffällig die Bar bediente, begriff. Nach etwa anderthalb Stunden sagte der große Clyde Beatty leise Adieu, stand auf und ging hinaus in die neblige Nacht.

KAPITEL DREI

„Dafür bin ich wie geschaffen, Mister!“

„Treten Sie ein, meine Damen und Herren – und begegnen Sie den Kreaturen der Nacht, den Leichendieben, den Haustieren von Graf Dracula! Treten Sie ein und blicken Sie diesen wilden Bestien in die Augen. Nur ein paar Meilen entfernt von Dr. Frankensteins Schloss eingefangen und bei lebendigem Leib und atmend hierher gebracht! Grabräuber – des Teufels Gefährten im Tierreich. Die krabbelnden und kriechenden Plagen der Friedhöfe, die die Ruhe der Verstorbenen stören. Begegnen Sie ihnen leibhaftig und lebendig, im grellen Licht einer Schaubühne, wo sie Ihren forschenden Blicken ausgeliefert sind. Begehren Sie Einlass zu denen, die Schlachtfelder heimsuchen und sich von sterbenden und toten Soldaten ernähren …“

— *Textvorschlag für die Vorführung eines Gürteltiers in einem Panoptikum, aus: Don Boles, The Midway Showman*[2]

Nachdem er mit dem Beatty-Unternehmen durch Kalifornien, Oregon, Washington, Nevada und New Mexico gereist war, ging im Oktober 1947 die Zirkussaison zu Ende, und Anton war bereit, weiterzuziehen. Ein Leben als Löwentrainer und Zirkusmusiker war zwar aufregend, er aber spürte, dass es da noch andere Horizonte zu erforschen gab, geheimnisvollere Wege, sich seinen Lebensunterhalt zu verdienen.

Von einem seiner Zirkuskumpane hatte er gehört, es sei ein großer Unterschied, ob jemand beim Zirkus arbeite oder in der Welt der Rummelplätze. Zirkusleute betrachteten das, was sie taten, als echte Kunst, als schillernde Familienunterhaltung, ganz im Gegensatz zu den billigen Tricks und Kartenschlägereien der Jahrmarktsleute. In den Augen des Zirkusvolks waren die Schausteller nur Soziopathen, Herumtreiber, Randexistenzen, die danach trachteten, dem Arm des Gesetzes oder ihrer eigenen Schande zu entkommen – kurz gesagt, sich aus dem Staub zu machen. Die Schausteller hingegen betrachteten die Zirkusleute als Lohnsklaven und Primadonnen – die zwar Talent hatten, sich auf der Straße aber nie bewähren würden; die zwar gute Darsteller waren, aber nicht wirklich scharfsinnig sein mussten.

Das reichte Anton, um sich bei verschiedenen Vergnügungsstätten an der Westküste als Gelegenheitsarbeiter zu bewerben – wie etwa dem Pike Amusement Park in Long Beach, Kalifornien, wo er gegenüber von Professor Theobalds Flohzirkus auf der Dampforgel spielte. Professor Theobald war ein recht exzentrischer Herr aus Deutschland, der es liebte, sich die Ärmel hochzukrempeln, um seine Flöhe auf den Armen dinieren zu lassen. Er polterte wegen LaVeys prustender Dampforgel und klagte, die Musik würde seine winzigen Darsteller ablenken. „Bitte! Der Herr störrren meine Flöhe, so sie können sich nicht rrrichtig konzentrrrieren." „Er bat mich flehentlich, etwas leiser zu spielen. Aber eine Dampforgel kann man nicht leise spielen; sie ist entweder laut, oder man hört gar nichts. Ich bin nie so richtig warm mit ihm geworden, so gut ich seine Nöte auch verstand."

Im bunten Jahrmarktstreiben durfte LaVey eine Menge interessanter Typen kennenlernen: Francisco Lentini zum Beispiel, der aus seiner Not, drei Beine zu haben, eine Tugend machte und das überzählige Bein als Sitzgelegenheit benutzte, wenn er angeln ging. Auf jeder Tanzdiele bekam er die hübschesten Mädchen von allen ab, für die er einen einzigartigen Walzer ersann, der sie ins Zentrum des Geschehens rückte. „Er war der einzige Mensch, den ich jemals im 5/4-Takt tanzen sah – Tschaikowsky wären sicher ein paar gute Stücke für ihn eingefallen." Auch wenn Lentini sich nicht daran störte, mit drei Beinen zur Welt gekommen zu sein, hatte er doch große Hemmungen wegen eines kleinen, fingerähnlichen Fortsatzes, der aus seinem dritten Bein hervorwuchs, und trug stets überlange Socken, um ihn zu verbergen. Anton mochte auch Jacob Heilberger sehr gern, den menschlichen Vogel Strauß, der seine Bauchreflexe so gut unter Kontrolle hatte, dass er willentlich die verschiedensten Gegenstände schlucken und wieder erbrechen konnte. Er war ein hochgebildeter jüdischer Ingenieur, der an der Universität von Berlin studiert hatte und nach der Machtergreifung der Nazis aus Deutschland flüchten musste. Indem er seinen Geist und seine Bildung gut verbarg, entsetzte Heilberger das Publikum, indem er lebendige Mäuse, Golfbälle und Eier verschluckte, die er als lebende Küken aus seinem Mund „ausschlüpfen" ließ.

Natürlich gab es auch eine Sex-Show, getarnt als wissenschaftlicher Vortrag zum Thema Hygiene, um nicht von der lokalen Geistlichkeit behelligt oder von den Cops zur Schließung gezwungen zu werden. Dr. Hart spielte den Sexdoktor (aus dem später „Dr. Elliot Forbes" wurde); assistiert wurde ihm von atemberaubend schönen Girls in knappen Schwesternuniformen, die dem Publikum auf überdimensionalen Schaubildern verschiedene Teile des menschlichen Körpers verdeutlichten. In der Regel handelte es sich um Kroger-Babbs-Filme oder Lehrfilme für die Army-Ausbildung über die Gefahren von Geschlechtskrankheiten, inklusive der abfaulenden Nasen von Patienten im fortgeschrittenen Stadium, die Anton gerne mit „Clair de Lune" und anderen klassischen Melodien untermalte. Noch vor Ende des Films ließen viele Männer, die sich zum Kauf einer Eintrittskarte hatten verleiten lassen, ihr Softeis und ihr Popcorn unverzehrt liegen und schlichen sich durch die Seitenwand des Zeltes davon, um jeder sexuellen Betätigung für immer abzuschwören.

Anton arbeitete daraufhin bei den größten Wanderunternehmen an der Pazifikküste wie Craft's 20 Big Shows, West Coast Shows oder Foley & Burke. Sie schlugen ihre Zelte in der Nähe von Zirkusplätzen in Großstädten wie L. A. auf (in kleineren Städten wirkten manche der Schausteller unabhängig davon auf der Kirmes mit), auf Jahrmarktsplätzen, Rodeoplätzen, Schotterplätzen, Fußballplätzen. Sie brachten ein wenig Farbe, ein wenig Spannung in aufstrebende kleine Bauerndörfer wie Modesto, Turlock und Redding oder verschlafene Nester wie Landing, Ceres und Atwater.

Auf jedem Rummelplatz spielte LaVey entweder die Dampforgel, die Wurlitzer-Orgel oder die Hammond-Orgel, um die zwischen den zahlreichen Attraktionen umherlaufenden Besucher mit der passenden Hintergrundmusik zu versorgen – seiner geliebten „Militärstiefel-, Flugzeugwerke- und Schiffswerften-Musik" – *Roly Poly, Detour, Sunflower, No Vacancy, Dear Okie* – und weitere populäre Ohrwürmer. LaVey experimentierte gern mit verschiedenen integrierten Soundeffekten der Jahrmarktsorgel, wie sie oft beim Kinderkarussell eingesetzt wurden: Trommel, Gong, Straßenbahnklingel, Tamburins, Vogelpfeifen, Pferdehufe, Hupen ... all jenes unrhythmische Rasseln und Klirren ergab zusammen mit der Hintergrundmusik und dem Geruch von Popcorn, Sägemehl und Zuckerwatte ein Gesamtkunstwerk. Das Podest mit den übertriebenen Darstellungen all der Dinge, die es hinter dem Zelteingang zu bestaunen und zu erleben gab, bot einen hervorragenden Aussichtsort, der Anton Einblick in eine ganz andere Seite der menschlichen Natur bot. Obwohl diese Jahrmärkte klein waren, zogen die schrillen Leinwandgemälde, die mitreißende Musik und die grotesken Ausstellungsstücke Hunderte Neugieriger aus der Umgebung an. Sie kamen in ihren besten Sonntagskleidern und in der Hoffnung, hier etwas Verbotenes zu Gesicht zu bekommen, etwas Tolles zu gewinnen, etwas zu erleben, an das sie sich ewig erinnern würden.

Auch für die sonntägliche Zeltmission der Erweckungskirche wurde LaVey als Musiker engagiert. „Im 19. Jahrhundert galten Zirkusse und Jahrmärkte, die mit ihren Wagen über Land zogen und damit das Missfallen übermächtiger Kirchenoberer erregten, als Werk des Teufels. Dann jedoch fanden die Prediger heraus, wie sie die Jahrmarktsorganisten und herbeiströmenden Menschenmengen für ihre eigenen Zwecke nutzen konnten, und sie begannen uns in typisch christlicher Doppelmoral zu dulden." Burton Wolfes ursprüngliche Einführung zur *Satanischen Bibel* zitiert LaVey beim Schildern seiner Eindrücke von diesen Sonntagschristen: „Am Samstagabend sah ich diese Männer, wie sie halbnackten Mädchen beim Tanz auf dem Jahrmarkt hinterhergierten, und am

Sonntagmorgen, wenn ich bei der evangelikalen Zeltmission auf der Orgel spielte, sah ich dieselben Männer wieder. Diesmal saßen sie mit ihren Frauen und Kindern auf den Kirchenbänken und beteten zu Gott, er möge ihnen vergeben und sie von ihren fleischlichen Gelüsten reinwaschen. Am darauffolgenden Samstagabend waren sie dann wieder auf dem Jahrmarkt oder irgendeinem anderen Ort der Sinnesfreude. Da wurde mir klar, dass die christliche Kirche sich durch Heuchelei am Leben erhält, und dass die sinnliche Natur des Menschen sich immer ein Ventil verschafft."

Der Rummelplatz bildete ein großes Oval rund um das Jahrmarktsgelände; dort fanden sich zu beiden Seiten, gegenüber dem Eingang zu den Vorführungshallen, die Fahrgeschäfte, Spiele, Imbiss- und Getränkestände. Am meisten los war jedoch in den Wahrsagebuden, der Girl Show, der Freakshow, der Verbrecher-Show und bei den Föten im Reagenzglas (direkt aus Tates Kuriositätenladen – Teufelsbabys $ 75; mumifizierte Leichen $ 50, …). In den Ausstellungszelten spielte Anton auf der Hammond-Orgel für die Bauchtänzerinnen und Hula-Hula-Girls.

Mädchen gab es stets in Überzahl auf dem Jahrmarkt, sowohl als Mitarbeiterinnen wie auch als Besucherinnen. „Viele Shows benutzten Mädchen als Blickfang. Die Girlie-Shows und Sex-Shows jedoch dienten anderen Zwecken. Die Girlie-Shows waren so etwas wie wandernde Striptease-Lokale. Die Mädels traten auf das Podest, protzten mit ihren Reizen, dann lockte ein Sprecher die Herrschaften in die meist als belanglose 50-Cent-Nummer getarnte Stripshow. Hatten die Zeltleute sich jedoch mit dem Gesetz etabliert, kam es schon vor, dass die Besucher, nachdem sie das Zelt betreten hatten, mit einer Soft- oder Hardcore-Show nach allen Regeln der Kunst rechnen durften.

„Die Sex-Show war wieder etwas ganz anderes. Dort traten ein Doktor und eine verdorbene Krankenschwester auf; das Ganze unter dem Deckmantel eines Aufklärungsvortrags zum Thema Hygiene, gefolgt von einer spektakulären Show mit dem Titel «Das

Wunder des Lebens». Dort war es, wo die Männer vorzeitig gingen und sich schworen, nie mehr einer aufreizenden Frau hinterher zu blicken." Keiner der Jahrmarktsmitarbeiter, so LaVey, habe allerdings je eine Affäre mit einer der Darstellerinnen gehabt – das wäre schon einer Art Inzucht gleichgekommen. „Im Vertrauen, es wurde jedoch erwartet, dass man zumindest ein Verhältnis mit einem der Mädchen hatte, die kamen, um sich selbst von der aufregenden, glamourösen Jahrmarktswelt verzaubern zu lassen." Offensichtliche „Schürzenjäger" waren allerdings Gift für die Jahrmarktsbetreiber, auf der gleichen Stufe mit Säufern und Raufbolden, und die meisten Stellenangebote in *The Billboard* (einem Wochenblatt für das fahrende Schaustellergewerbe) baten solche Leute, „zu bleiben, wo sie sind". Anton unterhielt einige Liaisons mit den Mädels aus der Stadt, die in Kleidern über den Festplatz stolzierten, die ihrer eigenen Vorstellung von Glamour so nahe wie möglich kamen, oder mit Ortsansässigen, die es sich in den Kopf gesetzt hatten, Filmstars zu werden und gerade als „Tänzerinnen" ihre ersten Schritte unternahmen. Meist schafften sie es gerade mal bis zur nächsten Kleinstadt, weiter nicht.

Hielt sich der Jahrmarkt in einer Stadt auf, wo im örtlichen Lichtspielhaus soeben eine „Mitternachts-Spukshow" gegeben wurde, bemühte sich Anton, die Ebenbilder von „Dr. Zomb", „Dr. Doom" und „Dr. Tomb" zu unterstützen, indem er Spaghetti und Weintrauben von den Rängen der stockdunklen Kleinstadtkinos warf, direkt in den Schoß der Zuschauer, und dazu „Würmer!" oder „Augäpfel!" rief.

Manchmal bediente Anton die Fahrgeschäfte, und auch wenn der Betreiber des Blaslochs im Gruselkabinett eine Verschnaufpause brauchte, sprang LaVey begeistert für ihn ein. Dann war da noch das Panoptikum, wo es jede Menge Freaks und menschliche Attraktionen zu bestaunen gab, wie Schwertschlucker, Spitzköpfe[1],

---

[1] Spitzköpfe waren Menschen mit einem langen, spitz zulaufenden Schädel; man kann sie sich ein wenig vorstellen wie die Coneheads aus dem gleichnamigen Film. (Anm. d. Übers.)

Gummimenschen, Glasfresser, den Alligator-Boy oder Grace McDaniels, die Frau mit dem Eselsgesicht, und Johnny Eck, den unglaublichen Mann ohne Unterleib. Und wieder fand LaVey unter denen, die als gesellschaftliche Außenseiter galten, viele Freunde. „Die Freaks – das waren die Königinnen und Könige der Jahrmarktswelt. Hier wurde ihnen die Anerkennung zuteil, nach der sie da draußen vergeblich suchten. Diese menschlichen Kuriositäten, als Missgeburten zur Welt gekommen, genossen ein viel höheres Ansehen als Fakire oder Feuerschlucker oder am ganzen Körper Tätowierte. Sie alle mussten ihre ungewöhnlichen Talente erst erlernen oder, im Fall der Tätowierten, ihren Körper verunstalten, um sich von der Masse abzuheben. Die Missgeburten aber verfügten in der Tat über ein besonderes Geburtsrecht."

Noch lieber als bei den anderen Shows arbeitete LaVey im dem Teil des Jahrmarkts, wo all die Mystiker, Wahrsager, Handleser, Hypnotiseure und Magier ihre Dienste anboten. Dort lernte Anton alle Geheimnisse der Zigeuner-Wahrsagekunst, die er aufschnappen konnte. Joe Calgary brachte LaVey die Magie der „Umschlagtricks" bei – also der Kunst, mit verbundenen Augen zu „lesen", was auf einem Zettel stand, der in einem versiegelten Briefumschlag steckte. Johnny Starr, ein schräger Jahrmarktschreier, zeigte ihm den Swami-Trick: Starr saß dabei hinter einem Tisch, einen Turban auf dem Kopf, während ein hübsches Mädchen zusammengefaltete Zettel mit Botschaften aus dem Publikum einsammelte. Sie nahm die Zettel mit auf die Bühne und gab sie in eine Milchglasschüssel. Von dort fielen sie – vom Publikum unbemerkt – direkt über einen Schacht in LaVeys Hände, der unterhalb der Bühne bereits auf sie wartete. Er entfaltete die Zettel, strahlte sie mit einer Taschenlampe an und sorgte mit Hilfe einer Vergrößerungslinse dafür, dass auch „Swami" Starr auf der Bühne sie entziffern konnte. Der Meister mit dem Turban konnte also den exakten Wortlaut der vom Publikum geschriebenen Botschaften wiedergeben, wofür er freudige Verblüffung und wilden Applaus erntete. „Den Turban (oder andere Hüte) trug Johnny eigentlich nicht des Showeffekts wegen, sondern um eine Tantalplatte in seinem Kopf zu verbergen, die Folge einer Kriegsverletzung."

LaVey beobachtete und belauschte alles aufmerksam und lernte so viel er nur konnte: Phrenologie, Handlesen, Astrologie und Zaubertricks. Auch für sich selbst erfand er eine eindrucksvolle Nummer – als Hypnotiseur in der Varieté-Show. Als Höhepunkt seiner Vorführung machte er ein Mädchen steif wie ein Brett, legte sie über zwei Stühle und bat jemanden aus dem Publikum, sich auf sie zu setzen. Zu jener Zeit hatte LaVey bereits das typische Erscheinungsbild eines Jahrmarktskünstlers: auffälliges Sakko, handbemalte Krawatte, bleistiftdünner Schnurrbart. Er genoss eine Ausbildung, die kein College dieser Welt ihm hätte bieten können – die Ausbildung eines Hochstaplers in puncto Geldbeschaffung und der Kunst, sich die sinnliche Natur der Menschen zunutze zu machen – und verkörperte diese Rolle mit Vergnügen. Mit der Narbe auf seiner Wange, die er sich bei einer Messerstecherei mit einem Freund zugezogen hatte, wirkte er teuflisch und mit allen Wassern gewaschen.

Durch seine Jahrmarktserfahrungen lernte er, wie gerne Menschen an der Nase herumgeführt werden, und wie viel sie dafür zu zahlen bereit sind – wie sie gleich Ghouls nach immer abscheulicheren Reizen gieren, wie sie nach Art von Voyeuren immer lasziveren Leckerbissen nachjagen, und wie sehr die Einsamen und Kranken sich nach Wundern sehnen – ja, wie sie dich geradezu hassen, wenn du sie nicht ausreichend veräppelst. Der Jahrmarktszauberer weiß, dass es keine Wunder gibt – es gibt nur das, was man im Leben selbst geschehen lässt. Dennoch sind die Menschen stets dazu bereit, ihr Geld zum Fenster hinauszuwerfen, nur für etwas Glanz und Glitter – wie Armkettchen mit Edelsteinimitaten, billige Armbanduhren, riesige Plüschtiere, wertlose Trostpreise und allerlei Firlefanz.
Monster Midway und *Step Right Up!* – zwei der wenigen Grundlagenwerke über Rummelplätze und Jahrmärkte - stammen aus der Feder von LaVeys alten Kumpels William Lindsay Gresham und Daniel P. Mannix. Auch wenn die Bekanntschaft mit Gresham

wegen dessen frühen Todes nicht lange währte, hielt LaVey seine freundschaftliche Korrespondenz mit Daniel Mannix dennoch aufrecht. Er setzte dieser Freundschaft sogar ein Denkmal durch die Namen seiner Tochter und seines Enkels – Zeena und Stanton -, benannt nach Figuren aus Greshams anderem bekanntem Rummelplatzroman, *Nightmare Alley*. Ein weiteres großartiges Buch zu diesem Thema ist *The Midway Showman*; der Autor Don Boles schreibt darin: „Die Fähigkeit, ganz alltägliche Dinge mit großen Gesten zu präsentieren, sich schillernde Lügengeschichten darüber auszudenken und die Unverfrorenheit zu besitzen, sie gegen den Kauf einer Eintrittskarte zur Schau zu stellen, qualifiziert einen Mann für das Schaustellergewerbe. Die Betrügerei ist hier eine Art von Magie: Jahrmarktsschausteller halten es für legitim, die Leute hinters Licht zu führen, solange man ihnen als Gegenwert für ihr Geld Unterhaltung bietet."

LaVeys Gegner kreideten ihm oft an, er stamme ja aus der „Zirkus- und Jahrmarktsszene", als wäre dies der Beweis dafür, dass er ein Scharlatan sei. Doch wie LaVey schon feststellte: Die Subkultur des Jahrmarkts hat ihre eigenen Maßstäbe, ihre eigenen Richtlinien. „Auf dem Rummelplatz erkannten wir sofort, ob jemand authentisch war oder anderen nur etwas vorgaukeln wollte. Die Prediger der Zeltmission trieben sich auf Jahrmärkten herum wie Ungeziefer. Keiner konnte sie leiden. Sie tauchten überall auf, wo es einen guten Schnitt zu machen gab. Alle gestanden sie, «Jesushändler» zu sein; alles, was sie interessierte, war der Schnitt, den sie machen konnten. Zumindest damals taten nur wenige von ihnen so, als würden sie an den Bullshit, den sie verkauften, auch wirklich glauben. Sie kapierten einfach nur, dass sie die Bauerntölpel ausnehmen konnten, wie andere fahrende Schausteller das auch machten. Sobald Tante Erna außer Hörweite war, scherzten und fachsimpelten sie wie Totengräber darüber, was sie alles anstellen würden. Nicht wenige von ihnen landeten später in Folsom oder San Quentin, wenn sie versucht hatten, den Falschen abzuzocken. Aber sofern sie wenigstens aufrichtig waren, konnte man sie ein bisschen respektieren. Das ist das Gesetz der Rummelplätze."

„Und dann sehen Sie sich Laura an, die bedauernswerte Laura, das Kind des Teufels. Treten Sie ein und begegnen Sie ihr leibhaftig. Nehmt sie heute lieber an die kurze Kette, Jungs, sie wird unruhig. Hören Sie, wie sie schreit? Was hat sie denn? Werft ihr noch ein lebendiges Huhn hinein, sie ist wohl hungrig. Sehen Sie zu, wie Sie herumspringt. Hören Sie sie heulen! Verlassen wie ein Kind, von wilden Tieren gesäugt. Wie sie grunzt und knurrt und kreischt und jammert. Doch die arme Laura kann kein einziges Wort sprechen. Werden Sie Zeuge, wie tief ein menschliches Wesen sinken kann! Wer sie einmal sah, vergisst sie nie …“[3]

KAPITEL VIER
Nächte mit Marilyn

Eine schwülwarme Nacht in Los Angeles, anno 1948. Treten Sie durch die Tür eines altmodischen Varieté-Theaters, fernab von der heiseren und nimmermüden Stimme des Ausrufers vor der Tür. Die Gerüche im Foyer – Popcorn, Zigarrenrauch, Desinfektionsmittel, Cola – vermischen sich mit dem modrigen Aroma eines alten Theaterteppichbodens. Schlüpfen Sie durch den muffigen Vorhang in den eigentlichen Vorführraum, atmen Sie den Duft von schalem Muskatellerwein aus Flaschen, die dösenden Betrunkenen auf den hinteren Sitzen aus der Hand geglitten sind, am Boden liegenblieben und immer dann ins Rollen kommen, wenn das Mädchen auf der Bühne seine atemberaubendsten Bewegungen hinlegt.

Suchen Sie sich einen Platz ziemlich weit vorne, gleich neben dem Gang, der sich durch die Zuschauerreihen bohrt. Von hier haben Sie den besten Blick zur Bühne. Lehnen Sie sich zurück, legen Sie Ihren Hut in den Schoß und warten Sie, bis der Vorhang sich öffnet. Sie lassen das spitze Geschrei des Popcorn- und Limonadenverkäufers über sich ergehen, als ihre Aufmerksamkeit plötzlich abgelenkt ist von dem blassen, dunkelhaarigen, jungen Mann, der durch den Seitenvorhang hereingleitet, eine Reihe von Notenblättern in der Hand. Weniger schnell als zielgerichtet und routiniert breitet er das mit Bleistift beschriebene Manuskript vor sich aus und findet genügend Zeit, um über seine Zigarette hinweg einen Blick auf seine Noten zu werfen, während der Popcornverkäufer den Gang wieder hinaufschlurft. Der junge Mann schlägt die ersten triumphalen Akkorde an und ruft damit die Revuetänzerinnen auf den Plan. Ein Anflug von Stolz liegt in seinem Lächeln, als das nächste Mädchen durch den Vorhang späht, bereit für ihren Auftritt. Der Saal wird dunkler, ein einzelner blauer Lichtfleck fällt auf die Bühne.

Eine dralle, junge Blondine beginnt langsam zu strippen, während das Spiel des Organisten zur *Hymn à L'Amour* überleitet. Ihre Bewegungen sind gleichzeitig mädchenhaft unschuldig und unwiderstehlich sinnlich. Sie können beide sehen, die Tänzerin und den Musiker; Ihre Blicke wechseln hin und her zwischen ihrem wogenden Fleisch und seinen Svengali-Augen, mit denen er sie beobachtet, während seine Hände im Gleichschritt mit ihren Bewegungen über die Tasten gleiten. Er überwacht sie aus der Dunkelheit.

Alle paar Wochen wird am Mayan Burlesque Theater das Thema gewechselt. Die heutige Vorstellung dreht sich um Paris, deshalb spielt der Organist ein geschmuggeltes, handgeschriebenes Arrangement der *Hymn à L'Amour*, soeben komponiert von Edith Piafs Begleitmusiker und in den USA noch unveröffentlicht. Die Tänzerin? - Marilyn Monroe.

Die Jahrmarktssaison endet etwa um die Zeit, wenn der kalte Winterwind die Menschen in ihre Häuser jagt. Der kahle Rummelplatz liegt dann verwaist. Wer die Möglichkeit hat, übt einen anderen Job aus, bis die Truppe im Frühjahr zu einer neuen Tour aufbricht. Anton LaVey hatte sich unter den Besitzern von Varieté-Theatern einen Ruf als schillernde Persönlichkeit (und verlässlicher Musiker) erworben; so fiel es ihm nicht schwer, in der Striplokal-Szene von Los Angeles unterzukommen. Er arbeitete schichtweise im Mayan und im Burbank, zwei der bekannteren Theater, aber auch im Zucca's, einem berüchtigten Nachtclub in Culver City. Marilyn Monroe (bekannt auch als „Marilyn Marlowe", „Noreen Mortenson" und „Mona Monroe") war kurz zuvor von Columbia entlassen worden und hatte das Angebot des Theatermanagers akzeptiert, „bis sich etwas Besseres findet". Sie brauchte das Geld, um sich weiterhin ihr Zimmer im Hollywood Studio Club leisten zu können, einem Wohnkomplex, der auch viele andere hoffnungsvolle Stars und Sternchen beherbergte, gleich in der Nähe der Casting-Zentrale.

Anton war achtzehn und gab vor, fünfundzwanzig zu sein. „Marilyn sagte, sie sei zweiundzwanzig, aber ich glaubte ihr kein Wort. Warum waren alle Mädchen, mit denen ich ausgehen wollte oder zusammenarbeitete, immer ausgerechnet zweiundzwanzig Jahre alt? Die Sechzehnjährigen gaben sich gerne als Zweiundzwanzigjährige aus, weil sie dachten, niemand würde ihnen glauben, wenn sie einundzwanzig sagten. Und die Achtundzwanzigjährigen hielten sich noch für jugendlich genug, um damit durchzukommen." Nachdem sie bereits für Dutzende von Softpornozeitschriften posiert und einige Nebenrollen in Filmen gespielt hatte, war Marilyn nun erstmals in einer größeren Rolle (als Stripperin in *Ladies Of The Chorus*) zu sehen, und Anton und sie sahen ihn sich gemeinsam im Kino an. „Es schien, als wäre sie mehr an den Kommentaren der Zuschauer beim Verlassen des Kinos interessiert, als darauf zu achten, wie sie selbst auf der Leinwand aussah. Es fiel ihr schwer, sich vorzustellen, dass die Person da oben sie war."

Als Varieté-Tänzerin „war sie das, was die anderen Mädchen als «Schleppenträgerin» bezeichneten – das heißt, sie ließ sich sehr viel Zeit, ihre Kleider auszuziehen", erzählte Anton. „Das höflichere Wort dafür war «exotisch» – ein orgasmusähnlicher Akt, im Gegensatz zu den hektischen, hastigen Routinenummern. Den meisten Männern gefiel es – manche schliefen auch ein, aber die Mehrzahl ließ sich gern auf diese Weise heiß machen. Ein Mädchen, das als Künstlerin gelten wollte, musste zwangsweise zur Schleppenträgerin werden.

Ich schaffe es immer, das Ungezogene und Verdorbene aus Frauen hervorzukitzeln. Selbst wenn sie sich für anständig und angepasst und sauber halten, bringe ich das Verdorbene zum Vorschein. Da ich selbst als so verrucht und böse gelte, haben sie das Gefühl, in meiner Gesellschaft könnten sie ungezogener sein, als sie es bei anderen Männern jemals wagen würden."

Sie hatte Ärger mit ihrem Bühnenmanager. Sie hatte vor, ihren Auftritt mit *It's Magic* (bekannt durch Doris Day) zu beginnen, gefolgt von *Nature Boy*, einem tief bewegenden Song von Eden Ahbez. Ihr Bühnenmanager jedoch hatte Angst, die Leute könnten einschlafen. Er ersetzte *Nature Boy* durch *Slow Boat To China*. „The greatest thing you'll ever learn, is just to love and be loved in return." Es war sein Job, darauf zu achten, dass die Mädchen ihr Programm so abwechslungsreich wie möglich gestalteten. Marilyn fühlte sich eher bei langsamen Stücken wie *Deep Night* zu Hause. Anton zeigte sich mit ihrer Musikauswahl zufrieden. „Sie war nicht geeignet für die temporeichen Nummern wie *Ragtime Cowboy Joe* – obwohl das komischerweise die Sachen waren, die sie später in ihren Filmen sang … Songs wie *Heat Wave und Running Wild*. Ihre wahre Anziehungskraft jedoch lag in ihren weichen Gesichtszügen und ihren fast schon kränklich wirkenden, übertrieben teigigen Körperformen. Sie brauchte Musik, die vor allem diese Eigenschaften betonte."

Dieser außergewöhnlich weiße Teint war es hauptsächlich, den Anton an Marilyn so anziehend fand. „Sie war es, die in mir die Faszination entfachte, den ein solch durchschimmernder Hauttyp auch heute noch auf mich ausübt. Bevor ich Marilyn kennenlernte, hatte ich mich nie besonders für Blondinen interessiert. Ich kann mich jedoch an eine Party erinnern, die ich zusammen mit einigen Kumpels besuchte, als ich etwa 16 war. Als wir den Raum betraten, balgten einige der Kids miteinander herum, und sie hatten dieses Mädchen zu Boden gezwungen, deren Kleid bis oberhalb ihres Hinterteils verrutscht war. Ich sah, wie ihre dünnen Höschen sich um die weißen, prallen Schenkel spannten … sie war blond, und sie hatte genau diese Art von Haut. Sie war einfach nur ein Schulmädchen – ich empfand kein erotisches Interesse für sie. Ich machte mir keine weiteren Gedanken darüber, drehte mich um und widmete mich meinen eigenen Angelegenheiten. Woran sich zeigt, dass man nie sagen kann, wie die E.C.I.[2] sich äußert. Es ist nichts, auf das man sich vorbereiten kann – es geschieht einfach.

Dann, als ich Marilyn zum ersten Mal auf der Bühne sah, drehte sie sich um, und ich sah dieses bleiche Fleisch, weich wie Marshmallows, mit kleinen blauen Flecken auf der Rückseite ihrer Schenkel – und ein erotisches Empfinden machte sich in mir breit, das ich seit jener Party, die nun schon Jahre zurücklag, nicht mehr verspürt hatte. Es war, wie ich gestehen muss, mehr das Erwachen eines Objekts der Begierde als eines richtigen Liebesobjekts. Wenn ich heute an Marilyn denke, sehe ich sie nicht, wie sie auf Postern oder im Film gezeigt wird – ich sehe diese wunderbar drallen, weißen Schenkel. Alles, was mir blieb, sind Erinnerungen – das Einzige, worauf wir immer zählen können. Jeder, der mir meine Erinnerungen wegnehmen will, attackiert mich auf sehr greifbare Weise. Alles besteht aus Erinnerungen und Ästhetik. Es sind die einzigen Dinge, auf die es wirklich ankommt."

Marilyn war von Anton als Musiker ziemlich angetan. „Es war während ihrer «musikalischen Phase», als sie eine unterdrückte Liebesbeziehung zu Fred Karger hatte, dem Musikdirektor von Columbia." In jener ersten Nacht ging Anton während der Pause auf Marilyn zu, um ihr einige Songs vorzuschlagen, die sie in ihr Repertoire aufnehmen könnte. Als der dritte Teil begann, streute er ein paar Refrainfetzen von *Dream Lover und Deep Night* in seine Musik ein. Und Marilyn reagierte darauf, dankbar für sein Talent, aus jedem Stück das Maximum herauszuholen. Obwohl sie sich bei ihrer Stripnummer nur bis zum G-String und den Brustwarzen-Pasties auszog, hatte sie das Publikum voll im Griff. Als ihr Tanz zu Ende ging, wussten beide, dass sie ein Liebespaar werden würden.

Obwohl ihre gemeinsame Zeit nur kurz war, waren sie unzertrennlich und sehr innig, wie junge Liebespaare es oftmals sind. LaVey zog

[2] E.C.I. (Erotic Crystallization Inertia): Der Zeitpunkt, zu dem ein sexueller Fetisch sich manifestiert.

mit Marilyn in ein Motel am Washington Boulevard. „Es war die typisch verlauste Autofahrer-Absteige, wie in diesem Stadtteil nicht anders zu erwarten, aber es war billig, und es war ein Bett drin." Spargründe spielten bei diesem Umzug eine wichtige Rolle. Marilyn verdiente als Stripperin nur 12 Dollar am Tag ... zwei Dollar mehr als Anton.
Wenn sie das Theater verließen, fuhren sie gelegentlich in Marilyns Pontiac die Schnellstraße am Ocean Park entlang. Wobei „Schnellstraße" eine irreführende Bezeichnung ist; es war nur ein langes, schmales, zweispuriges Straßenstück voll Schlaglöcher, das am Meer entlang führte. Zu beiden Seiten der mit Sand überwehten Fahrbahn blitzten Bohrtürme auf und verschwanden wieder im Nichts.

„Eines Nachts gab Marilyns Wagen ungefähr eine Meile vor der Stadt den Geist auf, und wir mussten den ganzen Weg zurücklaufen. Wir schafften es bis zum P.E. Intercity-S-Bahnhof in Venice, wo wir ewig warten mussten. Nur einmal pro Stunde kamen diese «Roten Wagen` vorbei – sie durchquerten die gesamte Strecke vom Venice Pier durch Hollywood entlang dem Venice Boulevard.

Diese Wagen fuhren ziemlich schnell – nachts, wenn nur wenig Verkehr war, angeblich bis zu 60 Meilen in der Stunde. Bei diesem Tempo begannen die Wagen zu schwanken – schlingerten und schaukelten. Wenn die Räder unter dir knirschten, war es fast wie in einer Achterbahn. Das waren die Tage, in denen die Straßenbahnen noch Korbsitze hatten, die das urwüchsige Aroma der verschwitzten Ärsche ausströmten, die den ganzen Tag an ihnen klebten."

Sie setzten sich ganz hinten in die Bahn. Die einzige Person, die sich außer ihnen noch im Wagen befand, war zu so später Stunde meist der Wagenführer, und nicht einmal er hatte Lust, bis zu ihnen zu laufen. Da waren zwei Betrunkene, total ausgepowert. Während die rhythmische Bewegung des Fahrzeugs die anderen Passagiere sanft in den Schlaf wiegte, überkam Marilyn die Leidenschaft. Sie klammerte sich an Anton fest und presste ihren Körper fest gegen seinen. Dann stand er auf, zog ihr enges Kleid nach oben und setzte sich auf ihren Schoß. „Wir trieben es da hinten miteinander – was umso reizvoller war, als ständig die Gefahr bestand, die Betrunkenen könnten aufwachen und uns sehen. Sie liebte es, wenn Gefahr im Spiel war. Wir trieben es immer an Orten, wo eine gewisse Chance bestand, entdeckt zu werden – zum Beispiel auf einem Friedhof, auf dem Rücksitz ihres Autos, einem verlassenen Gebäude. Ihr gefiel dieser Nervenkitzel.

Unser Motel befand sich in Redondo, und als wir aus der S-Bahn stiegen, nahmen wir eine Abkürzung über sieben oder acht leerstehende Plätze. Solche großen, von Unkraut überwucherten Areale gab es damals überall in Los Angeles – deshalb konnte auch die Leiche der Black Dahlia auf einem davon entsorgt und erst im Morgengrauen entdeckt werden. Als wir endlich unser Motel erreichten, ging schon die Sonne auf. Am nächsten Morgen mussten wir hinaus und das Auto abschleppen lassen. Der Fahrer des Abschleppwagens wollte uns 25 Dollar für seine Dienste berechnen, aber Marilyn konnte ihn dazu überreden, es umsonst zu machen. Frauen können so etwas."

Auch wenn es Marilyn keine Probleme bereitete, Männer zu bezaubern – mit ihrem Auto hatte sie nicht so viel Glück. „Sie war eine grauenvolle Fahrerin", beteuerte Anton. „Einmal stieß sie mit dem Wagen eines Pfarrers zusammen. Fuhr ihm von hinten rein, als er an einer Ampel wartete. Natürlich konnte er nicht fluchen, aber man sah, dass er wirklich aufgebracht war. Manche Leute haben diesem Vorfall symbolische Bedeutung beigemessen. Vielleicht hatten sie ja recht. Sie hatte die Religion gründlich satt, bevor sie mich traf. Ihr Leben lang erzählte man ihr, sie tauge nichts, sei eine Sünderin und verderbt. Zum Überlaufen kam das Fass etwa zwei Wochen bevor sie diesen Pfarrer rammte. Sie ging in einen Lesesaal der Christian Science und versuchte, dieses Zeug wirklich zu lesen. Zum Schluss kam sie mit der Überzeugung heraus, man könne es nicht lesen – es ergebe keinen Sinn." Anton vermutete, das war einer der Gründe, weshalb sie sich so gut verstanden – weil ihre Abneigung gegen Religion auf Gegenseitigkeit beruhte.

Marilyn war fasziniert von Antons Geschichten über das Leben auf den Rummelplätzen und die dunklen Künste, in die er immer weiter vordrang. Wenn sie im nächtlichen Nebel durch die Straßen von Los Angeles fuhren, wollte sie ständig mehr erfahren über Okkultismus, über den Tod - um ebenfalls jene fremdartigen und bizarren Landstriche zu erkunden, mit denen Anton immer vertrauter wurde.

Auch ein starkes Verlangen nach Kultur verband LaVey und Marilyn. Paul Valentine (auch bekannt als „Val Valentino") war ein ungewöhnlich guter Tänzer und Choreograph am Mayan. Er war zu jener Zeit verheiratet mit der temperamentvollen Stripperin Lili St. Cyr, zu deren Auftritt Anton am Zucca's gespielt hatte. „Paul Valentine hielt mich für einen sonderbaren Typen. Marilyn und ich gingen immer auf den obersten Rang, wenn so affige Lückenfüller gezeigt wurden wie *Amok* oder *Omoo, The Shark God.* Einmal hörte ich, wie Valentine zum Stichwortgeber sagte: »Ich glaube, die sehen sich da oben wirklich diese Filme an.' Taten wir auch. Wir waren hungrig. Wir wollten lernen – uns die Partitur von Bizet anhören oder die Kulissen genau untersuchen." Was seltsam war: Nur wenig später tauchte Valentine in dem Marx-Brothers-Streifen *Love Happy* auf, in der Marilyn in ihrer bekanntesten Statistenrolle Groucho verhöhnen musste.

Einer ihrer bevorzugten Parkplätze befand sich in der Nähe des Ennis House auf Glendower, hoch über Los Angeles. Das von Frank Lloyd Wright entworfene Gebäude wies (wie viele seiner Projekte) Trapezformen auf und wurde aufgrund seiner frappierenden Ähnlichkeit mit den alten zentralamerikanischen Bauwerken oft als „Mayatempel" bezeichnet. Viele sagten, es sei verhext – eine recht bewegte Vergangenheit also. Es befindet sich auf gerader Linie mit dem Mayan Theater.

„Wir kamen die meiste Zeit gut miteinander klar. Nur an einen Streit mit ihr kann ich mich erinnern. Es handelte sich um den langen, breiten Reichsluftschutzbund-Schal aus dem zweiten Weltkrieg, den ich schon seit 1943 besaß. Wir konnten ihn nicht finden, und ich war mir sicher, sie hatte ihn irgendwo versteckt und wollte ihn mir nicht wiedergeben. Ich wurde ungerecht zu ihr, und sie wurde bockig. Ich durchwühlte sämtliche Kartons im Kofferraum ihres Wagens. Schließlich fanden wir den Schal – er steckte zusammengeknüllt irgendwo am Bettende, unter den Laken. Ich habe noch immer den Verdacht, dass sie ihn behalten wollte. Ich war in vielen Dingen noch ziemlich unerfahren – mir war nicht klar, wie gerne Frauen solche Dinge behalten.

Heute spricht man davon, wie viele Leute was mit Marilyn hatten, vom Präsidenten bis zum Hotelpagen. Wie sie ihnen für alles, was sie bekam, sexuell zu Diensten stand. Wie zum Beispiel Joe Schenck – ich war damals dabei, ich weiß, dass sie einige Male zum Essen zu ihm nach Hause kam. Er half ihr mit Geld über die Runden – so weit in etwa ist es damals gegangen. Man zitiert Marilyn immer mit den Worten »Das ist der letzte Schwanz, den ich in meinem Leben lutschen muss.' Aber das hat sie nie gesagt; es war nicht ihre Art, sich auszudrücken. Mir fällt da die Szene aus *The Producers* ein, in der Kenneth Man entsetzt ist über die hippe Darstellung Hitlers: »Der Führer hätte niemals »Baby' gesagt!' Sie machte so etwas nicht. Es war damals noch nicht im Trend wie heute. Erst mit *Deep Throat* kam so etwas auf. Sie sagte mir, sie habe ihm nur den Einsatz seiner Hände und jede Menge Blicke gestattet."

Anton LaVey war am ehesten dazu qualifiziert, über diese Zeit in Marilyns Leben zu sprechen, die im Allgemeinen als die „verlorenen Jahre" gilt. Sie trieb sich herum, frustriert darüber, dass Columbia ihr kurz zuvor den Laufpass gegeben hatte; ein Teil ihrer Habseligkeiten befand sich, über mehrere Kisten verteilt, in einem Motelzimmer, ein anderer Teil im Kofferraum ihres Wagens. Doch ihr begehrtes Zimmer im Hollywood Studio Club behielt sie die ganze Zeit über. „Sie war damals ziemlich durch den Wind

– in mehrfacher Hinsicht sehr deprimiert. Vielleicht der absolute Tiefpunkt ihres Lebens, bis zu der Zeit, als sie starb."

Das Interludium mit Marilyn dauerte nur ein paar Wochen. Dann lernte Anton LaVey die Tochter eines einflussreichen Geschäftsmannes aus Los Angeles kennen. Hier bot sich die Gelegenheit, zu materiellem Wohlstand zu gelangen, voranzukommen und erfolgreich zu sein. Doch auch wenn einige seiner Hoffnungen sich dadurch erfüllten, hatte seine neue Beziehung in intellektueller und sexueller Hinsicht nicht viel zu bieten. Schon bald sehnte er sich nach dem stillen Einverständnis zurück, das er bei Marilyn als Selbstverständlichkeit empfunden hatte. Doch es war zu spät. Sie war weitergezogen, um schon bald jenen meteorhaften Aufstieg zu erleben, der für sie gleichermaßen zum Traum und Alptraum wurde. Sie schrieben sich zwar noch ein weiteres Jahrzehnt lang Briefe, sahen sich jedoch nie wieder.

„Die Menschen haben keine Ahnung, was Ewigkeit bedeutet, wenn sie sagen, sie würden gern ewig leben. Alle Geschehnisse würden miteinander verschwimmen – die Gefühle blieben zwar stark, doch die einzelnen Szenen würden in unserer Erinnerung konturlos bleiben. So viele Dinge aus der Vergangenheit würden verschmelzen und ineinander überfließen. Es ist besser, man lebt nur kurz, verleiht dabei aber jedem Vorfall und jedem Geschehnis so viel Bestand und so viel Kontur wie den damit verbundenen Gefühlen."

Obwohl sie sich nur kurze Zeit körperlich nahe waren, blieben bei beiden doch Bilder im Kopf haften, die sie zeitlebens in schauriger Regelmäßigkeit wieder heimsuchten. Immer wieder gab es zahllose Berührungspunkte in ihrem Leben, so wie ein bestimmtes Motiv in einer Oper immer wieder auftaucht. Anton verkörperte vielleicht einen bestimmten Männertyp, den Marilyn fortan bevorzugte. Auch wenn die Männer in ihrem Leben sich nicht ähnlich sahen, hatten sie doch etliche Merkmale gemeinsam – sie waren alle eher hager als dickbäuchig, waren dunkelhaarig, still, von eher animalischer als engelhafter Erscheinung. Und auch bei Anton ließ sich eine Veränderung des bevorzugten Frauenbilds beobachten. Diane Hegarty sah Marilyn verblüffend ähnlich und hatte eine Menge mit ihr gemeinsam. Antons erste Frau Carole wurde oft als „kleine Jayne Mansfield" beschrieben, eine weitere blonde Sex-Ikone des 20. Jahrhunderts (zu der Anton später eine enge Liaison hatte). Und wer heute eine Zeitung oder Zeitschrift verkaufen will, sollte tunlichst darauf achten, dass sie genügend Schlagzeilen mit den Namen „Marilyn Monroe" oder „Satan" enthält.

Beim Betrachten einiger Souvenirs (einschließlich eines signierten Exemplars des berühmten Kalender-Nacktfotos, das sie nicht nur schlagartig berühmt machte, sondern sie auch beinahe einen Studiovertrag kostete) erinnerte sich Anton: „Man weiß nie, was kommt. Mein Verhältnis mit ihr war kein großes Ding. Man hat eine Affäre mit jemandem, dann entfernt man sich wieder voneinander. Alles nicht so wichtig. Es gab eine Menge Mädels in meinem Umkreis, die berühmt hätten werden können, da sie die gleichen Voraussetzungen mitbrachten. Die eine Ausbildung zum Model gemacht und sich fotografieren lassen hatten, sogar in irgendwelchen Filmen Nebenrollen spielten. Wir wussten beide nicht, was vor uns lag. Wir erfreuten uns einfach aneinander. Wie schon gesagt, ich habe eine Schwäche für blonde, sehr dünnhäutige Frauen. Wenn es drauf ankommt, ist diese Verletzlichkeit alles, was für mich zählt.

Natürlich bekommt jeder auch das, was er erwartet – das sollte man bei der Betrachtung von Marilyns Leben nie vergessen. Wer verletzlich erscheint, wird auch immer dafür sorgen, dass er versagt, oder etwas tun, um weiterhin verletzlich zu erscheinen. Du bekommst das, was du erwartest. Man *kann* Menschen nach ihrem Aussehen beurteilen."

Und was kann uns der Schwarze Papst über Marilyns Ableben sagen? Er zögerte, als wir versuchten, ihm einen Kommentar abzunötigen. „Ich weiß von Leuten, die verschwanden, weil sie über hieb- und stichfeste Beweise verfügten." Seine Zurückhaltung war verständlich, obwohl er gestand: „Die Menschen kommen mit Dingen zu mir, die sie nie jemand anderem zeigen würden. Dem Teufel kannst du alles sagen." Da er zudem über die „verlorenen Jahre" in Marilyns Leben Bescheid wusste, befand Anton sich in einer ganz speziellen Position, um aus verschiedenen Quellen, die von anderen vielleicht übersehen oder unterschätzt wurden, Informationen über ihren Selbstmord zu erhalten.

1973 veröffentlichte LaVey einen Artikel im *Cloven Hoof,* in dem er schrieb, Marilyn Monroe würde zur Satanischen „Madonna" des 21. Jahrhunderts werden. In gewisser Weise ist das bereits geschehen. Nach ihrem Tod wurde sie allmählich zur Gottheit erhoben und unsterblich gemacht. Die Menschen sind fasziniert von diesem Kind einer geisteskranken Mutter und eines unbekannten Vaters. Ohne dass jemand etwas über sie wusste, tauchte sie eines Tages in der Öffentlichkeit auf, um viel zu früh wieder in der undurchdringlichen Finsternis zu verschwinden, aus der sie gekommen war. Wie viele Frauen, die Anton sehr nahestanden, bleibt sie in unseren Köpfen für immer jung, da sie nie die Chance hatte, alt zu werden. Da ihre Uhr vorher ablief, blieben ihr die Tumulte der Frauenbewegung erspart, und wir mussten nie erleben, dass sie sich veränderte. Wir bewahren sie jetzt wie eine Ikone, einen Talisman, der uns fortwährend an das Mysterium einer vergangenen Zeit erinnert. Marilyn Monroe ist keine reine und geschlechtslose Göttin, sondern aus Satanischer Sicht genau das Gegenteil – eine Göttin im Fleische: leidenschaftlich, fehlbar, verlockend, schön. Sollte Anton LaVey recht behalten, so hat unsere Faszination für sie den Weg zu einer neuen Art Weiblichkeit geebnet.

KAPITEL FÜNF

Was in der Nacht zum Leben erwacht

Nach seinem Techtelmechtel mit Marilyn in Los Angeles fühlte Anton sich lustloser und einsamer als je zuvor. Auch weiterhin spielte er in Striplokalen am Ocean Park Pier, auch weiterhin nahm er die seltsamsten Jobs an und musizierte in Nachtclubs, in Rauchersalons und bei Junggesellenabenden. Trotzdem – Los Angeles hatte seinen Reiz verloren. Abgesehen von einer kurzen Kameradschaft mit einem von Lucky Lucianos sizilianischen Schlägertypen gab es dort nichts, was ihn noch hielt. So beschloss er nach San Francisco zurückzukehren. Auch wenn er noch nicht wusste, womit er sich seinen Lebensunterhalt verdienen würde, war ihm klar: Schlechter als in L. A. konnten die Aussichten dort auch nicht sein.

Anton tat sich nicht schwer damit, Arbeit zu finden. Mit Leichtigkeit erwarb er sich einen Ruf als zuverlässiger Musikant für Stripshows in Lounges und Hotelfoyers. „Little Caesar" Granelli, ein örtlicher Organisator und Gastronom, engagierte ihn als Orgelspieler für mehrere von ihm gesponserte Junggesellenabende im Avalon Ballroom und im Beach Chalet. Gleichzeitig gelang es Anton, sein Talent als Fotograf unter Beweis zu stellen; er ergatterte einen Job bei Paramount Photo Sales (hat nichts mit dem Filmstudio zu tun) und fotografierte Frauen in verschiedenen Stadien der Nacktheit. Ihm gefiel seine Arbeit – egal ob er für Frauen spielte, die sich entkleideten, oder Frauen fotografierte, die sich auf etwas andere Weise zur Schau stellten.

Nach Ausbruch des Koreakriegs musste Anton damit rechnen, möglicherweise eingezogen zu werden. Damals flüchteten junge Männer, um der Wehrpflicht zu entgehen, nicht nach Kanada, sondern schrieben sich am College ein. Obwohl Anton sich nie die

Mühe gemacht hatte, die High School abzuschließen, ließ er sich davon nicht abhalten. Für jemanden, der die Tricks eines echten Schaustellers beherrschte, war das kein Hindernis. Im September 1949 schrieb er sich am San Francisco City College für Kriminologie als Hauptfach ein und bemühte sich darum, als seriöser Student zu gelten. Nach den Vorlesungen verdiente er sich sein Geld mit dem, was ihm am meisten lag – dem Musizieren.

Durch die Vermittlung von Freunden nahm er Verbindung zu militanten israelischen Gruppen auf, von denen manche den neu entstandenen Staat mit Waffen belieferten – Organisationen mit Namen wie Betar, Hashomer Hatzair, Poale Zion, die Stern-Gang und Irgun. Einige von ihnen waren aufgrund ihrer grausamen Taktiken bereits mit den Nazis verglichen worden. Paradoxerweise spielte LaVey genau zu jener Zeit Klavier bei Veteranentreffen der Abraham Lincoln Brigade – jenen Amerikanern, die es in den dreißiger Jahren durch ihren Idealismus nach Spanien verschlug, um für das zu kämpfen, was sie für richtig hielten, auch wenn sie sich dadurch unwiderruflich als Linke brandmarkten. Hier war es, wo Anton Leute wie Dalton Trumbo und Alvah Bessie kennenlernte, zwei der berüchtigtsten Mitglieder der „Hollywood Ten". Bessie arbeitete bei diesen Zusammenkünften als Beleuchter, weil er anderswo keine Arbeit fand. Anton wusste zwar, dass er vom FBI gefilmt wurde, wenn er die Versammlungsräume betrat, aber es schien ihn keineswegs abzuschrecken.

Anton sah, dass die „Rote Angst" nicht weit entfernt war von der vom Klerus ausgelösten Hysterie, die zur Folge hatte, dass Tausende von Menschen als Hexen und Zauberer auf dem Scheiterhaufen verbrannt worden waren, nur weil die falschen Leute sich von ihnen bedroht fühlten. Die Sympathie, die er unter den damaligen Umständen für sogenannte „kommunistische" Gruppen empfand, war nicht zu verkennen. Seine aufgeschlossene Art empfanden die zurückgewiesenen Patrioten als höchst erquicklich. Er hörte desillusionierte Männer, die Lieder über Madrid, Jarama, Brunete sangen … Mit nicht viel mehr als einer kratzigen alten Aufnahme erfüllte Anton ihre Musik mit neuem Leben. Sie vertrauten Anton, blühten richtiggehend auf, wenn sie sahen, wie lernbereit er war und wie viel Elan er in sein Spiel legte. Die Außenseiter, für die er spielte, schätzten seine Begeisterung und erfreuten ihn dafür mit Geschichten über die Partisanen, die bei den Internationalen Brigaden kämpften, und hofften, dass durch ihn ein Teil von ihnen am Leben blieb.

„Es war ein wenig wie bei den Eskapaden in alten Filmen wie *The Woman On Pier 13"*, erinnerte sich LaVey. Es gab in San Francisco zwei Haupttreffpunkte: ein jüdisches Gemeindezentrum sowie ein Arbeiterkollektiv in der Stadt. Hier trafen sich die Gefährten gleich nach ihrer Ankunft mit dem Schiff in der Bibliothek eines der beiden Orte und knüpften Kontakte. Mich engagierte man immer, um bei Modeschauen oder Varietés zu spielen, dann ließ ich mich durchschleusen und ging hinunter zu den Docks, wo Schiffe nach Israel mit Gewehrkisten beladen wurden. Bei vielen dieser Gewehre handelt es sich um während des Kriegs von amerikanischen Soldaten «freigegebene» Waffen, die in Kisten mit der Aufschrift DEWAT lagerten (für *«deactivated war trophies» = deaktivierte Kriegstrophäen*). Bevor jedoch eine Chance bestand, sie zu deaktivieren, mussten sie erst mit Rostschutz behandelt und nach Israel verschickt werden. Sie landeten in einer Kiste mit der Aufschrift «Menorahs» oder so – hauptsächlich deutsche MP 40 und P 38, aber auch japanische Nimbus – alles, was sie zwischen die Finger bekamen. Danach erhielt ich Anerkennungsschreiben von den Veranstaltern der Modenschauen, in denen stand, wie viel ich doch zu ihrer Präsentation beigetragen hätte; sie hatten ja keine Ahnung, was ich nach der Show machte.

Diese zionistischen Waffenschieber bezeichnet man am besten als ideologische Söldner. Ihre Einstellung lautete in etwa: «Okay, was ich tue, ist sowieso egal, aber zumindest tue ich das, was ich am besten kann.» Viele schienen mehr darum bemüht, die innovativen Waffentechnologien, mit denen sie experimentierten, zu perfektionieren, als um die Frage, was ihr neues Relais oder ihr neuer Sprengstoff eigentlich alles in die Luft jagen konnte. Ich lernte Zionisten kennen, die direkt aus europäischen Gefängnissen kamen – keinen Nazi-Konzentrationslagern, anderen Gefängnissen – und deren Schenkelhinterseiten perforiert waren vor MG-Feuernarben. Vor jener Zeit war ihre Haltung gegenüber den Nazis ambivalent gewesen. Sie hatten im Ersten Weltkrieg auf deutscher Seite gekämpft und Orden dafür empfangen, sie hatten in Spanien gegen Deutschland gekämpft, nur um zwielichtige Bündnisse mit den Nazis gegen die Briten in Palästina einzugehen, und danach kämpften sie für die Anerkennung des neugegründeten Staates Israel. So etwas kam häufig vor – häufiger als die Leute bis vor Kurzem noch hören wollten. Es gibt ein Buch mit dem Titel *Zionists In The Age Of Dictators (Zionisten im Zeitalter der Diktatoren)*, das viele meiner Vermutungen darüber bestätigt, was damals zwischen dem Zionismus und Nazideutschland zugange war.[4]

Als krönenden Abschluss dieser Zeit empfand ich viele Jahre später, kurz nach Herausgabe der *Satanischen Bibel*, ein Treffen mit dem Schauspieler Assaf Dayan, dem Sohn von Israels legendären Verteidigungsminister Moshe Dayan. Er war von diesem Buch hellauf begeistert und stimmte allem zu, was darin stand. Er beteuerte, genau nach dieser Philosophie würden sie im modernen Israel vorgehen, ja müssten sie zwangsläufig. Er lud mich ein, ihn im Haus seiner Familie in Tel Aviv zu besuchen, wann immer ich Lust hätte."

Als Antons Ersparnisse aus Rummelplatztagen zur Neige gingen, nahm er Jobs in Varietéclubs an, spielte für schlagzeilenträchtige Stripperinnen wie Lili St. Cyr, Zorita, Tempest Storm und Evelyn West. (Am Oakland's El Rey Theater, wo er arbeitete, startete soeben ein ehemaliger Armeefotograf namens Russ Meyer eine neue Karriere als beachtenswerter Softporno-Filmemacher.) Anton beobachtete das gleiche Phänomen, das ihm bereits auf dem Jahrmarkt sowie anderen Stripshows, bei denen er gearbeitet hatte, aufgefallen war: Egal wie hypnotisierend die Frau auf der Bühne wirkte – sobald sich ein hübsches Mädchen im Publikum befand, die „ungewollt" etwas mehr Bein oberhalb ihres Strumpfbandes zeigte als es sich schickte, wurden die Blicke der anwesenden Männer sofort auf sie gelenkt. Legte sie dabei ausreichend gespielte Unschuld an den Tag, waren bald alle Augen auf sie gerichtet statt auf das Mädchen, das sich vor ihnen auf der Bühne wand. Es war die gleiche Art von laszivem Interesse, die er bereits vom Blasloch im Kuriositätenkabinett her kannte.

In Antons Kopf kristallisierte sich eine Formel heraus, die er schließlich in verfeinerter Form als das „Gesetz des Verbotenen" definierte. Dieses Gesetz beschreibt das nur allzu menschliche Phänomen, sich vom Verbotenen mehr in den Bann ziehen zu lassen als von etwas, das erlaubt ist. Im Varietétheater übt die hübsche Besucherin, die mehr nackte Haut zeigt als sie bemerkt, einen weitaus lasziveren Zauber aus als die Stripperin auf der Bühne, die viel mehr von sich preisgibt. Am Blasloch zeigt die von dem Luftstrom bedrängte Frau mehr von sich als sie beabsichtigt – schmutzige Unterwäsche oder vielleicht auch gar keine Unterwäsche! Der Betrachter bekommt etwas zu sehen, das er auf gar keinen Fall sehen soll. Erst wirkt es nur ungezogen, dann unwiderstehlich. Eine fachkundige Hexe lernt diese Prinzipien und findet Möglichkeiten, sie zu ihrem Vorteil anzuwenden. (Anton erläutert diese Techniken in *The Compleat Witch* – später *The Satanic Witch,* dt. *Die Satanische Hexe*).

Playland At The Beach in San Francisco war einer der großen amerikanischen Vergnügungsparks an der Küste. Einige von Antons Kirmesfreunden arbeiteten dort in der Saisonpause, und seine Verbundenheit zu Rummelplätzen zog ihn ebenfalls dorthin. (Oben auf den Klippen erstreckten sich die geheimnisvollen Sutro Baths – ein „verwunschener Ort" par excellence.) Hier geschah es, dass Anton eines Abends seine erste Frau Carole Lansing kennenlernte, die Tochter eines leitenden Angestellten der Wells Fargo Bank. Er war augenblicklich verzaubert von der püppchenhaften, knapp einssechzig großen Blondine. Schon Jahre bevor Anton ihre Bekanntschaft machte, hatten Carols Freunde sie

als „Miniaturausgabe von Jayne Mansfield" beschrieben. Als Anton es einmal erwähnte, antwortete Jayne ohne zu zögern: „Wieso gibst du dich mit einer Miniaturausgabe zufrieden, wenn du das Original haben kannst?"
Da Carole minderjährig war, konnten die beiden erst heiraten, nachdem Carole eine Genehmigung von ihren Eltern eingeholt hatte. Obwohl sie ihre Tochter stets unterstützten, machte Caroles Beziehung zu diesem bedrohlich aussehenden, „älteren Mann" sie dennoch misstrauisch. Anton begriff, dass sein Aussehen bei den meisten Eltern nicht besonders gut ankam. Obwohl seine abgebrühte, finstere Erscheinung auf Mädchen einen seltsamen Reiz ausübte, zog er es vor, sich mit ihnen einen Block von zu Hause entfernt zu treffen.

Während der Zeit mit Carole wirkte Anton aufgrund einer tiefen Narbe auf seiner rechten Wange sogar noch suspekter. Sie stammte von einer Auseinandersetzung mit einem Freund, als er sechzehn war, also kurz bevor er von zu Hause auszog, um sich dem Zirkus anzuschließen. Der Streit begann mit einer abfälligen Bemerkung über die Tugendlosigkeit des Mädchens, mit dem Anton sich damals traf. Anton wurde wütend. Als der Kampf auszuarten begann, zog der andere Junge ein Messer und traf damit Antons Wange. „Er hatte wirklich keine andere Wahl. Ich hielt ihn im Würgegriff und hatte völlig die Kontrolle verloren; ich konnte nur daran denken, dass er das Mädchen beleidigt hatte. Das Traurige an der Sache war – er hatte wirklich recht."

Einige Zeit nach der Auseinandersetzung mit Anton wurde der Junge wegen einer völlig anderen Sache von der Polizei festgenommen. In seiner Zelle befestigte er seinen Gürtel an einem Rohr unterhalb der Zimmerdecke, legt das andere Ende um seinen Hals und erhängte sich selbst. Das war Antons erste Erfahrung mit dem, was er später *unbeabsichtigte Vergeltung* nannte.

Caroles Eltern waren letztlich entzückt von Antons zurückhaltendem Naturell und seiner Ergebenheit ihrer Tochter gegenüber. Angesichts von Caroles unerschütterlicher Hingabe blieb ihnen nichts anderes übrig, als ihren neuen Schwiegersohn so zu akzeptieren, wie er war. Anton wiederum bemühte sich, seinen Pflichten als Ehemann nachzukommen. Er verband seine Ausbildung in Kriminologie mit seinem fotografischen Talent und nahm einen Job als Polizeifotograf beim San Francisco Police Department an. Und wieder einmal hatte er Tag für Tag die schlimmste Seite der menschlichen Natur vor Augen. 24 Stunden am Tag dienstbereit, raste er mit dem Wagen durch die Stadt, um den Schauplatz eines Mordes, Selbstmords, Autounfalls oder einer Explosion zu fotografieren – überhaupt alles, was wegen der Ernsthaftigkeit der Umstände eine Untersuchung erforderlich machte.

Es gab genügend blutige Szenen, die Antons Geist in Wallung brachten: Da verbluteten Kinder am Straßenrand, während von den Unfallfahrern jede Spur fehlte; da wurden junge Frauen von eifersüchtigen Ehemännern erschlagen, da fischte man gedunsene Leichen aus der San Francisco Bay, da wurden Männern von ihren Brüdern oder besten Freunden erschossen und kleine Mädchen vergewaltigt und geschändet. Wie sollte er glauben, dass sich hinter all diesem Gemetzel ein tieferer Sinn verbarg und dass ein Gott im Himmel über jene Menschen wachte? Welchen Grund sollte es geben, unschuldige Seelen derart zu quälen und zu peinigen? Es konnte keinen Gott geben. Der Mensch selbst war es, den man zur Verantwortung ziehen musste, anstatt sich auf irgendeine höhere Macht zu verlassen, die für Gerechtigkeit sorgte. Ein solcher Gott existierte nicht.

„Es gibt keinen Gott. Es gibt kein allmächtiges Wesen im Himmel, das sich um das Leben der Menschen sorgt. Dort oben ist niemand, der sich auch nur die Bohne für uns interessiert. Der Mensch ist der einzige Gott. Der Mensch muss lernen, selbst für seine Taten die Verantwortung zu übernehmen und andere für ihre Taten zur Verantwortung zu ziehen."

Anton begriff, dass die Gerechtigkeit von jemand anderem verkörpert werden musste – nicht von einem unduldsamen, patriarchalischen Gott mit weißem Bart, sondern von einem neuen Anwalt der Menschheit. Einem, dem das Handeln der Menschen nicht so fremd war und der sich nicht hinter seiner „Göttlichkeit" verschanzte, sondern der verstand, welche Qualen es bedeutete, Mensch zu sein, und der unsere Leidenschaften und Schwächen aus Erfahrung kannte und trotzdem irgendwie weiser und stärker war. Anton erkannte, dass unsere wissenschaftlichen und philosophischen Errungenschaften stets das Werk von Menschen gewesen waren, die gegen „Gott" und die Kirche oder gegen das Diktat der Durchschnittsgesellschaft rebelliert hatten. Was wir brauchten, war jemand, der diesen revolutionären, kreativen, unbezähmbaren Geist in uns repräsentierte – keinen Heiligen Vater, aber vielleicht einen rebellischen Bruder.

Anton kannte sie bereits, die einzige Gestalt, die dieses Ideal erfüllte. Ein Gott, von dessen rebellischem, leidenschaftlichem Wesen man sich seit den finsteren Anfängen der Zeit erzählte, mal mit Ehrfurcht, mal mit Angst, mal auch mit beidem. Satan, oder wie auch immer er jeweils genannt wurde, suchte die Menschen heim, verlockte sie mit süßen Freuden und schenkte ihnen Erleuchtung in Form von schillernden Geheimnissen, die nur für Götter bestimmt waren. Von seinen Anbetern wurde Satan nicht als „Unser Vater" verstanden, sondern als Mitstreiter, der sich direkt um die Angelegenheiten der Männer und Frauen auf Erden sorgte. An ihn konnte man sich wenden, wenn es um die Macht der Vergeltung ging, und er gewährte den Menschen verdiente Wohltaten, die ein himmlischer „Gott" nie verstanden hätte. Anstatt Sünden zu kreieren und auf diese Weise schuldgeplagte Menschen zu erschaffen, ermutigte Satan dazu, sich seinen Gelüsten hinzugeben. Er war die einzige Gottheit, die uns wirklich verstand.

Da Anton seine Kamera ständig einsatzbereit halten musste, fand er gelegentlich Spaß daran, „aus dem Leben gegriffene" Schnappschüsse zu knipsen, wenn ihm etwas besonders bemerkenswert erschien. Seine Aufnahmen aus jener Zeit spiegeln deutlich den Einfluss von Arthur Fellig wider, der in den vierziger

Jahren als Polizeifotograf in New York arbeitete und besser bekannt war unter dem Namen Weegee. Antons fotografische Studien zeugten von einem so krassen Realismus, das sie schon ans Makabre grenzten, was ihn zu einem frühen Mitstreiter von Diane Arbus machte.
Während der Jahre, in denen er für die Polizei arbeitete, fanden seine Fotos eine Menge Beachtung. Einen Teil seiner Werke stellte er aus, einige Fotos verkaufte er an Zeitschriften und gewann Auszeichnungen bei mehreren Wettbewerben. Die Leute waren zwar nicht unbedingt angetan von Antons Aufnahmen von Mordschauplätzen, den entstellten Opfern von Autounfällen oder seiner nicht minder befremdlichen Betrachtung einer Familie beim Strandausflug, trotzdem fühlten sie sich dazu gezwungen, hinzusehen. Anton hingegen empfand die Kamera als zu einschränkend, zu mechanisch.

Schon seit einiger Zeit versuchte er sich auch als Maler und experimentierte unter anderem mit Techniken, die er sich aus den Werken von Ivan Albright abgeschaut hatte, dem Erschaffer des grellen Gemäldes für die Farbsequenz in dem Film *Das Bildnis des Dorian Gray*. Eines der Gemälde, die Anton ausstellte, war das abscheuliche Porträt eines Mannes im halb verwesten Zustand – sein ureigenes „Porträt auf dem Dachboden", das er als Einundzwanzigjähriger vollendet hatte. Das Gemälde befand sich in einem Galeriefenster, wo es Kunden anlocken sollte, doch es war zu verstörend – viele Leute beschwerten sich, man möge es doch entfernen.

Schon 1951 hatte Anton seine Ansichten so klar umrissen, dass er sich daran machen konnte, eine Gruppe „offizieller" Teufelsanbeter auszuwählen. Er besuchte eine lokale Gruppe des Ordens von Thelema in Berkeley: Anhänger von Aleister Crowley, der sich damit gerühmt hatte, der „verruchteste Mann der Welt" zu sein. Angeblich hatten diese Leute Kontakt zu den dunkleren Elementen. Anton war enttäuscht, als diese Berkeley-Sippschaft sich als mystisch angehauchte Gruppe von Kartenlesern entpuppte, die den

Schwerpunkt ihres Studiums auf östliche Philosophie, orientalische Sprachen, Sterne und Kontemplation legten, um auf diese Weise das spirituelle Nirwana des Einsseins zu erlangen. Ein paar Jahre zuvor hatte Anton sich Crowleys Bücher von Jack Parsons in Pasadena bestellt: *Equinox Of The Gods, Magic Without Tears, Moonchild, Diary Of A Dope Fiend, Sword And Song, Tannhäuser, The Book Of Lies, Yoga For Yahoos und The Book Of The Law (Das Buch des Gesetzes).* Als 1952 John Symonds' Crowley-Biografie *Das Tier 666* erschien, kam Anton zu dem Schluss, der Begründer der Thelemiten sei ein drogensüchtiger Poser gewesen, der seine größten Leistungen als Dichter und Bergsteiger erbracht hatte. Ungeachtet der hysterischen Geschichten über die wilden Satanischen Orgien, die er angeblich geleitet hatte, und der blasphemischen Einsichten, die seine Bücher angeblich enthielten, waren Crowleys Anhänger ziemlich zahm – viel feinstofflicher als Anton erwartet hatte. Ihm dämmerte, dass die Menschen sich von erfundenen Fantasien über angebliche Teufelsanbetungskulte nun einmal fesseln ließen – egal wie beliebig diese Gruppen in Wirklichkeit waren.

1952 kam Antons erste Tochter Karla Maritza zur Welt. Ihr dunkles, welliges Haar und ihre rasche Auffassungsgabe waren das Erbe ihres Vaters, wodurch sie von Geburt an auf magische Weise mit ihm verbunden war. Im darauffolgenden Jahr vergrößerte sich Antons Zuständigkeitsbereich im Police Department, als man ihm, ohne dass er sich darum beworben hatte, all die 800er-Anrufe zuteilte, die aus verschiedenen Abteilungen kamen. 800, das war der Code für alle möglichen Spinner-Anrufe: Geistererscheinungen, leuchtende Gestalten, die durch den Garten huschten, unheimliche Geräusche, UFO-Sichtungen, geheimnisvolle Strahlen, und was sonst so in der Nacht zum Leben erwacht. Die Arbeit wurde interessanter. Kein anderer Staatsdiener wollte diese Meldungen bearbeiten – nicht aus Angst, sich lächerlich zu machen, wie der Begriff „Spinner-Anrufe" vielleicht nahelegen würde, sondern mehr aus einer unterschwelligen Angst, mit etwas „Schaurigem" in Berührung zu kommen.

Anton war begeistert. Als Geisterjäger bediente er sich als Störanzeiger eines elektronischen Musikinstruments der Anfangszeit – des Theremins. Es wurde auf eine bestimmte Frequenz eingestellt, so dass sich im Falle der Gegenwart einer bestimmten Wesenheit Tonhöhen- und Intensitätsschwankungen feststellen ließen. (In Hollywood gehörte das Theremin jahrelang zur Standardausrüstung für gruslige Hintergrundmusik, zum Beispiel für den Miklos-Rosza-Soundtrack in Hitchcocks *Ich kämpfe um dich* oder für den 1945er-Streifen *Das verlorene Wochenende*). Er stellte „Geisterfallen" auf: Kameras mit einem Infrarotfilm und einem hochsensiblen Auslöser, mit denen sich jegliche ektoplasmatische Aktivität dokumentieren ließ; ein Tonbandgerät diente dazu, jeden grässlichen Laut zu übertragen, den ein solches Wesen im Vorbeihuschen vielleicht von sich gab. Mehr als eine Nacht lag Anton in einem Schlafsack auf der Lauer nach dem nichtsahnenden Gespenst. Er war tatsächlich einer von Amerikas ersten „Ghostbusters".

„Moderne Geisterjäger sind Leute, die über die menschliche Natur Bescheid wissen. Das ist das eigentlich Paranormale unserer Zeit – die verborgenen Geheimnisse der menschlichen Psyche. Die Carnackis, John Silences und Jules de Grandins unserer Tage gehen nicht mehr herum und schwingen tibetische Donnerkeile, und sie stehen auch nicht mehr in Schutzpentagrammen, um Dämonen und Ungeheuer aus alter Zeit zu bannen.

Der Sucher, der sich den bösen Mächten in ihrem eigenen Revier entgegenstellt, so wie in den alten Schundromanen, wird den Nichtsahnenden in die Augen blicken und sagen: ‚Ihr seid nicht glücklich, oder? Ihr dreht eure Stereoanlage auf volle Lautstärke, lauscht dem unaufhörlichen Beat und lasst euch von der Musik durchpeitschen. Wenn ihr auf der Autobahn fahrt, kurbelt ihr das Fenster bis zum Anschlag hoch und genießt die Empfindung. Ihr seid eine neue Art von Sklaven, wandelnde Tote, menschliche Hülsen, und wisst es nicht einmal. Ich weiß, was ihr braucht, auch wenn ihr es selbst nicht wisst. Ihr hättet gute Galeerensträflinge abgegeben – Ruderer, die ihre Arme im Takt der Trommelschläge der Treiber bewegten.

Hier in meiner Hand halte ich eine Bullenpeitsche, die wird euch bezwingen oder befreien, je nach eurer Veranlagung. Ihr könnt mich nicht zum Narren halten. Ihr könnt vielleicht diese Gelehrten zum Narren halten, aber nicht mich. Ich weiß, was ihr braucht.» Die modernen Geisterjäger sind Fachleute auf dem Gebiet des Übernatürlichen – der Freud'schen Theoreme, die nun in verstaubten und verborgenen Texten schlummern. Sie entdecken die Bedeutungen hinter den Bedeutungen. Ihr Jehova schafft das nicht mehr – und hat es eigentlich nie geschafft. Ein Teufel muss her – wie immer schon. Wenn sie die Hölle wollen, werde ich ihnen die Hölle bereiten."

Natürlich erwies sich ein Großteil von Antons Experimenten als unnötig und diente allenfalls seiner eigenen wissenschaftlichen Neugier. Bei seinen regelmäßigen Einsätzen lernte er noch mehr über die Geheimnisse des Tiers namens Mensch. Solche Szenarien liefen zum Beispiel wie folgt ab: Anton wurde zu einem Haus gerufen, wo er ein völlig aufgelöstes Ehepaar vorfand, aus dem Schlaf geschreckt von gespenstischen Klagelauten aus dem verschlossenen Dachboden. Nachdem er sich durch Spinnennetze hindurchgemüht und unter den Dachrinnen nachgesehen hatte, entdeckte Anton schließlich die Quelle der „gespenstischen Klagelaute": einen rostigen Blecheimer, durch den der Wind pfiff, oder eine arme, halbverhungerte Katze, die durch eine zerbrochene Dachluke hereingefallen war und den Weg nach draußen nicht mehr fand.

Konfrontierte Anton die überreizten Hausbewohner jedoch mit einer natürlichen Erklärung für die nächtliche Ruhestörung, konnten sie ihre Enttäuschung kaum verbergen: „Und das war alles?" Anton gewöhnte sich daher an, die Geschichten ein wenig aufzupeppen: „Na ja", sagte er beinahe augenzwinkernd, „alles war das natürlich nicht. Aber auch um das andere habe ich mich gekümmert." Eine weitaus befriedigendere Antwort – denn nun hatte jemand für sie eine Dämonenaustreibung vorgenommen, und Anton konnte sie mit dem erleichterten Gefühl zurücklassen, dass ihre wohlgehegten Ängste unangetastet blieben. Immer wieder musste er feststellen, dass die Menschen trotz aller Gegenbeweise unbeirrt an das glaubten, woran sie glauben wollten. Sein Ruf als Geisterjäger sprach sich herum, und bald traten auch andere Personen zwecks Nachforschungen und „Dämonenaustreibungen" an ihn heran. Anton erlernte die hohe Kunst, gleichzeitig ein Gegenmittel zu finden und das Geheimnis zu bewahren. Obwohl die meisten 800er-Fälle ihn aufgrund ihrer Torheit und dem blinden Beharren der Leute zusammenzucken ließen, gewann er außerhalb des Police Departments durchaus an Prestige.

Innerhalb weniger Jahre hatte Anton sich eine Art Stammkundschaft erobert, die ihn mit dem beauftragte, was ihm am meisten Spaß machte. Die Leute legten bereitwillig eine Stange Geld hin, um ihr Anwesen von Geistern „reinigen" zu lassen oder mittels Hypnose zu Nichtrauchern zu werden, abzunehmen oder den Mut aufzubringen, um eine Gehaltserhöhung zu bitten. Irgendwann fragten Antons Kunden auch, wie man einen Liebeszauber ausführen oder sich auf magischem Wege an jemandem rächen könne. Jemand, der so gut über die spirituelle Welt Bescheid wisse wie er, könne ihnen sicher auch helfen, ihre verlorenen Liebschaften zurückzuerobern. Und Anton tat es. 1955 konnte er es sich leisten, das Police Department zu verlassen, um seine gesamte Energie für neue Forschungen auf dem Gebiet der Schwarzen Künste aufzuwenden.

Um sein Gehalt als Exorzist und Hypnotiseur aufzubessern, begann Anton wieder Orgel zu spielen, diesmal in einer ehemaligen Mondscheinkneipe[3] - einer übel beleumundeten Bar namens *Mori's Point*, die 20 Kilometer südlich von San Francisco direkt am Strand lag. Anton war mit seiner Familie in ein Apartment bei den Sutro

3 Mondscheinkneipen waren Wirtshäuser, die während der Prohibition alkoholische Getränke ausschenkten, die heimlich (im Mondschein) gebrannt wurden. (Anm. d. Üb.)

Heights umgezogen, von der aus man ganz Playland At The Beach überschauen konnte und in der die dreijährige Karla sich jede Nacht vom Lärm und Gelächter des Rummelplatzes unter ihr in den Schlaf wiegen ließ.

Sie musste sich auch nicht langweilen, weil sie kein Haustier hatten. Einer von Antons Bekannten, der Schriftsteller Junius Adams, wusste Bescheid über dessen Liebe zu Raubkatzen und die Erfahrung, die er mit ihnen hatte, und so schmuggelte er einen zehn Wochen alten schwarzen Panther erst durch Birma, dann durch Israel, um ihn Anton zu schenken. Diese Raubkatze - ihr Name war Zoltan – hatte freien Auslauf im Haus und fand großes Vergnügen daran, im Treppenhaus auf der obersten Stufe zu lauern, wenn jemand vom darunterliegenden Stockwerk heraufkam. Wenn der ahnungslose Gast an einem bestimmten Punkt auf der Treppe ankam, stürzte Zoltan sich mit voller Wucht auf ihn und versuchte, seine Jagdbeute mit sich die Stufen hinabzureißen. Einige skeptische Freunde gewöhnten es sich an, erst Anton zu rufen, bevor sie die Treppe hinaufgingen, um sicherzugehen, dass er seinen Schützling unter Kontrolle hatte.

Anton erinnerte sich auch, wie gern Zoltan Karlas Kinderbett erklomm, um bei ihr zu schlafen, als sie noch ein ganz kleines Mädchen war. Nicht selten wurden er und Carole vom leisen Knarren des Bettchens geweckt, wenn Zoltan hochsprang und auf der Seitenleiste balancierte. Darauf folgte ein gedämpftes „Pluff", wenn er neben Karla landete und dabei versuchte, so leise wie möglich zu sein. Am Morgen fand Anton seine Tochter selig schlafend, das Gesicht gegen die Gitterstäbe gepresst und mit heraushängenden Beinen, während Zoltan zufrieden döste und dabei drei Viertel des Bettchens für sich beanspruchte.

Wenn der kalte Seewind den Nebel über die Klippen bei Antons Wohnung in den von Bäumen gesäumten Park blies, der einst zum Anwesen von Adolph Sutro gehörte, hüllte Anton sich oft in seinen schwarzen Mantel und führte Zoltan aus, der dann an seiner Seite durch die Nebelschwaden streifte. Späte Spaziergänger oder Leute, die auf den Bus warteten, warfen meist nur einen Blick auf das bedrohliche Paar und nahmen Reißaus. Auch einen Möchtegern-Angreifer traf einmal fast der Schlag, als er feststellen musste, dass der „Hund" am anderen Ende der schimmernden Stahlkette gar keiner war. Anton ergötzte sich an seiner Reaktion und stellte fest, dass er soeben zu einer wichtigen Erkenntnis gelangt war: Er brauchte mehr Spielraum, um seinen Verrücktheiten ungehindert nachgehen zu können.

Auf örtlicher Ebene wurde bereits viel über Anton gemunkelt, wegen seiner seltsamen Praktiken und ausgefallenen Haustiere. Viele seiner Kumpels aus Zirkus- und Jahrmarktstagen waren noch immer mit ihm befreundet und passten gut zu den außergewöhnlichen Charakteren, die es in Antons Wohnung bei den Sutro Heights zog, als die Flüsterpropaganda weitere Kreise zog. Ihm war klar, er brauchte eine Wohnung mit vielen Zimmern, fernab von neugierigen Nachbarn – einen einzigartigen Ort, den er nach seinem eigenen Geschmack herrichten konnte und der besser zu seinem wachsenden Ansehen als Geisterjäger, Hypnotiseur und Magier passte. Er brauchte Zeit, um die magischen Rezepte erproben zu können, die sich in seinem Kopf zusammenbrauten. Sein Leben nahm von selbst Gestalt an, und immer wieder tauchten Muster auf, die ihn seit seiner Kindheit nicht mehr losließen. Kein Zweifel – es waren die finsteren Mächte, die ihn immer weiter zu sich lockten.

KAPITEL SECHS
Walpurgisnacht 1966

*„The men that walk with Satan, their years are as a day;
They know each generation as a dream that drifts away.
And they bid mankind make merry and revel while they may."*
— *The Men That Walk With Satan* von Robert E. Howard

Da Anton jetzt nicht mehr „manierlich" aussehen musste wie als Polizeifotograf, ließ er sich sein Mephisto-Bärtchen und seinen Schnurrbart wieder stehen. Sein blauschwarzes Haar ähnelte fast schon einer Löwenmähne, wie damals, als er mit seinen Raubkatzen im Zirkus gearbeitet hatte – von der Länge her für 1956er-Maßstäbe nach wie vor inakzeptabel. Als Cop musste er immer aussehen wie aus dem Ei gepellt, als Hypnotiseur hatte er das nicht nötig.

Anton beschrieb seiner Immobilienmaklerin das Haus, das ihm vorschwebte, die daraufhin einige Orte zur Besichtigung vorschlug. Bei einer Exkursion zu einem Haus bei der mondänen Sea Cliff Area, nur ein paar Blocks entfernt von der Golden Gate Bridge, zeigte sich Anton auf der Stelle fasziniert von einem verwitterten, schiefergrauen Haus im viktorianischen Stil auf der anderen Straßenseite. Von dem Schild mit der Aufschrift „Verkauft" ließ er sich nicht abschrecken, und obwohl die Maklerin darauf beharrte, das sei ganz und gar nicht das, wonach er suche, wusste Anton: Doch, genau das war es.

LaVey war zu Recht stolz auf seine Besitztümer, die er als „weiße Elefanten" erworben hatte – oft seltene, aber zumindest stets ausgefallene Gegenstände, die ständig an Wert gewannen. Er sammelte diese Schätze mehr aufgrund der persönlichen Bedeutung, die sie für ihn hatten, als wegen finanzieller Zahlenspielereien. Zu den Autos zum Beispiel, die er von Zeit zu Zeit erwarb, zählten unter anderem ein 1934 Duesenburg (für hundertfünfundsiebzig Dollar), ein 1937 Cord (zweihundertfünfundsechzig Dollar) und ein 1941 Graham Hollywood (hundertfünfzig Dollar).

Antons Grundstücksmaklerin bat, sich das Haus von innen ansehen zu dürfen, und während sie ihn darauf hinwies, dass ihr Immobilienbüro das Gebäude bereits in Kommission genommen habe, stellte sie Anton der Besitzerin als einen an Innenarchitektur interessierten Historiker vor. Verblüfft von seinem Enthusiasmus, gewährte sie ihm schließlich die Besichtigungstour.

Während sie Anton langsam durch jedes der dreizehn Zimmer führte, schloss er aus ihren Reden, dass das Haus zu verschiedenen Zeiten bereits Mondscheinkneipe, Salon für spiritistische Sitzungen und Freudenhaus gewesen war. In taktvollem Tonfall wies sie auf die vielen Skurrilitäten hin, die sich hier im Laufe der Jahre angesammelt hatten: Geheimfächer, Falltüren, verborgene Räume. Mary Ellen Pleasant, die berüchtigtste Puffmutter von San Francisco während der Zeit der Barbareskenküste und besser bekannt als „Mammy Pleasant", hatte das Anwesen für die damals noch junge Besitzerin, eine Farbige, erworben. Die meisten Wandschränke im Haus enthielten Geheimfächer, die angeblich dazu dienten, die Kunden auszurauben, während sie sich gerade „verwöhnen ließen". Geheimgänge zogen sich wie ein Spinnennetz durch das Gebäude, so dass es möglich war, das gesamte Haus zu durchqueren, ohne ein einziges Mal gesehen zu werden. Verschiedene Apparaturen waren strategisch verteilt worden, um während der Séancen Klopfgeräusche und andere unheimliche Effekte zu erzeugen.

Anton war entzückt, und nachdem er der Besitzerin anvertraut hatte, er habe vor, in diesem Haus Magie zu praktizieren, war sie fest entschlossen, ihn zum neuen Eigentümer zu machen. Sie war froh, jemanden gefunden zu haben, der die illustre Geschichte des Hauses zu schätzen wusste und wie dafür geschaffen schien, selbst ein paar Zeilen Geschichte hinzuzufügen. Anton bot tatsächlich ein wenig mehr Geld als das Immobilienbüro – das reichte ihr als

Grund, sich aus der bestehenden Verpflichtung zu befreien und das Haus stattdessen an ihn zu verkaufen.

Gleich nach seinem Einzug begann Anton, das Haus schwarz anzustreichen. Da schwarze Häuserfarbe nur schwer zu bekommen war, kaufte er ein paar Restbestände an schwarzer U-Boot-Farbe, mietete ein Gerüst und machte sich an die Arbeit. Auch im Hausinneren gab es einige Korrekturen vorzunehmen, zu tapezieren, Fliesen auszutauschen und ein paar neue Schichten Farbe aufzutragen, doch pünktlich zu Halloween waren die LaVeys so weit, ihr neues Heim im großen Stil präsentieren zu können. Ihre Mitternachtsparty wurde zum strahlenden Erfolg. Für Anton lag es auf der Hand, dass solche Feiern öfter stattfinden mussten. Das Haus schien mittels dieser Zusammenkünfte zu magischen Zwecken prächtig zu gedeihen, und es wäre eine Schmach gewesen, hätten sich seine magischen Erkundungen auf einen einzigen Teilnehmer beschränkt.

Antons neue Nachbarn verfolgten das Treiben rund um das rätselhafte Haus und seine noch rätselhafteren Bewohner mit neugierigen Blicken. Schon bald kursierten im Viertel Gerüchte über den geheimnisvollen Mann mit der reizenden Frau und der ebenso reizenden Tochter, der auf der Eingangstreppe einen schwarzen Panther an einer Leine hinter sich herzog. Zu jener Zeit fuhr Anton einen schwarzen 1949 Citroen, den er vor dem Haus parkte – ein niedriges, bedrohlich aussehendes Auto, das die düstere Wirkung des Hauses noch verstärkte. Schließlich hielten es einige der älteren Leute vor Neugier nicht mehr aus, und sie sprachen Anton an, der dadurch Gelegenheit hatte, noch mehr über sein neues Zuhause zu erfahren. Sie freuten sich, ihm die Legenden erzählen zu können, die sich um den Ort rankten, da sie wussten, dass dieser eigenartige junge Mann sie zu schätzen wissen würde.

„Da stand ich auf meinem Gerüst und konzentrierte mich auf die Fensterrahmen, als ich plötzlich eine scheppernde Stimme hinter mir vernahm: «Ich hab hier immer meinen Schnaps gekauft.» Ich drehte mich um, und da stand dieser alte Trottel, der mich in der nächsten halben Stunde mit seinen Geschichten von den Partys erfreute, die hier während der Prohibition jede Nacht abgehalten wurden."

Das Haus war ursprünglich im Jahre 1887 von einem schottischen Schiffskapitän erbaut worden, der mit den dazu notwendigen Balken als Schiffsballast das Kap Hoorn umsegelte. Der Kapitän verbrachte in dem Haus vermutlich fröhliche Zeiten, nach sechs Jahren Ehe jedoch verschwand seine Frau unter mysteriösen Umstanden. Der Kapitän verließ die Stadt, und man hörte nie wieder von ihm.

Nach dem großen Erdbeben von San Francisco im Jahre 1906 wurde im vorderen Salon ein prachtvoller Kamin aus großen Pflastersteinen aufgebaut, die aus dem Hafenviertel hierher transportiert worden waren. Wie es hieß, stammten die stahlfarbenen, gemeißelten Steine ursprünglich von römischen Ruinen in England und waren auf Segelschiffen als Ballast um das Kap Hoorn geschifft, dann als Pflastersteine benutzt und im Hafenviertel verlegt worden. Unglaublich fest, unbearbeitet und dunkel ähnelten sie der Art von Steinen, die man mit den Opferaltären der alten Druiden verbindet. Nach dem Erdbeben wurden die Steine als Bauschutt gestapelt, und die Hausbesitzerin beauftragte einen Maurer, einige davon für den Kamin zu ihr nach Hause zu transportieren.

Ein ungewöhnlich sperriger Bau entstand daraus, den abgesehen von Anton jedermann als grotesk und unpraktisch empfunden hätte. Dieser Salon wurde schließlich zur Hauptritualkammer der Church of Satan. Der überdimensionale Kaminsims war groß genug, damit eine nackte Frau es sich dort während der Satanischen Rituale bequem machen konnte, wie Fotos in Magazinen auf der ganzen Welt beweisen. Anton spürte, dass eine starke Verbindung bestand zwischen dem ersten öffentlichen Satanischen Altar und den Steinen, deren Spur direkt ins Römische Reich führte. Es schien, als wäre dieses Haus speziell für Anton erschaffen worden, als hätte er es aus seinen Träumen in die Realität projiziert.

Wie LaVey sagte, musste er sich um Öffentlichkeit nie bemühen, egal was seine Kritiker ihm nachsagten – stets war es die Öffentlichkeit, die von selbst zu ihm fand. Nur wenige Monate nach Einweihung des *Black House* bekam San Franciscos meistgelesener Kolumnist Herb Cain Wind von Antons ungewöhnlichen Tätigkeiten und seinem nicht minder ungewöhnlichen Zuhause, einschließlich der Urwaldkatze und einer Tarantel, die durch die Geheimgänge huschte. Es sorgte für eine hohe Auflage.

Kurz zuvor hatte Anton damit begonnen, in der Cocktail-Lounge des *Lost Weekend* auf der mächtigen Wurlitzer-Kinoorgel zu spielen. Als das einzige Instrument seiner Art, das ausnahmslos jeden Abend zum Vortrag kam, lockte die Wurlitzer-Orgel Musikliebhaber aus dem ganzen Land an. Auch für Auftritte im Auditorium von San Francisco wurde Anton verpflichtet, wo er auf der größten Pfeifenorgel westlich von Chicago spielte – einem Austin-Konzertmodell, das ursprünglich für die Panama-Pacific-Weltausstellung im Jahre 1915 gebaut worden war. Mit seinen fünf Tastaturen, seinen achttausend Pfeifen und seiner sperrigen Konstruktion schüchterte dieses Instrument auch die erfahrensten Spieler ein. Anton jedoch stürzte sich unverdrossen in seine Arbeit und konzentrierte sich auf sein Talent, das Publikum zu begeistern, wie er es auf dem Jahrmarkt gelernt hatte. Verblüfft von der Leichtigkeit des neuen Organisten, bot der Manager des Auditoriums Anton eine feste Stellung an. Und schon bald war er San Franciscos Stadtorganist, der bei kulturellen Veranstaltungen, Tagungen und Sportereignissen spielte.

Um Anton sammelte sich eine Menge einflussreicher und exzentrischer Personen, die sich auf seinem Grundstück wie zu Hause fühlten und sich freuten, ihre ikonoklastischen Interessen und Hobbys mit anderen teilen zu können. Vor Beginn des Video-Zeitalters war es völlig üblich, dass Gleichgesinnte in formlosen Zirkeln zu gemeinsamen Partys, Soirees, Dinners und ähnlichen Treffs zusammenfanden. Den ungewöhnlichen Trupp von Leuten, die regelmäßig im Black House aufeinandertrafen, nannte Anton den „Magischen Zirkel".

Zunächst folgte man keinem festen Plan; man trank Cocktails und ließ die Gespräche einfach fließen, während Anton oder ein anderes Gruppenmitglied gelegentlich auf der Hammondorgel oder dem Klavier in der Ecke spielte. Die LaVeys veranstalteten vier große Partys im Jahr – zu Neujahr, zur Sommersonnenwende, zur Walpurgisnacht und zu Halloween. Aufwendige Kostümpartys fanden das ganze Jahr über statt und folgten oft sehr außergewöhnlichen Themen. Die illustre Mischung aus ehemaligen Zirkuskumpanen, Polizeikollegen sowie seit Neuestem auch wohlhabenden Exzentrikern und literarischen Bilderstürmern, die sich aufgrund seines immer größeren Ansehens als Schwarzmagier von San Francisco um Anton scharten, erwies sich als fruchtbares Völkchen. Aus zwanglosen Plaudereien über das Okkulte wurden ernsthafte Spekulationen über die Wirksamkeit von Magie und Hexenkunst schlechthin, die Anton dazu anspornten, für seine begierigen Freunde richtige Ritualnächte zu organisieren. Erst viel später öffnete LaVey seine Türen auch der Öffentlichkeit, um offizielle Seminare abzuhalten, bei denen man gegen ein recht bescheidenes Eintrittsgeld Antons Vorträgen zu den Themen folgen konnte, über die er so gut Bescheid wusste.

Zu den ersten Mitgliedern dieser Gruppe, aus der später die Church of Satan werden sollte, gehörte unter anderem die „Baroness" Carin de Plessen, die am dänischen Königshof groß geworden war. Sie lebte zurückgezogen mit mehreren deutschen Doggen auf einem Berggipfel in Marin County und versäumte keinen von Antons Abenden. Ein weiteres Mitglied war der Erbe des Vickers-Rüstungskonzerns, der Basil Zaharoff persönlich gekannt hatte und Anton von der seltsamen schwarzen Kapelle in Zaharoffs Schloss erzählte.

LaVeys Zusammenkünfte waren immer etwas Besonderes. Die Teilnehmer von Antons Soirees stammten aus den verschiedensten

Berufs- und Tätigkeitsfeldern. Da gab es Künstler, Rechtsanwälte, Ärzte, Schriftsteller und Polizeibeamte; da teilte sich der städtische Steuereintreiber Russell Walden ein Zimmer mit Donald Werby, einem der einflussreichsten Grundstücksbesitzer von San Francisco, oder der Anthropologe Michael Harner mit der Schriftstellerin Shana Alexander. Da saß vielleicht ein Schiffssteward neben einem Tiefseetaucher, ein Dildohersteller neben einem plastischen Chirurgen. Ein bekannter Tätowierer, der Enkel eines US-Präsidenten, der Besitzer einer der größten Sammlungen von Fabergé-Artefakten – bei LaVey kamen sie alle zusammen. Allein der Bereich der Bekanntheiten auf dem Gebiet von Fantasy und Science-Fiction umfasste Namen wie Anthony Boucher, August Derleth, Robert Barbour Johnson, Reginald Bretnor, Emil Petaja, Stuart Palmer, Clark Ashton Smith, Forrest J. Ackerman, Fritz Leiber Jr. – und das sind nur einige aus dem großen Zirkel von LaVeys magischen Mitstreitern.

Durch Brooks Hunt, einen von San Franciscos Salonlöwen, machte Anton die Bekanntschaft eines Mannes, der einen gewaltigen Einfluss auf ihn ausübte: Dr. Cecil E. Nixon. Mr. Hunt genoss Antons musikalische Umtriebe und wusste auch, dass er sich mit Hypnose und Magie beschäftigte. Er schlug ein Treffen zwischen Anton und Dr. Nixon vor, deren Interessen der gleichen Richtung folgten.

Mit seinem Flügelspitzenkragen, seinen geknöpften Stiefeln und dem goldenen Kneifer auf der Nase wirkte Dr. Nixon, als wäre er unmittelbar den Seiten eines viktorianischen Romans entstiegen. Die Kanten in seinem Gesicht waren sehr ausgeprägt, auch wenn er über die Jahre recht hager geworden war. Er hatte eine lange, schmale Nase, einen dichten Schnurrbart und einen strengen Mittelscheitel. Er sah genauso aus wie das, was er war: ein Exzentriker, der über die meisten Details seines Lebens Stillschweigen bewahrte und sich die Kunst der Bühnenmagie, des Gedankenlesens, des Bauchredens und der Hypnose selbst beigebracht hatte. Obwohl er einen Hochschulabschluss in Medizin hatte, arbeitete er lieber für ein paar Jahre als Zirkushelfer, anstatt sich als Arzt niederzulassen. Erst als er sich unsterblich, aber ohne Hoffnung in eine Bareback-Reiterin verliebte, verließ er den Zirkus, um kurz darauf eine Zahnarztpraxis zu eröffnen. Als Anton und er sich kennenlernten, lebte er schon weitgehend im Ruhestand, unterhielt jedoch zu Hause ein kleines Büro für Patienten, die sich weigerten, zu jemand anderem zu gehen.

„Ich hatte stets ein großes Faible für Originale – aufgrund ihrer Ausschließlichkeit. Sie sind einzigartig. Vielleicht lag es an meinem tief verwurzelten Respekt für Originale, dass ich so etwas wie die Church of Satan gründen musste. Es gibt so viele andere Dinge in meinem Leben, für dich ich mich hätte entscheiden können. Ich schätzte meine Fähigkeiten als Musiker, Raubtierdompteur, Hypnotiseur, Fotograf oder Maler hoch genug ein. Mit ausreichend Übung und Geduld hätte ich es auf jedem dieser Gebiete zu etwas bringen können. Aber ich wäre niemals einzigartig geworden; ich wäre nie der Einzige gewesen, der so etwas macht. Ich wäre ständig von meinen Kollegen kritisiert und sozusagen Teil einer Bruderschaft geworden. Also tat ich etwas, das vor mir noch nie jemand gemacht hatte – allerdings nicht mit Absicht, sondern eher als das unwillkürliche Resultat aus allem, was zuvor gewesen war. Etwas, das mich – sei es Fluch oder Segen – von allen anderen Gruppierungen ausschloss."

Dr. Nixons großes Haus an der Broadway Street war seine Festung der Eleganz. Eine Reihe verschnörkelter Ziergegenstände, die er selbst geschnitzt oder geschenkt bekommen hatte, schmückten die Zimmerdecke und die Wände. Das Haus war mit Rokokomöbeln ausstaffiert, mit edlen Statuen, ausgefallenen Kunstwerken, Musikinstrumenten und Antiquitäten, die er aus der ganzen Welt zusammengetragen hatte. Ein wenig erinnerte es auch an ein Kuriositätenkabinett auf dem Jahrmarkt, da überall Dr. Nixons Erfindungen verteilt waren, die sich durch verschiedene Auslöser in Gang setzen ließen. Außer der Musik, mit der er ständig jeden Raum im Haus beschallte, gab es auch einen mechanischen Vogel, der sich in der Wohnzimmerwand verbarg und alle zwanzig Minuten herausflog und tirilierte. Die Türglocke läutete Chopins *Trauermarsch*, eine andere Tür, in die das Ornament eines Faunskopfes geritzt war, öffnete sich nur auf Befehl.

Bald war Anton Stammgast bei Dr. Nixons Samstagabend-Soirees, wo sich einst Leute wie Harry Houdini, der Pianist/Komponist Ignacy Paderewski und die Schauspielerin Gertrude Lawrence die Klinke in die Hand gedrückt hatten. Während alternde Salonlöwen eine Auswahl von Opernmelodien sangen, begleitete Anton sie auf der kunstvoll verzierten Wurlitzer. Er lieferte die ideale Hintergrundmusik für dramatische Rezitationen, magische Experimente, oder einfach nur, um diejenigen, die er als „Potted Palms" (eingetopfte Palmen) bezeichnete, in die richtige Stimmung zu versetzen.

Die exotischste Palme war eine gewisse Onezoma Dubouchelle, die – wie Anton sich erinnerte – „für die Soirees immer kleine Häppchen mit ominösen Wurstsorten und Brotaufstrichen herstellte. Sie schmeckten nicht besonders gut, aber keiner wollte etwas sagen. Regelmäßig jedoch fand ich, versteckt in der Orgelbank oder hinter der Tastatur, kleine vertrocknete Sandwiches. Wie lange sie dort schon lagen, darüber konnte man nur spekulieren.

Dr. Nixon betrachtete Onezoma (mit der Betonung auf der zweiten Silbe) als feine Dame, an der sich alle anderen messen lassen mussten. Sie logierte im oberen Stockwerk mit einer liebenswerten und tüchtigen Frau namens Betty Sedgewick. Jede hatte ihr eigenes Zimmer, nur die Einzeltoilette teilten sie sich allem Anschein nach. In Wirklichkeit lief Miss Dubouchelle, wenn menschliche Bedürfnisse sie plagten, einen Block weiter zur nächsten Shell-Tankstelle, anstatt sich auf ein solch niedriges Niveau herabzulassen. Das war es, was Dr. Nixon am meisten an ihr bewunderte, mehr noch als ihre zerfurchte Schönheit. Sie erinnerte mich immer an eine Mischung aus Mount Rushmore und Margaret Dumont, der Doktor jedoch versicherte – und das war einer seiner brillantesten

Versprecher –, sie müsse ‚eine echte Schönheit gewesen sein, als sie noch zweiundzwanzig kostete«."

Als Anton in sein Leben trat, spürte Dr. Nixon, dass er jemanden entdeckt hatte, mit dem er wirklich kommunizieren konnte, der sich auf den gleichen Gebieten gebildet hatte wie er und dem er seine innigsten Geheimnisse anvertrauen konnte. Seine Bewunderung für Anton und sein Können als perfekter Musiker (Dr. Nixon hatte eine komplizierte Pfeifenorgel in sein Wohnzimmer eingebaut, konnte sie jedoch nicht spielen), umwerfender Magier, Hypnotiseur und Zyniker war groß. Auch Antons faszinierende Wirkung auf Frauen fand seine Anerkennung. „Wenn Sie den Raum betreten", sagte Dr. Nixon zu ihm, „geht ein Ruck durch alle Mädchen." Dr. Nixon empfand einen großen, romantisch geprägten Respekt für Frauen und vertrat die Meinung, auch wenn es nicht nötig sei, ständig einer sexuellen Gymnastik zu frönen, gebe es doch nichts Wohligeres, als „eine schöne Frau unter ihrem Rock zu liebkosen". Er mochte Carole und verbrachte unzählige Abende im Hause der LaVeys. Dr. Nixon adoptierte Anton als seinen magischen Pflegesohn, ein jüngeres Abbild seiner selbst, und sprach mit ihm über Dinge, die er nie jemand anderem anvertraut hätte.

Die atemberaubendste von Dr. Nixons Erfindungen hat übrigens bis heute überlebt und schon viele Wissenschaftler und Bühnenzauberer beeindruckt: „Isis" – benannt nach der ägyptischen Göttin – wurde als handgeschnitzter Automatenmensch vorgeführt, der auf seiner Couch lümmelte und das unfassbare Repertoire von dreitausend Songs auf der Zither zum Besten geben konnte. Fünfzehn Jahre Arbeit kostete es Dr. Nixon, seine Konstruktion mit einhundertfünfzig wissenschaftlichen Prinzipien auszustatten. Isis war voll mit einer Reihe komplexer Schaltungen, Kameras, Zahnräder, Spulen und Elektromagneten – und nur Dr. Nixon wusste genau, welche Vibrationen notwendig waren, um sie in Gang zu setzen. Nachdem Dr. Nixon eine Zeit lang mit Anton an Isis gearbeitet hatte, vertraute er ihm die Geheimnisse ihrer Funktionsweise an und händigte ihm eine getippte Gebrauchsanweisung mit handschriftlichen

Anmerkungen aus, die Anton in einen Tresorraum sperrte und sich gemäß den Wünschen von Dr. Nixon weigerte, sie jemals irgendeiner anderen Person zu zeigen.

„Immer wenn ich ein Geheimnis verriet, habe ich es nachher bereut. Ich wäre oft in Versuchung geraten, größere Dinge auszuplaudern, hätte ich nicht gesehen, was passiert, wenn man die kleinen ausplaudert."

Eine Zeit lang versuchte Dr. Nixon Anton dafür zu begeistern, eine blonde Automatenfrau namens Galatea herzustellen, die Geige spielen konnte. Er sprach auch über Pläne von einem „Luftschloss" in Calistoga, einem Thermalbadeort in Nordkalifornien. Es sollte ein geräumiges Haus auf einer Anhöhe sein, erklärte er, um dessen Fundament überall Spiegel in einem Fünfundvierzig-Grad-Winkel aufgestellt werden sollten, die den Himmel reflektierten. Um das Haus herum war hügelabwärts in einer bestimmten Entfernung ein Eisenzaun vorgesehen, durch den Besucher hindurchblicken konnten und somit das Haus scheinbar über dem Boden schweben sahen. Außerdem arbeitete Dr. Nixon an einer Autobiografie mit dem Titel *The Castle Of Indolence* (dt. *Das Schloss der Trägheit*)[4].

„Das einzige Problem, wenn du ältere Freunde hast, ist, dass sie dir alle wegsterben. Es wäre bestimmt reizend, wenn es irgendwo einen Ort gäbe, an dem du nach deinem Tod all deine Freunde wiedersehen kannst."

Nachdem Nixon 1962 im Alter von zweiundachtzig Jahren gestorben war, wurde Isis von Bill Harrah, bekannt als Casinobesitzer aus Nevada und Eigentümer einer Automobilsammlung, erworben. Das Museum verkaufte sie bei einer Auktion im Jahre 1985. Der gegenwärtige Besitzer, John Gaughan, ein Handwerksmeister und Selfmade-Zauberkünstler, ist zum Zeitpunkt der Niederschrift dieses Manuskriptes damit beschäftigt, Isis zu restaurieren und sie zu ihrem alten Glanz zurückzuführen.

[4] Nach dem Titel eines Theaterstücks von James Thomson (Anm. d. Übers.)

„Ich bin alles, was war, was ist und was sein wird, und kein Sterblicher hat je meinen Schleier gelüftet.“

— auf Isis» Sockel eingraviert

Ein weiteres illustres Mitglied von Antons ursprünglichem Magischen Zirkel war der Underground-Filmemacher Kenneth Anger, der – nachdem er sich als tonangebende Kraft in diesem Genre etabliert hatte – zu einem von Hollywoods berüchtigtsten Geschichtsschreibern wurde, der eine Menge delikater Happen über die großen Stars in seinen Büchern *Hollywood Babylon* und *Hollywood Babylon II* publik machte. Er begann seine Karriere schon sehr jung als Schauspieler (als der unechte Prinz in einer frühen Kinoversion von Shakespeares *Sommernachtstraum*). Als Teenager entdeckte Anger, dass er viel lieber hinter der Kamera stand, um seine eigenen unverwechselbaren Bilder und Stimmungen zu erschaffen. Er hatte bereits den Film *Scorpio Rising* gedreht, der die Begeisterung für Leder und Motorräder ins Leben rief, und er drehte *Inauguration Of The Pleasure Dome*, der Bezug nimmt auf den „staatlichen Freudendom“, wie Samuel Taylor Coleridge ihn in *Kubla Khan* thematisiert.

Anton und Anger hatten viel gemeinsam. Beide waren sie im gleichen Jahr geboren. Beide bauten sie als Kinder Städte (wobei Anger ins Zentrum seiner Stadt einen Vulkan setzte und seine Kreation, inspiriert vom Ausbruch des Vesuv, in einem eindrucksvollen Schauspiel selbst zerstörte). Beide trieben sie sich als Kinder an den gleichen Orten herum und waren sich, wie vorherzusehen, auch begegnet. Viele Jahre später, während seiner Recherchen für die Vorproduktion von *Pleasure Dome*, bereiste Anger zwei von Crowleys Lieblingsorten – Cefalu in Sizilien (wo er einen großen Teil von Crowleys Rückzugsort restaurierte), ferner Boleskine in Schottland. Dort sammelte er eine Menge Tonaufnahmen und Textanweisungen des „Großen Tiers“ für magische Rituale. Anger machte LaVey mit John Parsons» Witwe Marjorie Cameron bekannt, die in *Pleasure Dome* mitspielte und Anton mit Details über das explosive Ableben ihres Ehemanns während eines ihrer thelemischen Rituale vertraut machte.

Während er seinen Magischen Zirkel erweiterte, arbeitete Anton weiterhin einige Nächte pro Woche im *Mori's Point*. An einem Sonntagabend im Jahr 1959 betrat eine junge Frau das Lokal, die in Antons Leben noch eine wichtige Rolle spielen sollte: Diane, eine siebzehnjährige Schönheit mit langem, blondem Haar und bezaubernden grünen Augen, arbeitete als Platzanweiserin im benachbarten Pacifica und wurde an jenem Abend von ihrem Manager zum Abendessen ausgeführt, der in seine reizende Angestellte anscheinend bis über beide Ohren verliebt war. Als Anton am Tisch des Managers über Magie und Geisterjägerei sprach, konnte Diane ihre Begeisterung nicht verbergen.

Es war nicht das erste Mal, dass sie Anton begegnete. Erst vor Kurzem, in einer nebelumflorten Nacht am Meer, hatte Diane wie hypnotisiert einer geisterhaften weißen Limousine hinterhergeblickt, deren Scheinwerfer lautlos den Nebel zerteilten. Ein geheimnisvoller Mann in Schwarz saß hinter dem Lenkrad. Sie wusste damals nicht, dass es sich um Anton LaVey handelte, der in seinem 1937 Chord durch die Nacht pirschte.

Anton freute sich, dass Diane ihren Begleiter dazu überreden konnte, auch nächste Woche wieder mit ihr ins *Mori's Point* zu kommen. Er nutzte die Gelegenheit, etwas mehr über dieses kesse Mädchen zu erfahren, dass zu Recht nach der sagenhaften Göttin der Jagd benannt worden war. Dianes Schönheit beeindruckte ihn – sie ähnelte Marilyn auf verblüffende Weise, nicht nur aufgrund ihrer Gesichtsform, sondern auch wegen des beinahe transparenten Körpergewebes und einer Spur Verletzlichkeit, die sich in ihren Bewegungen kundtat. Sie erschien Anton wie eine perfekte Mischung aus „Sheena, die Dschungelkönigin" und der „Sweet Gwendoline" des Künstlers John Willey. Doch auch dass sie sich so aufopfernd um ihre Familie kümmerte, gefiel Anton. Für diese arbeitete sie nachts im Theater, übte tagsüber einen Bürojob bei einer Versicherungsgesellschaft aus und gab einen Großteil ihres Gehalts an ihre Mutter weiter.

Anton gelangte zu dem Schluss, dass Diane – ebenso wie er – immer eine Art schwarzes Schaf gewesen war, eine Außenseiterin, egal wie sehr sie sich darum bemühte, „dazuzugehören". Ihre langen, glatten Haare waren damals noch kein alltäglicher Anblick wie später, Ende der Sechziger. Es war die Zeit der Jackie-Kennedy-Tolle und der gesprayten Hochfrisuren – nur exotische Tänzerinnen hatten damals langes, üppiges Haar. Aber diesen Stil bevorzugte Diane nun mal – was die Leute sagten, war ihr egal. Vom ersten Moment an bewunderte sie Antons dominantes Auftreten, das Mysterium, das ihn umgab und das von seiner gefühlvollen Art zu spielen leicht abgemildert wurde. Es war ganz offenkundig, dass für sie kein anderer Mann in Frage kam. Sie tauchte noch einige Male im *Mori's Point* auf, bis ihr Manager endlich einsah, dass er dem Mann, der Dianes Herz erobert hatte, nicht das Wasser reichen konnte. Bis zu diesem Zeitpunkt hatten Antone und Diane sich heimlich getroffen, und immer mehr wurde sie zu einem festen Bestandteil seines Lebens.

In den nächsten Monaten verbrachte er so viel freie Zeit wie möglich mit Diane, und manchmal blieb ihm nichts anderes übrig, als sie durch die geheimen Gänge aus dem Haus zu schmuggeln, um dann mit ihr im Kofferraum seines Wagens loszufahren. Seine Liebe zu Diane wurde umso größer, je zügelloser sie ihn verehrte und ihn bei allem, was er tat, wie selbstverständlich unterstützte. Carole und Anton ließen sich Ende der sechziger Jahre scheiden.

Eigentlich sollte das San Francisco Fox Theater der größte Filmpalast aller Zeiten werden. Man hatte jedoch beschlossen, den Platz lieber für ein Bürohochhaus zu nutzen, und ein Abbruchunternehmen riss das Gebäude nieder. Anton war an dem Abend, an dem das Fox seine Pforten für immer schloss, einer der anwesenden Künstler. Diane, die damals bei der Telefonauskunft arbeitete, flehte ihren Vorgesetzten an, ihr an jenem Abend freizugeben, da ihr Verlobter bei einer äußerst wichtigen Veranstaltung auftreten würde. Als er sich weigerte, kündigte sie.

An jenem Abend drängten sich in den Gängen jede Menge Prominenz und Liebhaber der großen Bühne, um einer prunkvollen Ära, die nie wiederkehren würde, die letzte Ehre zu erweisen. Als die Besucher nach der Vorstellung durch den Ausgang strömten, spielte Anton LaVey die allerletzten Orgelakkorde, die in diesem Haus jemals erklingen sollten. Das Fox Plaza, das danach auf dem Theatergrundstück errichtet wurde, scheint wie mit einem Fluch beladen – in den dort untergebrachten Büroräumen löst ein Problem das andere ab.

Bald hatte Diane das Vergnügen, Caroles Rolle als Gastgeberin des Magischen Zirkels zu übernehmen. Anton begann etwas mehr System in seine magischen Vorträge zu bringen, die nun jeden Freitag um Mitternacht stattfanden, und machte sie auch der Öffentlichkeit zugänglich, für zwei Dollar fünfzig Eintritt pro Person. Innerhalb kürzester Zeit war das Fassungsvermögen der vorderen Ritualkammer im Black House ausgelastet. Antons Vorträge handelten nicht nur von okkulten Themen, sondern auch von esoterischem Wissen wie Vampirismus, Lykanthropie, Missgeburten (wobei er seine Rummelplatz-Erfahrungen einfließen lassen konnte – über Dickmadams, Zwerge, Kraftmenschen, Spitzköpfe, Riesen und andere menschliche Anomalien, aber auch über Schwertschlucker, Freaks und Jahrmarktsfakire, über Foltermethoden und Instrumente der Geißelung, einschließlich der bei den Katholiken üblichen Selbstverstümmelung), über Sexualtheorien und Revitalisierungstechniken, wozu auch die Verpflanzung der Geschlechtsdrüsen von Affen oder Ziegenböcken oder Rezepte für Aphrodisiaka gehörten. Weitere Themen waren Spukhäuser, außersinnliche Wahrnehmung, Zombies und Homunkuli. Die meisten dieser Seminare enthielten Anschauungsmaterial, und der Vortrag über Schwarze Messen endete natürlich mit einem echten, von Anton zelebrierten Ritual, bei dem er auf Elemente verschiedensten Ursprungs zurückgriff.

Die Schwarze Messe war das ursprüngliche Psychodrama – sie reinigte die Teilnehmer vom Schmerz, der ihnen aufgrund gewisser heiliger Kühe der Gesellschaft zuteil wurde, mithilfe eines aufwändigen Rituals der Verhöhnung, Parodie und Satire. Das Ritualthema richtete sich nach den jeweils aktuellen Bedürfnissen der Teilnehmer. Die katholische Kirche samt der psychischen Traumata, die sie durch Unterdrückung und das Wecken von Schuldgefühlen erzeugt, wurde zu einem Spitzenkandidaten dafür, der Lächerlichkeit preisgegeben zu werden. Um die Unterdrückten und Traumatisierten von der psychischen Last ihrer Religion zu befreien, bedienten sich Satanische Zeremonien des umgedrehten Kreuzes, schwarzer anstelle von weißen Kerzen, entweihter Hostien und rückwärts aufgesagter Gebete.

Eines dieser Seminare – es handelte von „Kannibalismus und Menschenopfern" - beschäftigte sich mit diesem Thema nicht nur auf theoretische Weise. Die Schüler wurden dazu eingeladen, bei einem Gemeinschaftsmahl den gekochten Oberschenkel einer jungen, weißen Frau zu verspeisen. Das Bein besorgte ein Arzt der Berkeley-Universität, der Antons Vorträge regelmäßig besuchte. Diane bestrich das Hauptgericht des *Puaka balava* („Long Pig"[5]) mit Triple Sec, Fruchtsäften und Grenadine und servierte es, wie die Bewohner der Fidschi-Inseln, mit gerösteten Bananen und Yamswurzeln, ergänzt durch Tonkabohnenwein und Raupen zur Abrundung. Der Geschmack des Fleischs soll irgendwo zwischen Schweine- und Lammfleisch gelegen haben, von der Konsistenz her recht faserig wie Schweinekoteletts, aber süßer und nicht so zart oder salzig wie Lamm. Die Tischgesellschaft zeigte sich nur wenig zimperlich – bis es ans Verspeisen der Raupen ging. Zeena, die dreijährige Tochter der LaVeys, aß sie jedoch mit großer Begeisterung.

---

[5] bedeutet eigentlich „Langes Schwein", ist aber auch eine Bezeichnung menschenfressender Insulaner für ihr ganz spezielles „Leibgericht" (Anm. d. Übers.)

Als Ergänzung zu den regulären Seminaren entwickelte Anton auch sogenannte „Hexen-Workshops". Deren Schwerpunkt lag mehr auf der praktischen Anwendung von Magie – wie Liebeszauber, Liebeselixiere, Wahrsagerei und alle Bereiche, die man traditionell der Hexenkunst zuordnet.

1964 bekam Anton erstmals die Wucht einer breiten Öffentlichkeit zu spüren. Monique Benoit, die Gesellschaftskolumnistin des *San Francisco Chronicle*, berichtete über ihn als Fachmann für das Übersinnliche, der nachts seine Forschungen in Spukhäusern und auf Friedhöfen betrieb und in seinem furchteinflößenden Black House neuerdings auch seltsame Rituale durchführe. Auch in Herb Caens Kolumnen tauchte er wieder auf – als ein LaVey, der bei einem Opernbesuch im noblen, schwarzen Cape mit scharlachrotem Futter glänzte, einen antiken Stockdegen in der Hand.

Zoltan, Antons großer „schwarzer Kater", schien für das Black House das perfekte Haustier zu sein. Er liebte seinen Platz in der Küche, wo er für mancherlei Probleme sorgte und Gäste erschreckte. Nur einmal fluchte Anton darüber, sich ein Tier wie Zoltan in einer Großstadt zu halten. Der Panther war im Alter von fünf Jahren plötzlich verschwunden. Anton und Carole waren außer sich. Doch ein Tag nach dem anderen verging, eine Woche nach der anderen, ohne dass Zoltan wieder auftauchte. Nach drei oder vier Wochen hörte Anton vertraute Laute aus dem hinteren Teil des Hauses. Als er nachsehen ging, fand er Zoltan zusammengerollt am Fuß der Treppe.

Sein Anblick war erbärmlich. Sein Kiefer war gebrochen und hing lose aus der Verankerung. Seine Pfoten waren aufgeschürft und blutig, als hätte er eine weite Strecke zurückgelegt. Der Tierarzt stellte fest, dass sein Kieferbruch schon eine Zeit lang zurücklag und vermutlich von einem Baseballschläger oder einem schweren Metallrohr herrührte. Er versuchte, die Wunde mit einer Stahlnadel zu nähen. „Ich darf mir gar nicht vorstellen, was er während dieser Zeit mitgemacht haben muss", erinnerte sich Anton. „Vermutlich ist er an die hundert Kilometer gelaufen, um wieder zu uns zu kommen, nachdem er vielleicht von einem vollbeladenen Lkw erfasst und dann an den Straßenrand getragen wurde. Vielleicht war er nur nachts unterwegs, verborgen hinter Sträuchern und Bäumen, außer sich vor Angst – wer weiß, was man ihn zu fressen gezwungen hat? Wir hatten bereits alle Hoffnungen aufgegeben, ihn jemals wiederzusehen." Doch mit ausreichend Liebe, der Versorgung seiner gebrochenen Tatze und einer Kieferprothese war Zoltan bald wieder kerngesund.

Drei Jahre später, als Anton eines Abends unterwegs war, öffnete Carole im falschen Moment die Haustür, und Zoltan hechtete die Treppe hinab und hinaus auf die Straße. Es sah aus, als wolle er durch das Fenster in Antons Wagen springen – eins seiner Lieblingskunststücke. Bevor er jedoch das Auto erreichte, wurde er von einem vorbeifahrenden Auto erfasst und getötet. Anton wickelte ihn in eine seiner Jacken, in die Zoltan sich zum Schlafen gerne eingekuschelt hatte, und beerdigte ihn im Garten hinter dem Haus. Er begrub ihn am 4. Juli, und während er mit dem Spaten in die Erde stach, hörte er aus der Ferne ganz leise eine Dampforgel spielen.

Diane wusste Bescheid über Antons Erfahrungen mit Raubkatzen und nahm es mit Fassung, als einer seiner Mitarbeiter ihm einen zehn Wochen alten nubischen Löwen kaufte, den Anton Togare taufte. Neben ihren Pflichten als Gastgeberin, Satanische Musterhexe, Mutter und Magier-Ehefrau half sie Anton, das Löwenjunge großzuziehen. Ein Teil ihres Tages gehörte Antons Löwen, ein anderer der gemeinsamen Tochter Zeena Galatea. Karla, die mittlerweile zwölf war, hatte beschlossen, lieber bei Anton und Diane anstatt bei ihrer Mutter Carole zu leben, die jetzt als Grundstückmaklerin arbeitete und bei vielen von Antons Unternehmungen mit seiner Anhängerschar zugegen war. So herrschte immer Leben in dem viktorianischen Haus.

Da Anton der einzige Musiker war, der in den Gelben Seiten als „Dampforgelspieler" gelistet war (auch der einzige unter den Stichworten „Kirmesorgel" und „Una-fon"), kontaktierten ihn alle, die für Festzüge, Eröffnungsfeiern oder Messen eine Dampforgel benötigten. Es dauerte nicht lange, und Anton wusste alles über die Dampforgel, die er am 4. Juli, bei der Beerdigung Zoltans, von Weitem gehört hatte. Ihr Eigentümer hatte einen Dampfkessel aus einer Lokomotive geborgen, um ihn zu einer Hochdruck-Dampforgel umzufunktionieren. Wie einer der alten Hasen entwickelte Anton eine Spieltechnik, bei der man, ein Auge stets auf das Manometer gerichtet, durch das Spielen vollerer Akkorde den Druck reduzieren konnte, wenn er zu hoch wurde.

„Die Leute dachten immer, der Kalioespieler am hinteren Ende von Zirkusumzügen solle eine Art glamourösen Rattenfänger von Hameln darstellen, dem alle Kinder fröhlich in die Manege folgen. In Wirklichkeit kam die Dampforgel ganz am Ende, damit im Fall einer Explosion keine Tiere verletzt wurden."

Die Sponsoren der Festtagsumzüge, bei denen Anton zum Spielen verpflichtet wurde, waren in der Regel Rotarier oder Elks, die sich die blutjungen Gewinnerinnen von Schönheitswettbewerben aussuchten, um sie zur Königin zu küren. Das auserwählte Dummchen schlüpfte in einen geschmackvollen Badeanzug, trug ein maskenhaftes Lächeln zur Schau und winkte unbeholfen aus einem blitzblank schimmernden Cabrio. Und immer war es die Dampforgel, die ihr den Weg bahnte. Anton, den diese Sterilität anwiderte, begann eine Reihe seiner Satanischen Prinzipien in die Tat umzusetzen. Er kleidete Diane und ein paar seiner aufreizendsten Hexen in schrille, tief dekolletierte, rote, weiße und blaue Kleider und ließ sie auf dem Dampforgel-Truck mitfahren. Beim Anblick ihrer viel zu kurzen und zu knappen Kleider, ihrer zu dick aufgetragenen Schminke und dem leuchtendroten Lippenstift wurden fast alle männlichen Zuschauer verrückt vor Lust. Der Königin jedoch schenkte kaum jemand Beachtung. Wiederum sah

Anton sich darin bestätigt, dass das Verbotene, oder in diesem Fall das schier Unzumutbare, siegt.

So wie sein Bekanntheitsgrad wuchs, tauchten immer mehr Neugierige im *Lost Weekend* auf, um Anton über Zauberformeln, Hypnose und andere Phänomene auszufragen. Eine große Anzahl der Fragesteller waren typische Kneipentrinker. Schließlich stellte einer von Antons langjährigen Bekannten, ein Polizeiinspektor, der ohne Witz auch noch Jack Webb hieß, die unvermeidliche Frage: „Warum ziehst du eigentlich keinen Nutzen aus diesem ganzen Magiezeugs und der Philosophie, die du drumherum gebaut hast? Du hast im Grunde alles beisammen, was notwendig ist, um eine neue Religion zu gründen. Ist dir das klar?"

Vielleicht war Anton bereits klargeworden, dass die Prinzipien, die er formulierte und festlegte, zu einer neuen Religion vereint werden konnten. Allerdings nicht zu einer Religion der Verehrung und des blinden Glaubens; er würde sich etwas Neues ausdenken müssen, bei dem seine schwarze Magie zum Einsatz kam und die Ignoranz und Scheinheiligkeit der christlichen Kirchen ins Wanken gebracht wurde. Anton war fest entschlossen, Methoden zu erlernen, mit denen die dunklen Mächte sich leiten ließen, um „Situationen oder Ereignisse in Einklang mit dem eigenen Willen zu verändern, die unter normalen Umständen nicht zu ändern wären".

Am Anfang waren es nur kleine Dinge. Falls er sich verspätet hatte, tauchten vor überfüllten Kinos wie zufällig leere Parkplätze auf, die dort nicht hätten sein dürfen. Seltene Bücher oder andere Gegenstände, die er seit Kurzem begehrte, fielen ihm plötzlich durch mysteriöse Umstände in die Hände. Menschen tauchten auf, an die Anton gerade gedacht hatte – so als hätte er sie herbeigerufen. War es einfach nur eine Häufung „glücklicher Umstände", oder spielte sich da mehr ab als vordergründig sichtbar war? Als Anton bei den Ritualen des magischen Zirkels erweiterte Techniken anwandte und dabei immer öfter genau den gewünschten Effekt erzielte – berufliche Beförderungen, unerwartete Zuwendungen, Geldgewinne, sexuelle oder erotische Befriedigung, die Vernichtung bestimmter Feinde – waren sich alle sicher, dass er diese geheimnisvolle Kraft der Natur angezapft hatte.

Da war die Magie – und da war eine brauchbare, damit einhergehende Philosophie. Eine bodenständige, rationale, grundlegende Philosophie, die die fleischlichen, lustbetonten, natürlichen Instinkte des Menschen betonte, ohne ihnen Schuldgefühle für hausgemachte Sünden aufzuerlegen. Um die Verkrustung aus Ignoranz und Irrationalität zu durchbrechen, die bei den christlichen Kirchen im Laufe der letzten zweitausend Jahre entstanden war, würde man – wie Anton wusste – nicht darum herumkommen, ihre grundlegenden Fundamente niederzureißen. Seine Ideen sollten nicht einfach nur eine „Philosophie" bilden – die hätte man sehr leicht übersehen oder übergehen können. Nein, er musste eine Religion gründen, gotteslästerlich und blasphemisch, und mehr als das: Er würde seine Organisation als Kirche bezeichnen – eine Kirche, die nicht Gott geweiht war, sondern Satan. Satanische Strömungen hatte es immer gegeben, seit Jahrhunderten schon, doch von einer organisierten Satanischen Religion, die ihre Praktiken völlig offen ausübte, hatte man noch nie gehört.

Auch wenn es noch nie eine Kirche Satans gegeben hatte, so doch kleinere Gruppen, die sich ganz ähnlichen Prinzipien verschrieben hatten. Mitte des 18. Jahrhundert rief Sir Francis Dashwood eine Gruppe ins Leben, die als Hellfire Club bekannt wurde. Nicht wenige der einflussreichsten Männer in der Blütezeit von Englands Macht versammelten sich dort, um gemeinsam zu schlemmen, zu schwelgen und zu prassen, während sie gleichzeitig die Geschicke Englands und der amerikanischen Kolonien lenkten. Viele Historiker bagatellisierten diese Gruppe und behaupteten, es habe sich nur um ein paar ungezogene Stutzer und Gecken gehandelt, auch wenn der Prinz von Wales, der Premierminister und der Erzbischof von Canterbury zu ihnen gehörten. Benjamin Franklins Verbindung zu Dashwood und weiteren Gruppenmitgliedern trug entscheidend zur Grundsteinlegung der soeben im Entstehen begriffenen Nation der Vereinigten Staaten von Amerika bei.

„Wenn die Leute wüssten, welche Rolle der Hellfire Club bei Benjamins Erschaffung Amerikas spielte, würden sie wohl glauben, U.S.A. stünde für «United Satanic America», oder künftig nur noch von «Einer Nation, unter Satan» sprechen", behauptete LaVey.

Weitere Satanische Enklaven waren unter anderem: 1) Die Abtei von Thelema als Tempel fortwährender Hingabe, wie Rabelais sie in *Gargantua und Pantagruel* beschreibt. Das Motto, das Rabelais für seine Mönche erdachte – „Do What Thou Wilt" (dt.: *Tut, was ihr wollt*) - wurde nachweislich von Dashwood für seine Abtei in Medmenham und schließlich auch von Aleister Crowley für seine eigene Abtei von Thelema übernommen. 2) Eine Gruppe von Hollywoodschauspielern und Schriftstellern in den dreißiger Jahren, die unverhohlen Satanischen Mächten huldigten; und 3) die Fortean Society, eine Gruppe von Skeptikern um Charles Fort, dem führenden Archivar und Erforscher unerklärlicher Phänomene in den dreißiger und vierziger Jahren; einige der Mitglieder traten später Antons magischem Zirkel bei.

Das Gründungsdatum der ersten Satanischen Kirche – der *Church of Satan* – hatte Anton bereits festgelegt. Es musste die traditionelle Nacht des bedeutendsten Dämonenfests des Jahres sein, in dem Hexen und Teufel über die Erde streifen und die sprießende Zeit des Frühlingsäquinoktiums auf ausschweifende Weise gefeiert wird: Walpurgisnacht, die Nacht vom 30. April auf den 1. Mai. Als Bestandteil des Gründungsrituals rasierte Anton sich den Schädel in der Tradition mittelalterlicher Scharfrichter, Kirmes-Kraftmenschen und Schwarzmagier vor seiner Zeit, um an persönlicher Macht zu gewinnen und die Kräfte rund um seinen neu etablierten Satanischen Orden zu mehren. Er setzte damit eine Anspielung am Ende von Coleridges *Kubla Khan* szenisch um – eine Beschwörungsformel, mit deren Hilfe die Heilige Dreifaltigkeit und das geistliche Leben eingetauscht wurden gegen ein Leben im Dienste der Hölle und des materiellen Strebens.

Zur Tradition der Yezidi-Teufelsanbeter gehörte ein Initiationsritus, dem sich der werdende Adept zu unterziehen hatte: Ein Rasiermesser wird in den Gewässern von Zamzam gewaschen, der unterirdischen Quelle im Islam, von der es heißt, sie sei der Ausgangspunkt für unterirdische Ströme, die unter den Sieben Türmen Satans fließen. Bei den Grotten unterhalb der Türme handelt es sich vermutlich um Nebenflüsse, die zum Ort der Satanischen Meister führen, bekannt als Shamballah oder Carcosa. Das Rasiermesser dient dazu, das Haupt des Magiers kahl zu rasieren. Danach verlässt er, seiner Locken beraubt, diese Welt der Nachkommen Adams. Zur Vervollständigung des Rituals erklärte Anton das Jahr 1966 zum Jahre Null, Anno Satanas – dem ersten Jahr der Herrschaft Satans. Das neue Zeitalter des Feuers war damit ausgerufen, und auch wenn es sich bei der Zeremonie in der Walpurgisnacht 1966 um eine sehr persönliche, private Angelegenheit handelte, sollte Anton die Erschütterungen, die sie weltweit hervorrief, bald zu spüren bekommen.

II

DIE CHURCH OF SATAN

KAPITEL SIEBEN
Court Of The Crimson King

Es ist kurz vor Mitternacht auf der windgepeitschten Straße bei Seacliff in San Francisco; die Satanisten jedoch versammeln sich bereits zu ihrer allwöchentlichen Freitagnachtfeier. Sie sind zu dem berüchtigten Schwarzen Haus im viktorianischen Stil gekommen, um ihr Gelübde an Satan zu erneuern, ihn zu bitten, ihnen bei ihren Wünschen gefällig zu sein und ihnen die Freiheit der fleischlichen Hingabe zu gewähren.

Die kleine Versammlung im Vorraum ähnelt einer beliebigen Gruppe von liebenswürdigen, erfolgreichen Menschen, wie sie auf jeder Cocktailparty miteinander plaudern. Die meisten Männer tragen dunkle Anzüge, andere sind weniger konservativ gekleidet, tragen hellere Hemden, manchmal auch Lederjacken oder -hosen. Die Frauen wirken provokativer. Sie bevorzugen hellere Farben, Pfennigabsätze, reichlich Make-up, kurze Röcke oder hauchdünne, hautenge Kleider, um ihre üppigen Kurven zu betonen. Mehr als eine von ihnen trägt ein ungewöhnliches Medaillon, das zwischen ihren teilweise entblößten Brüsten aufschimmert. So stehen sie in Zweier- oder Vierergruppen zusammen, sprechen über die neuesten Aktientrends, über Astrologie oder alte Autos und erzählen sich Geschichten von neuzeitlichen Vampiren.

Endlich betritt eine Gestalt in schwarzem Umhang den Raum und verkündet den Beginn der Zeremonie. Zigaretten werden ausgedrückt, und die zwei Dutzend Männer und Frauen versammeln sich lautlos hinter der Gestalt, um sich in die Ritualkammer geleiten zu lassen. Kein Sterbenswörtchen ist zu hören, als die Versammlung feierlich in die verdunkelte Kapelle einzieht.

Nach und nach gewöhnen sich die Augen an die Dunkelheit; der einzige Lichtstreif, der noch durchsickert, kommt aus dem Vestibül. Die Luft ist hier ein paar Grad kälter, die Atmosphäre dichter. Sowie die Teilnehmer sich auf ihre Plätze gesetzt haben, fällt hinter ihnen die Tür ins Schloss und hüllt den Raum in pechschwarzes Schweigen. Doch unmittelbar danach wird die Stille erschüttert durch die dröhnenden Akkorde einer Orgel. Die Melodiefetzen alter Kirchenlieder dringen ans Ohr der Anwesenden, Wagnersche Motive vermischen sich mit den Soundeffekten aus alten Horrorfilmen. Fünf Minuten lang, vielleicht auch länger, lauscht die Gruppe in der Finsternis den Klängen, die ihren Geist reinigen soll für das, was nun kommt.

Die Musik endet mit einer donnernden Fanfare. Nach einer kurzen Pause ertönen drei Gongschläge, und das Licht wird gerade hell genug erleuchtet, um die Zelebranten sichtbar zu machen, die nun im vorderen Teil der Ritualkammer versammelt stehen. Die Gestalt im Zentrum ist ein großer, ehrfurchtgebietender Mann, dessen beständige Augen funkeln, während er jeden der Anwesenden ansieht – und durch ihn hindurchblickt. Auf seinem kahlrasierten Kopf sitzt eine schwarze Kapuze, verlängert zu einem Cape, das bis zum Boden reicht und mit scharlachroter Seide gefüttert ist. Seiner Gegenwart wohnt eine stille, aber unwiderstehliche Herrschaft inne. Es ist der Hohepriester – Anton Szandor LaVey – der erste Mensch, der jemals eine offen tätige Organisation zu gründen wagte, die Satan und der fleischlichen Lust geweiht ist.

Hinter ihm an der Wand befindet sich eine große Baphomet-Sigille – Symbol des Satanismus, abgeleitet vom Signum der Tempelritter im 14. Jahrhundert: ein inverses Pentagramm, das einen Ziegenkopf einschließt, umgeben von fünf hebräischen Buchstaben, einem an jeder Pentagrammspitze. Die Buchstaben ergeben das Wort „Leviathan“ – den Namen eines der Kronprinzen der Hölle. Das gleiche Symbol befindet sich an den Halsketten der versammelten Teufelsanbeter. Unterhalb des Wandschmucks liegt ein kurvenreicher, weiblicher Rotschopf, der für die heutige

Zusammenkunft als lebender Altar dienen soll. Sie hat sich quer über den großen Kaminsims gelegt, ihr Fleisch schimmert im trüben Licht. Bescheiden beugt sie die Knie, so dass ihr Haupthaar über den Rand des Kaminsimses fallen kann. Auch sie trägt das Baphomet-Symbol, das zwischen ihren nackten Brüsten fast verschwindet. Heute ist sie der Altar des lebendigen Fleisches, der Wollust erzeugt und das Blut zum Kochen bringt. Sie wird für die Anwesenden zum Brennpunkt, zum fleischlichen Zentrum des Willens der Satanisten.

Zwei Männer mit schwarzen Kapuzen stehen zu beiden Seiten des Hohepriesters bereit, ein weiterer Assistent mit Kapuze bedient den Gong zur rechten Seite des Altars. Eine Frau, der das lange, blonde Haar über ihr purpurnes Gewand wallt, steht neben dem Hohepriester, ein Schwert mit Scheide in der Hand, dessen Spitze vor ihr auf den Boden zeigt. Auch der Organist trägt eine schwarze Kapuze, als er die *Hymne an Satan* zu spielen beginnt, eine Persiflage auf Bachs *Jesus bleibet meine Freude*. Zwei nackte Messdienerinnen stehen in Ehrfurcht neben dem Altar.

Die Ritualkammer selbst ist schwarz gestrichen, die Zimmerdecke blutrot. Aus den Wandleuchtern verbreiten bernsteingelbe Glühbirnen ein trübes Licht und tauchen den Raum in ein schemenhaftes Glühen. Ein Sarg steht hochkant in der Ecke; seine sechseckige Form schält sich aus der Dunkelheit; von ihm glotzt eine ausgestopfte Eule auf die Teilnehmer herab. Eine der Messdienerinnen tritt nun an den Altar und zündet die schwarzen Kerzen an.

Das Ritual kann beginnen. Alle Augen sind auf den Hohepriester gerichtet. Während der Organist weiterhin die *Hymne an Satan* spielt, hebt LaVey eine große Messingglocke empor, schwenkt sie zwecks Heiligung über dem Altar und dreht sich langsam vor seinen Anhängern entgegen dem Uhrzeigersinn, wobei sein Cape sich um seine Füße bauscht. Um die Luft zu reinigen, lässt er die Glocke neunmal klingen (die Zahl Satans), dann stellt er die Glocke zurück an ihren Platz auf dem Kaminsims. Während er sich seiner blonden Assistentin zuwendet, zieht er das ihm dargebotene Schwert aus der Scheide. Er hält es mit der Spitze über den lebenden Altar und intoniert in getragenem Tonfall seine Invokation: „In nomine Dei nostri Satanas Luciferi excelsi." Der Organist spielt improvisierte Basstöne, um die Worte des Hohepriesters zu unterstreichen. „Im Namen Satans, des Herrschers der Erde, des Königs der Welt, befehle ich den Kräften der Dunkelheit, mir ihre infernalische Macht zu verleihen. Öffnet weit die Tore der Hölle, und kommet hervor aus dem Abyssos, damit ihr es höret, wenn ich euch bei euren unheiligen Namen rufe:

„Satan (das Schwert nach Süden gerichtet), Herr der höllischen Regionen;
Luzifer (nach Osten gewandt), Licht- und Weisheitsbringer;
Belial (nach Norden gewandt), König der Erde;
Leviathan (nach Westen gewandt), Herrscher des wässrigen Abyssos;
Kommet herbei und grüßt eure ergebenen Brüder und Schwestern des Pfades zur Linken. Shemhamforash!"

Die Versammelten antworten laut:
„Shemhamforash!"
„Heil Satan!", chantet der Hohepriester.
„Heil Satan!", ertönt es trotzig von der Gemeinde. Der Gong wird angeschlagen.

Einer der vermummten Assistenten tritt zum Altar und überreicht LaVey den Kelch der Ekstase – einen silbernen Pokal, der nicht mit Wein oder gar Blut gefüllt ist, sondern mit LaVeys derzeitigem Lieblingsgetränk – Bourbon Whiskey. Er empfängt den Kelch, nimmt einen kräftigen Schluck und reicht ihn dann an seine Assistenten weiter, damit sie mit ihm genießen. Zuletzt wird der Kelch zurück auf den Altar gestellt. Die beiden nackten Messdienerinnen treten nach vorne. Eine von ihnen hält eine Kerze hoch, die ein Stück weit über ihre Köpfe hinausragt. Die andere schlägt vor dem Hohepriester ein großes, schwarzes Buch auf und hält es für ihn, während er das Schwert emporstößt und mit rauer, hallender Stimme zu lesen beginnt:

„Höret mich, Geschöpfe der Dunkelheit. Erscheinet inmitten der Menschen – diesmal, ohne fortgejagt zu werden. Kommet hervor und reiht euch ein in die große Versammlung der Sehnsüchtigen, und legt denen das Handwerk, die uns zu behindern suchten.

Gewähret mir die Freuden, von denen ich spreche! Ich habe eure Namen als einen Teil von mir selbst angenommen. Ich lebe wie die Tiere in der Wildnis, die sich erfreuen am fleischlichen Dasein! Ich verschone die Gerechten und verfluche die Niederträchtigen!

Bei allen Göttern des Abgrunds befehle ich, dass die Dinge, von denen ich spreche, wahr werden! Kommet hervor und antwortet auf eure Namen, indem ihr meine Wünsche zur Wirklichkeit macht! Oh, höret die Namen!"

Mit wilder Stimme knurrt LaVey nun die höllischen Namen – von Göttern und Göttinnen, einst verehrt und angebetet, heute von jedermann entehrt, gehasst und gefürchtet – außer von Satanisten. Loki, Balaam, Tchort, Mammon, Shiva, Asmodeus, Shaitan – alle gelten sie bei den herkömmlichen Religionen als böse. LaVey spricht ihre Namen aus, und die Versammelten wiederholen sie im Chor. Die Orgeltöne steigern sich zu einem Crescendo, und erneut wird dreimal der Gong geschlagen. „Heil Satan!", wiederholt die Gemeinde die Worte des Hohepriesters.

Nach der Anrufung der höllischen Namen verliest LaVey eine Textpassage in der vorbiblischen Sprache Henochisch. Die Silben klangen hart und guttural, doch seltsam unwiderstehlich.

„Ol sonuf vaoresaji, gohu IAD Balata, elanusaha caelazod: sobrazod-ol Roray i ta nazodapesad, Giraa ta maelpereji, das hoel-qo qaa notahoa zodimezod … Zodecare, eca, od zodameranu! odo cicale Qaa; zodoreje, lape zodiredo Noco Mada, hoathahe Saitan!"

LaVey tritt auf seine Brüder in Satan zu und fordert sie auf, ihrem Dunklen Herrn ihre innigsten Wünsche anzuvertrauen. Jeder, der an der Reihe ist, flüstert LaVey seine geheimen Sehnsüchte und Bedürfnisse zu. „Mach, dass ich mich in meinem neuen Job bewähre ... Lass den Mann, der bei mir im Korridor gegenüber wohnt, in Liebe zu mir entbrennen ... Lass meine Frau in wilder Leidenschaft zu mir zurückkehren ... Vernichte meinen Konkurrenten, damit ich den Vertrag bekomme, den ich anstrebe ..." Menschliche Ziele und Anliegen, keine als Selbstlosigkeit getarnte, ominöse Spiritualität. Im Mittelpunkt steht die Erlangung egal welcher Kräfte, die von den Dämonen gewährt wird, um den Bittstellern weltliche Macht zu verleihen.

Nachdem der Hohepriester jedes einzelne Anliegen laut wiederholt hat, erklingt unter den Teilnehmern stets aufs Neue der Antwortruf „Heil Satan!". Die Luft ist elektrisch aufgeladen, als die Wünsche hinaus in den Äther geschickt werden und das Ritual sich seinem Ende zuneigt.

Während der Organist im Hintergrund seinem Instrument mit ruhiger Hand triumphale Klänge entlockt, breitet LaVey sein Cape vor dem nackten Altar aus und erhebt die Hände im Zeichen der Hörner: zwei Finger nach oben, um die Dualität der Natur zu bestätigen, drei Finger nach unten, um die Heilige Dreifaltigkeit zu leugnen.

„Vergesst nicht, was da war und was da sein wird! Fleisch ohne Sünde; Welt ohne Ende!" Er lässt die Arme sinken. „Erhebt euch und gebt das Zeichen der Hörner." Die Mitglieder stehen auf, stoßen den linken Arm nach vorn, ahmen das Zeichen nach. Nachdem er sich dem Altar zugewandt hat, um das traditionelle Zeichen der Flamme über ihrem Körper zu formen, ruft LaVey dreimal hintereinander „Heil Satan!", und die Gemeinde gibt nach jedem Ruf Antwort. Danach beginnt schlagartig der Gong zu dröhnen. Wieder wird die reinigende Glocke neunmal geläutet, und der Organist spielt *The Hymn Of The Satanic Empire*. Als die Musik verstummt und der letzte Glockenklang in Schweigen übergeht, spricht LaVey: „So ist es nun vollbracht."

Die Church of Satan wurde in der Nacht des 30. April 1966 gegründet. Binnen anderthalb Jahre nach ihrer Gründung stand die Organisation dreimal im Mittelpunkt eines gewaltigen Medienhypes, und überall auf der Welt brachten die Zeitungen Titelgeschichten über Satans Kirche. Als Erstes ging es um die Eheschließung zweier Mitglieder am 1. Februar 1967. John Raymond, ein politisch radikaler Journalist, und Judith Case, eine New Yorker Salonlöwin und Tochter eines bekannten Rechtsanwalts, baten Anton darum, die Hochzeitszeremonie durchzuführen, um ihre Lebensgemeinschaft im Namen Satans segnen zu lassen.

Es war nicht die erste Satanische Hochzeitsfeier, die LaVey zelebrierte; diese Auszeichnung fiel einem anderen aus Antons Herde zu – einem gewissen Forrest Satterfield. Doch erst im Falle von Raymond und Miss Case, die beide aus einer „guten Familie" stammten, verbreitete sich die Nachricht wie ein Lauffeuer. Am Tag der Eheschließung strömten so viele Reporter und Fotografen ins Black House, wie sie seit der Eröffnung der Golden Gate Bridge nicht mehr zusammengekommen waren, nur um dieser Extremform von Blasphemie beizuwohnen. Es versammelte sich eine so große Meute, dass die Polizei die Umgebung absperren musste. Der Fotograf Joe Rosenthal, bekannt für seinen unvergesslichen Schnappschuss von den Soldaten, die im Zweiten Weltkrieg die amerikanische Flagge auf Iwojima hissten, war für den *San Francisco Chronicle* zugegen. Die *Los Angeles Times brachte* – wie zahlreiche andere Blätter – einen vierspaltigen Aufmacher auf der Titelseite und eines von Rosenthals Hochzeitsfotos. Die meisten Artikel befassten sich vor allem mit dem nackten, weiblichen Altar, der Liste mit den anwesenden Prominenten sowie mit Togare, dem nubischen Löwen, dessen Gebrüll von irgendwoher im Haus die Zeremonie begleitete. Die Presse war begeistert. Sie gaben Anton den Spitznamen „Der Schwarze Papst" und rissen sich geradezu um Interviews mit ihm.

Anton nutzte die Gelegenheit, um mit seiner dramatischen Präsentationskunst sowie mit den Kostümen, Requisiten und Zaubertricks aufzuwarten, die er auf dem Jahrmarkt und beim Zirkus erlernt hatte. Während die frühen Zeitschriftenartikel wegen der nackten Mädchen vor allem in Männermagazinen erschienen, wuchs mit zunehmendem Bekanntheitsgrad des Satanismus das Interesse auch bei Mainstream-Magazinen. Irgendwann druckten alle großen Zeitschriften ausführliche Titelstorys über die anschwellende Woge des Satanismus LaVey'scher Prägung.

Die Rituale im ersten Jahr waren hauptsächlich als kathartische Lästerungen gegen das Christentum gedacht. Die Bestandteile entsprachen dem, was namhafte Diaboliker über Teufelsanbetung geschrieben hatten – wie etwa den Schilderungen in Joris-Karl Huysmans *Tief unten*. Viele Leute, die sich zum ersten Mal an einer dieser Schwarzen Messen beteiligten, bei denen Satan nicht verleugnet wurde, beteten rasch ihre Ave Marias, bekreuzigten sich und verließen fluchtartig die Ritualkammer, um ihre Namen aus dem Gästebuch am Eingang zu kratzen. In Antons Kirche wurden Satanische Fantasien zur nackten Wahrheit.

Während dieser schalkhaften öffentlichen Periode geschah es auch, dass Anton in einem Nachtlokal in North Beach/San Francisco seine *Oben-ohne-Hexenrevue* veranstaltete. Eines der Mädchen, das er engagiert hatte, um sich bedrohlich als Vampir aus ihrem Sarg zu erheben, war Susan Atkins. Sie stand damals noch nicht in Kontakt zu Charles Manson; erst zwei Jahre später beging sie die Morde in Sharon Tates Haus im Benedict Canyon, wobei sie sich nach der Tat angeblich das Blut von den Fingern leckte. In dem nach ihrer Konversion erschienenen Enthüllungsbericht *Child Of Satan, Child Of God* jedoch gab sie Anton die Schuld an ihrem Abstieg. Anton hatte sie als eines der typischen, abgebrannten Haight-Street-Mädchen in Erinnerung, vielleicht eine Spur vernebelter von Drogen als die meisten anderen. „Immer wieder sagte sie Proben ab und behauptete, sie hätte zweiundvierzig Grad Fieber. Zum Schluss jedoch gab sie einen prima Vampir ab.

Unsere Formel lautete: Neun Teile gesellschaftliche Integrität zu einem Teil Skandal", sagte LaVey. „Wir gründeten eine Kirche Satans – etwas, das alle gängigen Vorstellungen von einer «Kirche» total über den Haufen warf. Ein Tempel der Sinnesfreude war es, kein Tempel der Enthaltsamkeit, wie sie bislang erbaut worden waren. Wir wollten keinen kalten und abweisenden Ort daraus machen, sondern einen Ort, den man besucht, um sich wohlzufühlen."

Nach einer Weile hatte Anton es satt, sich nur über das Christentum lustig zu machen, und er beschloss, Rituale auszuarbeiten, die auf blasphemische Weise bejahend und aufregend waren. „Ich bemerkte, dass es zwischen Psychiatrie und Religion eine beträchtliche Grauzone gab, die größtenteils noch unerschlossen war." Er entdeckte das Gruppenritual als „machtvolle Kombination aus Psychodrama und Übersinnlichem", wie er sagte. Anstatt die bioelektrische Energie einfach freizugeben, damit sie sich im umliegenden Äther zerstreute, ließ diese Energie sich auch strukturieren, formen und einer bestimmten Zielsetzung zuführen. Er wollte keine Salonzauberei betreiben, sondern echte, angewandte Magie.

Der formalisierte Fluch zum Beispiel ist mehr als nur eine Austreibung aufgestauter Emotionen. Es ist ein echtes Vernichtungsritual, bei dem jegliche Zurückhaltung aufgegeben wird, um ungebremste Emotionen zu erzeugen und sie auf das Objekt des Zorns oder der Abscheu zu richten. Auf diese Weise muss nun die Person leiden, die den Schmerz verursacht hat, anstatt jener, die diese Gefühle hegt – die Vernichtungsenergie fällt auf denjenigen zurück, der es verdient hat. LaVey betrachtete seine Ritualtechnik als weitaus wirksamer als die der „übersinnlich Begabten", die sich aller möglichen magischen Kräfte rühmten. „Das Maß an Energie, das man benötigt, um eine Kaffeetasse zum Levitieren zu bringen", meinte er, „würde ausreichen, um eine Vorstellung in die Köpfe von Millionen von Menschen auf dem halben Erdball zu pflanzen und sie gemäß dem eigenen Willen zu motivieren."

LaVey versprach keine Wunder, und vielleicht inspirierte gerade das die Leute dazu, ihm zuzuhören. „Ich will Sie nicht davon überzeugen, dass Sie mit Hilfe von Magie alles erreichen können. Wenn Sie kein Talent haben, können Sie nicht zum berühmten Musiker werden, nur indem Sie es sich wünschen oder einen Zauber ausüben. Wenn Sie eine hässliche Frau sind, werden Sie allein durch Magie keinen gutaussehenden Filmschauspieler auf sich aufmerksam machen. Magie bedeutet, im Einklang mit der Natur zu wirken. Wenn Sie das im Kopf behalten, kann ich Ihnen versichern, dass ich hier wirklich auf etwas gestoßen bin. Magie funktioniert. Ich würde Magie betreiben, egal ob Leute zur Church of Satan kommen und es mit mir tun oder nicht."[5] [6]

Anton beschloss, es sei an der Zeit, die erste Satanische Taufe der Welt zu feiern. Die Leute sollten sehen, dass Satanismus nichts damit zu tun hatte, das Blut von Säuglingen zu trinken oder Kleintiere zu opfern. LaVey erklärte: „Anstatt das Kind wie bei der christlichen Taufe von der Ursünde zu reinigen und es grundlos schuldig zu sprechen, wollen wir vielmehr seine natürlichen Instinkte preisen und seine Lebenslust steigern." Wer eignete sich als Täufling bei einer öffentlichen Zeremonie eher als LaVeys eigene dreijährige Tochter Zeena? Mit ihrem weichen, blonden Haar und ihrem bezaubernden Lächeln fesselte sie die Reporter mit dem Bild eines engelgleichen Kindes, das dem Teufel geweiht wurde.

„Würde man dem echten Satanismus im Fernsehen ebenso viel Sendezeit einräumen wie den christlichen Kirchen, würde man das Thema ebenso erschöpfend und geduldig behandeln wie ein Interviewer es mit einem Profisportler tut, würde man ihm die gleiche Berichterstattung gönnen, wäre das Christentum innerhalb weniger Monate von der Bildfläche verschwunden. Wenn die Zuschauer wenigstens sechzig Minuten lang die ganze, unverfälschte Wahrheit zu Gesicht bekämen, wäre das zu gefährlich. Gar kein Vergleich zu jetzt.[7]*"*

Als Datum wurde der 23. Mai festgelegt. Die ersten Fotografen trudelten bereits um sechs Uhr ein, obwohl die Taufe erst fünfzehn

Stunden später stattfand. Eins der Kirchenmitglieder – der Überlebenskünstler Kurt Saxon – fertigte ein von ihm entworfenes, speziell für Zeena und ihre Taufe vorgesehenes Amulett an. Es war ein farbiger Baphomet mit einer Eiswaffel, einem Lolli und anderen Dingen, die ein kleines Mädchen sich normalerweise wünscht. Ihr Mutter zog ihr ein hellrotes Gewand mit Kapuze an und setzte sie auf den Altarrand, während Fotografen von New York bis Rom ein Blitzlichtgewitter veranstalteten.

Anton verlas eine eindrucksvolle Anrufung, die später in bearbeiteter Form in die *Satanischen Rituale* aufgenommen wurde.

„Im Namen Satans, Luzifers ... Wir heißen eine neue Meisterin willkommen – Zeena, Geschöpf aus ekstatischem magischem Licht ... Willkommen in unserer Gemeinschaft; der Pfad der Dunkelheit heißt dich willkommen. Hab keine Angst. Über dir erhebt Satan seinen Leib in den erschrockenen Himmel und formt mit seinen großen, schwarzen Schwingen einen Baldachin ... Kleine Zauberin, natürlichste und wahrhafteste Magierin, in deinen winzigen Händen steckt die Kraft, den Himmel herabzuziehen und Monumente deiner eigenen süßen Sinnesfreude aus ihm zu erschaffen. Deine Kraft macht dich zur Herrscherin einer Welt aus verängstigten, geduckten und schuldbeladenen Menschen. Und so stellen wir dich im Namen Satans mit beiden Füßen auf den Pfad zur Linken ... Zeena, wir taufen dich mit Erde und Luft, mit Meerwasser und flammendem Feuer. Und so weihen wir dein Leben der Liebe, der Leidenschaft, der Hingabe sowie Satan und dem Weg der Finsternis. Heil Zeena! Heil Satan!"

Die gesamte Zeremonie war darauf ausgerichtet, das Kind zu erfreuen und es willkommen zu heißen in einer Welt der Sinnesfreude, in der jeder Anblick, jeder Duft für sie eine Wohltat war. Anders als bei der christlichen Methode, bei der ohnehin schon verängstigte Kinder während der Taufe auch noch unter Wasser getaucht werden, saß Zeena während des Rituals fröhlich da, einen Kaugummi im Mund, und sonnte sich in der Aufmerksamkeit, die ihr von ihren Bewunderern und der Presse entgegengebracht wurde.

Während zahlreiche christliche Organisationen und weitere „besorgte Bürger" das Spektakel als einen Skandal betrachteten, gab es doch nicht viel, was sie dagegen tun konnten. Heute würde man LaVey vermutlich wegen „Satanischem Kindesmissbrauchs" verklagen – doch solche legalen Wege für religiöse Hysteriker gab es im Jahr 1967 noch nicht.

Im Dezember des gleichen Jahres trat eine Mrs. Edward Olson an Anton heran; sie wünschte sich eine vom Hohepriester zelebrierte Bestattungsfeier für ihren kürzlich verstorbenen Ehemann, einen Marineoffizier, der bei einem Verkehrsunfall nahe der Treasure Island Station in San Francisco ums Leben gekommen war. Sie und Edward Olson waren beide Mitglieder der Church of Satan, obwohl Edward baptistisch erzogen worden und vor seinem Beitritt Mitglied bei *Youth For Christ* gewesen war. Als er zur Marine ging, etwas mehr von dieser Welt gesehen und eine aufreizende Brünette geheiratet hatte, erkannte er im Satanismus den realistischeren Lebensstil. „Er glaubte an diese Kirche", sagte Mrs. Olsen, „und in dieser Kirche wollte er auch beerdigt werden."

Obwohl die Marinebehörden ein wenig perplex waren, gaben sie Pat Olsens Antrag ohne große Diskussion statt, da sie es für ihre Pflicht hielten, Mr. Olsens letzter Bitte auf angemessene Weise nachzukommen. Zur Zeremonie wurde eine Ehrengarde mit Chromhelmen verpflichtet, die an der Seite der Hexen mit ihren schwarzen Roben und der Warlocks mit ihren Baphomet-Anhängern strammstanden. Die Seeleute hielten eine amerikanische Flagge über den Sarg, während LaVey eine Grabrede hielt, die vor allem von Edwards Hingabe an das Leben handelte, die er durch seine Entscheidung, auf den Pfaden des Teufels zu wandeln, bekräftigt habe. Zum Schluss der Feierlichkeiten feuerte die Marinegarde drei Gewehrsalven ab, und ein Musiker ließ nach den „Heil Satan!"- und „Heil Edward!"-Rufen der Trauergäste den großen Zapfenstreich erklingen.

Obwohl der Erzbischof von San Francisco wegen der Angelegenheit ziemlich aus dem Häuschen war und sofort einen empörten Brief an Präsident Johnson schrieb, hielten die meisten Bürger von San Francisco einschließlich der Marinebehörde es für richtig, dass Olsen die gleiche Behandlung zuteil wurde wie anderen Marineleuten auch. Die Antwort aus dem Weißen Haus war eigentlich ein Glücksfall für die Witwe und ihren jungen Sohn. Die Berater des Präsidenten bezeichneten Olsen, der in Wirklichkeit ein nicht gerade brillanter Maschinenschlosser war, irrtümlich als Hauptbootsmann. Mrs. Olsen konnte diese Briefe dazu benutzen, einen Antrag auf posthume Beförderung einzureichen und somit eine höhere Hinterbliebenenrente zu erhalten. LaVey schrieb Mrs. Olsens Glück dem „Eingreifen dämonischer Gewalten" zu. Aufgrund des starken Zuwachses bekennender Satanisten beim Militär wurde der Satanismus schon bald im *Handbuch der Streitkräfte für Geistliche* als anerkannte Religion aufgeführt, die Beschreibung alljährlich von der Church of Satan aktualisiert.

Im Black House fanden indessen weiterhin Rituale statt. Neben den wöchentlichen Freitagnachts-Zeremonien veranstaltete LaVey nach wie vor Hexen-Workshops und allerlei Seminare, die Menschen vom Norden bis zum Süden der kalifornischen Küste anlockten. Tollheits-Rituale, Fruchtbarkeitsriten, Vernichtungsrituale, Shibboleth-Rituale und Psychodramen in Form von Schwarzen Messen wurden erdacht, so dass auch Außenstehende jede Freitagnacht auf ihre Kosten kamen.

„Wo waren sie, all die Leute, die behaupteten, all das schon vor mir getan und gedacht zu haben? All jene, die sich vorgenommen hatten, Die Satanische Bibel zu schreiben, aber niemals Zeit hatten, sich hinzusetzen und sie auch wirklich zu schreiben? Wo ich auch suchte – ich fand keinen

von ihnen. Wer hat die Church of Satan gegründet? Nicht die Church of Lucifer, nicht den Tempel von Abaddon, nicht den Orden von Thelema oder die Bruderschaft Beelzebubs? Es war einfach nicht angesagt, sich Satanist zu nennen, bevor wir auf den Plan traten."

Als im Jahre 1969 die *Satanische Bibel* erschien, betrug die Mitgliederzahl der Church of Satan bereits mehr als zehntausend weltweit. Das Buch kam ursprünglich als Paperback auf den Markt (später auch als gebundene Ausgabe) und war seitdem kein einziges Mal vergriffen, was auf dem kurzlebigen Taschenbuchmarkt unserer Tage eher eine Seltenheit ist.

Bevor 1968 der Film *Rosemarys Baby* in die Kinos kam, nutzten die PR-Leute LaVeys fortwährende Präsenz, um Buttons mit der Aufschrift „Betet für Anton LaVey" zu verteilen. Anton erinnerte sich an die Reaktion des Publikums auf das Ende des Films, in dem deutlich wurde, dass die Satanisten nicht vorhaben, dem Kind wie allgemein erwartet etwas anzutun, sondern es als Satans Sohn zu verherrlichen. „Die Zuschauer wurden sehr wütend – sie stampften mit den Füßen auf und bekundeten lautstark ihr Missfallen. Manchmal wirkt die Satanische Realität auf Leute erschreckender als ihre gefahrlosen Fantasien, wie es denn zu sein hätte. Zum ersten Mal sahen sie sich konfrontiert mit einem Teufel, der ihren Widerpart gab."

KAPITEL ACHT

Der Teufel und die heilige Jayne

Am 29. Juni 1967 kurz nach zwei Uhr morgens befand sich Jayne Mansfield auf der U.S. 90 bei den Rigolets, einer Wasserstraße zwischen Lake Pontchartrain und dem Golf von Mexiko, auf dem Weg nach New Orleans. Der junge Mann, der sie freiwillig chauffierte – der vierundzwanzig Jahre alte Ronnie Harrison – versuchte, ein wenig Zeit zu schinden, denn Jayne brauchte noch eine Mütze Schlaf vor ihrem Fernsehauftritt um die Mittagszeit. Jaynes Rechtsanwalt Sam Brody saß auf dem Beifahrersitz, während drei ihrer kleinen Kinder – Mariska, Zoltan und Micky Jr. – zusammengekuschelt auf dem Rücksitz schliefen. Jane war am Abend in *Gus Stevens' Restaurant And Supper Club* aufgetreten, dem Nachtclub von Harrisons Vater in Biloxi, Mississippi, und nach der Show waren sie sofort aufgebrochen.

Während Ronnie aufs Gas trat und durch die Nacht raste, erschien auf dem verlassenen Straßenabschnitt auf einmal eine Nebelschwade. Ein Tanklaster kroch vor ihnen her, aus dessen Heck undurchdringlicher Dampf stieg – eine Wolke aus Mückenspray. Bis Harrison in der Lage war, etwas zu sehen, fuhren sie bereits zu schnell, um noch zu bremsen. Sie rasten dem Tanklaster in das Heck, und Harrison, Jayne und Brody waren auf der Stelle tot. Das Dach des Autos war nach hinten aufgerollt wie der Deckel einer Sardinenbüchse. Die Kinder konnten aus den Trümmern geborgen werden; sie waren schockiert, aber erstaunlicherweise unverletzt. Die Polizei vor Ort berichtete, Jayne Mansfields Kopf sei fast vollständig vom Körper abgetrennt worden. Ermittler stellten fest, dass ihr Tod um zwei Uhr fünfundzwanzig eingetreten sei.

Zur gleichen Zeit schnitt Anton LaVey im Arbeitszimmer seines Hauses in San Francisco Fotos aus der deutschen Boulevardzeitung *Bild* aus – Fotos, die der Fotograf Walter Fischer gemacht hatte und die Anton zeigten, wie er am Grab von Marilyn Monroe Blumen niederlegte. Als er soweit war, die Fotos in eines der Church-of-Satan-Dokumentenalben zu kleben, fiel ihm auf der Rückseite eines Zeitungsausschnitts ein Bericht über eine Irlandreise auf, auf die zu verzichten Jayne gezwungen worden war. Es ärgerte ihn sehr, als er feststellte, dass er beim Ausschneiden des Artikels über Marilyn ein Foto von Jayne versehentlich genau dort entzweigeschnitten hatte, wo ihr Hals sich befand.

Fünfzehn Minuten später rief ein Reporter des San Francisco AP (Associated Press) bei Anton an, um ihn über den tragischen Tod von Miss Mansfield zu benachrichtigen und eine Stellungnahme zu erbitten. LaVeys Namen und Telefonnummer hatte er aus dem Adressbuch, das Jayne mit sich führte. Anton brachte kein Wort heraus. Der Journalist, der am anderen Ende der Leitung nur Schweigen vernahm, drängte LaVey und fragte, ob er wisse, dass sie bei dem Unfall praktisch enthauptet worden sei. LaVey legte auf. Das Geflecht an Begebenheiten, das zu Jaynes Tod geführt hatte, war ihm nur zu vertraut – ein Muster von Ereignissen, das die Reporter zu jener Zeit unmöglich kennen konnten. LaVeys eigene Ritualworte, die Vergeltung forderten, müssen ihm in diesen Augenblicken durch den Sinn gegangen sein. Anton hatte einen Fluch verhängt – aber nicht auf seine ergebene Hexe Jayne, sondern auf ihren Anwalt Sam Brody, der mit seinen Belästigungen, Verhöhnungen und Verleumdungen den Bogen eindeutig überspannt hatte. Trotz zahlreicher verbaler Warnungen und etlicher Beinahe-Eskalationen gelang es Jayne nicht, sich Brody vom Leib zu halten. Auch nicht in ihrer Todesnacht.

*

Als Jayne Mansfield im Herbst 1966 darum bat, Anton LaVey kennenlernen zu dürfen, hatte sie sich als Amerikas bekannteste

Platinblondine bereits einen Stammplatz erobert. Seit ihrem ersten großen Bühnenauftritt in den fünfziger Jahren, in dem Stück *Sirene in Blond* (in dem sie 1957 zusammen mit Tony Randall auch auf der Kinoleinwand zu sehen war), war die Presse begeistert von Jaynes ekstatischem Kreischen und ihrer für sie typischen rosaroten Welt. Man sagte, Jayne sei die Erfinderin des „rosaroten Journalismus". Wohin sie auch ging, stand sie inmitten eines Blitzlichtgewitters. Es war ein weiter Weg für Jayne gewesen, von den Schönheitswettbewerben und Shopping-Mall-Eröffnungen ihrer frühen Jahre bis hin zu den Filmen, die sie schließlich in Europa und in den USA drehen durfte. Doch Jayne bemerkte, dass ihre eigentliche Stärke öffentliche Auftritte waren – in Nachtclubs, Talkshows und bei kurzen Einlagen, wo sie spontan mit dem Publikum kommunizieren konnte. Mit ihrer Neunziger-Oberweite, ihrem unterhaltsamen Witz und ihrem spielerisch lustbetonten, unbefangenen Gebaren stand sie stets im Mittelpunkt.

In Begleitung eines kleinen Hofstaats von Bewunderern befand sie sich gerade in San Francisco, um sich auf die sechundsechzigsten jährlichen Filmfestspiele vorzubereiten. Sie erfuhr von Anton und seiner Church of Satan und bestand darauf, diesen Satanischen Hohepriester persönlich kennenzulernen. Der örtliche Pressesprecher, der für Jayne PR machte, hielt das Ganze für eine gute Idee: Jayne Maynsfield und Anton LaVey würden gemeinsam ein spannendes News-Thema hergeben – so spannend vielleicht, dass Herb Caen eine Kolumne darüber schreiben würde. Von dem Moment an, als sie sich zum ersten Mal sahen, fühlte Jayne sich von Anton angezogen – eine Anziehung, die schon bald zur Obsession werden sollte. Er ähnelte keinem der Männer, mit denen sie bisher zu tun gehabt hatte. Aus professionellen Gründen fügte Jayne sich der Notwendigkeit, von unterwürfigen Männern umgeben zu sein, die ihre geschäftlichen Dinge und PR-Angelegenheiten regelten. Von Mae West hatte sie gelernt, dass eine schöne, von lechzenden Männern umringte Blondine ein echter Blickfang sein konnte. Aber Jayne war nun mal nicht der Typ Domina. Ihre sexuellen Vorlieben waren eher devoter Art.

Während der ersten Stunden, die sie gemeinsam verbrachten, sprach sie mit Anton vertrauensvoll über ihre gewaltigen sexuellen Leidenschaften, ihre Ängste bezüglich eines Sorgerechtsstreits, an dem sie zu jener Zeit beteiligt war (und zwar mit ihrem Ex-Ehemann Matt Cimber, der Jayne vorwarf, eine unfähige Mutter zu sein), sowie über die frustrierende Beziehung zu ihrem Rechtsanwalt Sam Brody, dessen krankhafte Eifersucht immer bedrohlichere Formen annahm. Bei einem Treffen mit Jayne in Las Vegas hatte Brody ihr angeboten, sie in der Sache mit Cimber zu vertreten. Doch bald schon wurde Brody, knapp unter vierzig und fast einen Kopf kleiner als Jayne, zu ihrem glühendsten Verehrer. Obwohl er genau das Gegenteil von dem war, was Jayne als körperlich anziehend empfand, ließ sie sich auf eine Beziehung mit ihm ein, da sie glaubte, sich auf diese Weise das Sorgerecht für ihre vier Kinder erkämpfen zu können. Fast augenblicklich änderte Jayne ihre Meinung. Brody stellte sich als maßlos eifersüchtig heraus und setzte Jayne ständig aufs Neue unter Druck. Sie war dabei, sich vorsichtig aus der Situation zu befreien, aber Brody spielte sich nur noch mehr als ihr Beschützer auf und missbrauchte ihr in der Schwebe befindliches Sorgerecht dazu, sie immer tiefer in eine Beziehung hineinzumanövrieren.

Anton zweifelte an ihrer Naivität hinsichtlich Brodys Manipulationsversuchen, blieb jedoch verständnisvoll und bot sich an, alles in seinen Kräften Stehende zu tun, um ihre Sorgen einzudämmen, Bis jetzt hatte sie sich nie für Okkultismus interessiert, doch sie war wirklich wissensdurstig, und Antons Philosophie faszinierte sie. Sie bat ihn, Cimber mit einem Fluch zu belegen, damit er den Sorgerechtsstreit verlieren würde. Anton war einverstanden. Innerhalb weniger Wochen wurde Jayne das Sorgerecht für all ihre Kinder aus drei verschiedenen Ehen zugesprochen.

Jayne wurde zum vollwertigen Mitglied der Church of Satan, ebenso wie ihr Tourmanager Victor Houston. Brody, der auf Antons Einfluss sofort eifersüchtig war, verbot Jayne, ihren speziell für sie in Pink und Schwarz angefertigten Baphomet-Anhänger zu tragen. Als Jayne sich weigerte, ihn abzunehmen, riss er ihn ihr einfach vom Hals. Mehrmals rief sie Anton aus Beverly Hills an, weinte bitterlich und schrie, Brody würde sie ihr Amulett nicht mehr tragen lassen, er zerstöre ihre Karriere und beschere ihr nichts als Leid. Irgendwann gab Brody, der vom Nebenzimmer aus lauschte, klein bei. Als sie bei den Filmfestspielen im Herbst 1966 ihren Baphomet trug, erzürnte es Brody, dass sie ihre Verbindungen zu LaVey und seiner Kirche öffentlich zur Schau stellte. Das funkelnde schwarzrosa Medaillon schmiegte sich zwischen Jaynes üppige Brüste, nur notdürftig bedeckt von ihrem weit ausgeschnittenen Abendkleid, und reizte einen Reporter, der an jenem Abend zugegen war, zu einer eindeutig zweideutigen Bemerkung. Das war die Entschuldigung, auf die Brody nur gewartet hatte. Er sprang auf Jayne zu und versuchte, ihr das Medaillon zu entreißen. Sie wich seiner Hand aus, und vor einem verdutzten Publikum begannen die beiden zu raufen.

Als Jayne am nächsten Tag einen Chauffeur bat, sie zum Black House zu fahren, stieg Brody einfach mit in den Wagen. Er wusste, dass Jayne drauf und dran war, sich in Anton zu verlieben, und war fest entschlossen, sie daran zu hindern, allein zu fahren. Auch Victor Houston kam mit. Anton unterhielt seine Gäste eine Zeit lang, dann wurde er in sein Arbeitszimmer gerufen, um einige geschäftliche Dinge zu erledigen. Sowie er außer Hörweite war, begann Brody Jayne vorzuwerfen, dass sie den Satanismus so ernst nehme, stolzierte durch den Raum und begab sich schließlich in die schwarze Kapelle, in der die Church of Satan für gewöhnlich ihre magischen Rituale abhielt. Als Brody wertvolle Gegenstände vom Steinaltar nahm und damit im Raum umherfuchtelte und LaVey und die Church verlachte, kam Jayne nach und versuchte, ihn zum Aufhören zu bewegen. Schließlich hielt Houston es nicht mehr aus, und er lief los, um Anton zu suchen.

„Dieser Vollidiot durchwühlt unsere ganzen religiösen Gegenstände und macht sich über alles lustig“, berichtete Houston LaVey. „Er zündet Kerzen an und lacht dabei." Sowie Anton etwas von Kerzen hörte, die entzündet wurden, ließ er alles liegen und stehen und lief raschen Schrittes in die Ritualkammer. Er fürchtete sich vor dem, was er vorfinden würde. Wie Anton vermutet hatte, hatte Brody eine kleine Schädelkerze angezündet, die für Vernichtungsrituale gedacht war. Schnell blies Anton sie aus und sah Brody fest ins Gesicht: „Das hätten Sie besser nicht getan. Sie wissen gar nicht, was Sie angestellt haben. Diese Kerze wird nur für Flüche verwendet. Ich weiß nicht, was jetzt mit Ihnen geschieht. Ich hoffe nur, ich habe sie rechtzeitig ausgemacht." Brody lachte nur.

Etwa einen Monat später hatte Jayne allen Grund zu der Annahme, dass die Schädelkerze sie heimsuchte. Sie hatte ihren vier Kindern von Antons ausgewachsenem nubischen Löwen erzählt, der bei ihm in seinem großen, schwarzen Haus in San Francisco wohne, und sie ließen ihr keine Ruhe, bis sie ihnen versprach, sie einmal mit zu dem Löwen zu nehmen. Die Kinder waren an exotische Tiere gewöhnt. Jayne hatte in dem Gehege in ihrem *Pink Palace* am Sunset Boulevard bereits einen Affen, einen Ozelot, vier Chihuahuas und weitere Haustiere gehalten.

LaVey sagte, Jayne hätte sich ihre Haustiere wie Spielzeug gekauft. „In dieser Hinsicht war sie wie ein kleines Kind. Wenn sie noch neu waren, bekamen sie eine Menge Zuwendung, doch der Reiz des Neuen verflog schnell." Einen Löwen jedoch hatte Jayne noch nie gehabt, und die Kinder konnten es kaum erwarten, Togare zu sehen. Als Brody von der geplanten Reise erfuhr, verbot er ihnen zu gehen. Jaynes sechsjähriger Sohn (der zufällig Zoltan hieß, wie LaVeys schwarzer Panther) war furchtbar enttäuscht. Zum Trost versprach Jayne ihm, ihn nach *Jungleland* zu begleiten, einen Privatzoo in Thousand Oaks, wo Tiere, die in Film und Fernsehen mitwirkten, untergebracht und trainiert wurden.

Jayne posierte gerade für einen Fotografen, als Zoltan sich entfernte, um zu einem Löwen zu gehen, der ein paar Meter weit entfernt an einen Baum gekettet war. Zoomitarbeiter hatten Jayne versichert, der Löwe sei zahm, und so freute sie sich, dass Zoltan wenigstens hier einen echten Löwen treffen durfte. Jayne blickte hinüber und sah Zoltan, wie er mit seinem neuen Freund plauderte und lachte – im nächsten Moment aber sah sie ihren kleinen Sohn am Boden liegen, mit heftig blutendem Kopf, wobei der Löwe ihn zwischen seinen mächtigen Kiefern gefangen hielt. Sofort schrie Jayne laut um Hilfe.

Ein Löwe braucht nur ein paar Sekunden, um zu töten. Wäre dies seine Absicht gewesen, hätte Zoltan in diesem Augenblick bereits nicht mehr gelebt. Vermutlich hatte der Löwe mit seinem neuen Bewunderer nur spielen wollen, ohne sich darüber bewusst zu sein, wie klein und zerbrechlich er war. Zooangestellte lösten die Kiefer des Löwen von Zoltans Körper und fuhren den Jungen ins Conejo Valley Hospital in Thousand Oaks. Er kam sofort in den Operationssaal, wo Ärzte seinen Schädelbruch und seinen Milzriss behandelten und seine Schädelbasis von Knochensplittern befreiten.

Obwohl die Ärzte alle Möglichkeiten ausschöpften, um den Jungen zu retten, wurden Zoltans Überlebenschancen gegen Abend immer geringer. Jayne war außer sich. Wie konnte ihrem Sohn so etwas passieren? Die *Jungleland*-Angestellten hatten ihr doch ausdrücklich beteuert, der Löwe sei zahm und freundlich. Die Antwort kam ihr unverzüglich in den Sinn: Es konnte sich nur um eine Wirkung dieser Schädelkerze handeln. Die Sache hatte sich zu einem handfesten Fluch ausgewachsen, und es schien für Jayne keine Möglichkeit zu geben, ihm zu entkommen. In ihrer Panik rief sie LaVey an, erklärte ihm, was geschehen war und bat ihn, den Fluch mit Hilfe eines Gegenzaubers rückgängig zu machen, damit ihrem Sohn geholfen werde. „Ich gebe dir mein Wort", versprach LaVey, „alles in meiner Macht Stehende zu unternehmen."

Es drängte LaVey danach, sofort etwas für das Wohl des Jungen zu tun, und er ließ sich von seinen Instinkten leiten, auch als in der Bay Area kurz darauf ein kolossales Unwetter ausbrach, mit starken Regengüssen und wilden Stürmen. Er wollte keine Zeit verlieren. Er legte ein schwarzes Ritualcape an, sprang in seinen schwarzen „Leichen-Pkw", in dem er seinen eigenen Löwen Togare zu transportieren pflegte, und überquerte die Golden Gate Bridge in Richtung Mount Tamalpais, dem höchsten Gipfel in der San Francisco Bay Area.

Während er fuhr, ließ LaVey das komplizierte Geflecht an Zufällen, die zu diesem Moment geführt hatten, noch einmal Revue passieren. Antons Konzentration hielt ihn gefangen, bis er den höchsten Punkt der Landstraße erreicht hatte; dort hielt er an und bestieg den Gipfel des Berges zu Fuß. Während der fünfundzwanzigminütigen Fahrt von der Stadt bis hierher hatte Anton seine Anrufung im Kopf entworfen. Als er nun sein Cape im tosenden Wind ausbreitete wie lederne Schwingen, peitschte der Regen sein Gesicht. Er sammelte alle Kräfte, die in ihm waren, und rief seinen Bruder Satan an, er möge Zoltans Leben verschonen.

In erstaunlich kurzer Zeit erholte Zoltan sich von seinen Verletzungen. Es traten jedoch Komplikationen auf: Schädliche Bakterien hatten sich den Weg in seine Wunden gebahnt und drangen schließlich in seine Rückenmarksflüssigkeit ein, was eine spinale Meningitis zur Folge hatte. Wieder befand sich der Junge am Abgrund des Todes, und wieder rief Jayne nach Antons Beistand. Daraufhin versammelte Anton ein paar Handvoll Mitglieder, um gemeinsam mit ihnen ein Church-of-Satan-Ritual abzuhalten, bei dem sie mit vereinten Kräften versuchten, Satans Segen über Jaynes Sohn kommen zu lassen. Die Ärzte staunten, wie rasch Zoltan daraufhin genas. Jayne gelobte, Anton ewig dafür zu danken, dass er ihren Sohn gerettet hatte, dann wies sie Brody an, *Jungleland* zu verklagen und einen Prozess über eins Komma sechs Millionen Dollar anzustrengen.

Jaynes Begeisterung für ihre neuentdeckte Philosophie wuchs in gleichem Maße wie ihre Gefühle zu Anton. Sie sagte zu ihm, Satanismus sei so etwas wie „Khalil Gibran mit Eiern in der Hose" und die einzige Denkart, der sie je etwas abgewinnen konnte. Wie bei vielen anderen war Satanismus auch für sie mehr Entdeckung als Konversion – die Erfahrung „So denke ich schon mein ganzes Leben lang, wusste aber nie, dass es noch mehr von meiner Art gibt". Jayne unterhielt sich gerne über diese Religion und ihre reale Herangehensweise ans Leben. Es gab ihr die Gelegenheit, etwas von ihrem Intellekt unter Beweis zu stellen. Sie war nicht so dumm zu glauben, dass die Leute, die von ihren vollen Körperformen hingerissen waren, sie auch in intellektueller Hinsicht für voll nahmen. Aber sie nahm die Sache ernst. Sie war sich im Klaren darüber, wie weit ihre üppigen, sinnlichen Lippen und ihr großzügig bestückter Körper sie gebracht hatten und nutzte diese Eigenschaften zu ihrem Vorteil, gleichzeitig aber erzählte sie den Leuten auch gern, sie habe einen IQ von hundertdreiundsechzig. „Jayne war intelligent", sagte LaVey, „aber ihr Intellekt wurde nie in irgendeiner Weise gefördert. Wenn sie in meiner Nähe war, versuchte sie oftmals, «intellektuell» zu sein – indem sie Browning rezitierte und «ah»-Laute besonders in die Länge zog. Es hörte sich schon beinahe britisch an, aber sie glaubte, es würde stilvoller klingen, wenn sie «amulet» wie «om-u-let» aussprach und man sofort an ein obszönes Frühstücksgericht denken musste. Unglücklicherweise vertrug ihr Intellekt sich nicht mit dem Bild, das sie von sich bot. Die Leute mussten lachen. Da stand diese Blondine mit dem aufreizenden Busen vor ihnen, senkte ihre quietschende Stimme und versuchte, Byron und Baudelaire zu rezitieren.

Jayne hatte allerdings einen echten Bezug zu Musik. Soeben hatte sie eine Platte aufgenommen, auf der sie klassische Texte zu Background-Musik rezitierte, und hätte sie nun gerne neu eingespielt, mit mir als Begleitmusiker. Sie wollte mich davon überzeugen, dass ich der größte Musiker der Welt sei – ihr muss das Zeug, das ich spielte, wirklich gefallen haben. Gershwin, Cole Porter, Irving Berlin ... unser Musikgeschmack ähnelte sich sehr. Vor anderen Leuten übertrieb sie gern, wenn sie Reklame für mich machte – erzählte ihnen, ich sei ein Konzertviolinist, ein Wunderkind, und dass ich jedes Instrument in die Hand nehmen und sofort auf Konzertniveau spielen könne. Genauso machte sie es mit meinen Gemälden, die sie den Leuten in den schillerndsten Farben anpries. Als sie nach San Francisco zog, wollte sie mich damit beauftragen, Bilder für ihre Wohnung zu malen. Ich habe den Verdacht, sie hielt sich indirekt selbst für eine Künstlerin. Sie malte für mich kleine Baphomets auf die Rückseite von Briefumschlägen – solche Sachen.

Jayne hatte als Kind Geigenunterricht genommen und wollte mich tatsächlich begleiten. Irgendwo hatte ich zufällig eine Geige, die ich eines Nachts für sie hervorkramte. Ihre Artikulation war nach all den Jahren noch immer überraschend gut, nur ziemlich eingerostet. Sie wusste, wie man die Saiten stimmt, wie man eine Geige richtig hält – was erstaunlich war, wenn man bedachte, dass sie nicht mehr gespielt hatte, seit sie ein kleines Mädchen war. Sie wollte wieder Geige spielen lernen. Sie wollte gern alles machen, was nichts mit ihrer momentanen Tätigkeit zu tun hatte."

Nachdem sie die Wirkung der Schädelkerze aus erster Hand erfahren, aber auch gesehen hatte, was geschah, nachdem Anton magische Kräfte einsetzte, um Zoltan zu helfen, erkannte Jayne, was Satanismus alles ausrichten konnte und war beeindruckter als je zuvor. Anton wiederum war begeistert von Jaynes natürlicher Befähigung zur perfekten Hexe. Er übergab ihr speziell auf sie zugeschnittene Rituale, die sie abhalten konnte: Mitleidsrituale, Wollustrituale, und das Shibboleth-Ritual, das dazu geeignet ist, sich selbst von Frustrationen und erdrückendem Zorn zu reinigen, indem man die Charaktereigenschaften der Person annimmt, die den Ärger verursacht.

Erfreulicherweise erkannte Anton in Jayne Mansfield eine Frau, die seine Art von verspieltem, leidenschaftlichem Sex teilte und förderte und sich mit ihm ergänzte. Jayne war bereits eine Meisterin im Durchführen ihrer eigenen kleinen Satanischen Rituale, wobei sie viele der Lesser-Magic-Techniken der „zufälligen" Zurschaustellung einsetzte, die LaVey später in seine *Satanische Hexe* aufnahm. Genial war ihre Methode, auf strategische Weise die Nähte ihrer hautengen

Caprihosen oder aus allen Nähten platzenden Miniröcke so vorzubereiten, dass sie sich, wenn der richtige Moment gekommen war, nur ein wenig strecken musste, um sie zum Platzen zu bringen. Das gleiche machte sie mit Knöpfen, die bereits mit Hilfe einer leichten Drehung von ihrem prallen Körper absprangen. Danach galt es nur noch, das betreffende Kleidungsstück unauffällig zu verrutschen, so dass ein Stück nackte Haut, eine nackte Brust oder ein paar Schamhaare sichtbar wurden, alles scheinbar ohne es zu merken. „Jayne war kein Flirt, sie war eine Exhibitionistin", sagte LaVey. „Sie nutzte jede Gelegenheit, ihre Brüste zu entblößen oder ihre Beine ein bisschen zu weit zu spreizen und somit jedem Mann zu signalisieren, wie begehrenswert sie war."

Gern schockierte sie Männer, nur um ihre Reaktion zu testen. In ihrer Gegenwart schaffte sie es zum Beispiel, sich so einzunässen, dass sich ein Fleck auf der Rückseite ihres Rocks abzeichnete, der den Eindruck erweckte, sie sei derart erregt, dass sie sich nicht unter Kontrolle habe. Jayne ermutigte die Männer auf geradezu unverfrorene Weise dazu, sie anzustarren, sie zu begehren. Und sie kostete die Begierde aus, die sie bei Männern hervorrief. Da kam es schon mal vor, dass sie „vergaß", unter dem freizügigsten Minirock ein Höschen zu tragen. Stieg sie dann aus dem Auto, rief sie mit Unschuldsmiene: „Jetzt nicht gucken!", was selbstverständlich die Aufmerksamkeit sämtlicher Männer in Hörweite erregte, die sich regelrecht verrenkten, um einen Blick auf das weiße Fleisch zwischen Jaynes Schenkeln zu erhaschen.

Wenn Anton sie in ihrem Hotel abholte, geschah es mehr als einmal, dass die Tür zu ihrer Suite offenstand, während Hotelpagen, Boten und männliche Hotelgäste um die offene Tür herumschwirrten und wieder ihres Weges trotteten, wenn Anton den Flur betrat, Wenn Anton eintrat, begrüßte Jayne ihn in einem furchtbar zerwühlten Zustand, die Kleider krumm und schief am Leib. Er hatte keine Ahnung, was zum Teufel sie mit sich angestellt hatte, doch den vorbeigehenden Männern schien es gefallen zu haben.

Anton erinnerte sich einen besonders peinlichen Vorfall, bei dem er an einer belebten Tankstelle geparkt hatte, um die Herrentoilette aufzusuchen. Als er zurückkam, fand er Jayne auf einem Rohrgeländer hockend, eine Dose 7-Up schlürfend, die Beine weit genug gespreizt, damit jeder ihr unter den Minirock schielen konnte. Der Tankstellenbetrieb kam komplett zum Erliegen, während die Kunden und Verkäufer Jayne anstierten. Während sie Anton schelmisch angrinste, beichtete sie lautstark: „Ich habe keine Unterhose an." Anton begleitete Jayne zurück zum Auto und entfernte sich rasch von den gaffenden Angestellten, die ihre Tankstelle unbeaufsichtigt ließen, um Jayne und Anton einige Blocks weit nachzufahren, bevor sie sich im Verkehrsdickicht verloren.

„Jayne hatte ein angeborenes Talent für die praktische Anwendung von Geilheit", sagte LaVey. In *The Devil's Avenger* beschrieb er Jane als „... ein anzügliches, laszives Teufelsweib, das am glücklichsten war, wenn es sich mit masochistischer, orgiastischer Energie am Boden wälzen konnte. Sie wurde gern gedemütigt, sie mochte es, wenn man sie herabsetzte. Es geschah nichts Verbotenes im Bett, und sie schwelgte in ihrer Wollust. Ich weiß nicht, wie sie es mit anderen Männern machte, aber mir machte sie sehr deutlich klar, was sie wollte, wie sie es wollte und wann. Dann quengelte und lavierte sie so lange herum, bis sie es bekam. Sie sehnte sich nach einem strengen Meister, der sie beherrschte – eine Vaterfigur.

Die meisten Leute müssen in ihrem Leben für chaotische Zustände sorgen oder sie von anderen fertig präsentiert bekommen, um ihre masochistischen Sehnsüchte zu stillen. Jane jedoch wusste, dass sie eine Masochistin war – sie benötigte kein emotionales Chaos. Sie wollte es stattdessen auf körperlicher, auf sexueller Ebene ausleben. Deshalb empfand sie Brodys unaufhörliche Hetzjagd auch als so anstrengend; Jayne wollte körperlich gepeinigt werden, nicht emotional.

Ich sage, sie hat gewusst, dass sie eine Masochistin war, denn was mich an ihr reizte, war, dass wir beide genau verstanden, was sie von mir wollte ... zu Boden geworfen oder an den Haaren gezogen werden, solche Sachen. Es war demütigend, aber es war nur ein Spiel – wir wussten beide, worum sie wirklich bat. Das ist etwas ganz anderes als bei Leuten, die gerne hätten, dass du sie schlägst, es aber nicht zugeben – sie manipulieren dich auf jede nur erdenkliche Art und Weise, um von dir zerstört zu werden, aber sie geben nicht einmal sich selbst gegenüber zu, was sie wollen und weshalb sie so etwas brauchen. Das ist Heuchelei in Reinkultur. Brody gehörte zu diesen Leuten. Sie bekommen immer, was sie verdient haben – aber vielleicht nicht das, was sie wollen.

Jayne hasste emotionalen Aufruhr und Manipulationen, da sie aber von jedermann verehrt wurde, benötigte sie Erniedrigung in Form eines Ritus. In der Öffentlichkeit wollte sie gemocht werden, wollte alle glücklich machen, Harmonie ausstrahlen und Menschen zusammenführen – in ihrem Privatleben jedoch sehnte sie sich nach Entwürdigung, nach Erniedrigung. Ihrem Ego tat es gut, wenn sie öffentliche Anerkennung erntete und Männer sich bei ihr einschmeichelten. Doch je mehr man ihr schmeichelte, umso notwendiger brauchte sie ein Gegengift. Man muss schon sehr weitsichtig sein, wenn man so auf Distanz zu sich selbst gehen kann, dass man die eigenen Bedürfnisse klar erkennt. Den meisten Menschen fehlt der Mut, sich selbst so realistisch unter die Lupe zu nehmen. Deswegen, vermute ich, war sie so gern mit mir zusammen. Ich hatte keine Angst davor, ihr zu geben, was sie brauchte."

Antons Lebensgefährtin Diane tat ihr Bestes, um Jaynes Bewunderung für Anton zu akzeptieren, so wie sie auch andere Facetten von LaVeys Rolle akzeptierte. „Diane verstand so etwas besser als jeder andere Mensch. Ich bin Hohepriester der Church of Satan, nicht irgendein Pastor einer Sonntagsschule. Nicht selten war es Diane, die ans Telefon ging, wenn Jayne anrief. Als meine (vermeintliche) Frau gab sie sich diskret und taktvoll – sie erkannte den potenziellen Vorteil für die Church. Ich glaube trotzdem nicht, dass Jayne sie mochte. Wenn sie zusammen waren, setzte sie sich immer mit dem Rücken zu Diane. Diane schien es nichts auszumachen – sie war davon eher belustigt als eingeschüchtert. Dass Jayne ein Filmstar war, schien Diane nicht zu jucken. Sie wusste, die Hauptperson war sie selbst. Sie hatte ständig mit vielen Menschen zu tun. Jaynes Art von Bewunderung war eben eines der Dinge, die dazugehörten, wenn man mit einer bekannten Persönlichkeit verheiratet war.

„Jayne wäre sofort bei uns eingezogen, wenn sie die Gelegenheit dazu gehabt hätte. Überall im Badezimmer stand Make-up von ihr herum, ihre Kleider lagen im ganzen Haus verstreut, teils in einem Koffer, teils lose, und unter den Betten stieß man auf ihre Schuhe … Wenn sie etwas auszog, ließ sie es einfach zu Boden fallen und als zerknittertes Knäuel liegen. Diane hatte keine Lust, ihr hinterherzuwischen. Das Zeug blieb liegen, wo es war, und Jayne störte sich nicht daran. In dieser Hinsicht ähnelte sie Marilyn sehr."

Um Jaynes natürliche Fähigkeiten als Satanistin zu würdigen, machte LaVey sie zu einer Priesterin. Sie erhielt ein Zertifikat, das ihre Position bestätigte und das sie stolz an ihrer Wand zur Schau stellte, Sam Brodys Protesten zum Trotz. Unbeeindruckt von Brodys fortwährenden Sticheleien begann Jayne mit einem ernsthaften Studium der Hexenkunst und schwarzen Magie. Regelmäßig rief sie LaVey an, um ihm von ihren Fortschritten zu berichten, neue Entdeckungen zu schildern, ihre Liebe zu beteuern oder nach einem Glückszauber zu fragen.

„Der Unterschied zwischen Marilyns und Jaynes Herangehensweise an intellektuelle Themen bestand darin, dass Marilyn dicke Wälzer mit sich herumschleppte und die Gesellschaft kluger Menschen suchte, um deren Intellekt in sich aufzusaugen, während Jayne sehr stolz auf die Tatsache war, dass alles, was ihr gut genug gefiel, sich ihrem Gedächtnis von selbst einprägen würde. Zu jener Zeit existierte Die Satanische Bibel noch in

Manuskriptform, und Jayne hatte über den Text so lange nachgegrübelt, bis sie das meiste davon auswendig konnte."

LaVeys Beziehung zu beiden Frauen war teilweise geprägt durch den Austausch von Büchern. „Marilyn schenkte mir eine Ausgabe von Stendhals Über die Liebe, und noch immer besitze ich ein Exemplar von Walter Bentons *This Is My Beloved*, das wir zusammen am Sunset Boulevard kauften. Marilyn hatte mich dazu animiert – sie wollte, dass ich es las und ihr etwas hineinschrieb. Zu mehr als ihrem Namen bin ich nie gekommen, dafür gehört das Buch jetzt mir. Während einer extrem düsteren Periode in meinem Leben, kurz nachdem ich L. A. verlassen hatte, bedeutete es mir viel. Jayne bestand darauf, dass ich *Die Geschichte der O.* und *Ich, Jan Kramer* las. Sie schenkte mir von jedem der beiden Bücher ein eselsohriges Exemplar. Es scheint ein speziell weiblicher Wesenszug zu sein, Bücher mit jemandem zu teilen, der ihnen sehr am Herzen liegt."

Eines Nachts, als sie las, stieß Jayne auf den Begriff „Inkubus". Das Wort steht für einen männlichen Dämon, der Frauen im Schlaf heimsucht und leidenschaftlichen Sex mit ihnen hat. Magier aller Zeiten wurden bezichtigt, solche Dämonen mit ihrem eigenen Konterfei auszusenden, um unschuldige Frauen zu bezaubern. Brody, stets auf der Hut, verbot ihr, nach San Francisco zu fahren, um sich mit LaVey zu treffen. Als Jayne von der Sache mit dem Inkubus las, wurde sie ganz verrückt bei dem Gedanken, LaVey könnte sein Ebenbild durch die Nacht senden, um mit ihr zu schlafen.

Sofort rief sie Anton an und berichtete ihm, was sie gelesen hatte. Sie fragte, ob an der Sache etwas dran sei. Anton bestätigte die alten Legenden, versuchte jedoch, ihre eigentliche Frage zu umgehen. Als sie ihn im Dezember vom Acapulco Film Festival aus anrief, zeigte sie sich beharrlicher und bat Anton, ihr den Inkubus, den er zu ihr senden werde, in den schillerndsten Farben zu beschreiben. „Werde ich ihn spüren können? Wie groß wird sein Schwanz sein? Wird er mich ebenso heiß machen, wie ich es jetzt gerade bin?"

Auf dem Höhepunkt von Jaynes gehauchter Schilderung, was genau sie sich von dem Inkubus wünsche, kappte der mexikanische Telefonist, der das Gespräch mitgehört hatte, die Verbindung, um die Moral internationaler Telefongespräche zu wahren. Jayne jedoch ließ sich von ihrem Vorhaben nicht abbringen und rief sofort wieder an, um sich von einem neuen Telefonisten verbinden zu lassen. „Wie muss ich mich aufs Bett legen, während ich auf ihn warte – lieber auf dem Rücken oder mit weit gespreizten Beinen? Wie steif wird er sein? Wird er nett mit mir umgehen oder rüde, wird er es mir schnell besorgen oder langsam? Wird er jetzt steifer?" – Unnötigerweise erinnerte sie LaVey zum Schluss noch einmal daran: „Sorge dafür, dass der Inkubus genauso aussieht wie du."

Da Jayne so beharrlich war, blieb LaVey nichts übrig, als ihr zu versprechen, noch in derselben Nacht einen Inkubus zu ihr auszusenden – weniger als echte magische Übung, sondern mehr als Mittel zum Zweck, sich vom Telefon loseisen zu können. Um ihr einen Gefallen zu tun, sandte er ihr jedoch etwas positive Energie. Am nächsten Tag rief Jayne an, um sich bei ihm für den Inkubus zu bedanken. Dann beschrieb sie in sämtlichen Details ihre körperlichen Empfindungen, während sie Sex mit ihm hatte.

LaVey machte sich Gedanken darüber, dass bestimmte Frauen auf ähnliche Weise erregt wurden, wenn sie an einen Satyr dachten, an Schlangen, Drachen, Vampire, Dämonen, das romantische Biest im klassischen Sinne – gepflegte, einnehmende Kreaturen, in keiner Weise sabbernd oder vulgär. War es möglich, dass solche Frauen die direkten Nachfahren von Sylphen, Nymphen und anderen weiblichen Gestalten der Waldlichtungen waren? Vielleicht entwickelten sie einen archetypischen Drang, der gestillt werden musste – einen Drang hin zu Männern wie LaVey, der ja etliche Eigenschaften eines Satyrs an sich hatte. Dabei spielte es keine Rolle, ob er der Hohepriester war oder nicht – die Anziehung blieb die gleiche. Marilyn Monroe, fasziniert von der Dunklen Seite, träumte in jungen Jahren oft vom Teufel und fühlte sich zu Anton hingezogen, lange bevor er die Church of Satan gründete. Jayne und Diane hatten ähnlich zwanghafte Neigungen. „Man muss sich die Frage stellen, inwieweit solche Reaktionen atavistischer Natur sind."

Sam Brody versuchte auch weiterhin, Jaynes Verbindungen zu LaVey und der Church zu vereiteln. Jayne musste zu lächerlichen Strategien Zuflucht nehmen, um ihn abzuschütteln. Es sah aus, als könne sie nirgendwo mehr hinfahren, egal aus welchen Gründen, ohne dass Brody sich ihr anschloss. Einmal, als sie LaVey unbedingt sehen wollte, kaufte sie ein Flugticket nach Seattle, da sie wusste, Brody würde sich ein Ticket für den gleichen Flug besorgen und erst in letzter Minute in den Flieger steigen. Also ließ sie ihn mitkommen. Bei einem Zwischenstopp auf dem kleinen Flughafen von Portland stieg Jayne aus, um sich die Beine zu vertreten. Brody blieb an Bord, da er von Jayne nicht entdeckt werden wollte. Als ein Sprecher die Passagiere in Richtung Seattle zurück ins Flugzeug rief, sah Jayne zu, wie die Maschine vom Flugsteig über die Gangway rollte, dann ging sie zum Ticketschalter und kaufte ein Ticket nach San Francisco.

Wenn Brody am Gericht zu tun hatte, fuhr Jayne so oft wie möglich in die Bay Area. Nach ihrer Ankunft erwartete sie sofort Antons ungeteilte Aufmerksamkeit. Wenn er gerade las oder ein Telefonat führte, bestand sie darauf, dass er herauskam, um sie in der wartenden Limousine abzuholen. Er musste sie auch in ihre Lieblingsrestaurants in San Francisco begleiten: *Ernie's, Trader Vic's, The Blue Fox* ... „Jayne konnte sehr fordernd sein", erinnerte sich LaVey. „Ich war fast so etwas wie ihr persönlicher Rund-um-die-Uhr-Zauberer.

Jayne rief mich immer vom Flughafen an, wenn sie ankam. Wenn ich sie einmal nicht abholte, weil ich beschäftigt war und es nicht schaffte, rief sie Mrs. Halsey an (Jaynes beste Freundin Lucia, die Frau von Admiral «Bull» Halsey), um ihren Bentley aus der Stadt loszuschicken, oder sie rief eine lokale Fernseh- oder Radiostation an – die waren immer daran interessiert, mit ihr zu werben.

Unverzüglich schickten sie einen Chauffeur vorbei, der sie abholte und sofort zu mir fahren musste. Sie wartete in ihrem Chevy um die Ecke, und ich wurde zum Beispiel aus einem Seminar weggerufen, bei dem sich vierzig bis sechzig Leute in einen Raum zusammenpferchten, um sich einen meiner Vorträge anzuhören. Ich verließ den Raum für einen Moment, öffnete ihr unten rasch die Tür und bat sie, auf mich zu warten, dann hechelte ich den Vortrag durch, so schnell es ging. Tat ich es einmal nicht, begann Jayne beispielsweise am Flipperautomaten zu spielen, drehte die Jukebox auf volle Lautstärke oder begann an die Decke zu klopfen, um auf sich aufmerksam zu machen. Für jeden hätte ich das bestimmt nicht getan – aber Jayne Mansfield war eben nicht jeder."

Auch wenn Jayne nie an einem öffentlichen Ritual der Church of Satan teilnahm, veranstaltete Anton dennoch private Zeremonien für sie. „Jayne wollte sich nicht in einer Gruppe von Menschen an einem Ritual, einem Seminar oder eine Party beteiligen – ihr ging es darum, sich von Menschenansammlungen fernzuhalten. Deshalb verzichtete sie auch darauf, sich bei meinen Seminaren hineinzuschleichen und ganz hinten Platz zu nehmen. Sie wollte, dass ich mich ihr ganz allein widmete." – „Es störte sie, wenn andere Frauen mit im Raum waren", erinnerte sich Karla LaVey. „Auch wenn es sich nur um ein vierzehnjähriges Mädchen handelte." – „Aber es waren immer Leute in der Nähe", ergänzte LaVey. „Es ging gar nicht anders. Diane, Victor Houston, Jaynes Gefolgschaft … Also schützte sie vor, ein Ritual durchführen oder essen gehen oder mir etwas zeigen zu wollen. Doch selbst in der Ritualkammer machte ich mir Sorgen darüber, wer uns beobachten könnte oder ob vielleicht jemand hereinkommen würde, der mich für irgendetwas brauchte. Jayne war das egal. Sie war eine echte Exhibitionistin. Manchmal hatte man das Gefühl, je mehr Öffentlichkeit, umso lieber war es ihr. Sie hatte gern Sex, wo andere uns sehen oder ertappen konnten oder vielleicht sogar schockiert sein würden."

Einmal war LaVey als Jaynes Gast bei einer mondänen Party in Mrs. Halseys Penthouse in Russian Hill. Dort manövrierte ihn Jayne in das große Schlafzimmer, in dem viele Gäste ihre Mäntel abgelegt hatten. Jedes der Fenster erstreckte sich über eine ganze Wand, vom Fußboden bis zur Decke. Die Aussicht war herrlich. Jayne wollte, dass Anton sich auf der Chaiselongue vor dem Fenster neben sie legte. Als Jayne zu betteln und zu fummeln anfing, ergab natürlich eines das andere. Sie hatte ein Talent dafür, Anton aufzureizen, indem sie sagte: „Willst du sie nicht ein wenig in Fahrt schaukeln, es wird ihnen gut tun. Was für eine Art Teufel bist du? Willst du nicht ein bisschen Spaß haben?"

Stetig nahm Jayne mehr von Antons Zeit und Aufmerksamkeit in Anspruch. Sie war es leid, von PR-Agenten und schmeichelhaften Bewunderern herumgefahren zu werden, es zog sie an faszinierendere Orte. „Wohin gehst du nachts, Ahn-tohn? Ich will nicht nur, dass du mir von diesen Plätzen erzählst – ich will dabei sein." Jayne beschloss, Anton auf seinen nächtlichen Ausflügen zu begleiten, bei denen er Spukhäuser, mysteriöse Erscheinungen, Friedhöfe und merkwürdige Lichtphänomene untersuchte. Wie er wollte auch sie die übernatürliche Atmosphäre, die diesen Orten anhaftete, in sich aufnehmen. Und Anton öffnete ihr die Tore zu seiner schwarzen Welt. Er zeigte ihr die Schauplätze von Morden und Mysterien, erläuterte ihr seine Theorien von teuflischen Winkeln und unerforschten Einflüssen. Sie fuhren zu einem verlassenen Landsitz in den Bergen oberhalb von Belmont, Kalifornien, wo schon mehrere Generationen von Bewohnern seltsame Schicksalsschläge erlitten hatten. Anton nahm Jayne mit nach *Nut Hill* in Berkeley, wo Isadora Duncan und ihre Tochter angeblich in einem griechischen Tempel gelebt hatten. Sie erkundeten eine verlassene Ziegelei in der Nähe des San-Quentin-Zuchthauses – den Schauplatz einer Reihe ungelöster Mordfälle. Jayne war überglücklich, dass Anton bereit war, diese Erlebnisse mit ihr zu teilen.

„Es war ein interessantes Phänomen: Immer wenn ich mich mit Jayne auf Flughäfen, in Restaurants oder in Hotels aufhielt, versammelten sich um uns herum Menschen mit blitzenden Kameras. Wenn wir aber spätnachts ausgingen und in irgendeiner schmuddeligen Absteige frühstückten, starrten uns die Leute zwar an, schienen aber nicht zu wissen, wer wir waren. Es hätte einfach nicht gepasst. Eine großartige Methode, um anonym zu bleiben."

Als Brody feststellen musste, dass Jaynes Bewunderung für Anton ungebrochen war, begann er zu verzweifeln. Er drohte sie zu erpressen und kündigte an, Fotos von Jaynes sexuellen Liaisons zu veröffentlichen. Sie war völlig aus dem Häuschen und berichtete Anton, einmal habe Brody ihr Drogen eingeflößt, bis sie bewusstlos wurde, einen Drogendealer neben sie ins Bett gelegt und dann das verfängliche Foto geknipst, das er nun gegen sie zu verwenden gedenke. „Brody war wie viele Männer, die einem Sexsymbol verfielen", sagte LaVey. „Insgeheim genießen sie die Tatsache, dass die betreffende Frau Sex mit anderen Partnern hat, aber sie wollen, dass es unter ihrer Leitung geschieht, in einem kontrollierbaren Szenario. In solchen Fällen ist es nicht ungewöhnlich, dass ein Mann die Liebhaber für die Frau selbst organisiert. Irgendwann werden sie von ihren Gefühlen übermannt, der Druck entlädt sich als Zorn, und die Situation läuft völlig aus dem Ruder."

Als Jayne auf Brodys Drohungen einfach nicht reagierte, beschloss er, stattdessen LaVey in Bedrängnis zu bringen. Eines Abends, als er Jayne nach San Francisco begleitete, suchte er den Broadway Strip von North Beach nach widerwärtigen Typen ab, die er zu einer erfundenen Party in Antons Haus einlud. Er hielt es für die wirksamste Methode, Anton einzuschüchtern. Brody versprach, es würde eine reichhaltige Auswahl an Speisen, Getränken und Drogen auf sie warten, und als Hauptattraktion dürften sie auch noch Amerikas Sexgöttin Jayne Mansfield kennenlernen. Eine Menge zeigten Interesse. Mit zwei Wagenladungen Obdachloser, die er in den heruntergekommensten Stadtvierteln aufgegabelt hatte, erschien Brody vor Antons Haustür. Den Türwächter schubste er zur Seite und führte seine „Gäste" in den Salon, wo sie sich in den Sesseln niederließen, um auf den Beginn der Party zu warten. Brody glitt rasch wieder zur Vordertür hinaus und beschloss, das

Geschehen auf der gegenüberliegenden Straßenseite von seinem Wagen aus zu beobachten.

Anton wurde in den Salon gerufen, wo er zu erklären versuchte, dass es hier keine Party geben würde und die jungen Männer ebenso gut wieder nach Hause gehen könnten. Sie waren jedoch fest entschlossen, Jayne Mansfield kennenzulernen. Jayne und Diane hatten sich in die Küche im hinteren Teil des Hauses zurückgezogen, wo Jayne drauf und dran war, einen hysterischen Anfall zu bekommen. Nachdem er seine Besucher mehrmals darum gebeten hatte zu gehen, sah Anton, dass Takt und Höflichkeit hier nicht weiterführten. Er versuchte es mit Drohungen, doch die harten Jungs rührte das nicht. Als letzte Zuflucht rief Diane rasch die Polizei. Innerhalb weniger Minuten hielten mehrere Funkstreifenwagen mit quietschenden Bremsen vor dem Black House. Aufgrund des angespannten Klimas jener Tage trugen die Beamten vorsichtshalber eine Schutzausrüstung. Die ungeladenen Gäste benahmen sich mittlerweile so widerwärtig, dass Anton drauf und dran war, Togare auf den Plan zu rufen. Vielleicht würde wenigstens ein ausgewachsener Löwe sie zum Gehen bewegen.

Anton war mit vielen Mitgliedern des SFPD (San Francisco Police Department) per Du, da er seit Mitte der fünfziger Jahre in den unterschiedlichsten Funktionen mit ihnen zusammengearbeitet hatte. Seit die Aktivitäten im Black House auf internationales Medieninteresse stießen, waren viele Polizisten, die in dem Viertel auf Streife waren, mit Antons Haus vertraut und hatten ihm und seiner Organisation gegenüber eine Art Beschützerinstinkt entwickelt. Doch selbst der Anblick der Beamten schien die Eindringlinge nicht umzustimmen. Sie waren fest entschlossen, sich von Jayne Mansfield unterhalten zu lassen. Erst als man ihnen mit Gefängnis drohte, überlegten sie es sich anders. Nur zögerlich marschierten sie die Treppe hinab und stiegen in ihre Autos. Einer der Wagen wollte nicht anspringen und musste fast zwei Kilometer weit geschoben werden. So kämpften die jungen Männer sich ab, während ein Polizeiwagen sie langsam über die gesamte Strecke eskortierte, bis auch der Letzte von ihnen aus dem Viertel verschwunden war. Danach kehrten die Beamten auf einen etwas entspannteren Besuch mit Jayne zurück. Brody hatte sich inzwischen längst aus dem Staub gemacht.

Wenn es Jayne untersagt war, LaVey persönlich zu treffen, rief sie ihn oft drei- bis viermal täglich aus Beverly Hills an (oder wo immer auf der Welt sie sich gerade aufhielt), um intime Gespräche mit ihm zu führen und ihre unsterbliche Liebe zu beteuern. „Sie rief zu jeder Tages- und Nachtzeit an und verlangte, mich zu sprechen. Wenn ich einen Schüler bei mir hatte, musste ich alles liegen und stehen lassen und an den Apparat kommen. Wenn ich schlief, bestand sie darauf, dass ich geweckt würde. Wenn die Leitung besetzt war, bat sie den Telefonisten, sich einzuschalten, da es um Leben und Tod gehe." – „Ich liebe dich", schwor Jayne ihm. „Und es liegt nicht nur an der Magie, es ist ein sehr persönliches Gefühl." Der allgegenwärtige Brody hörte dann vom Nebenzimmer eine Zeit lang zu, dann platzte er herein, riss ihr den Hörer aus der Hand und schmetterte das Telefon zu Boden. LaVey stand kurz vor einem Zerwürfnis mit Brody.

In einer kühlen Nacht im Januar 1967 schloss sich Jayne in ihrem Badezimmer ein, um zusammengekauert neben ihrer herzförmigen Badewanne in verzweifelter Stimmung bei LaVey anzurufen. „Hilf mir, Anton, bitte hilf mir!", schrie sie. Im Hintergrund hörte man Brody wild herumbrüllen und an die Tür hämmern. „Ich halte es nicht mehr aus! Hilf mir, von ihm wegzukommen, Anton!" flehte Jayne. Schließlich brach Brody die Tür auf, schnappte sich das Telefon und brüllte LaVey an: „Sie wird nie wieder ein Wort mit dir reden! Hast du gehört? Ich will dich nie mehr dabei erwischen, wie du mit ihr sprichst. Du bist ein Scharlatan, und ich kann dir jede Menge Ärger bereiten. Ich werde dich bloßstellen …"

LaVey explodierte. „Jetzt halt mal die Luft an. So etwas muss ich mir nicht anhören. Es kann mich nicht einfach jeder als Schwindler bezeichnen. Schlimm genug, dass du selbst so denkst. Ich habe immer versucht, nett zu dir zu sein, auch als es angebrachter gewesen wäre, dich fertigzumachen. Aber diesmal bist du zu weit gegangen. Meine Kräfte übersteigen alles, was du dir vorstellen kannst, und nun wirst du es zu spüren bekommen. In einem Jahr wirst du tot sein, Sam Brody, ich verkündige hiermit, dass du innerhalb des nächsten Jahres sterben wirst."

Später in derselben Nacht hielt LaVey ein privates Vernichtungsritual gegen Brody ab, wobei er dessen Namen auf zeremonielle Weise auf ein Stück Pergament schrieb und es in der Flamme der Zerstörung verbrannte. Während Brodys Name von dem Feuer verzehrt wurde, rief LaVey die höllischen Mächte herbei und befahl, Brody möge in dem besagten Zeitraum auf ganz ähnliche Weise vernichtet werden. Es war kein Mitleid in LaVeys Herzen, da er bei diesem Windbeutel – wie er Sam Brody nannte – keine Spur von Reue entdecken konnte. Er hatte versucht, LaVeys gutem Ruf zu schaden, ihm absichtlich endlosen Kummer bereitet – nun musste er die Konsequenzen für seinen Leichtsinn tragen. LaVey war mehr als geduldig gewesen, nur um Brodys Drohungen und rüpelhaftes Verhalten noch anzufachen. Ein einfacher Fluch in unbestimmte Richtung würde diesmal nicht genügen. LaVey würde erst zufrieden sein, wenn Brody tot war.

Nachdem der Fluch gegen Brody ausgesprochen war, rief LaVey Jayne an, um sie zu warnen. Sie bat Brody, sich bei LaVey zu entschuldigen. Drei Tage nach dem Vorfall rief er bei Anton an und sagte, es tue ihm leid. LaVey gestand Jayne, leider hätten sich die Räder gegen Brody bereits in Bewegung gesetzt; selbst wenn er wollte, könne er jetzt nichts mehr tun, um den Fluch rückgängig zu machen.

„Jayne, ich sage es dir ganz unverhohlen", erklärte LaVey. „Solange du dich in Brodys Nähe aufhältst, begleitet dich eine dunkle Wolke. Nichts wird dir gelingen. Entferne dich von ihm, ehe es zu spät ist." Als Jayne nach San Francisco zurückkehrte, nahm sie Brody mit, um die Sache zu bereinigen. Obgleich Brody reumütig wirkte, trieb seine schwärende Eifersucht ihn doch immer wieder dazu, jeden von Jaynes Schritten zu überwachen.

Im Februar 1967 ging Jayne auf Tournee, um die Truppen in Vietnam zu unterhalten. Vor ihrer Abreise wollte sie Anton treffen; da sie sich aber nicht lange genug von Brody loseisen konnte, schickte sie LaVey, als sie am San Francisco International Airport umsteigen mussten, eine große Ansichtskarte: über einen halben Meter lang, mit einem kleinen roten Teufel mit großen Augen, der eine Mistgabel in der Hand hielt. Hinein schrieb sie die Zeilen: „Danke von ganz weit unten." In ihrer ausladenden Handschrift versah sie alle i-Punkte mit einem Herz. „An meinen Satanischen Freund – hoch in den Augen der orthodoxen Religion – möge mein Hohepriester meine Sehnsucht nach Wahrheit stillen." Auf den großen Briefumschlag schrieb sie die Worte: „Bestimmungsort – Elysium!"

Von überall auf der Welt rief Jayne ihn an, um weitere Berühmtheiten ans Telefon zu holen, denen sie bereits alles über Anton LaVey erzählt hatte und welche Anton über die Vorzüge des Satanismus aufklären sollte. „Sie war voll Feuereifer, um es milde auszudrücken", lachte LaVey. Der Oberbürgermeister von Belfast, das Ur-„Glamour Girl" Brenda Frazier, der Häuptling irgendeines Indianerstammes, verschiedene Abgeordnete und Senatoren – LaVey konnte sich gar nicht an alle erinnern.

„Sie riefen nach dem Essen direkt von ihrem Tisch im Restaurant aus an. Bevor sie an den Apparat gingen, gab ihnen Jayne einen kleinen Crashkurs: «Dieser Mann ist sehr bedeutend, Ahn-tohn ist sehr einflussreich. Er kann viel Gutes für euch tun. Ich habe ihm alles über euch erzählt … hier ist er nun.» So musste ich oft einen Stegreifvortrag zum Thema Satanismus halten und ihnen erklären, was ich tat. Wenn sie aus Mexiko, Europa, Japan oder Vietnam anrief, sprachen die anderen oft kaum Englisch, so dass ich mich nur durch ein Kauderwelsch verständlich machen konnte."

Während einer Europatour wurde Jayne mit weiteren Enttäuschungen konfrontiert. Ihre Nachtclub-Auftritte in England kamen ziemlich gut an, und man legte fest, dass sie als Nächstes nach Irland fliegen sollte. Als jedoch der dreiundachtzigjährige Bischof von Tralee, Pater Denis Moynihan, in einem Zeitungsartikel las, dass Jayne eine praktizierende Satanistin sei, befahl er seiner Gemeinde, Jaynes Auftritte zu boykottieren. Die irische Regierung folgte seinen Anordnungen und blies die Tournee ab. Jayne selbst zeigte sich dabei in ihrer Hingabe zum Satanismus unbeeindruckt; ihre Begeisterung für ihren Hohepriester war stärker denn je. Darüber schäumte Brody natürlich vor Wut.

Zu Beginn des Monats, in dem Jayne Mansfield starb, bat der Fotograf Walter Fischer Anton, mit Jayne für ein paar deutsche Zeitungen und Magazine zu posieren. Obwohl Fischer in Hollywood lebte, war es hauptsächlich die europäische Presse, die er mit Exklusivfotos versorgte. Seine Fotos von Anton, wie er Blumen am Grab von Marilyn Monroe niederlegte, waren am 2. Juni groß in der Berliner *Bild-Zeitung* erschienen. Anton freute sich über das Echo, das seine Kirche mithilfe von Fischers Arbeiten in Deutschland hervorrief, also stand er bereitwillig zur Verfügung. Jayne gefiel der Gedanke, zusammen mit Anton fotografiert zu werden, und sie lud LaVey dazu ein, bei ihr im Pink Palace zu übernachten.

Fischer machte Aufnahmen von Jayne und Anton, wie sie mit Jaynes zahmem Ozelot und den beiden Chihuahuas Momsicle und Popsicle (die später bei dem tödlichen Crash mit ums Leben kamen) am herzförmigen Swimmingpool spielten, oder wie sie in Hargitay»s Fitness-Studio trainierten und mit Jaynes Kindern und den Hunden auf Felsen herumkletterten (diese Fotos verschwanden nach Jaynes Tod, geklaut von Presseorganen auf der ganzen Welt). Nach den Fotosessions unterhielt LaVey die Kinder mit seinen Geschichten über Vampire, Geister und Magie. Jaynes älteste Tochter Jayne Marie fand sofort einen Draht zu LaVey und bezauberte ihn mit ihrer Art, während er sie wiederum mit seinem Können am Piano beeindruckte. Sie hatte nur Augen für Anton und ignorierte Brody völlig. Je weiter der Abend vorrückte, umso mehr wurde er rot vor Zorn und gelb vor Neid. Als Brody mitbekam, dass Jayne Marie Anton gebeten hatte, doch länger zu bleiben, gab er dem Mädchen eine Ohrfeige.

Am folgenden Abend speisten LaVey, Jayne, Brody und Fischer im *LaScala*-Restaurant in Beverly Hills. Nach dem Essen bestand Brody darauf, dass Anton zusammen mit Fischer losfuhr, damit er allein mit Jayne sein konnte. Als Brody mit einem protzigen neuen Maserati zum Pink Palace zurückfuhr, rammte er einen Laternenpfahl. Er trug eine angebrochene Rippe davon, Jayne blieb glücklicherweise unverletzt.

LaVey kehrte bald nach San Francisco zurück. Nur wenig später erschien Jayne Marie, übersät mit Blutergüssen, auf dem Polizeirevier von West Los Angeles und erstattete Anzeige wegen Körperverletzung gegen Brody und ihre Mutter. Sie beteuerte, es sei gefährlich für sie, nach Hause zu gehen, weshalb sie sich in Schutzhaft nehmen ließ.

Knapp eine Woche später hatte Brody, als er allein unterwegs war, einen zweiten, diesmal schwereren Autounfall. Sein Mercedes Benz erlitt fast einen Totalschaden, er selbst brach sich das Bein. Als Jayne einen Abend später im *Gus Stevens» Restaurant And Supper Club* in Biloxi auftrat, trug er einen Gips.

„Das letzte Mal sprach ich mit Jayne einen Tag vor ihrem Tod. Sie rief an und sagte, der Abend im Gus Stevens» sei ein großer Erfolg gewesen, das Publikum wäre begeistert, und man habe sich gewünscht, dass sie dort bleibe. Am nächsten Abend habe sie ihren letzten Auftritt – dann würden sie weiter nach New Orleans fahren, und sie würde mich auf jeden Fall von dort aus anrufen. Natürlich sagte sie auch, sie wäre lieber bei mir, als nach New Orleans fahren zu müssen.

Jayne rief mich jeden Tag an, um sich ihren «Glückszauber» abzuholen – meinen Segen für den folgenden Tag, das war ihr wichtig. Aus irgendeinem Grund jedoch rief sie am Tag ihres letzten Auftritts nicht an. Ich wunderte mich, dass sie nichts von sich hören ließ, machte mir aber keine großen Sorgen – vielleicht war sie ja unterwegs oder so. Es war der einzige Tag, an dem ich nicht mit Jayne gesprochen hatte, während sie auf großer Fahrt war. Als in jener Nacht das Telefon klingelte, weil der AP-Reporter aus New Orleans mich anrief, hatte ich erst gedacht, das müsse sie sein."

Da Brody nicht selbst fahren konnte, bot Ronnie Harrison sich an, die beiden in der Nacht des 29. Juni nach New Orleans zu fahren – der Nacht, in der Jayne tödlich verunglückte. LaVeys unerbittlicher Fluch hatte sich erfüllt – und tragischerweise verlor er dabei eine liebe und höchst ergebene Freundin und Geliebte.

„Ich habe kaum Zweifel daran, dass sie getötet wurde, weil Brody den Fahrer drängte, schneller zu fahren. Da gehe ich jede Wette ein. Dieser Junge wurde vermutlich so lange gepiesackt, aufs Gas zu gehen, bis sie schließlich diesem Lastwagen ins Hinterteil fuhren. Wenn Jayne und ich zu zweit unterwegs waren, drängte sie mich nie, schneller zu fahren. Sie hatte auch noch nie einen Wagen zu Schrott gefahren, Brody schon. Jayne könnte heute noch leben, wenn Brody in jener Nacht nicht mit im Auto gesessen hätte."

In der Freitagnacht nach ihrem Tod hielt LaVey in der Church of Satan eine private Satanische Gedenkfeier für Jayne Mansfield ab (die offizielle Trauerfeier fand an der Ostküste statt). Unmittelbar vor Beginn des Rituals, als LaVey vor den Versammelten stand und über Jayne sprach, erschraken die Leute, als die trüben Lichter in der Ritualkammer mit den schwarzen Wänden hell zu flackern begannen. Ein Elektroingenieur, der als Priesterassistent an dem Ritual teilnahm, war noch viel mehr verblüfft und erklärte später, solche abnormen Elektrizitätsausbrüche hätten eigentlich die zarten Glühfäden zerstören müssen. Aber die Birnen brannten nicht durch. Sie blitzten innerhalb von zwei Minuten fünfmal auf. Diane schwor, eine der Glühbirnen hätte die Form eines Herzens gehabt.

LaVey fuhr mit dem Ritual fort, verdammte Sam Brodys Seele und sprach Jaynes Mansfields Leidenschaften, ihrer Begeisterung für das Leben auf Erden und ihrer Hingabe an die Satanischen Ideale seine höchste Anerkennung aus. Er rief die höllischen Kronprinzen an, sie mögen näherkommen, und bat sie darum, Jaynes Hedonismus und ihre reinen, eigennützigen Interessen zu segnen, indem sie in den Herzen und Erinnerungen derer weiterlebte, die sie zu Lebzeiten verehrt hatten. Die Gemeinde antwortete mit „Heil Satan" und „Heil Jayne". Dann beendete LaVey die Zeremonie wie die meisten Satanischen Rituale mit den feierlichen und auf so tragische Weise passenden Worten:

„So ist es nun vollbracht."

KAPITEL NEUN
Des Teufels Advokat

„In diesem Moment scheinen all die verschiedenen Masken von Anton LaVey vor meinen Augen zu verschmelzen. Sie verschmelzen und formen sich erneut, und jede von ihnen versinkt im Treibsand der nächsten. Als er sich umwendet, um mich anzusehen, ist dies die erschreckendste Erfahrung meines Lebens, dennoch gelingt es mir, nicht zu zittern. Denn ich starre nur auf einen Bühnenzauber, in ein Gesicht ohne definierbare Gestalt, ein Gesicht, so charmant und gleichzeitig so monströs wie nichts anderes, das ich mir vorzustellen vermag. Das Gesicht des Antichristen."

— Dick Russell *Anton LaVey: The Satanist Who Wants To Rule The World (Argosy,* 1975)

Während Woodstock, die Vietnam-Proteste, zerrissene Blue Jeans und LSD-Gurus die Welt in Atem hielten, wurde es LaVeys Aufgabe, sich für die Belange des Satanismus einzusetzen. Vielleicht hätte der moderne Satanismus sein bärtiges Haupt nie so weit erhoben, wäre LaVey nicht derart frustriert gewesen von den barfüßigen, mit Parolen um sich spuckenden *Love Children*. „Für mich waren die sechziger und siebziger Jahre eine unfruchtbare, in ästhetischer Hinsicht destruktive Ära. Vor allem San Francisco war ein Pfuhl der Ignoranz, der Dummheit und der Gleichmacherei. Ich erschuf mir meine eigene Welt – die Church of Satan. Es war für mich die einzige Überlebensmöglichkeit. Sie entwickelte sich zu einer wahren Keule auf den Kopf des damaligen Mainstreams. Ohne uns hätte es keine Gegenkultur gegeben. Was all die Ken Keseys und Timothys Learys machten, war nichts anderes, als der Wertlosigkeit eine Riesenbedeutung beizumessen."

Vermutlich war es für LaVey genau die richtige Ära, um ein dankbares Publikum um sich zu scharen. „Bei der Magie", sagte

Anton, „reicht ein einziges Wort, um die Situation herzustellen, die man sich wünscht – vorausgesetzt, man wählt den richtigen Zeitpunkt." So war es auch mit LaVeys erstem Buch, der *Satanischen Bibel*. „Mir hat nie etwas daran gelegen, Autor zu werden. Ich schrieb die *Satanische Bibel* aus Ekel. Jahrelang hatte ich nach einem Buch über schwarze Magie gesucht, das frei von Bullshit war – einen praktischen Leitfaden, ohne Schutzpentagramme oder eine Anrufung der Namen Jesu. Ich fand nichts, was meinen Vorstellungen entsprach. Also schrieb ich selbst eines." Ein Großteil des Buches machte bereits als farbige Materialsammlung mit Einführungstexten innerhalb der Church of Satan die Runde. Einige Mitglieder mit Verbindungen zur Verlagswelt waren der Meinung, LaVeys Texte hätten genug Potenzial für eine breitere Leserschaft, und die Lektoren, mit denen sie sprachen, waren ebenso begeistert. „Es war ein Glücksfall", gab Anton zu. „Der Lektor von Avon Books, mit dem ich zusammenarbeitete, war ausgesprochen kooperativ – er änderte so gut wie nichts am Original, bis auf einige Grammatikfehler; das Inhaltliche ließ er so, wie es war. Es könnte wahrscheinlich heute ebenso gut auf den Markt kommen. Doch das ist ein strittiger Punkt, denn wenn *Die Satanische Bibel* nie erschienen wäre, wäre es gar nicht erst zu jenem überkompensierenden religiösen Klima gekommen." Das Buch, das nun seit fast einem halben Jahrhundert in Druck ist, erhielt während dieser Zeit ein ansehnliches Maß an Beachtung – es ist Pflichtlektüre in verschiedenen Soziologiekursen an Colleges, und seit den frühen Siebzigern wurden immer wieder Auszüge davon in College-Texten zitiert.

Da er in erster Linie Musiker war, schrieb LaVey mit einem Gehör für Rhythmus, Struktur und Kadenzen; bei manchen Textstellen kommt es ihm eher auf den Klang als auf die genaue Bedeutung an. Viel verdankte er Autoren wie Ben Hecht, H. L. Mencken, Horatio Alger und Nathanael West; sie waren seine wichtigsten Inspirationsquellen, ebenso wie Huey Long, der berüchtigte Gouverneur von Louisiana, „der unter allen je gewählten Politikern einem ehrlichen Staatsmann am nächsten kam". LaVeys Schreibstil war dicht und direkt, informativ und mit genügend Mutterwitz durchsetzt, um nicht pompös zu klingen. Enge Freunde von LaVey scherzten, er könne doch ein Handbuch mit Satanischen „Parabeln" auf den Markt bringen – also mit Witzen, auf die er gern zurückgriff, um bestimmte Aspekte seiner zynischen Philosophie zu verdeutlichen. Alle, die eine Zeit lang um ihn herum waren, entwickelten eine Art Kurzschrift seiner wichtigsten Pointen, oft lange nachdem der Witz selbst schon vergessen war. „Wer keinen gesunden Humor hat", sagte LaVey, „ist viel zu abgehoben, um ein guter Magier zu werden."

Nachdem er die *Satanische Bibel* geschrieben hatte, führte LaVey sein Satanisches Triptychon weiter mit dem Buch *Die Satanische Hexe* oder *Was tun, wenn Tugend nichts mehr nützt?* Der Band wurde von Dodd, Mead gründlich bearbeitet, ehe er 1970 erschien.[6] 1972 wurden schließlich *Die Satanischen Rituale* veröffentlicht, eine Art Begleitbuch zum ersten Band, eine umfassende Sammlung der besten unverfälschten schwarzmagischen Rituale der Geschichte.

Nach Gründung der Church of Satan und der Kodifizierung seiner sehr speziellen Art von Sünde in seinen drei Büchern reiste LaVey ziemlich viel herum, um in Talkshows und Radiosendungen aufzutreten oder Interviews für die Lokalpresse zu geben. Ständig erschienen auf der ganzen Welt Zeitungsartikel, da die Verleger ihre Reporter ausschickten, um herauszufinden, warum alle Welt diesen Zauberer aus San Francisco umschwirrte. Ausführliche Storys über LaVey erschienen in Magazinen wie *Cosmopolitan, Time, Newsweek* und *Seventeen*, und am 24. August 1971 war er auf dem Titel von *Look*. Nachdem man ihm einige Dokumentationen gewidmet und sogar Wachsfiguren von ihm angefertigt hatte, die in verschiedenen Museen überall auf der Welt ausgestellt wurden (die Gussform befindet sich in Madame Tussauds Wachsfigurenkabinett in London), nachdem er auf Schallplatte einen einzigartigen Mitschnitt

[6] Die erste Version des Buches hieß in den USA noch The Compleat Witch; heute ist das Buch unter dem Titel The Satanic Witch auf dem Markt. (Anm. d. Übers.)

einer Schwarzen Messe (den ersten seiner Art) aufgenommen hatte, eine dauerhafte Kolumne beim *National Enquirer* unterhielt (*Letters From The Devil*) und in Johnny Carsons Jubiläumsshow zum siebenjährigen Bestehen der Sendung ein aufwändiges Ritual vor laufender Kamera zelebriert hatte, um das kommende Jahr mit Erfolg zu segnen, wurde LaVey vom San-Francisco-Lokalmatador allmählich zur internationalen Berühmtheit.

Die Reaktionen auf das, was der höllische Exarch zu verkünden hatte, schwankten zwischen entschieden feindselig und unmittelbar wohlwollend. Einer der ersten Artikel, die über den neuen Hohepriester der Church of Satan geschrieben wurden, erschien im Februar 1967 in Shana Alexanders Kolumne *The Feminine Eye (Das weibliche Auge)*, danach im Magazin *Life*. Der Artikel mit dem Titel *The Ping Is The Thing* beginnt mit einer Beschreibung des Ping-Geräuschs, das oft zu hören ist, wenn man morgens Nachrichten hört. „Dieses Ping scheint dem Hörer zu signalisieren, dass soeben etwas Lustiges, Schräges, manchmal sogar Tiefschürfendes gesagt wurde, obwohl man sich nie so ganz sicher ist." Darauf folgt ein packender Bericht über LaVey und seine damaligen Aktivitäten, wobei Alexander vom „dissonanten Aufeinanderprallen von Exotischem und ausgesprochen Banalem" spricht.[8]

Abgesehen von *Rosemaries Baby*, dem LaVey attestiert, es habe „der Church of Satan ebenso geholfen wie *The Birth Of A Nation* dem Ku-Klux-Klan", auch durch die „Poster im Foyer, die für eine Mitgliedschaft werben", gab es noch einige weitere Filme über oder mit LaVey. *The Brother Buzz Show*, eine lehrreiche Doku-Serie für Kids, die gern ungewöhnliche Tiere und Menschen vorstellte, widmete LaVey und seinem Löwen Togare noch vor Gründung der Church of Satan eine ganze Episode. Dieses entzückende Porträt wird von Togare (Pat McCormack) selbst erzählt, der LaVey (damals noch nicht kahlgeschoren) als Hypnotiseur und Erforscher des Übersinnlichen beschreibt, um uns dann einen typischen Tag im Leben eines Mannes und seines Löwen vor Augen zu halten. Darunter sind ein paar herrliche Aufnahmen vom Inneren des

Black House; auch Diane, Karla und Zeena (im Kleinkindalter) sind zu sehen. Aufgrund der unschuldigen Begeisterung, mit der diese Episode Kinder zum Staunen bringt, erweist sie sich als eines der besten LaVey-Porträts überhaupt.

Satanis – eine ausführliche Dokumentation über die Church of Satan in Spielfilmlänge – kam 1970 in ganz Amerika in die Kinos, nicht selten im Rahmen einer Doppelvorstellung mit einem anderen Film, nämlich Kenneth Angers *Invocation Of My Demon Brother*, in dem LaVey ebenfalls mitwirkt. Die Werbeanzeigen für *Satanis*, die LaVey mit finsterer Miene zeigen, versprachen blutige, nicht jugendfreie Rituale. Nach echter William-Castle-Manier wurde in ernstem Tonfall vor dem Film gewarnt: „*Satanis* ist der fachkundigste und vielleicht auch schockierendste Film unserer Zeit. Es ist aber ganz bestimmt kein Film für jedermann. Wir verstehen, wenn Sie ihn sich lieber nicht ansehen wollen." Ärgerlicherweise wurden mehrere ausländische Dokumentationen (von dem Deutschen Florian Furtwängler und dem Franzosen Victor Vicas) in Amerika nie gezeigt. Luigi Scattinis *Angeli Bianchi ... Angeli Neri* erschien in verschiedenen Versionen auf der ganzen Welt, die amerikanische Version hieß *Witchcraft '70*. Der Abschnitt über LaVey und die Church of Satan gehört zu den Szenen, die in jeder der Versionen enthalten war. Ray Laurents *Satanis* war eine Zeit lang auf Video erhältlich und bot lange Zeit das einzige Filmmaterial über die Church für TV-Produzenten, die ihrem besorgten Studiopublikum die Abgründe des Satanismus aufzeigen wollten. Heute ist der Film fast überall erhältlich und bekam, im Doppelpack mit Material von Ray Dennis Steckler, sehr positive Rezensionen bei Amazon.com.

Ende 1970 wurde Anton LaVeys neu erschienene *Satanische Hexe* bei *Donahue* und in anderen Talkshows im ganzen Land beworben, und LaVey trat bei verschiedenen Gelegenheiten mit Arthur Lyons, dem Autor von *The Second Coming: Satanism In America* vor die Kamera. Lyons, der seitdem eine Reihe knallharter Krimis schrieb, berichtet in *The Second Coming* sehr ausführlich über LaVey:

„Anton Szandor LaVey ist, trotz seiner vielen Kritiker, ein ehrlicher und engagierter Mann, der auch von seinen Mitgliedern Ehrlichkeit und Engagement erwartet. Er versucht, sie für ein Ziel zu mobilisieren – nämlich für das Ziel, mithilfe bereits existierender sozialer Kanäle Kontrolle und Macht zu gewinnen. «Ich sehe einen Tag kommen», sagte er mir mit ruhiger Stimme, als wir uns eines Tages bei ihm zu Hause unterhielten, «an dem von den Kirchendächern statt eines Kreuzes Dreizack und Pentagramm in den Himmel ragen. Ich habe ein Vermächtnis zu erfüllen, und es wird erfüllt werden. Zumindest vielleicht, sofern die Gruppe ihre derzeitigen Ziele und Methoden nicht aus den Augen verliert.»“[9]

The Second Coming war so etwas wie der Standardtext zum Thema Satanismus, bis Lyons 1988 ein weiteres Buch mit dem Titel *Satan Wants You* schrieb, eine Aktualisierung des Vorgängerbands mit neuem Material über Anton LaVey, die vielen hysterischen Behauptungen über Tieropfer und „rituellen Kindesmissbrauch“, denen die Satanisten im Laufe der Jahre standhalten mussten, den Garaus machte.

Das Magazin *Newsweek* brachte mehrere Artikel über LaVeys Erfolge. Einer davon, erschienen am 16. August 1971 unter dem Titel „Evil, Anyone?“, stellte auch die Frage nach angeblichen „Satanischen Verbrechen“, mit denen LaVey schon seit Entstehen seiner Organisation geplagt wurde. Antons Antwort blieb in all den Jahren die gleiche: „Im Satanismus bilden sich zwei Kreise heraus – eine elitäre Gruppe, so wie ich mir meine Kirche immer gewünscht habe, und die Liebhaber, die Satanisten werden, weil es sich gerade so ergibt.“ Als die eifrigen Reporter feststellten, dass Mord nicht auf der Liste verbindlicher Satanischer Sakramente stand, mussten sie sich rasch etwas Neues ausdenken, um Ihre Leserschaft zu ködern, die es nach einem schaurigen Element dürstete. „LaVey, weit davon entfernt, sexuelle oder politische Anarchie zu predigen, beschreibt sein Ziel als die Erschaffung eines Polizeistaats, in dem die Schwachen ausgemerzt werden und die «erfolgsorientierte Führungselite» das Recht hat, die Geheimnisse der schwarzen Magie zu erproben.“[10]

Aufgrund von LaVeys nackten, weiblichen Altären (mehr als ein Fetischist schrieb Briefe, in denen er sich nach dem „nackten, rothaarigen Altar" erkundigte) gab es eine Menge Männermagazine, die bereit waren, über die Church of Satan zu berichten, was ihnen eine reizvolle, vorgefertigte Entschuldigung für Nacktaufnahmen lieferte. Obwohl die meisten Storys, die zu jenen Bildern erschienen, sich auf die Nacherzählung alter Teufelsmythen von Orgien und nackten, willfährigen Messdienerinnen beschränkten, stammten einige davon aus der Feder von Burton Wolfe, der 1974 schließlich eine sehr gefragte Biographie von Anton LaVey veröffentlichte. Das Bild, das Wolfe von LaVey zeichnet, ist klar und kurz, sodass sein Buch *The Devil's Avenger* (in Deutschland erschienen im Verlag Edition Esoterick, Siegburg. Anm. d. Übers.) geradezu überquillt vor Informationen. Als etablierter Schriftsteller, der bereits drei Bücher veröffentlicht hatte, erklärte Wolfe sein Interesse an LaVey wie folgt:

„Einer der Gründe, aus denen ich mich mit LaVey beschäftigt und irgendwann auch über ihn geschrieben habe: Er ergab für mich Sinn. Ich hörte ihn erstmals 1967 bei einer Versammlung der Sexual Freedom League sprechen und war sofort beeindruckt von seinem Wissen und seiner Lebensnähe. Alle anderen Okkultisten, die ich getroffen oder von denen ich gehört hatte, erwiesen sich früher oder später als Hochstapler, Scharlatane oder Irre. Bei LaVey war das anders. Er war vielleicht der erste Okkultist ... der seine Glaubenssätze und Rituale auf eine rationale und teilweise sogar wissenschaftliche Grundlage stellte."[11]

Burton Wolfe schreibt, er sei im Jahre 1968 kurzfristig Mitglied der Church of Satan gewesen. „LaVey war damals noch in seinem schelmischen Stadium. Die Rituale und Partys in seinem schwarzen Haus waren sehr witzig und humorvoll, und manche Kapriolen genoss ich aus vollem Herzen, zum Beispiel wenn ich beim Madness-of-Logic[7]-Ritual[12] die Rolle des Direktors der Irrenanstalt

[7] Etwa: Verrückte Logik. (Anm. d. Übers.)

verkörpern durfte." Wolfe fachte das Interesse an LaVey auch durch Zeitungsartikel an, die er bis in die achtziger Jahre hinein verfasste, und obwohl er sich gezwungen fühlte, die Church of Satan zu verlassen, die sich seiner Meinung nach in eine „rigorose, rachsüchtige und kryptofaschistisch anmutende Organisation"[13] verwandelte, schrieb er dennoch eine ausführliche Einführung zur *Satanischen Bibel*, die – nachdem *The Devil's Avenger* nicht mehr nachgedruckt wurde – lange Zeit als einzige biographische Bezugsquelle zu LaVey galt. Diese Einführung wurde später durch ein weitaus zeitgemäßeres Essay des gegenwärtigen Hohepriesters Peter Gilmore ersetzt.

„Vor langer Zeit machte mir jemand ein großes Kompliment", erinnerte sich LaVey, „indem er sagte: «Er ist nicht mehr komisch.» Von diesem Moment an wusste ich, dass ich wirklich etwas bewirkte. Es war, als die Church etwa zwei oder drei Jahre alt war, und mir fiel auf, dass die Leute in uns auf einmal mehr sahen als nur Spiel und Spaß."

Einem offiziell anerkannten Teufel öffneten sich viele Türen wie von selbst. LaVey entwickelte eine enge Freundschaft zu David Pleyall-Bouverie, dem Erben der Vickers-Munitionsfabrik und „Patenkind" von Sir Basil Zaharoff. Bouverie war zu einem legendären *Bonvivant* eigener Machart geworden, und sein Anwesen diente als Treffpunkt für eine wohlhabende und berüchtigte Minderheit. Durch ihn lernte LaVey auch Lady Sylvia Ashley kennen, die Witwe von Clark Gable. Anton beschrieb sie als kultivierte, sympathische Frau mit einer Hühnerbrust, ähnlich Elwood P. Dowds Mutter in *Harvey*. Auch mit Abigail Folgers Mutter machte er Bekanntschaft. Abigail war das erste Baby, das unter Hypnose zur Welt kam, und da Zeena unter ganz ähnliche Umständen geboren war, hatten Diane und Mrs. Folger ausreichend gemeinsam, um eine gut funktionierende Freundschaft einzugehen. Alan Watts ging einmal mit LaVey zum Tontaubenschießen, und Anton empfand ihn als ziemlich geistesabwesend, aber trotzdem auch als „netten Kerl. Er hatte etwas Verwaschenes an sich, genau wie Leary, den ich in einer der *Donahue*-Shows kennenlernte, die damals noch aus Cleveland ausgestrahlt wurden. Auch Learys Tochter war dabei und wirkte neben ihm beinahe wortgewandt. Er war – um mit Dr. Nixon zu sprechen – «ein schlichtes Gemüt».“

Als krasses Gegenstück dazu durfte LaVey in Bouveries Enklave auch Joseph Cotten und seine Frau Pat Medina kennenlernen, die LaVey einmal dabei unterstützte, einen störrischen Togare zurück ins Auto zu bugsieren, als der große Löwe sich dagegen sträubte, das Grundstück zu verlassen. Apropos Cotten: „Er ist vor allen Dingen ein Zirkusmann, ein richtig alter Hase mit einem verblüffenden Gespür für die Welt und die menschliche Natur. Es ist kein Zufall – und auch nicht nur seinem Schauspieltalent zu verdanken – dass er gerade die Rollen bekam, die er spielte.“

Wie erwartet entdeckte LaVey, dass er sich am besten mit Leuten aus der Oberschicht unterhalten konnte, egal wie treu ihm manch unbedarftere Person auch zur Seite stand. „Zur Seite stehen allein reicht nicht“, gestand LaVey. „Verstehen steht an erster Stelle. Und das geht nur mit einem Mindestmaß an Intelligenz. Wenn man mich aus den falschen Gründen unterstützt, ungeachtet der zugrunde liegenden Motive, hilft mir das gar nichts – es ist sogar hinderlich. Ich brauche keine warmen Körper, nur damit die Reihen voll werden, Mitgliedsanträge ausgefüllt werden oder großzügige Spenden fließen. In den meisten Fällen bin ich es, dem dabei Lebensenergie entzogen wird, nicht die anderen.

Ich kann mir gut vorstellen, dass Präsidenten und politische Führungspersonen jeglicher Couleur dankbar sind für Menschen, die ihre Rollen begreifen – ihre Zwänge, ihre Auftraggeber, die sie zufriedenstellen müssen ... So etwas erfordert Satanische Wahrnehmung, Satanischen Scharfsinn. Auch wenn ein Führer stets dankbar ist für Menschen, die ihn unterstützen, ihm zur Seite stehen und Teilnahme zeigen, kann es trotzdem sein, dass ihnen jenes zusätzliche Maß an Einfühlungsvermögen und innerem Bezug fehlt. Wenn ich es auf einer Skala von eins bis zehn einordnen müsste, sagt mir meine Intuition, dass ich mich in den Papst besser hineindenken kann als in Leute wie zum Beispiel John F. Kennedy, der nichts aufzuweisen hat, womit ich mich identifizieren kann. Wenn die Chemie stimmt, versteht es sich oft von selbst, dass man die gleichen Vorlieben und Abneigungen in puncto Musik, Filme, Bücher und faszinierende Orte hat – man kann sozusagen in Steno miteinander kommunizieren. Bei Kennedy kann ich das nicht feststellen. Ich könnte mich in die Zwänge einfühlen, die von seiner Position herrühren, aber nicht in den Menschen selbst. Dazu bedarf es der richtigen Frequenz."

Von Anfang bis Mitte der Siebziger verbrachte LaVey wieder einige Zeit in Los Angeles, lebte in Jayne Mansfields Pink Palace am 10100 Sunset Boulevard, der nach Jaynes Tod von einem anderen Chucrch-of-Satan-Mitglied erworben worden war. Antons Verbindungen zum Filmbusiness aus den Jahren zuvor umfassten jetzt noch mehr Bekanntschaften mit Schauspielerinnen und Schauspielern, Drehbuchautoren, Regisseuren und Produzenten. Vielen Filmstars fiel es nicht schwer, sich mit LaVey und seiner Philosophie zu identifizieren – sie sind fast immer ein wenig experimentierfreudiger als Durchschnittspersonen. LaVey traf auf eine offene Atmosphäre der unverhohlenen Bewunderung. Diese Leute schätzten ihn so, wie er war, ohne ihm seine „Dramatik" oder „Theatralik" entlocken zu wollen. Die Glitzerwelt von Hollywood konnte es gut nachempfinden, wenn man LaVey als Poser hinstellte, während er in Wahrheit nur seinem eigenen archetypischen Selbst treu blieb. LaVey wiederum wurde vom Anblick der vertrauten Orte und vielen Freunde in Hollywood mit neuer Energie erfüllt.

Zwei von LaVeys Hollywood-Freunden – der Regisseur Milo Frank und seine Frau, die Schauspielerin Sally Forrest – waren die Besitzer des berüchtigten Jean-Harlow-/Paul-Bern-Selbstmordhauses, das in den Tagen der Manson-Morde zufällig von Jay Sebring bewohnt wurde. Sie boten LaVey einen verlockenden Deal an: Er sollte die Erlaubnis bekommen, in diesem Haus zu residieren, während er sein berühmtes viktorianisches Black House in San Francisco für Filmzwecke zur Verfügung stellte. Zu jener Zeit aber, kurz nach den Morden, standen die LaVeys ohnehin unter ständiger Prüfung, so dass sie es nicht für allzu umsichtig hielten, den Reportern mehr Berührungspunkte zu liefern als es ohnehin schon gab. Später verspürte LaVey einen Anflug von Reue, dass er diese Gelegenheit nicht für sich genutzt hatte. Angeblich lastet ein Fluch auf dem Haus, dessen Geheimräume und Geschichte durchaus mit LaVeys viktorianischem Haus konkurrieren könnten. Obwohl er die Möglichkeit hatte, auch anderswo in Hollywood Quartier zu beziehen, hielt LaVey an seinem alten Wohnsitz in San Francisco fest, von wo er oft zwei- bis dreimal pro Woche an die Küste und wieder zurück fuhr. Karla und Zeena blieben die meiste Zeit in San Francisco, wo sie in der Regel von ein oder mehreren von LaVeys Mitgliedern versorgt wurden. Dann, mit Anfang zwanzig, trat Karla in die Fußstapfen ihres Vaters – hielt Vorlesungen zum Thema Satanismus und diplomierte in Kriminologie.

Nicht nur die Türen zur Prominenz öffneten sich für LaVey als irdischen Stellvertreter Satans, sondern auch deren Herzen und Seelen. Er erfuhr Geheimnisse, die man nur dem Teufel selbst anvertrauen konnte, ohne auf Ablehnung oder Missbilligung zu stoßen. Es war stets Teil der Legende, dass ein fähiger Teufel, als Hüter der Pforten zur Hölle, die Last der menschlichen Boshaftigkeit tragen müsse, die der Einzelne vor anderen Sterblichen verbarg. LaVey schreckte vor diesem Aspekt seiner Rolle nicht zurück. Trotzdem bewahrte er getreu seinem ungeschriebenen Unterweltskodex Stillschweigen über Dinge, die besser im Verborgenen blieben. „Ich würde mich nie nach vorne drängen und enthüllen, was ich weiß; ich bin bereits unbeliebt. Ich wollte zu einer bestimmten Zeit Mythen aufdecken, doch das eigentlich Schreckliche daran war die Reaktion der Leute, wenn sie aufgeklärt wurden. Die Mythen sind nicht annähernd so furchterregend wie das, was geschah, als ich sie aufzudecken versuchte."

1973, ein Jahr nach Erscheinen der *Satanischen Rituale*, beschlossen die Verleger, die Öffentlichkeit sei nun ausreichend versorgt mit Satanischem Gedankengut. Als LaVeys Literaturagent sein

Buch *Des Teufels Notizbuch* bei der Internationalen Frankfurter Buchmesse vorstellte, reagierte der Buchhandel mit begeisterten Vorbestellungen. Doch als die Verleger es mit nach New York nahmen, um es sich genauer anzusehen, wurde LaVey ohne großes Aufhebens abgelehnt. Teile des unveröffentlichten Werks tauchten im Laufe der Jahre im Satanischen Newsletter *The Cloven Hoof* auf, die großen Publikumsverlage jedoch fanden, es sei zu aufrührerisch für die große Öffentlichkeit. Nachdem einer der Verleger ein Kapitel über lykanthropische Verwandlung gelesen hatte, rief er: „Lieber Gott, wenn wir das veröffentlichen, werden die Straßen von Blut überschwemmt!" Der bahnbrechende Verleger Adam Parfrey hörte 1992 von dem Manuskript und ließ es voll Begeisterung drucken; seitdem war das Buch nicht ein einziges Mal vergriffen.

Die Mitgliederzahl der Church of Satan wuchs ständig. Wenn LaVey auf Reisen war, versuchte er seine Anhänger so oft wie möglich mit einem päpstlichen Besuch in ihren Grottos zu beehren, wo man ihn mit viel Tamtam und schwarzen Capes begrüßte. „Mit der Zeit wurde es richtig peinlich. Ich stieg aus dem Flugzeug, und da drängten sie sich schon, um mich in ihren schwarzen Samtroben, ihren Capes und mit riesigen Baphomets am Hals zu begrüßen. Unsere damaligen Urgesteine hatten nur wenig Sinn für das Dezente, Zurückhaltende. Ich versuchte, einen kultivierten, anständigen Eindruck zu machen, und ihre Vorstellung von Protest oder Schock bestand darin, mit ihrem Logenornat im nächsten *Denny's* aufzukreuzen."

Um die gleiche Zeit begann Anton die negativen Seiten eines Daseins im Zentrum der öffentlichen Aufmerksamkeit zu verspüren. LaVey wurde gleich von zwei Seiten belagert: Einmal von Leuten, denen nicht gefiel, was er zu sagen hatte, und dann noch von den „Fans", die für Probleme sorgten, indem sie sich ständig in seiner Nähe aufhalten wollten. Nachdem Bilder und Beschreibungen von LaVeys missgestaltetem Skelett „Reuben" in der *Paris Match* erschienen waren, rief der Arzt, der den an Morbus Paget erkrankten Mann vor seinem Tod behandelt hatte, beim UCSF Medical Center an und forderte sie auf, das Skelett wiederzubeschaffen. Obwohl die Hospitalleitung zögerte, machte der Arzt so viel Aufhebens, dass man sich gezwungen sah, Reuben von LaVey zurückzufordern. „Das war wirklich schade. Dieses Skelett hatte der Church of Satan mehr Aufmerksamkeit und Anerkennung verschafft als auf anderem Wege zu erreichen gewesen wäre. Wir haben es gerettet! Es wäre vermutlich unter den Trümmern zermalmt worden. Selbst in einem Museum wäre es nur ein Skelett unter hundert anderen gewesen. Bei uns war Reuben etwas Besonderes."

Ähnlich unglückliche Erfahrungen machte LaVey wegen Togare, dem nubischen Löwen. Drei Jahre lang war er sein ständiger Begleiter, sehr zur Freude der Medien und Schulen in der Bay Area, die er mit Togare oft besuchte, um eine positive Einstellung gegenüber wilden Tieren zu vermitteln. Eltern aus der Nachbarschaft führten ihre Sprösslinge in LaVeys seltsame Wohnstatt, nur damit sie den Löwen streicheln konnten. Als jedoch die Church of Satan gegründet wurde, schrieb eine kleine Gruppe von Nachbarn eine Petition an die Stadtverwaltung, um Togare loszuwerden. Ihre Klagen: Er sei eine potenzielle Gefahr für die Gemeinschaft und verunreinige LaVeys Garten mit großen, stinkenden Knochen. Sie übten Druck auf die Polizei aus, LaVey festzunehmen, sofern er seinem Löwen gestatte, „laute und ungewöhnliche Geräusche" von sich zu geben.

Schließlich, im Jahre 1967, sahen sich die LaVeys gezwungen, den fünfhundert Pfund schweren Löwen dem San Francisco Zoo zu spenden. Die Trennung war schmerzlich, für Mensch und Tier gleichermaßen, und LaVey sandte gegen die Verantwortlichen einen Fluch aus. Innerhalb eines Jahres zogen einige der Nachbarn, die ihre Stimme am lautesten gegen Togare erhoben hatten, entweder um, starben oder verschwanden. Togare zeugte viele Nachkommen, sowohl in San Francisco als auch auf der kalifornischen Ranch von Tippi Hedren, die Togare während seiner letzten Lebensjahre in ihre Obhut nahm. In ihrem Buch *The Cats Of Shambala* beschreibt sie Togare als „guten, aber grimmigen Vater". Togare starb 1981 in der Walpurgisnacht.

Zu Beginn seiner Aktivitäten mit der Church ließ LaVey freimütig seine Adresse und Telefonnummer auf Poster und gefaltetes Falschgeld drucken (das er als Werbegimmick auf der Straße auslegte) und gestattete auch Journalisten, seine Adresse bekannt zu geben. „Ich glaube nicht einmal, dass ich damals besonders naiv war. Ich wollte nur, dass die Church of Satan offen und ehrlich wirkte. Ich träumte auch davon, von zu Hause aus arbeiten zu können, wie viele meiner Freunde, die Schriftsteller oder Künstler waren. Ich stellte mir vor, wie schön es wäre, sich aus dem Bett zu wälzen und gleich an Ort und Stelle seine Aufgaben zu erledigen, ohne erst ins Auto steigen zu müssen, um ins Büro oder sonst wohin zu fahren. Ich hielt das nicht für unvernünftig. Aber ich wusste damals noch nicht, wie hinterhältig die Menschen sein konnten." Zeena und Karla, die das Glück hatten, bei ihrem Vater und seiner Organisation aufwachsen zu können, erklärten, die einzige Angst, die mit ihrer Satanischen Erziehung zu tun hatte, sei von außerhalb gekommen, von Menschen, die sich von dem, worum sich ihr Vater bemühte, bedroht fühlten oder ihm einfach das Leben schwermachen wollten. Zeena erinnerte sich, wie einmal, als sie von der Schule nach Hause kam, auf den Eingangsstufen ein Irrer mit einem Schlachtermesser auf sie wartete. Ihre Eltern hatten ihr beigebracht, in einem solchen Notfall einfach weiterzugehen und so zu tun, als wohne sie nicht hier. Seit jenem Vorfall richtete sich LaVey, wie viele Promis, überall auf der Welt Wohnquartiere her, in die er sich zurückziehen konnte.

Die Belästigungen und Drohungen, die seine Familie über sich ergehen lassen musste, erzürnten LaVey. Mehr und mehr wurde er sich auch der in ihm brodelnden Feindseligkeit sowie der Gefahr bewusst, jemanden mit der 45er-Pistole, die er als ständigen Begleiter mit sich führte, erschießen zu können. Wolfe berichtet: „LaVey beherzigte G. B. Shaws Ausspruch, der Übermensch müsse im Umgang mit den Menschenmassen ebenso vorsichtig sein, als hätte er es mit wilden Tieren zu tun, und dürfe nicht mit Freundlichkeit, Verständnis und Einfühlungsvermögen rechnen. Wie ein Löwentrainer inmitten seiner Löwen hatte er seinen eigenen speziellen Glauben: den Glauben daran, dass man mit schwarzer Magie die Umstände in seiner unmittelbaren Umgebung verändern könne, so dass eine Flucht nicht notwendig war."[14]

Nach einigen Jahren begann LaVey, die verwaltungstechnischen Erfordernisse in den Hintergrund zu stellen und seine Energie mehr auf eigene Projekte zu richten als auf Öffentlichkeitsarbeit und die persönliche Betreuung seiner stetig wachsenden Anhängerschar. Sein Plan bestand darin, „Satanismus nicht mehr vorzuführen, sondern auszuleben". Die Church of Satan hatte sich ihren Einfluss auf die äußere Welt erobert; nun war es Zeit, die Mitglieder zu neuen Wegen anzuspornen, bei denen die wertvollste Energie nicht mehr der Ausführung vorgeschriebener Rituale zugeführt werden sollte. Die Phase, in der wirklich offen vom viktorianischen Haus aus agiert wurde, war relativ kurz gewesen, lang genug jedoch, um eine bleibende Wirkung auf die etablierte Religion auszuüben. „Nach diesem Urknall", erinnerte sich LaVey, „bestand für ein kontinuierliches und skandalträchtiges Spektakel wie die Umkehrung der katholischen Messe keine Notwendigkeit mehr. Das Christentum verlor täglich an Kraft, und ein totes Pferd braucht man nicht zu treten. Es gab eine Menge anderer heiliger Kühe, die es zu schlachten galt – und das ist es, was den Satanismus stets blühen und gedeihen lässt."

1972 kam es zu einem Stillstand sämtlicher öffentlicher Zeremonien im Black House. Die Zuständigkeit für Satanische Aktivitäten wurde auf die weltweit zahlreichen Grottos übertragen, wobei die Central Grotto (zu der LaVeys ursprüngliches Black House bestimmt wurde) nur noch der Beobachtung, Genehmigung und Leitung potenziell aktiver Mitglieder der Church of Satan diente.

Bis 1975 kam es zu einer völligen Umstrukturierung, und die wenigen, die sich für LaVeys Satanische Ideale als kontraproduktiv erwiesen und sich mehr für den (von Anton so bezeichneten) „Satanismus der Phase 1" interessierten (Gruppenrituale, die Lästerung des Christentums auf streng vorgeschriebene Weise) wurden ausgesondert. Das Grotto-System blieb auf lockere Weise erhalten, wurde aber nicht mehr so strikt von der Central Grotto verwaltet. LaVey wollte seine Church of Satan zu einer wirklich geheimnisvollen Untergrundorganisation umgestalten, bevor sie zu einer dauerhaften Parade oder einem Club für Satanische Brieffreunde verkam.

So trat LaVey in puncto „Logenhallen"-Aktivitäten erst mal auf die Bremse und machte deutlich, dass der Status einer Person innerhalb der Church of Satan dem Status entsprechen sollte, den sie außerhalb bekleidete. Hochrangige Personen aus der realen Welt sollten auch innerhalb der Gruppe eine angemessene Position innehaben, denn der äußere Rang, so LaVey, spiegele am wahrheitsgetreuesten wider, auf welche Weise jemand die Satanischen Theorien der Higher und Lesser Magic zu seinem eigenen Nutzen anzuwenden wisse. Er verlagerte den Schwerpunkt der Organisation auf Personen, die der Church auf maßgebliche Weise und auch in materieller Hinsicht von Nutzen waren – einfach dadurch, wer sie waren und was sie waren – anstatt nur Unmengen von Zeit mit kontraproduktiven „psychischen Vampiren" zu verbringen, wie engagiert diese Leute auch sein mochten.

„Es muss immer ein fairer Austausch stattfinden", sagte LaVey. „Mir fiel auf, dass viele Leute unserer Gruppe nur beitraten, weil es ein Garant für Freundschaften war, oder weil sie glänzen wollten, indem sie Prüfungen bestanden und in der Rangordnung aufstiegen – wie etwa die großen Logenhallen-Zampanos, die, wenn sie sich ihrer Roben und ihres Ornats entledigt hatten, in der äußeren Welt wieder zum örtlichen Klempnergesellen wurden. Die spukhafte Aura, die sie dadurch umgab, stand in keinem Verhältnis zu dem eher schmalen Gewinn, den unsere Organisation aus ihrer Mitgliedschaft zog. Wenn eine Organisation wächst, sorgen Gruppenaktivitäten nur für Spannungen, beanspruchen eine Menge Energie, die sich anderen Zielen zuführen ließe, und werden irgendwann kontraproduktiv. Wenn man den Leuten erzählt, mit ihnen sei alles in Ordnung, schuld an allem sei nur die Gesellschaft, und echtes Verständnis und Vertrauen würden sie nur innerhalb der Gruppe finden, tut man ihnen damit keinen Gefallen. Es verstärkt nur ihre Unfähigkeit im Umgang mit der äußeren Welt.

Das ist einer der Gründe, weshalb ich das Grotto-System aufgelöst habe. Ich wollte ein Forum, eine locker strukturierte Untergrundorganisation für die produktiven Andersartigen erschaffen, kein Panoptikum von Leuten, die es nötig haben, Teil einer Gruppe zu sein. Nach der Umgestaltung der Church konnte ich es mir erlauben, wählerischer zu sein. Es war mir wichtiger, Menschen anzulocken und zu unterstützen, die ihre Andersartigkeit nutzten – so wie auch die meisten Führungspersönlichkeiten auf irgendeine Weise anders gestrickt, etwas Besonderes sind. Gruppen verleiten nur dazu, sich auf Glaubensinhalte und falsche Vorstellungen zu stützen, um ihre Allmacht zu stärken anstatt Magie auf individueller Basis zu praktizieren, so wie es in der *Satanischen Bibel* steht. Anstatt ihre Eigenständigkeit und einen ehrlichen Skeptizismus zu fördern, sah ich meine Gruppe in einen blinden Glauben und einen ungesunden Anthropomorphismus[8] abgleiten. Das war nicht das, was ich beabsichtigt hatte, und ich musste mich ganz schön ins Zeug legen, um die Church of Satan wieder auf Spur zu bringen." Konsequenterweise entwarf LaVey, um „reinen Tisch" zu machen, eine diabolische Methode, mit der es ihm schließlich gelang, sich den Abschaum und Verwaltungskram vom Hals zu schaffen, der seinem Eindruck nach die wahre Bestimmung der Organisation verschleierte.

Gleichzeitig konzentrierte sich LaVey wieder auf die Welt, die er sich erschaffen hatte, gab nicht mehr so leichtfertig Interviews, denn seine Pforten standen nun nicht mehr jedem Mann von der

---

[8] Vermenschlichung des Göttlichen (Anm. d. Übers.)

Straße offen, der mal kurz auf einen Vortrag vorbeischauen wollte. Aufgrund des recht abrupten Aktivitätsstopps kamen Gerüchte auf, die Church of Satan habe sich aufgelöst und LaVey sei tot.

Natürlich gab es Leute, die gern an den Gruppenaktivitäten festgehalten hätten. Anstatt zu begreifen, dass die von LaVey vorgenommenen Änderungen dazu dienten, aus der Church of Satan mehr als eine „Sekte" zu machen, bei der alle Aktivitäten von einer leitenden Person streng überwacht werden, fühlten sie sich von LaVey betrogen, der ihnen nun keinen Ort mehr bot, an dem sie sich mit Gleichgesinnten treffen konnten. Es waren dieselben, die seit 1966 neidisch auf LaVey waren und glaubten, sie könnten das alles auch – nur besser. Seitdem Anton Schlagzeilen machte, schossen überall auf der Welt neue Gruppen wie Pilze aus dem Boden, und viele davon nahmen für sich in Anspruch, Antons ursprüngliche Ideen auf glanzvollere Weise fortzuführen als seine eigene Gruppe. Ein Großteil davon bestand aus verärgerten Ex-Mitgliedern: Church of Satanic Brotherhood, Ordo Templi Satanas, Order of the Black Ram, Temple of Set, Shrine of the Little Mother, Church of S.A.T.A.N., Thee Church of Satan, Order of Baal, The Satanic Church, Thee Orthodox Satanic Church und die Church of Satanic Liberation, um nur einige davon zu nennen. Die meisten dieser Gruppen erinnerten an Laurel und Hardy in *Sons Of The Desert* und überlebten meist nicht länger als ein paar Jahre, wobei interne Machtkämpfe und Eifersüchteleien meist an der Tagesordnung waren. Manche schrieben im Laufe der Jahre verächtliche Kommentare, die von LaVey als „absurd und selbstgerecht" abgetan wurden, wieder andere schleuderten nachweislich ihr gesamtes Repertoire an dämonischen Flüchen in LaVeys Richtung.

Doch ungeachtet allen Todeszaubers, so betont Arlene Fitzgerald in *Was Sie schon immer über Hexenkunst wissen wollten … aber nie zu fragen wagten*, „gelangte LaVeys Satanische Kirche innerhalb der amerikanischen Gesellschaft zu einer gewissen Akzeptanz, ja sogar Anerkennung, dank seines Gespürs für den richtigen Zeitpunkt."

„Auf irgendeine Weise war die Gegenkultur reif für einen Satanischen Priester, und Anton war dazu bereit, sich selbst zum Fürsten der Finsternis auszurufen", schrieb Merla Zellerbach, Journalistin aus San Francisco, in ihrer Kolumne im *Chronicle* über diese neumodische Art einer Inkarnation Satans. „Jede Erfolgsgeschichte findet ihre Nachahmer", schreibt sie weiter. „Bis heute jedoch gelang es keinem Liebhaber von Schwarzen Messen, LaVey in seiner prominenten Rolle als ‹des Teufels Advokat› das Wasser zu reichen."

Trotz der Veränderungen im Aufbau seiner Organisation hatte das öffentliche Interesse an LaVey seit Mitte der fünfziger Jahre nicht nachgelassen. 1975 schrieb Dick Russell für das Magazin *Argosy* eine erstaunlich scharfsinnige Reportage mit dem Titel *Anton LaVey: The Satanist Who Wants To Rule The World*[9], für die er Anton von Hollywood für die Filmaufnahmen zu *The Devil's Rain* bis nach Durango nachreiste, um das Interview mit ihm schließlich in Mexico City zu beenden. Er beschreibt LaVey als „nahezu unerreichbar für die Öffentlichkeit. Hin- und herpendelnd zwischen drei Wohnsitzen in Kalifornien und mehreren Rückzugsorten im Osten der USA und in Europa, ist er schon beinahe so etwas wie ein mythischer Einsiedler." Russell verknüpft rein persönliche Reaktionen auf LaVey mit einer Fülle an Fakten und kleidet seinen Artikel in eine schon nahezu romanhafte Interpretation der tiefgreifenden Wirkung, die ihre Begegnungen auf ihn ausübten. Herausgekommen ist das faszinierende Porträt eines beängstigend unwiderstehlichen Menschen – ruhelos, übersinnlich begabt, möglicherweise instabil.
„Ich breche in unkontrolliertes Gelächter aus. Bald lacht auch Terrazina, und LaVey lacht mit, und es ist, als müsste das ganze Restaurant – ja, die ganze Welt in dieses Gelächter einstimmen.

Als ich zu ihm hochblicke, stehen Tränen in meinen Augen. Er führt ein Glas Wein an seine Lippen und grinst wie ein großer Kater mit

---

[9] „Anton LaVey: Der Satanist, der die Welt beherrschen möchte" (Anm. d. Übers.)

Schnurrhaaren. Das Grinsen bringt mich zurück in die Realität. Im Geist versuche ich, meine nächste Frage zu formulieren.

«Glauben Sie, dass Sie in der Geschichte ihre Spur hinterlassen werden?» Die Frage entschlüpft mir so rasch, dass ich LaVey damit überrasche.

Er denkt einen Moment nach, dann antwortet er: «Es wäre rührselig, Nein zu sagen. Ich glaube ernsthaft, dass in einigen hundert Jahren, wenn die meisten dieser Watergate-Gestalten längst vergessen sind, die Leute sich noch daran erinnern werden, wer Anton LaVey war. Es mag auf den ersten Blick wie Selbstüberschätzung aussehen, aber ich bin mir ebenso sicher, dass ich etwas tue, das die Menschen zu größerer Selbsterkenntnis führen wird. Wenn auch nur um eine winzige Stufe."[15]

Fred Hardens 1979 im *Hustler* erschienener Artikel über LaVey diente als Brückenschlag zwischen LaVeys Sensationshype der sechziger Jahre und dem, was er als die „zweite Welle" des Satanismus bezeichnete, die passenderweise im Jahre 1984 begann. Hardens ausführlicher Artikel machte die *Hustler*-Leserschaft mit intimen Details über LaVeys Beziehung zu Marilyn Monroe und Jayne Mansfield vertraut und beschäftigte sich mit LaVeys ungebrochenem Einfluss auf die Filmindustrie.

„Bei all seiner Ausgefallenheit bleibt LaVey doch ein strikter Verfechter von Recht und Ordnung, der bei der Aufklärung von Verbrechen oft mit der Polizei zusammenarbeitete, vor allem bei Mordfällen, wenn sich Anzeichen für Hexenkraft oder dämonische Besessenheit zeigten. Er raucht nicht. Er trinkt, aber nicht exzessiv. Und er hat nach wie vor eine Schwäche für Frauen, vor allem für gutgebaute Blondinen. *Weit entfernt von den skandalösen und schelmischen Aktivitäten der Sechziger hat LaVey beim Umrühren des Kochtopfs in seiner Hexenküche nun ein wahrhaft böses Ziel vor Augen – die Welt zu einem geeigneteren Ort für Teufel zu machen. «Wir*

Satanisten sind stolz darauf, echte Ladys und Gentlemen zu sein – von der sündigen Art vielleicht, aber echte Ladys und Gentleman.»“[16]

III

DIABOLISCHES WISSEN

KAPITEL ZEHN
Leben am Abgrund der Welt

LaVey lebte wahrhaftig im Reich des Teufels – in jenen nebelhaften Grenzbereichen zwischen Normalität und Wahnsinn, Erlaubtem und Skandal, Wissenschaft und Übernatürlichem – und blieb dennoch immer (wie ein Mitarbeiter es formulierte) „fernab des Geschehens". LaVey behauptete, nur in jenem Grenzland aus Immerdar und Niemals, wo alle räumlichen und zeitlichen Orientierungspunkte sich verflüchtigen, könne Magie entstehen, könne der Wille des Magiers nach außen projiziert und seine Wünsche dem, „was da kommt", aufgeprägt werden.

„Jedermann strebt heute nach Unabhängigkeit. Identität steht hoch im Kurs, gilt als kostbares Gut. Dem Mann von der Straße wird ständig Individualität verkauft, mit jedem Werbespot für Bier, mit jedem Schuhprospekt. Nur indem man sich vom Mainstream so stark wie möglich isoliert, kann man echte Magie praktizieren", sagte LaVey. „Es steckt unglaublich viel Kraft darin, jetzt, in diesem Moment etwas zu tun, das zur gleichen Zeit kein anderer auf dieser Welt tut. Wenn du dir ein Musikstück anhörst, das einst jeder vor sich hinsummte, das jedoch über die Jahre hinweg in Vergessenheit geriet, tust du etwas Einzigartiges und beziehst Energie aus diesem «verlorengegangenen» Song. Das ist die Macht der *Exklusivität*, der Ausschließlichkeit. Wenn du etwas tust, bei dem die Wenigsten auch nur daran *denken*, dass du es tust, beginnst du zu strahlen wie ein Leuchtfeuer. Falls es Mächte gibt, die dein Anliegen erfüllen können, erregst du in solchen Momenten deren Aufmerksamkeit und Sympathie, nur durch deine Einzigartigkeit."

LaVey selbst führte ein sehr introvertiertes Leben. Getreu seiner vampirischen Natur ging er erst im Morgengrauen schlafen und konnte am besten kurz vor Sonnenaufgang arbeiten. Er hielt sich fern von Medienereignissen und Boulevardblatt-Helden und stützte sich auf ein Satellitensystem von weltweiten Mitarbeitern, die ihn mit einer handverlesenen Auswahl an relevanten Informationen versorgten. In den neunziger Jahren startete LaVey eine Kampagne gegen die abstumpfende Wirkung des Fernsehens. Wenn Exklusivität ein mächtiges magisches Werkzeug ist, so argumentierte er, ist es unmöglich, etwas zu erreichen, indem man zusammen mit Millionen anderer Fernsehzuschauer auf die gleichen Bilder auf einem Bildschirm starrt. Er bezeichnete das Fernsehen als den „großen Stratifizierer"[10] und verglich es in seiner Allgegenwärtigkeit und weltumfassenden Vereinheitlichung mit „Gott".

„In vergangenen Jahrhunderten", so LaVey, „war die Kirche der große Überwacher, hatte die Alleinherrschaft über die Moral, erstickte jede freie Entfaltung im Keim und spielte sich als Verwalterin der großen Musik- und Kunstwerke auf. Heute haben wir das Fernsehen, das diese Aufgabe ebenso gut erledigt, indem es Modeströmungen, Gedanken, Meinungen, Ziele ebenso diktiert wie einst die Kirche und sich dazu sogar der gleichen Techniken bedient, allerdings auf so Genuss spendende Weise, dass keiner es bemerkt. Anstatt mit dem Begriff «Sünde» dafür zu sorgen, dass keiner aus der Reihe tanzt, ist es heute die Angst, von unseren Mitmenschen als unzumutbar empfunden zu werden (indem man nicht die richtigen Schuhe trägt, nicht die richtige Biersorte trinkt oder das falsche Deodorant benutzt). Zu dieser Angst gesellt sich eine aufgezwungene Unsicherheit hinsichtlich unserer eigenen Identität. Alle Antworten, alle Methoden zur Befreiung von diesen Ängsten erreichen uns über das Fernsehen, und nur über das Fernsehen. Nur indem wir uns dem Fernsehen aussetzen, können wir von diesen neuen Sünden der Entfremdung und der Ächtung losgesprochen werden."

---

[10] Stratifikation = Schichtenbildung (vgl. auch das Kapitel „Wandel im Zeichen des Pentagramms").

Satanisten sind, gemäß LaVeys Definition, jene seltenen Individuen, die (unter anderem) von klein auf den Kontakt mit Menschenmassen meiden, sei es in ihrem Denken, ihrer Kleidung, ihrem Musikgeschmack, ihren Hobbys oder ihren Lieblingsautos. Wenn er sich die Fragebögen der Leute ansah, die sich für ein mögliches späteres Engagement in der Church of Satan bewarben, achtete LaVey immer besonders auf eine unbewusste Orientierung an Themen und Persönlichkeiten aus den Medien. Er unterschied zwischen geborenen Bilderstürmern und mediengesättigten Rebellen, deren „schockierendes" Verhalten sich nur auf Kleidung und aufgesetztes Gehabe bezogen, mit dem sie wiederum versuchten, einer anderen Zielgruppe zu imponieren. LaVey verwendete die Abneigung gegen das Fernsehen, aber auch die persönlichen Lieblingsbücher, Lieblingsfilme, Lieblingswitze als Maßstab, um zu prüfen, wie weit sich jemand mit Satanischen Ideen in Einklang befand.

„Einer der ausschlaggebenden Faktoren dafür, in welchem Maße ein überlegener Mensch sich von seinen Durchschnitts-Artgenossen isolieren lässt, ist seine tatsächliche Isolation – also das Ausmaß, in dem er sich selber von der Berieselung und den Reizen der Massenmedien zurückzieht. Man kann nicht elitär sein, ein Magier sein – und gleichzeitig im System feststecken."

Eine Ausgabe des *Cloven Hoof* enthielt eine kompakt geschriebene Granate der Verachtung mit dem Titel *Misanthropia*. Von der Sprache her vergleichbar mit der *Satanischen Bibel*, wenn auch inzwischen gereift, beginnt LaVey sein Essay mit den Worten: „Vor langer Zeit versuchte ich, rund um die Uhr ein netter und charmanter Typ zu sein. Ich hätte es besser wissen müssen." Danach geht es weiter: „Es gibt unzählige Bücher, die ich noch lesen möchte, unzählige musikalische Werke, die ich noch spielen oder mir anhören möchte, unzählige Objekte, die ich noch herstellen möchte, unzählige Gemälde und Zeichnungen, die ich noch abliefern möchte. Unerwünschte Männer und Frauen berauben mich dieser Möglichkeiten."[17]

LaVey zeigte sich nicht allzu mildtätig, wenn es darum ging, den weniger vom Glück begünstigten Menschen dieser Welt zu helfen. „Die Leute merken nicht, dass sie mit ihrem Leben spielen, wenn sie mit mir darüber reden wollen, den Hungernden und Geknechteten und Obdachlosen zu «helfen» – meinen Mitmenschen!" sagte LaVey. „Ich betrachte so etwas als äußerst schändliches Unterfangen. Es gibt nur eine Art, auf der ich der großen Mehrheit «helfen» würde – so wie Carl Panzram die Leute «reformierte», die ihn zu reformieren versuchten. Es wäre doch äußerst gnädig, sie von dem Leben zu erlösen, das sie scheinbar so hassen. Die Leute sollen froh sein, dass ich kein Menschenfreund bin – sonst wäre ich vermutlich der teuflischste Massenmörder, den die Welt jemals gesehen hat."

Vielleicht war es gerade diese Gefühllosigkeit gegenüber Menschen, die es LaVey gestattete, umso besser mit Tieren zurechtzukommen und unbelebten Dingen mehr Wertschätzung entgegenzubringen als Menschen. Auf der letzten Seite von Arthur Lyons» Buch *Satan Wants You* schildert LaVey die wahre Gefahr des Satanismus: „So wie ein alter Duesenberg am Straßenrand lebendiger ist als die Menschen, die sich um ihn scharen und seinen wunderschön verchromten Rohren Energie entziehen, wird das Objekt wertvoller als die Menschen, die es betrachten. Wenn Dinge kostbar werden und Menschen überflüssig, ist das der wahre Schrecken, der von einer Satanischen Gesellschaft ausgeht. An diesem Punkt wird die Welt zum Alptraum."[18]

LaVey schätzte und hegte verwaiste Objekte – Bücher, Notenblätter, Kleider, Filme, Souvenirs. Große Teile seiner umfangreichen Sammlung bewahrte er in einem speziellen „Lagerraum" tief unterhalb eines seiner Wohnsitze auf – ein Ort, dessen Aussehen man am besten der Fantasie überlässt – gewaltig, nicht was seine Größe betraf, sondern das, was er in sich barg. Sein Zweck bestand nicht nur im Auskosten dieser Dinge, sondern auch darin, rätselhafte Zeugen der Geschichte am Leben zu erhalten, die sonst für immer verlorengegangen wären. „Ein Wohl auf alle, die Dinge aufbewahren! Sie beschenken diese Welt mit Erinnerungen." Unter

LaVeys Schätzen aus verflossenen Zeiten befanden sich vergessene oder verbotene Songs, wie eine Sammlung verschiedener Aufnahmen von *Gloomy Sunday*, die ein frühes Mitglied der Church ihm vererbt hatte. LaVeys perverse Verehrung von unbelebten Objekten sorgte dafür, dass geschriebene Worte und Filme ihn stärker beeinflussten als reale Menschen. So wie er stets Ideen aufgriff, vor denen andere zurückschreckten, gestand LaVey, auch fasziniert zu sein von Häusern, die sich gefährlich nahe an Hochstraßen befanden, fernab der Asphaltdecke, und bedenklicherweise auf Stelzen errichtet waren; Häuser, die buchstäblich am Abgrund standen und in denen andere Bewohner sich nicht wohlgefühlt hätten. Altertümliche und außergewöhnliche Autos, zerlesene Taschenbücher, Schundhefte … LaVey war ein Sammler jener Art des „Bizarren", die von anderen oft gar nicht wahrgenommen oder als verstörend und geschmacklos empfunden wurde. Die Leute wurden neidisch, wenn sie sahen, dass seine verwaisten Objekte (und Ideen) an Wert gewannen; dann versuchten einige von ihnen, skrupellos, aber allgegenwärtig, sich mit seinen Schätzen aus dem Staub zu machen, selbst wenn das gerichtliche Konsequenzen nach sich zog.

Vielleicht lag es ja an LaVeys Verehrung für Unikate, dass viele Dinge, die ihm gestohlen wurden oder verlorengingen, oft nach vielen Jahren zu ihm zurückkehrten. Er schien eine Art Strudel zu sein, der seltene Bücher in sich hineinzog, die er als körperliche Wesenheiten betrachtete, die es uns ermöglichen, die Vergangenheit zu bewahren und mit ihr zu kommunizieren. All diese Bücher behandelte er mit größter Sorgfalt, so dass selbst langjährige Freunde Skrupel hatten, sie in die Hand zu nehmen. Ein Hinweisschild in einem Teilbereich seiner ausgedehnten Bibliothek besagte: ***„Jedem, der dabei ertappt wird, ein Buch aus dem Regal zu nehmen, werden die Hände amputiert."*** – „Irgendetwas geschieht immer, wenn jemand diese Bücher misshandelt", warnte LaVey, während er auf die vollen Regale hinter sich deutete. „Fast, als wären es lebende Wesen. Wenn jemand sie beschädigt, erfahre ich im Nachhinein oft von einer Tragödie im Leben des Verursachers." Die gleiche Wirkung auf andere Personen schien auch von LaVeys

Tasteninstrumenten auszugehen. LaVey war ein Privatmensch. Er gestattete nur wenigen Menschen Einblick in sein Leben. Wenn ein ungebetener Gast in seinen Privatbereich eindrang oder, falls ihm Einlass gewährt wurde, die Atmosphäre verunreinigte, durfte er die Schuld für den Schaden, den er davontrug, bei keinem anderen suchen als sich selbst.

Auf seine perverse Weise jedoch verwaltete Anton LaVey unsere Erinnerungen für uns, hegte und pflegte sie und hielt sie lebendig und frisch. Alle Welt erklärt uns, es sei unmöglich, ja sogar nutzlos, die Vergangenheit neu erleben zu wollen. LaVey hingegen ermutigte seine Anhänger dazu, sich eine Welt nach eigener Idee zu erschaffen, nach eigener Machart. In der Zeit zurückzureisen, um Welten zu erleben, die man verpasst hat, oder sich in eine Zeit zu begeben, die einem einst Lebenskraft verlieh, das war für LaVey nicht nur eine Option, sondern ein Muss. „Es ist kein Verbrechen, sich nach anderen Welten zu sehnen. Du musst deine Steuern dafür bezahlen, aber sie können dich auf jeden Fall nicht dafür einsperren, dass du dir eine Welt nach eigenem Geschmack erschaffst. So tun als ob, das macht Spaß, es ist Sinnesfreude pur. «Du kannst nicht rückwärts gehen», «Du kannst nicht in der Vergangenheit leben», sagen sie. Warum nicht? «Du musst all das hinter dir lassen und dich neuen Dingen zuwenden». Gequirlte Kacke! All das ist der Ausdruck moderner Verfügbarkeit. Es ist eine Methode zur Erschaffung von Mittelmäßigkeit – der Versuch, sich von dem zu lösen, was ich als «Orthodoxie der Vergangenheit» bezeichne. Unsere Vergangenheit ist es, die uns einzigartig macht, und deshalb sollen wir dieser aufgrund ökonomischer Interesse entrissen werden, damit sie uns eine neue, verbesserte Zukunft verkaufen können – weg mit dem Alten, her mit dem Neuen, inklusive menschliche Beziehungen. Doch wie sehr seufzen wir und wünschen uns, diese kostbaren Momente für immer bewahren zu können, diese langen, geflüsterten Träume, diese qualvollen Nächte – wie gern würden wir sie festhalten, ehe sie uns durch die Finger rinnen. Ich sage: «Lasst es nicht so weit kommen. Erhaltet

euch alles so, wie ihr es gern hättet; möge der Rest der Welt sich darum betrügen lassen."
Doch LaVeys Eintreten für geschlossene Erlebniswelten reichte weit über die Grenzen eines Zeitvertreibs hinaus. Die Nachgestaltung bestimmter Zeiten mittels aus der Mode geratener Musik, Kleidungsstile, Umgangsformen und Sprechweisen kann den werdenden Magier mit einem unvergleichlichen Maß an Energie erfüllen. Gemäß einer Theorie von LaVey kann es sogar die Lebenserwartung verlängern, wenn jemand die Möglichkeit hat, in genau der Ära zu leben, die für ihn am förderlichsten ist. Vielleicht lässt sich sogar die Zeit zum Stillstand bringen. LaVey jedenfalls schien während der letzten zwanzig Jahre seines Lebens kaum zu altern. Und tatsächlich hatte er noch immer die gleichen Ideen wie als Zehnjähriger – nur dass er inzwischen Wege kannte, sie in größerem Stil umzusetzen. So blieb er in der Welt, die ihn glücklich machte.

Geschlossene Erlebniswelten können der Ausdruck von einzigartigem Wissen sein, von Geheimnissen, mit denen du vertraut bist und die deine Umgebung noch magischer werden lassen. Satan war stets ein Hüter von Geheimnissen, und LaVey beschrieb Geheimhaltung als einen Prozess des Machtgewinns schlechthin. „Eine Geheimorganisation ist nicht deswegen geheim, weil sie bestimmte Informationen per se zurückhält, sondern weil sie Macht daraus gewinnt, solche Geheimnisse zu besitzen und an ihre Mitglieder weiterzugeben. Der Lernprozess und, mehr noch, das Hüten verborgenen Wissens verleiht dir Macht. Wenn du jemandem ein Geheimnis einfach anvertraust, wird er gar nichts lernen. Ein Bühnenmagier kann verraten, wie ein Trick funktioniert, aber er kann dir nicht die jahrelange Übung und die Fingerfertigkeit vermitteln, die du benötigst, um diesen speziellen Trick innerhalb weniger Minuten vorführen zu können."

Geheimnisse über eine andere Person zu bewahren – Dinge, die sie sich oft nicht einmal selbst eingestehen – bedeutet, Wächter an den Pforten zur Hölle zu sein. LaVey sieht die Dinge ähnlich wie der Wahrsager Apollonius in Charles Finneys Roman *The Circus Of Dr. Lao*. Als eine einsame, ältere Frau in sein Zelt kommt, begierig darauf, zu hören, dass sie bald einen hübschen Mann kennenlernen oder ein Abenteuer haben wird, fühlt Apollonius sich gezwungen, ihr Folgendes zu sagen:

„Der morgige Tag wird wie der heutige sein, das Übermorgen nicht anders als das Vorgestern. Die Tage, die Ihnen noch bleiben, werden aus stillen und trostlosen Stunden bestehen. Sie werden nirgendwo mehr hinreisen. Sie werden keine neuen Gedanken mehr denken. Sie werden nichts Neues mehr entdecken, das Sie begeistert … Wenn Sie sterben, werden Sie begraben und vergessen werden, und das ist alles … Und was all das Gute und Schlechte anbelangt, das sie erlebt haben, und alles, was sie erschaffen und zerstört haben, würde es keinen Unterschied machen, wenn Sie überhaupt nicht gelebt hätten.“[19]

„Ich kann den Leuten nicht sagen, was ich wirklich denke. Ich habe eine geladene Waffe bei mir, wie Apollonius. Was ich in den Leuten sehe, entspricht der Wahrheit, aber es wäre eine ausgemachte Grausamkeit, ihnen das alles ins Gesicht zu sagen. Es ist mir nicht gegeben, mich wie ein Kavalier auszudrücken. Ich kann den Leuten nicht sagen, was sie zugrunde richtet. Es wäre vielleicht besser, weniger anstrengend für mich, wenn ich es könnte, aber ich halte mich lieber zurück. Es ist etwas anderes, wenn ich es sage. Ich und nur ich allein kann dafür sorgen, dass sie sich mit genau den Unvollkommenheiten zufrieden zu fühlen, die für andere ein Stigma wären – und ebenso bin ich auch der Einzige, der Menschen in die Verzweiflung stürzen kann, wenn ich ihnen genau die Unvollkommenheiten vor Augen halte, die auch andere ihnen vor Augen halten würden. Wer mit dieser Gabe gesegnet ist, artikuliert seine Wahrnehmungen nicht allzu häufig. Er weiß, was Worte anrichten können. Es ist ein Werkzeug, das man erst benutzt, wenn man jemanden zu zerstören beabsichtigt – eine Art Fluch. Ich möchte solche Gedanken über manche Leute nicht einmal denken.

Es ist gefährlich, wenn es von mir kommt. Die Menschen mit sich selbst zu verfluchen ist der schlimmste Fluch von allen."

Nach eigener Aussage bewunderte LaVey bei anderen Menschen oft das, was allgemein als Stigma betrachtet wurde. Eine der Stärken der Satanischen Philosophie liegt darin, eine Eigenschaft, die für andere eine Bürde wäre, in ihr Gegenteil zu verkehren, sie also nicht gegen dich, sondern für dich wirken zu lassen. Vielleicht ist das der Punkt, an dem der Gedanke von der Satanischen Umkehrung Sinn ergibt. Ein vollendeter Satanist nimmt sich das, was die jüdisch-christliche Mainstream-Gesellschaft als „böse" betrachtet, stellt es auf überraschende Weise auf den Kopf und gibt es in vollem Umfang zurück. Unter Anwendung von LaVeys Regel „Neun Teile gesellschaftliche Integrität zu einem Teil Skandal" mussten in der Ära nach 1966 die Begriffe „Satan", „Kirche", „Religion" und „Bibel" allesamt neu definiert werden. „Wenn du wirklich skandalös sein willst, musst du deine Andersartigkeit für dich wirken lassen", riet LaVey. „Schlage die Leute mit ihren eigenen Ängsten. Nimm die Gegebenheiten und lass sie auf deine Ankläger zurückfallen, so dass sie mehr bekommen als sie aufs Spiel gesetzt haben.

Der Unterschied zwischen mir und jemandem wie Manson besteht darin, dass er Poker spielt, dass solche Leute Poker spielen, ich aber spiele Blackjack. Es ist vielleicht nicht das, was er gerne spielen würde, aber so hat es sich ergeben. Ich spiele ein völlig anderes Spiel als diese Leute, mit genau dem Blatt, das sie an mich ausgeteilt haben. Ich benutze das, was sie mir geben, ich mache davon Gebrauch auf eine Weise, die sie nicht erwartet hätten, und sie ärgern sich, dass all das – Bilder, Musik, Archetypen – mit zur Anwendung kommt. Das Unterstützen von Stereotypen, das Befürworten dessen, was Satanisten nach christlicher Definition so alles machen – Tieropfer, Morde, Diebstahl, Sachbeschädigung, kriminelles Verhalten – unterstützt und stärkt das *System*. Du spielst das Spiel korrekt. Es ist unter jüdisch-christlichen Bedingungen eine vertretbare Option – ein Verbrecher zu sein. Hinter Gittern bist du keine Bedrohung. Du kannst weggesperrt werden, damit

sie Pfeile auf dich abschießen können. Sie haben Eustress, du hast Distress. Das ist nicht Satanisch."
Stattdessen wies LaVey seine Witches und Warlocks an, auf einem bestimmten Gebiet einzigartige Kompetenz und Können zu entwickeln – etwas, worin man gut ist, so weiterzuentwickeln, dass man die Bewusstheit überschreitet. Oboe spielen zu lernen oder aus dem Nichts eine Modellstadt zu erbauen oder zu lernen, wie man ein Pferd zeichnet, das auch nach einem Pferd aussieht. Wenn du eine Fertigkeit erlernst, sie zu deinem ausschließlichen Bereich erklärst und lange genug übst, wirst du sie eines Tages so gut beherrschen, dass du nicht mehr darüber nachdenken musst. Das ist magische Meditation, Trancezustände, außerkörperliche Erlebnisse; der Magier, der inmitten des Zirkels steht und die Worte ausspricht, die nur er allein kennt; der Gebrauch magischer Werkzeuge – alle Metaphern greifen hier. „Es lässt sich auf Musik und auf Magie anwenden", sagte LaVey. „Wenn es zu einer Form des Ausdrucks wird, schaltet man auf Autopilot, und das Medium wird zur Nebensache – ich verliere die Bewusstheit über die Methoden und Werkzeuge.

Wenn du dich erst mit deinen Werkzeugen vertraut gemacht hast, solltest du sie vergessen. Es wirft dich sonst nur aus dem Gleichgewicht. All jene Dichter, die Scheiße zu kleinen Kugeln rollen, die viele Stunden und stapelweise Papier darauf verschwenden, nichts zu sagen, all jene literarischen Selbstbefriediger konzentrieren sich mehr auf ihr Instrumentarium als auf das, was sie hervorbringen wollen. Das vereitelt das Endergebnis, macht das Ziel zunichte. Du musst die Bewusstheit über die Hilfsmittel und Mechanismen verlieren, um das Unmögliche zu schaffen. Wie Nijinsky, der erklärte, wie er den Eindruck vermitteln konnte, in der Luft zu schweben – «Ich mache einfach eine Pause, wenn ich dort angelangt bin.» Auf kindlich-unschuldige Weise machen echte Magier eigentlich die einfachste Sache der Welt: Sie denken nur an das Ziel, an nichts sonst. Ich will einfach Musik machen, so wie ich sie höre. Der Zweck heiligt die Mittel, und die Mittel werden belanglos."

LaVey bediente sich zahlreicher Formen künstlerischen Ausdrucks, um seine kreativen Dämonen zu beschwören. Obwohl er ein paar mitreißende Songs und mehrere Soundtracks geschrieben hatte, war es seine eigentliche Leidenschaft, bereits existierende, aber in Vergessenheit geratene Musik auf dynamische Weise zu interpretieren. Erst gegen Ende seines Lebens erklärte LaVey sich bereit, einen Teil seiner Kompositionen und Interpretationen einem breiteren Publikum zugänglich zu machen. Auch gelang es ihm, im Laufe der Jahre einige recht verstörende Gemälde und Fotos an die Öffentlichkeit zu bringen. Zu einer Zeit, in der allenfalls Charles Addams und die Mitarbeiter des *Weird-Tales*-Magazin ihr rabenschwarzes Werk verrichteten, malte LaVey einige herrlich gespenstische Bilder und stellte sie auch aus. Sein Kunststil war düster, voller Gestalten, die spukten oder heimgesucht wurden, und beinahe ursprünglich in ihrer schnörkellosen Konzentration auf einen zeitlosen, dem Hier und Jetzt enthobenen Zentrum. Einige mussten bei Ausstellungen wieder entfernt werden, da sie „zu aufwühlend" waren. Die gleichen Merkmale weisen auch seine Fotos auf – einsame, trostlose Szenen, die nur auf Betrachter mit einer Vorliebe für das Abscheuliche, Perverse ansprechend wirkten. LaVey erklärte die Macht der Entfremdung – das Interesse für Dinge, die von anderen als unbedeutend abgetan werden:

„Etwas, das einst von großer Wichtigkeit war, mag bei den meisten Leuten in Vergessenheit geraten, doch aufgrund der Tatsache, dass einst Millionen von Menschen es kannten, ist es mit einer Kraft erfüllt, die sich nicht zügeln lässt. Man kann zum Beispiel einem Song oder einem Umstand so viel Bedeutung beimessen, dass er nicht sterben, sondern allenfalls schlummern kann, wie ein Vampir in seinem Sarg, der nur darauf wartet, wieder aus seinem Grab hervorgerufen zu werden. Der Tatsache, dass das erste weltweit verbreitete Foto der Church of Satan von Joe Rosenthal gemacht wurde – dem Mann, der das berühmteste Nachrichtenfoto der Geschichte lieferte, vom Hissen der Flagge auf Iwo Jima – wohnt ein ganz besonderer Zauber inne. Sie ist wirklich von okkulter Bedeutung – weitaus mehr als das Auswendiglernen von

Grimoires und des Hexenalphabets. Oft fragen mich Leute, welche Musik sie bei ihren Ritualen verwenden sollten, welches die beste okkulte Musik ist. Ich habe ihnen geraten, den am wenigsten frequentierten Winkel in ihrem Plattenladen aufzusuchen, dort werden sie garantiert auf okkulte Musik stoßen. Es ist die Macht lange verlorener Kleinode. Ich ärgere mich über die Leute, die hochnäsig quengeln: «Warum sollte jemand so etwas kennenlernen wollen?» Ganz einfach: Weil es eine Zeit gab, in der ganz Amerika es kannte.

Nehmen wir einmal an, es gibt einen Pool an vernachlässigter Energie, die irgendwann einmal erzeugt und dann vergessen wurde. Vielleicht verhält sie sich während dieser ganzen Zeit wie die Luft in einem Dampfdrucktopf, die nur darauf wartet, dass jemand das Ventil öffnet. «Hier bin ich», wird sie signalisieren. «Ich habe diese gesamte Energie zurückgehalten, die nur auf dich wartet – alles was du tun musst, ist die Tür öffnen. Aufgrund seiner Gier hat der Mensch mich in diesen somnambulen Zustand verbannt – den alten Traum zu träumen – obwohl ich ihm einmal so wichtig war.» Denken Sie darüber nach. Ein Lied, das einst über Millionen von Lippen ging, ist jetzt einzig und allein auf Ihren Lippen. Was ist darin alles enthalten? Die Vibrationen dieser ganz bestimmten Melodie, was rufen sie wach, was fördern sie zutage? Was schließen sie auf? Die alten Götter sind nicht tot – sie schlafen nur und warten."

Als Metapher für den größten Vorteil, den Entfremdung und Vereinzelung mit sich bringen, bemühte LaVey das Bild des Vampirs. Schon in den vierziger und fünfziger Jahren hatte er damit begonnen, die Welt der Vampire zu erforschen, und brachte das Thema auch in seine wöchentlichen Vorträge ein. Florescu und McNally (*In Search Of Dracula*)und Leonard Wolf (*Dracula Annotated* und *A Dream Of Dracula*) kontaktierten LaVey zum Beginn ihrer Projekte, da er der Einzige war, der damals Vampirforschungen betrieb. 1988 wurde LaVey vom deutschen Zeitgeist-Magazin *Tempo* als „Chefideologe des modernen Vampirismus" bezeichnet.[20]

Nachdem die Church of Satan ins Rollen kam, lud man LaVey dazu ein, als Führer bei „Dracula-Touren" nach Transsylvanien tätig zu werden, doch er weigerte sich. Er sollte als der „Teufelsmann" in Erscheinung treten. 1969 benutzte er Nummernschilder mit der Aufschrift „VAMPYR" (einer seiner Mitarbeiter hatte „NOS4A2") und prägte in der *Satanischen Bibel* den Begriff „psychischer Vampir", der heute eine gängige Bezeichnung ist.

Als er Ende der sechziger Jahre seine eigene Kolumne *Letters From The Devil* in einer nationalen Boulevardzeitung hatte, fand er mehr als einmal Gelegenheit dazu, die Traditionen rund um den Vampir und ihre tiefere Bedeutung zu erklären. Das Bluttrinken zum Beispiel hat seine Wurzeln im Verspeisen des Liebesobjekts. Blut oder „essentielle Salze" waren im 17. und 18. Jahrhunderte höfliche Umschreibungen für Körperflüssigkeiten. Unser metaphorischer Blutdurst steht also auch für das Verbotene, das geheime, verborgene Selbst, und es schreckt uns, weil es verboten ist. Die geheime Faszination für Vampire wuchs mit zunehmender Technologisierung der Gesellschaft. Aderlasser und Schlächter wurden nicht seit jeher mit Abscheu betrachtet, sondern galten als ganz normale Berufe. Blut war ein alltäglicher Anblick – wir schlachteten unser eigenes Vieh, führten Kriege mit Schwertern, sahen Gebeinehäuser. Alles, was unserer täglichen Erfahrung fernliegt, gilt heute als schockierend, aber auch als faszinierend. Wir leben geschützt und abgesondert. Blut bekommen wir in unserer sauberen Umgebung aus Stein und Stahl, aus Chrom und Glas so gut wie nie zu sehen. Doch je weiter wir uns von der ständigen Konfrontation mit Blut entfernen, umso kunstvoller wurden unsere Vampirlegenden. Was wir heute als typische Eigenschaften eines Vampirs kennen, ist ein relativ modernes Phänomen – das meiste davon entlehnt von Bram Stoker, dicht gefolgt von Hollywood.

In seinen Artikeln erläuterte LaVey die Gründe, weshalb Vampire sich nie im Spiegel betrachten (und kein Spiegelbild werfen); weshalb heimischer Boden (also Heimaterde) so wichtig ist (er führte dabei als modernes Gegenstück das Wohnmobil an, in dem die Leute ihr Zuhause stets bei sich haben); wo die Abneigung gegen Knoblauch und Sonnenlicht herrührt; wo die wohltuende Wirkung der Form von Särgen herrührt (die Enge und Lautlosigkeit fördere den Drang, „hinaus in die Nacht" zu wandern). Spätere Forschungen auf diesem Gebiet bestätigten LaVeys Erkenntnisse. Die Möglichkeit, dass Menschen, die man als „Vampire" bezeichnet, eigentlich an einer seltenen Blutkrankheit leiden, wurde von nicht wenigen Leuten bereitwillig akzeptiert.

„Die Menschen stellen sich Vampire oft als eine Art von Parasiten vor – aber das sind sie nicht. Echte Vampire (im Gegensatz zu psychischen Vampiren) bieten stets eine Gegenleistung – nämlich *Unsterblichkeit.* Deshalb muss ein echter Vampir unserer Tage einen Platz in der Gesellschaft haben oder etwas getan haben, wodurch ihm Unsterblichkeit verliehen wurde, die er dann wiederum an sein Opfer weitergeben kann. Unsterblichkeit ist natürlich nur eine Metapher für Macht. Eine echte Vampirbeziehung ist jedoch niemals eine Einbahnstraße. Auch Leidenschaft und Lebenskraft bezieht der Wirt des Vampirs daraus.

Ein Vampir hält nicht Ausschau nach einem unwilligen Opfer. Von einem Opfer, das gewillt ist, kann er weitaus mehr Energie beziehen. Vampire brauchen frisches Blut, doch es muss Blut von ganz besonderer Art sein. Es ist ein guter Tauschhandel, wenn es dem Opfer einen Kick gibt, während der Vampir wiederum seine Energie von jemandem bezieht, der 1) begeisterungsfähig ist und 2) für den Vampir einen stimulierenden Fetisch darstellt. Das Opfer wiederum genießt den Svengali-Griff, den unstillbaren Zwang, das Herbeirufen über weite Entfernungen, die obsessive Abhängigkeit von dem Vampir.

Ein unwilliges Opfer, das es nicht anders verdient hat, würde ein Vampir sich höchstens aussuchen, um seine sadistischen Neigungen zu befriedigen. Er würde dann eine Frau wählen, die sich gerne der risikolosen Angst hingibt und sie dafür verhöhnen. Die betreffende Frau würde somit Energie von ihm beziehen, indem sie ihn dazu bringt, sie zu verletzen oder zu bestrafen. Man kann von wertlosen Menschen keine Energie beziehen; die Feindseligkeit gegen sie kann von etwas Negativem zu etwas Positivem werden, indem sie dem Vampir eine Art Wohlbefinden und Gemütsruhe verschafft. Ist der Zeitpunkt erreicht, an dem die Sache für den Spötter vom Vergnügen zur Belastung wird, fängt für den Vampir der Spaß erst richtig an. Ansonsten ist es enervierend. Ein Großteil des Umgangs mit anderen Menschen ist für Vampire auslaugend.

Nun, da die Pforten schon weit geöffnet sind, reicht es zu behaupten, du wärst ein Vampir oder würdest dich für Vampire interessieren, damit die Menschen in deine Richtung blicken. Wie immer jedoch sind die Leute, die sich mit einer Sache am meisten beschäftigen, am allerwenigsten die, wofür man sie hält. Es ist wie bei Satanisten, die sich gern zu Gruppenaktivitäten zusammenfinden. Sie wollen den anderen nur Energie abzapfen (echte psychische Vampire!). Worüber jemand ständig spricht, das tut er nicht wirklich. Manchmal merken die echten Vampire, die sich auf eine vampirische Beziehung zum gegenseitigen Nutzen einlassen, das nicht einmal selbst."

Ende der fünfziger und Anfang der sechziger Jahre legte LaVey mehrere Akten über einen modernen Vampir an – einen jungen Mann namens Robert Hammersly, über den er nur vage Andeutungen machte. Er sprach mit so viel Eloquenz über das Thema, dass man sich fragt, ob all seine Spekulationen nur auf objektiven Forschungen beruhten oder ob LaVey auch bei sich selbst vampirische Neigungen erkannt hatte. Gar nicht mal so überraschend gab es da einige bemerkenswerte Übereinstimmungen. Bei LaVey hatte man eine Photophobie (Lichtscheu) diagnostiziert, er reagierte stark allergisch auf Knoblauch und war zu nachtschlafender Zeit am produktivsten. Schon lange bevor es „Mode" war, schlief er in einem Sarg und stellte fest, dass es auf ihn ebenso erholsam wirkte wie der Aufenthalt in einem Reizentzugs-Tank. Enge Mitarbeiter von LaVey bestätigten, dass er unerträglich kalte Luft schätzte, sich in einer stillen, dunklen Umgebung am wohlsten fühlte und, wie es sich für einen anständigen Vampir gehört, der Mainstream-Kultur aus dem Weg ging, um sich eine Welt nach eigener Idee zu erschaffen. Obwohl LaVey kein Blut trank, hatte er doch eine Vorliebe für rohes, rotes Fleisch – seiner wichtigsten Eiweißquelle. Wenn man ihn fragte, gab LaVey diese Gemeinsamkeiten ganz offen zu.

„Ja, wenn man energiereichen Menschen gerne das Leben entzieht, das Licht scheut und auf gewisse Speisen wie etwa Knoblauch, das mitogene Strahlung enthält, allergisch reagiert, hat man etwas von einer vampirischen Persönlichkeit. Der Erdkasten repräsentiert die Heimaterde, aus der ich hervorgegangen bin. Meine Heimat ist mir sehr wichtig – ich schätze die vertrauten Anblicke, Klänge und Gerüche, was wiederum im krassen Gegensatz zur Wegwerfgesellschaft steht. Der Vampir ist eine Seele, dazu verdammt, auf Ewigkeit umherzustreifen auf der Suche nach einer verlorenen Liebe, einer verlorenen Zeit, einem Ort, dessen friedliches Licht sich wohltuend abhebt von denen, die ihn zu Tode hetzen und ihn für sein romantisches Bemühen, die Vergangenheit neu einzufangen und im Glanz einer lang vergangenen Ära zu leben, töten wollen.
Ich bin alles, was auf dieser Welt gemein, verwerflich und böse ist", schnaubte LaVey. In seinem Essay *Misanthropia* schrieb er: „Ich werde nie sterben, da mein Tod die Unfähigen bereichert. So mildtätig könnte ich nie sein."

KAPITEL ELF
Musik als Totenbeschwörung

Wie ein verrückter Wissenschaftler, der in seinem Labor Chemikalien mischt, auf dass sie sich zum passenden Zaubertrank vereinen, steht LaVey vor seinen Keyboards und manipuliert an den Reglern, um sämtliche Töne gemäß seinen Vorstellungen zu kombinieren. Die Hüllkurven für Anschlag, Ausklang und Abschwellen der Noten werden behutsam reguliert, um für den gewünschten Zweck den wirkungsvollsten Sound hervorzubringen. Was am Anfang wie eine Art Zischen klingt, verändert langsam seine Klangfarbe und schnellt die Skala auf- und wieder abwärts, während LaVey die Tasten niederdrückt. Dann dreht er an einem anderen Knopf, betätigt einen Schieberegler, und die Obertöne werden schärfer, metallischer, klingeln beinahe. Nach einer geschätzten halben Stunde, in der LaVey immer wieder ausprobiert und neu einstellt, hat sich der Zischlaut in die verblüffend genaue Imitation eines Nietenbeckens im Burlesque-Stil verwandelt. LaVey schmunzelt und wagt mit seinem neuen Sound einen Probedurchlauf in Gestalt einer ruppigen Version von *Night Train*.

Nachdem er jahrelang versucht hatte, auf kurzatmigen Dampforgeln den Druck konstant zu halten, damit ihm der Dampf nicht ins Gesicht blies; nachdem er auf alten Kinoorgeln mit nur ein oder zwei funktionstüchtigen Standardeinstellungen, bei der gut ein Viertel der Töne entweder nicht funktionierte oder nachhallte, zu spielen versucht hatte, war LaVey bestürzt darüber, wie weit wir bei all unseren technischen Fortschritten musikalisch ins Hintertreffen geraten sind. „Auf den alten Hammondorgeln jedoch machte das Spielen noch immer Spaß. Sie waren wie Flipperautomaten gebaut und einfach nicht müde zu bekommen. Man brauchte sich nicht über komplizierte Registrierungen den Kopf zu zerbrechen – man setzte sich einfach hin und spielte. Natürlich hatten diese

Instrumente nicht den gleichen Tonumfang wie heutzutage bereits die einfachsten Synthesizer."

Den meisten Leuten mangelt es an der Geduld und dem Geschick, das man benötigt, um die komplexen Sounds auf adäquate Weise nachzuahmen. „Nach stundenlanger Arbeit gelang es mir, einem mehrere tausend Dollar teuren Synthesizer, einem Prophet 5, die Töne eines Kazoos zu entlocken, obwohl ich ein echtes Kazoo für fünfundzwanzig Dollar bekommen hätte." Immer wieder musste er sich sagen lassen, gewisse Dinge seien „unmöglich" oder in den Programmieroptionen des Synthesizers nicht enthalten. LaVey kümmerte sich nicht um diese weithin akzeptierten Einschränkungen und entwickelte authentische Annäherungen an eine Vielzahl realer Instrumente. *„Ich kann den Hummelflug mit den Füßen spielen, ich schaffe den Minutenwalzer in 45 Sekunden, und ich kann Faust in einem langsamen Tempo spielen.*

Ich genoss wahrscheinlich den besten Keyboardunterricht, als ich im Zirkus und auf Jahrmärkten spielte", sagte LaVey. „Wenn die Keyboards nicht realistisch klangen, musste man das durch Technik ausgleichen. Man kann zum Beispiel einen Trompetensound nicht auf die gleiche Weise spielen wie schwerelose Streicherklänge. Ein Live-Trompeter würde dabei außer Atem geraten! In eine Tuba lässt sich relativ leicht hineinblasen, doch wenn der Ton erzeugt wird, geschieht das in dicken, fetten Rülpsern. Wenn man Akkordeon spielt, bewegt man die ganze Zeit die Bälge hinein und hinaus; versucht man also, das Ganze auf einem Synthesizer nachzuahmen, bedient man sich dabei des Schwellerpedals, damit die Töne lauter und leiser werden und die Täuschung glaubwürdiger wirkt."

Nur selten spielte LaVey Songs aus den Top Ten, ebenso wenig wie Kaufhausmusik. Es gab nur einen Anspruch, den er an gute Musik stellte: Sie musste aufrüttelnd sein, atmosphärisch. *„Ich bin kein Musiker, der vor anderen Musikern glänzen will." Die gefühlvollen, romantischen Melodien der dreißiger und vierziger Jahre bildeten sein Hauptrepertoire, obwohl er auch kraftvolle Musik aus den Zwanzigern* *und Sechzigern spielte, sofern sie seinen Ansprüchen genügte. Die Musik war ein beständiges Element in LaVeys Leben, und meist spielte er Songs, die fast keiner kannte – die wahrhaft „okkulte" Musik.*

„Hätte ich diese Keyboards nicht, wüsste ich gar nicht, was ich machen soll. Sie sind für mich der wichtigste Rettungsanker. Immer wenn mich jemand unterschätzt, und ich höre es so oft, dass ich selbst daran zu glauben beginne, setze ich mich an meine Tasten und mache lauter Dinge, die außer mir niemand kann – erinnere mich an Songs, an die sich sonst niemand erinnert, spiele Lieder auf eine Weise, wie sie heute nicht mehr gespielt werden."

LaVey war ein Bewunderer der fast schon übertriebenen Technik des Organisten Paul Carson in seinem Radioprogramm *Bridge To Dreamland* während der dreißiger und vierziger Jahre. Carson lieferte auch die Musik für andere Sendungen wie *One Man's Family* und *I Love A Mystery*. Profimusiker scherzten oft darüber, auf welche Weise LaVey Gefühle aus einem Song presste: „Ich mag Musik ohne Faxen", sagte er. „Geradlinige Interpretationen, nicht verjazzt oder ver-bebopt, sondern *aufgewertet, erhöht*, so dass die wahren Stärken des Stücks zum Vorschein kommen. Es liegt alles am Arrangement und an der Orchestrierung. Die Leute machen Musik nicht mehr auf diese Weise, außer in Dinner-Clubs in Las Vegas, bei italienischen Picknicks, auf jüdischen Hochzeiten – Klezmorim – und bei Unterstufenbands."

Wenn man einer Komposition lauscht, die für den Rest der Welt so gut wie vergessen ist, stehen die Chancen nicht sehr hoch, dass jemand irgendwo zur gleichen Zeit das gleiche Musikstück hört. Handelt es sich um atmosphärische Musik, umso besser, denn falls es in der Tat eine unaussprechliche Kraft gibt, die wir anzapfen können, wird das Mehr an Aufmerksamkeit, das wir dieser Musik schenken, in dieser Zeit erstrahlen wie ein Leuchtfeuer. LaVey spürte, dass diese Einzigartigkeit für eine erfolgreiche Ritualisierung unerlässlich war. „Tiny Tim war ein wundervolles Medium für diese alten, schnörkellos gesungenen Lieder – er lernte sie, indem er sich alte zerkratzte Platten anhörte. Er war seiner Zeit zu weit voraus."

Im Hinblick auf LaVeys diabolischere Schaffensschwerpunkte könnte man annehmen, er habe bei seinen Experimenten diese beiden Obsessionen unweigerlich zusammenfließen lassen. Und genau das hat er eine Zeit lang getan – und Musik als Katalysator für einige seiner erfolgreichsten magischen Werke gerühmt.

Bei seinen Untersuchungen der physischen Wirkung von Musik stieß er auf Teslas Arbeit mit der „schwarzen Box". Es handelte sich um ein kleines Gerät, mit der sich „schwarzer Klang" erzeugen ließ, mit so niederfrequenten Vibrationen, dass sie für das menschliche Ohr kaum wahrnehmbar waren, doch mit verheerenden Auswirkungen auf jede Struktur, auf die dieser Klang gerichtet wird und die daraufhin gegen sich selbst zu vibrieren beginnt und schließlich zusammenbricht. Es ist das Geräusch von Erdbeben und dem Knurren eines Löwen, ein dumpfes Pochen, das man mehr spürt als es zu hören. Um diese schwarze Box erstmals zu testen, befestigte Tesla sie an einem noch im Bau befindlichen Haus, nicht weit entfernt von seiner Werkstatt. Bei seiner Rückkehr stellte er fest, dass es erhebliche Bauschäden erlitten hatte.

LaVey experimentierte mit „weißem" und „rosa" Lärm ebenso wie mit „schwarzem Klang". Dabei ließ er nicht nur Pythagoräische Theorien einfließen, sondern auch die Vorzüge der reinen Stimmung, mit der die Beschaffenheit von Klängen verdeutlicht wird, indem man jeden Ton einzeln stimmt. Zusammen mit den emotionalen Reaktionen, die er bei anderen feststellen konnte, half ihm dieses Wissen dabei, mit Musik Effekte zu erzielen, die weit über das Spielen von Melodien hinausgingen. „Musik ist die vollkommene Beschwörung – ebenso wie Gerüche. Sie kann eine Erinnerung oder ein Gefühl blitzschnell wieder aufleben lassen, viel intensiver als das mit einem Foto möglich wäre. Fotos gewähren dem Betrachter eine gewisse optische Distanz – Musik nicht. Sie hüllt dich ein – du kannst ihr nicht entfliehen. Ein großartiger Sensibilitätstest übrigens – zu prüfen, wie stark man auf Musik reagiert. Ich wende ihn die ganze Zeit an. Ich nenne ihn meinen «Musiktest».

In unserer Zeit will niemand die Wahrheit hören. Sie fürchten sich richtig vor der Stille und Lautlosigkeit – sie haben Angst, sie könnten ihre eigenen Motivationen zu gut verstehen. Sie brauchen einen ständigen Geräuschteppich, um sich selbst zu schützen, um eine Mauer zwischen sich und der Wahrheit zu errichten. Wie afrikanische Ureinwohner, die auf ihre Trommeln schlagen, mit ihren Kalebassen rasseln und mit ihren Glocken bimmeln, um böse Geister zu verjagen. Solange genügend Lärm da ist, gibt es nichts zu befürchten – oder zu hören. Doch sie werden noch aufhorchen. Die Zeiten ändern sich."

Laut LaVey gibt es gewisse unwiderstehliche „Ursong"-Reaktionen, die allen Lebewesen auf einer sehr ursprünglichen Ebene zu eigen sind. Diese Reaktion taucht auch bei Tieren auf, sogar bei Pflanzen. „Es gibt Akkordprogressionen, die uns zum Lachen bringen, und andere, die uns traurig machen. Hitler nutzte diese Universalwirkung bei seinen mitreißenden Märschen im Dritten Reich zu seinem Vorteil. Die Musik von Herbert Windt und anderen Deutschen während des Zweiten Weltkriegs muss unweigerlich als großartige Musik anerkannt werden.

Gewöhnliche Dinge, ungewöhnlich eingesetzt – Tausende von Menschen haben einen Synthesizer, doch wie viele davon setzen ihn so ein wie ich? Im Moment ist es praktisch illegal, Keyboards für meine Zwecke zu verwenden; es könnte ebenso gut im Strafgesetzbuch stehen. Emotionen und Energien zu wecken mit Songs wie *I Remember You* könnte genauso gut illegal sein. Wie oft hört man diese Art von Musik im Radio?" Da LaVey die meisten seiner Songs nach Gehör spielte, war er nicht auf ein kleines Repertoire eingeschränkt, er verließ sich nicht auf Sequenzer. Er schätzte die Freiheit, jeden Song zu spielen, nach dem ihm in einem bestimmten Augenblick zumute war. Wenn er seine Musik aufnahm, genügte ihm in der Regel ein einziger Take; er ließ sich von seiner Intuition leiten und wollte ebenso spontan sein können wie bei einem Liveauftritt.

„Es ist sehr wahrscheinlich, dass ich denselben Song morgen völlig anders spiele als heute. Nur ein Marktschreier sagt etwas zweimal auf genau die gleiche Art, ohne auch nur ein Wort zu verändern. Wenn Musik eine Sprache ist, wieso verleihen die Menschen ihr dann nicht die gleiche Raffinesse, den gleichen Nuancenreichtum, die gleiche Leichtigkeit wie dem gesprochenen Wort? Vermutlich weil sie nicht mit dem gleichen Vokabular und der gleichen Klangfülle verbalisieren wie einst. Man sagt, der Charakter eines Menschen spiegle sich in seiner Musik. Unsere Kultur ist dafür das beste Beispiel. Wie kann man von Menschen, die nur einsilbige, farblose Worte vor sich hinplappern, erwarten, dass ihre musikalische Sprache anders klingt?"

LaVey verabscheute die Keyboardmusik, die in den neunziger Jahren komponiert und aufgeführt wurde. „Es erinnert mich an des Kaisers neue Kleider – natürlich können sie sich hinsetzen, auf ihrem Synthesizer einen Heidenlärm veranstalten und das Ganze Musik nennen – keine Frage! Aber bittet sie darum, sich auf einen Stuhl zu setzen und *Gal in Calico* zu spielen, oder *Temptation*, oder vielleicht sogar eine dramatische, aber schnörkellose Version von *The Star-Spangled Banner*[11] – das schaffen sie nicht. Dafür sind sie zu prätentiös. Einfach nur Songs spielen – das können sie nicht."

Mit der Rockmusik sah es nach LaVeys Einschätzung nicht anders aus. Er betrachtete moderne Rockmusik als Teil des nationalen Trends zur Desensibilisierung und Ent-Emotionalisierung. Freundliche Worte fielen ihm jedoch zu Sid Vicious» Version von *My Way* ein. „Sie war so ausgeflippt, dass sie schon wieder inspiriert klang. Es passte. Es ist ein Song, den man sich gerne wieder anhört." Was die Beziehungen zwischen Rockmusik und Satanismus in Form von Black Metal betrifft, gibt es – wenn man die Musik betrachtet, die LaVey liebte und spielte – keine Verbindung.

[11] Die amerikanische Nationalhymne (Anm. d. Übers.)

Wie die *Satanische Bibel* betont, geht es im Satanismus vor allem um eine gesteigerte Körperwahrnehmung, nicht um das Abtöten der Sinne, wie laute Musik es verursacht. Zum Mythos von Satanischen Einflüssen in der Rockmusik sagte LaVey: „Sie brauchten einen Gegenspieler. Was hätten sie ohne uns tun sollen?

Im Grunde ist die Satanische Symbolik das Einzige, womit sich die Rockmusik in den letzten Jahren über Wasser gehalten hat. Seit es MTV gibt, verlassen die Bands sich völlig auf visuelle Eindrücke. Was sollen sie sonst auch verkaufen? Auf ihre musikalischen Leistungen können sie sich jedenfalls nicht verlassen. Für die Kids unserer Tage sind die Platten, die sie sich kaufen, nur Mitgliedsausweise. Sie sagen ja selbst, dass sie nicht auf den Text achten, ihnen gefallen nur die visuellen Eindrücke – und die Satanische Bilderwelt hat nun mal am meisten Dramatik zu bieten. Außerdem gibt es ihnen ein Gefühl von Rebellion, wie es die meisten Kids anscheinend brauchen. Die Musikindustrie hat nichts anderes zu bieten, also griff sie nach der eindringlichsten Symbolik, die sie kannte – der Symbolik des Satanismus. David Lee Roth fügte einem seiner Hits aus dem Jahre 1987, *Yankee Rose*, einen kleinen Insider-Witz bei – die letzten Worte der *Satanischen Bibel*. Doch all diese Bands, mit Ausnahme von King Diamond, der den Mut hat, öffentlich für den Satanismus einzutreten und aus seinem Engagement kein Geheimnis macht, leugnen energisch, dass sie der Teufelsanbetung das Wort reden – es sei nur Spaß. Es ist die alte Geschichte: Man greift auf den Namen des Teufels zurück, um damit Millionen zu machen, aber das Spiel des Teufels möchte man nicht mitspielen." (LaVey fand sich Jahre später in der Lage, Marilyn Manson und viele andere auf die Liste derer zu setzen, die sich öffentlich zu seinem Einfluss bekennen.)

Die jungen Menschen von heute werden schon von Geburt an mit Satanischer Symbolik konfrontiert. Sie bezeichnen sich als Satanisten, weil es cool ist, rebellisch, und weil ihre Freunde es auch tun. Das Zeichen der Hörner gilt unter ihnen als Erkennungszeichen, als Gruß, wie in den sechziger Jahren das Friedenszeichen. In der

Satanischen Bibel schreibt LaVey: „Das Zeichen der Hörner wird sich nun vielen offenbaren, nicht nur einigen wenigen." und ahnte vermutlich nicht, wie prophetisch seine Worte waren. Denn auf jede Person, die während eines Rockkonzerts die Finger zum Zeichen der Hörner formt und von dem dahinterstehenden Satanischen Gedanken nichts weiß, kommen viele andere, die sich ganz privat den Satanischen Prinzipien hingeben, sei es in einer Freistunde an der Harvard-Universität oder vor einem großen Meeting im Büro.

Satanische Musik ist kein Heavy Metal. Die echten Satanischen Einflüsse finden sich in den Neuauflagen der gefühlsbetonten, eindringlichen Musik, die LaVey sein Leben lang spielte. „Die Musikindustrie hat sich so weit in eine Richtung bewegt, wie es möglich war – und dadurch einer Gegenbewegung den Boden bereitet, der Rückkehr zur gefühlsbetonten Musik. Wenn die Leute erst einmal auf den Geschmack kommen, trinken sie diese Musik wie ein Verdurstender, der Wasser in sich hineinschüttet. Sie ist so befriedigend im Vergleich zu dem Lärm, der uns in den letzten dreißig Jahren zugemutet wurde.

„Das Revival hat bereits begonnen. Es braucht nur noch einen Namen. Ohne eine griffige Bezeichnung lässt sich nichts vermarkten. Irgendwann wird ein schlauer Typ daherkommen und dem Kind einen Namen geben, so dass die Plattenläden eine eigene Abteilung dafür einrichten können. Es ist keine Big-Band-Musik, um die es mir geht, kein Jazz, kein Soul, kein Swing. Es geht mir um schnörkellose Interpretationen beliebter Songs, die bei ihrer Erstveröffentlichung nur kurz die Gemüter der Hörerschaft erregten und wieder vergessen wurden – vielleicht weil sie nicht zu Millionensellern wurden oder nicht im richtigen Film vorkamen, auch wenn sie vielleicht nur als Hintergrundmusik gedient hätten. Sie wurden bereits von Künstlern wie Linda Ronstadt und Pia Zadora aufgenommen – und die Zahl der neu aufgelegten Songs von Rudy Vallée, Buddy Clark, Al Jolson und Nat King Cole wächst ständig. Es führt kein Weg daran vorbei."

Natürlich, wenn jeder diese „neue" Musik spielt, wird ein Aspekt der Magie dabei verlorengehen – die Exklusivität. Wenn diese Musik überall gespielt wird, wird die Kraft ihrer Einzigartigkeit sich vermindern. „Das ist okay", sagte LaVey. „Die emotionale Stärke dieser Musik lässt sich nicht ausmerzen, solange sie auf geradlinige Weise gespielt wird. Jeder wird auf einmal diese große Entdeckung machen und versuchen, sie mir in einer neuen Verpackung zurückzuverkaufen. Es ist immer ein Tauschhandel. Doch das Leben auf dieser Welt wird dadurch nur angenehmer werden."

KAPITEL ZWÖLF
Die Hölle auf Zelluloid

„... kein Okkultist hatte einen so unmittelbaren Einfluss auf die schablonenhafte kinematische Darstellung des Satanismus wie Anton LaVey. Rituelle und esoterische Symbolik sind zentrale Elemente in LaVeys Kirche, und die Filme, bei denen er ein Wörtchen mitzureden hatte, enthalten detaillierte Darstellungen Satanischer Riten und sind gespickt mit traditionellen okkulten Symbolen. Der Nachdruck, den die Church of Satan auf das Ritual legt, zielt darauf ab, die emotionalen Kräfte freizulegen, die in jedem Einzelnen schlummern. Auf ähnliche Weise bezieht auch die üppige Ritualistik, die LaVeys Filme auszeichnet, das emotionale Erleben der Kinozuschauer ein und stellt sie in den Vordergrund."

— Clinton R. Sanders, Soziologe; zitiertvon Burton Wolfe in seiner Einführung zur Satanischen Bibel

Nach eigener Meinung hatte LaVey es den konfiszierten Schauerfilmen zu verdanken, die er 1945 in Europa sah, dass er auf die Spur eines tatsächlichen Schwarzen Ordens von Satanisten stieß, der nicht nur in der Fantasie irgendwelcher mittelalterlicher Hexenjäger existierte, sondern in Deutschland zwischen den beiden Kriegen. Die Rituale, die LaVey später in der Church of Satan entwarf, nutzten die beklemmenden Blickwinkel, die einander widerstrebenden Klangfrequenzen und verstörenden Spiegelflächen, die bei diesen kinematografischen Riten zum Einsatz kamen. Filmhistoriker, die sich auf die Spuren des Film noir begaben, gelangten an die gleiche Quelle, so dass es nicht überrascht, dass LaVey sich im Genre des amerikanischen Film noir ganz in seinem Element fühlte.

Musterbeispiele für den Film noir, dessen Blütezeit grob geschätzt von den vierzigern bis Anfang der fünfziger Jahre reichte, waren Filme wie *Narbengesicht* (das Original mit Paul Muni), *M – Eine Stadt sucht einen Mörder, Straße der Versuchung, Schmutziger Lorbeer, Asphalt-Dschungel* und viele andere – Filme, in denen man unweigerlich ganovenhaften Antihelden begegnete, die durch regennasse Straßen streiften, einem noch trügerischeren Schicksal entgegen. Charles Higham und Joel Greenberg ahnten die Faszination für den Film noir bereits in ihrem 1968 erschienenen Buch *Hollywood In The Forties* voraus.

„Eine dunkle Straße in den frühen Morgenstunden, auf die plötzlich heftiger Regen herabplätschert. In einem Zimmer, zu dem kein Fahrstuhl führt, sieht man das blinkende Licht einer Neonreklame von der Straßenseite gegenüber. Dort wartet ein Mann darauf, einen Mord zu begehen oder selbst ermordet zu werden … das typische Ambiente eines Film noir, eine Welt aus Dunkelheit und Gewalt, mit einer Hauptfigur, deren Motive meist Gier, Wollust und Ehrgeiz sind und die in einer Welt aus Angst und Schrecken lebt, tritt am deutlichsten in den Produktionen der vierziger Jahre hervor …"[21]

„Für mich", stellte LaVey fest, „ist der Inbegriff des Film noir der Streifen *The Gangster*. Das Bühnenbild ist nahezu surreal, die Winkel höchst beunruhigend, und die gesamte Stimmung niederdrückend und klaustrophobisch." In dem 1981 erschienenen *Book Of Movie Lists* reiht LaVey den Hauptdarsteller Barry Sullivan unter den zehn stärksten Satanischen Leinwandporträts ein und beschreibt *The Gangster* mit folgenden Worten:

„Es ist ein kleiner, viel zu wenig beachteter Film. Ein fast schon verlorener Film. Er beginnt und endet mit einer Satanischen Aussage, und man weiß, dass der Mann, den Barry Sullivan verkörpert, ein Verdammter ist. Es ist keine Legs-Diamond- oder Al-Capone-Story; es ist die psychologische Studie eines Gangsters, der vielleicht zu kultiviert ist, zu sensibel, zu nett, um ein ruchloser Gangster zu sein. Aufgewachsen in den Slums, wuchs er in die einzige Rolle hinein, die sich ihm bot – sein Schicksal. Wie Luzifer, der gefallene Engel, erkennt er sich selbst als Opfer der Umstände. Ganz zum Schluss, bevor er (typisch für den Film noir) im Regen erschossen wird, wird er von diesem jungen Mädchen zurechtgewiesen, dessen Vater ihn verstecken will. Sie verweigert ihm die Zuflucht, und bevor er im Regen seinem Tod entgegenläuft, stößt er bittere Anklagen aus. ... Es ist ein rein Satanischer Monolog, gesprochen von einem Opfer in einer Rolle, in die er vielleicht nie hätte gedrängt werden sollen."[22]

Neben weiteren Satanischen Charakteren auf seiner Liste nennt LaVey auch Edward G. Robinsons Rollen in *Der Seewolf* und *Key Largo*[12] als gelungene Repräsentationen einer Satanischen Grundhaltung, wie er selbst sie verstand. „Wolf Larsen (im *Seewolf*) ... erniedrigt nur diejenigen, die sich bereits selbst erniedrigt haben; er geht nur mit denen brutal um, deren einzige Sprache die Brutalität ist; er beutet nur diejenigen aus, die es verdient haben, ausgebeutet zu werden. So gesehen ist Robinson ein durch und durch Satanischer Charakter.[23]. Es war immer sein Wunsch, den Wolf Larsen zu spielen", ergänzte LaVey. „Von dem Tag an, als er zum ersten Mal Jack Londons Buch las. Er war hocherfreut, dass man ihn für die Rolle ausgewählt hatte, aber indem er sie spielte, verlor er auch einige seine liberalen Freunde. Meine Reaktion auf den Film entsprach meiner wachsenden Verachtung der menschlichen Rasse im Laufe der Jahre. Als ich den Film zum ersten Mal sah, dachte ich «Die Darstellung Larsens ist zu brutal.» Als ich den Film ein paar Jahre später zum nächsten Mal sah, verstand ich diese Brutalität bereits ein wenig mehr – sie erschien mir nicht mehr so extrem. Doch erst beim dritten Mal Ansehen konnte ich mich so richtig in Wolf Larsen einfühlen."

Was Johnny Rocco anbelangt – die Figur, die Robinson in *Key Largo* spielt – so beschrieb LaVey ihn als „sehr egozentrischen, durch und durch hedonistischen Ganoven, der sich nicht kleinkriegen lässt ... sadistisch, brutal und gleichzeitig sehr Satanisch, am Ende sogar

[12] Dt.: „Gangster in Key Largo" oder „Hafen des Lasters" (Anm. d. Übers.)

bemitleidenswert". LaVey war von Robinsons Rolle in *Key Largo* so gefangengenommen, dass er bei Gesprächen gewohnheitsmäßig einige Textzeilen daraus zitierte. „Die einzigen interessanten Charaktere im ganzen Film sind die Schurken. Bogart und Bacall dienen nur als eindimensionale, schablonenhafte Gutmenschen, als Stichwortgeber für die Satanischen Bonmots des Gangsters. Barrymores Rolle ist die eines verschrobenen, aber ehrbaren, alten Kauzes, der an den Rollstuhl gefesselt ist. Der bösartige, alte Rocco zeigt keinen Respekt für die Behinderung des Mannes. Als Barrymore ihm eine Moralpredigt hält und ihm droht «Wenn ich mich nur aus diesem Rollstuhl erheben könnte ...» und sich drohend aufrichtet, lacht Rocco nur und antwortet: «Wenn Sie sich aus diesem Rollstuhl erheben könnten, alter Mann, würden Sie nicht in diesem Ton mit mir reden.»

Robinson drehte tatsächlich eine ganze Reihe Satanischer Filme. *Blutige Straße, Der kleine Cäsar, Die Nacht hat viele Augen,* in ihnen allen finden sich Satanische Untertöne. In seinem Privatleben war er ein begeisterter Kunstsammler und besaß eine der erlesensten Privatsammlungen der Welt, die er jedoch im Zuge eines Scheidungskriegs verlor. Charnobog – der Teufel in Walt Disneys *Fantasia,* der sich während der «Nacht auf dem kahlen Berg» von seinem Berggipfel erhebt – war in Wirklichkeit von Edward G. Robinsons Zügen inspiriert, nicht von denen Bela Lugosis, wie man ursprünglich glaubte. Womöglich war seine Ausstrahlung Satanischer als die jedes beliebigen anderen Schauspielers, mit der einzigen Ausnahme Erich Von Stroheims. Er war ein Schauspieler und Regisseur, der selbst in einige der Satanischsten Rollen schlüpfte, die je auf der Leinwand zu sehen waren – in Filmen wie *The Great Flamarion, The Great Gabbo* oder *Sunset Boulevard.* Mit seiner Arroganz und Prahlerei machte er sich nicht viele Freunde, gestattete aber seiner Satanischen Traurigkeit und dem Untergang geweihten Romantik, sich Ausdruck zu verschaffen."

Ein weiterer, von LaVey als besonders geeignet erwähnter Schauspieler ist Walter Huston: „Seine Satanischste Rolle spielte er in *Der Schatz der Sierra Madre,* in dem er der Einzige ist, der ungeschoren davonkommt. Er war der alte Knacker, der das Spiel durchschaute und sich nicht übertölpeln ließ, als es ums Überleben ging. Walter Huston hatte ein feines Satanisches Gespür, das sich nicht nur in seinen Filmrollen zeigte, sondern auch in der wundervollen Aufnahme, die er einst von einem traurigen kleinen Lied namens *September Song* machte – einer Liebesballade über einen alternden Mann und seine Liebesbeziehung zu einem jungen Mädchen. Es wurde für ihn geschrieben, um es in *Knickerbocker Holiday* auf der Bühne zu singen. Alle waren begeistert, dass Huston in dem Stück mitwirkte. Als der Komponist Kurt Weill ihn via Fernschreiber fragte, in welchem Tonbereich er sich am wohlsten fühle und welche Stimmlage er habe, schrieb Huston zurück: «Kein Tonbereich. Keine Stimmlage.» Der Song wurde also geschrieben, und Huston rezitierte ihn mehr als ihn zu singen – so klang es bei ihm am besten. Er hört sich an wie ein trübseliger Romantiker, traurig darüber, dass ihm nur noch so wenig Zeit mit dem Mädchen bleibt, das er so innig liebt.

Walter Hustons Sohn, der Regisseur John Huston, demonstriert in vielen seiner Filme eine Satanische Weltsicht. Besonders im Gedächtnis haften geblieben ist mir *Wise Blood,* für ihn offensichtlich eine Art von Hasstirade. Er gründet auf Flannery O'Connors Geschichte über die Abenteuer dieses Jungen, der von der Army in sein Zuhause in den Südstaaten zurückkehrt und eine Kirche ins Leben ruft, die er «The Church Of Jesus Christ Without Jesus Christ» nennt. Eine einfache Nacherzählung wird dem Film nicht gerecht – was ihn so eindringlich macht, sind die furchtbar präzise ausgearbeiteten Charaktere. Sie sind so realistisch, dass es schon wehtut! So stupide und intensiv und tragisch. Es gibt in dem Film keine einzige Person, mit der man sich identifizieren will. Harry Dean spielt seine Rolle als angeblich blinder Prediger ganz hervorragend, mit einer mehr als flegelhaften Tochter, die am Borderline-Syndrom leidet – aber so sind die meisten anderen Charaktere auch. Das Schlimme daran ist, dass manche Leute sich den Film ansehen und den Gag nicht kapieren – sie denken, jeder müsse so sein! Es ist ein ausgefeilter Film und zweifellos Satanisch insofern, als Houston es schaffte, all jene einsamen, stupiden Menschen genauso zu porträtieren wie sie tatsächlich sind – wahrhaftig eine Übung in Misanthropie. Es ist so realistisch, dass es schon ans Surrealistische grenzt."

Um uns zu versichern, dass auch gewisse etablierte Schauspieler der „unheimlichen" Art genau dem entsprechen, was er Satanisch nennen würde, verwies LaVey auf Vincent Price, der seiner Auffassung nach sowohl diesseits als auch jenseits der Kamera ein Satanist war. In *Das Schreckenskabinett des Dr. Phibes* und *Die Rückkehr des Dr. Phibes* (1971 und 1972) spielte er die Titelrolle (den Dr. Phibes) – und es ist wohl mehr als ein Zufall, dass die Figur des Anton die Theaterorgel spielt und einen teuflischen Plan ausheckt, um den von unfähigen Ärzten verursachten Tod seiner geliebten Frau zu rächen. In den *Movie Lists* würdigte Anton Vincent Prices Darstellung, bei der er sämtliche Pausen in die Länge zog und somit «das aufgestaute Wesen eines Satanischen Charakters herauskristallisierte». Danach erwähnt Anton einen weiteren von ihm bewunderten Film mit Price: *Die Maske des Roten Todes*. „Ein äußerst atmosphärischer Streifen mit einigen wundervollen Satanischen Dialogen, bei denen Vincent Price wirklich alles gibt. In seinem Privatleben ist Price ein charmanter Teufel, dessen Leben einige wirklich dunkle, obsessive Aspekte aufweist."

Eine weitere Satanische Lieblingsdarstellung von LaVey war die von Peter O'Toole in *The Rolling Class*. „Ein verrückter Film, den sie erst als Komödie verkaufen wollten, in Wirklichkeit jedoch ist es eine Tragödie mit komischen Untertönen. O'Toole durchläuft in diesem Film eine Wandlung vom total arglosen Naivling zum brutalen Zyniker, der zum Schluss des Films sogar in die Rolle einer Inkarnation des Teufels schlüpft. Am Anfang des Films hält er sich für Jesus Christus, doch in Wahrheit ist er sehr antichristlich, da er sich wider Willen blasphemisch verhält. Und natürlich hält ihn jeder für wahnsinnig. Dann, während seiner Wandlung (oder seines Aufstiegs) von der Jesus-Identifikation zu der mit Jack the

Ripper, merkt er, dass die anderen ihn plötzlich bereitwilliger akzeptieren, und freut sich, dass er nun von seinem Wahnsinn geheilt ist. Jetzt, als echt fieser Dreckskerl, der sich schwarz kleidet, für Folter eintritt und Menschen umbringt, gilt er als normal. Zum Schluss folgt dann jene blasphemische Szene, in der er einen Zug mit verfaulenden Leichen anführt, die den Choral *Onward Christian Soldiers* singen.

„*The Ruling Class* ist einer der großen, zeitlosen Satanischen Filme", stellte LaVey fest. „Und er enthält zufällig auch eine der besten, realistischsten Cakewalk-Szenen, die ich je auf der Kinoleinwand gesehen habe, angeführt von Peter O'Toole zur Melodie von *Dry Bones*. Der einzige weitere Film, der mit einer solch verwirrenden Mischung aus Komödie, Musical und Tragödie aufwartet, war *Pennies From Heaven* mit Steve Martin. Dieser Streifen war ein echter Flop an den Kinokassen, da es vor allem Steve-Martin-Fans waren, die ihn sich anschauten und den gewohnt komischen Typen erwarteten. Aber er ist in diesem Film nicht komisch – er ist ein trauriger und ehrlicher Typ. Die Handlung spielt in den dreißiger Jahren, und er passt überraschend gut in diese Ära. Wie bei *The Ruling Class* ist auch die Musik zu *Pennies From Heaven* total spitze. Es wurden zeitgenössische Aufzeichnungen verwendet, zum Beispiel der Titelsong in der Version von Arthur Tracy, der zufällig einer meiner Lieblingsmusiker ist. Bühnenbild und Charaktere waren zu hundert Prozent authentisch. Um die Stimmung jener Tage zu verdeutlichen, wurden die Bildaufnahmen mit einer Art Sepiastich unterlegt. Es ist einfach ein wunderbar trauriger, verstörender Film."

LaVey konnte stundenlang über Filme reden und tat es auch oft – sprach über das, was sie unter allen Filmen auszeichnete, erzählte Anekdoten über bestimmte Schauspielerinnen und Schauspieler, stellte Vergleiche zwischen Regisseuren und Kinematographen an – und verfügte wahrscheinlich über eine der erlesensten Sammlungen von düsteren Filmen im ganzen Land. Er beteuerte, ein Film, den man mühelos in der Videothek gleich um die Ecke bekommen könnte, sei es nicht wert, dass man ihn besitze. Er jedoch besaß sprichwörtlich Hunderte von Kassetten mit seltenen oder „nicht mehr existierenden" Filmen auf Band und auf Zelluloid, die es wirklich nirgendwo auf Lager gab.

Wie erwartet galt sein Hauptinteresse stets den dunklen, verstörenden und vergessenen Filmen. Ihm haben wir es zu verdanken, dass eine Reihe von Filmen wieder ins Gespräch kam, die lange Zeit auf verstaubten Regalen in Vertriebshäusern vor sich hingegammelt hatten. Einer dieser Filme, denen Anton zu neuem Leben verhalf, war *Freaks*. „Er musste eine Zeit lang in der Versenkung verschwinden, obwohl er in den MGM-Studios als eine Art Konkurrenzfilm zu Universals *Frankenstein* produziert wurde. (Tod) Browning drehte mit echten Missgeburten und deformierten Menschen, was nicht nur MGM anwiderte, sondern auch Teile des Publikums. Satanisch ist der Film insofern, als die Zuschauer tatsächlich mit den Missgeburten sympathisierten, während die Schurken die ganz normalen Leute sind, die das menschliche Elend auf grausame Weise ausbeuten. Man jubelt am Ende, wenn die Freaks den Aufstand proben und ihre Peiniger zu ihresgleichen machen." *Terror Of Tiny Town*, eine weitere von LaVeys Entdeckungen, bediente sich ebenfalls sehr ausgefallener Darstellerinnen und Darsteller – die gesamte Besetzung bestand nur aus Zwergen. Nicht nur die archetypische Western-Handlung ist dabei hervorzuheben – der Film enthielt auch eine Reihe guter Songs, deren einer von Anton ganz besonders bewundert wurde – Mr. *Jack And Mrs. Jill*.

Als LaVey damit begann, auf diese ungewöhnlichen Filme aufmerksam zu machen – die heute bei vielen als Schrott oder Low-Budget-/No-Budget-Klassiker gelten würden – gab es noch keinen Underground wie heute, der solche Streifen zu schätzen wusste. „Ich weiß noch, wie Herschell Gordon Lewis auf mein Drängen hin gefragt wurde, ob er nicht einige seiner Filme wie *2000 Maniacs* und *Color Me Blood Red* neu auflegen wolle, und er sich überhaupt nicht vorstellen konnte, dass jemand sich für diese

Streifen interessieren könnte. Er dachte, wir wollen ihn auf den Arm nehmen." In einer Rezension zu *2000 Maniacs* im *Audio Brandon Film Catalogue* vom Jahrgang 1978-79 beschreibt LaVey Lewis» Film als „eine Horrorversion von *Brigadoon* … die Geschichte einer Stadt in den Südstaaten, die von den Truppen der Union aufs Wüsteste zerstört wurde und sich nun alle hundert Jahre neu aus dem Sumpfland erhebt … Wegen (nicht etwa trotz) des niedrigen Budgets und der unbekannten Darsteller wird aus diesem Amateurfilm ein schauriges Stück Super-Realismus." Indem er in dem Katalog Lewis beschreibt, beschreibt LaVey auch seine eigene Einstellung gegenüber dem „Schrott"-Genre: „Dem aufmerksamen Beobachter wird nicht entgehen, dass Lewis» Filme mehr sind als nur oberflächliche Blutorgien, sondern unheimliche Reflexionen des unterdrückten Sadomasochismus in uns allen, zu dem wir uns meist nicht einmal im Leisesten bekennen. Von *Bonnie und Clyde* bis hin zu *Der Exorzist*, von *Sie kannten kein Gesetz* bis hin zu *Der weiße Hai* sieht man Segmente aus Lewis» Kaleidoskop aufleuchten.

Es gibt ein ganzes Filmgenre, das aus lauter kleinen, atmosphärischen Low-Budget-Juwelen besteht, die ich gewiss nicht als Schrott bezeichnen würde, deren Wiederbelebung aber auch zum Teil auf einer gesteigerten Aufmerksamkeit in diese Richtung gründet. Der erste Film des Regisseurs Curtis Harrington mit dem Titel *Night Tide*, der Ende der fünfziger Jahre in der Umgebung des Santa Monica Pier und Venice, Kalifornien, gedreht wurde, ist die psychologisch durchdachte Geschichte eines jungen Seemanns (Dennis Hopper), der sich in eine Meerjungfrau verliebt. Auch *Tanz der toten Seelen* ist ein höchst atmosphärischer Film, der bis vor Kurzem völlig verschollen war. Der Produzent/Regisseur Herk Harvey war auf industrietaugliche Filme spezialisiert, und dies war seine gelungene Exkursion in eine Welt der Albträume. Es ist einfach herrlich zu sehen, wie diesen kostbaren Kunstwerken schließlich doch noch die Ehre zuteil wird, die sie verdient haben."
Mit der Gründung der Church of Satan im Jahre 1966 fanden Filmaufnahmen mit „unaussprechlichen Riten" und wilden Sabbatorgien eine neue Rechtfertigung. Die Zeit war reif für

böse Charaktere, weil LaVey ans Licht der Öffentlichkeit trat, als er hinsichtlich seines Lebensstils und seines Aussehens selbst an gewisse fiktive Charaktere erinnerte – wie etwa Ming der Grausame aus der *Flash-Gordon*-Filmserie und Count Zaroff in *Das grausamste Spiel*. Inmitten des ganzen Mülls weist LaVey auf einige Filme hin, deren Satanischer Gehalt aus dem Durchschnitt herausragt oder deren Darstellung von Satanismus der Wahrheit näherkommt. „*Die schwarze Katze* und *Das siebente Opfer* sind mit Sicherheit zwei Filme aus der Ära vor der Church of Satan, die für mich sehenswerte Beispiele für das typische Verhalten von Satanisten liefern. Val Lewtons *Der Leopardenmann*, nach einer Erzählung des Großmeisters des Dunklen, Cornell Woolrich, enthält zweifellos einige höchst Satanische Momente. *Meine Braut ist übersinnlich* stellt Hexen zumindest nicht als hässliche, alte Weiber dar. Mir gefällt auch die Idee mit den Kindern, von denen die sterbenden Satanisten in *Stadt des Grauens* Besitz ergreifen – einem Film, bei dem man mich bedauerlicherweise zu spät zu Rate zog, um den extravaganten Altar, für den sie bereits eine Menge Geld ausgegeben hatten, der Wahrheit zuliebe auseinanderzureißen. Einen Großteil des nach 1966 erschienenen Materials würde ich jedoch zusammen mit Jack Fritscher (dem Autor von *Popular Witchcraft*) als «Pop-Igitt» bezeichnen (die bewusste Kommerzialisierung der Art von Pop, die den Leuten auf Anhieb gefällt). Dasselbe gilt für die endlos vielen okkulten TV-Filme und magieorientierten Fernsehserien und ihre Ableger, die Fritscher auflistet – *Verliebt in eine Hexe, Nanny und der Professor, Bezaubernde Jeannie, Mein Onkel vom Mars, Ein Gespenst auf Freiersfüßen, Die Munsters, Die Addams Family, Die fliegende Nonne, Ich suche meinen Mörder, One Step Beyond, Outer Limits - Die unbekannte Dimension* – und all die anderen, auf deren Namen man im Fernsehprogramm stößt und seufzt: «Igitt – nicht noch eine davon!»

Trotzdem weiß ich, dass eine ganze Generation von Satanisten mit diesem Zeug aufgewachsen ist, also sollte ich mich nicht beschweren. Deshalb habe ich auch die beiden Serien *Dark Shadows* und *The Twilight Zone* nicht in meine «Total wertlos»-Liste aufgenommen. Ich sehe ein, dass *Dark Shadows* mit seiner positiven Charakterisierung von Vampiren und Werwölfen bei Hunderttausenden von Kids, damals im Schulalter, eine unglaublich einflussreiche ECI-Erfahrung darstellte – Kids, die aufwuchsen, um hundert Prozent nach meiner Philosophie zu leben. Es ist bei Satanisten dieser Altersgruppe wahrscheinlich das stärkste Bindeglied – die Identifikation mit den Charakteren dieser Show. *The Twilight Zone* und *Night Gallery* hätten mich vermutlich nicht gefesselt, weil ich das Glück hatte, die Geburt von *Weird Tales* mitzuerleben – ich kannte die meisten dieser Geschichten im Original. Aber die Leute, die so zehn, dreizehn oder fünfzehn Jahre alt waren, als diese Sendungen zum ersten Mal ausgestrahlt wurden, waren davon ebenso fasziniert und gefesselt, da sie wie ich in meiner Kindheit eine Personifizierung ihrer geheimen Obsessionen darin erkannten. Ich wäre verrückt, wenn ich den Einfluss nicht wahrhaben wollte, den solche Serien auf die Gegenwart und die Zukunft des Satanismus hatten."

Was Filme anbelangt, die eine Satanische Haltung am besten vermitteln können, erklärt LaVey, in den meisten ihrer Titel kämen Worte wie „Teufel" oder „Satan" gar nicht vor, und meist würden darin auch keine echten Rituale in der üblichen Wortbedeutung gezeigt. „Die Originalversion von *Das Kettensägen-Massaker*, in dem sämtliche Opfer den Tod verdient haben, kommt dem Satanischen Gedanken schon um einiges näher. Ein weiterer authentischer Film mit diabolischen Inhalt, zu dem ich einiges beisteuern durfte, war *Der Teufel auf Rädern* (im Original nur *The Car*). Der Wagen in dem Film war einem meiner eigenen Autos nachgebildet, einschließlich der knatternden Auspuffanlage und der Fleischerbeil-Kotflügel. Es lohnt sich wirklich, diesen Film zu sehen, da er dem relativen Wert der Opfer die düstere, dramatische Aura dieses geheimnisvollen Wagens gegenüberstellt – und das Publikum ergreift Partei für den Wagen. *Death List* war Katalysator für eine Menge Satanischer Gefühle – wo die Gejagten zu Jägern werden. Jeder geübte Magier weiß, dies ist die einzige Möglichkeit, in magischer Hinsicht zu überleben. Es gab einen Film mit dem Titel *Der Teufelsschrei*, in dem ein junger Mann einen Computer an der Militärschule und ein *Necronomicon*-ähnliches Zauberbuch benutzt, um Dämonen herbeizurufen, die seine Befehle ausführen. Im Grunde ist er ein kluger, wohlerzogener Junge. Doch nachdem neidische Mitschüler seinen Hundewelpen getötet haben, die einzige Kreatur in der Welt, die ihn versteht, entfesselt er die Dämonen und sendet sie in ihre Richtung, um Rache zu üben."

Hollywood wäre sicher enttäuscht, würde es erfahren, dass der Hohepriester der Church of Satan sich niemals *Der Exorzist* von vorne bis hinten angesehen hat. „Und ich habe es auch nicht vor. *Das Omen* jedoch habe ich mir von vorne bis hinten angesehen. Sie versuchten mich dazu zu überreden, eine Szene in der echten Ritualkammer der Church of Satan drehen zu dürfen, am steinernen Kamin; dort sollte Damiens Taufe stattfinden, die ihn offiziell zu einem Mitglied in Satans Herde machte. Sie wollten den Jungen aus England einfliegen lassen; sie boten mir sogar an, an seiner Stelle einen Scherenschnitt aus Pappkarton dort aufzustellen, falls ich nicht wollte, dass der Platz in Unordnung gerate. Ich sagte, vergesst es. Der Platz zog bereits genügend Schaulustige an – da konnten die Bewohner einen neuen Touristenansturm «auf der Suche nach Damien» am allerwenigsten gebrauchen."

Lässt sich eigentlich kurz und bündig definieren, was ein „Satanischer Film" eigentlich ist? „Darauf gibt es viele Antworten", sagte LaVey. „Es kann ein entzückender Bobby-Breen-Film ebenso sein wie ein grauenvoller Wheeler-and-Woolsey-Streifen oder ein düsterer Schrottfilm wie *Muttertag* oder *Tourist Trap*. Die Frage lautet: Ist der Film in sich blasphemisch – spricht er etwas aus, wozu andere nicht die Eier haben, es auszusprechen? Sind die «Good Guys» wirklich Arschlöcher, die ihre wohlverdiente Strafe bekommen, während die «Bad Guys» – ob Satanisch oder nicht – von Natur aus moralischer sind als die von der Gesellschaft als «rechtschaffen» Anerkannten? Ist der Film aufgrund seines anrüchigen Inhalts praktisch illegal – nicht nur pornographisch, sondern anstößig in Bezug auf den Status quo? Ist er heutzutage fast unmöglich zu finden? Dies sind einige der Elemente, die einen

Film zu einem «Satanischen Film» machen. Die großen Satanischen Filme müssen erst noch gedreht werden. Angesichts der Vielzahl von Möglichkeiten, die sich dem wahren Diabolismus heute bieten, könnte man sagen, die Straßen sind mit Gold gepflastert."

Es sieht jedoch so aus, als hätten moderne Filme LaVey fortwährend nur enttäuscht. „Ich habe sie mir anzusehen versucht, weiß Gott, das habe ich. Doch immer wenn ich mir einen neuen Film ansehe, bin ich nachher deprimiert, egal wie Satanisch er auch sein soll. Ich brauche danach immer ein Antiserum – einen guten Film mit den Marx Brothers oder irgendetwas, womit ich mir den Rachen spülen kann. Die modernen Horrorfilme sind nichts als Video-Splatter-Versionen von Geisterbahnfahrten in einem Vergnügungspark, einschließlich der Spinnweben, die dir ins Gesicht wehen. Sinn und Zweck solcher Filme ist es nicht, etwas zu vermitteln oder auch nur gut zu unterhalten; es geht nur darum, die Nerven und den Magen des Publikums zu strapazieren – einfach mal zu prüfen, wie lange sie es aushalten.

Täglich stirbt ein großer Schauspieler oder eine große Schauspielerin, ein großer Regisseur oder Drehbuchautor", ergänzte LaVey. „Für immer. Es kommt keiner nach, der ihn ersetzt. Hollywood ist ein in kreativer Hinsicht äußerst unfruchtbares Terrain geworden. Wie furchtbar tragisch, wie traurig es doch ist, einer früheren Ära zu entstammen, in der falschen Zeit gefangen zu sein und zusehen zu müssen, wie all jene Leute vor mir sterben. All jene Überreste und Bindeglieder zur Vergangenheit, die noch gesehen, berührt, erlebt haben – und irgendwann für immer von dieser Erde verschwinden. Zurück bleibt nur eine kalte, tote, gefühllose, unechte Welt."

„Meine Sünden? Meine Sünden sind, dass ich nicht hart genug war. Nicht niederträchtig, nicht schmutzig genug. Ich hätte niemandem trauen und nie ein Mädchen lieben sollen. Ich hätte den ersten Schlag ausführen sollen. So ist es auf dieser Welt."

Shubunka (Barry Sullivan) in *The Gangster*

KAPITEL DREIZEHN
Winkel des Wahnsinns

„Durch die Winkel von Prismen will ich sprechen, in die düstere Grotte gewirkt, in denen alt gewordene, erhabene Gedanken sich spiegeln. Oh lernet das Gesetz, meine Brüder der Nacht – das Große Gesetz und das Kleinere Gesetz. Das Große Gesetz sorgt für den Ausgleich und besteht für immer, ohne Gnade. Das Kleinere Gesetz ist der Schlüssel dazu, und das strahlende Trapez ist die Tür!"

— Anton Szandor LaVey *Die elektrischen Vorspiele,*
Die Satanischen Rituale[24]

Bevor die Church of Satan ihre Arbeit aufnahm, experimentierte LaVeys Expertengruppe mit Ritualen zur Erforschung des Reichs der Winkel als eine Welt zum Einstieg in die Vierte Dimension. Diese ersten Mitglieder schmückten sich mit einem Trapez, das eingerahmt war von einem Dämon mit Fledermausflügeln. Nahm man es weg, befand sich darunter das Symbol des inversen Pentagramms/der Zahl 666. (1966, nach Gründung der Church, wurde das Symbol durch den mittlerweile vertrauten Baphomet ersetzt). Der Magische Zirkel stellte sich dar als die Regierungsabteilung der Church of Satan, bekannt auch als „Orden des Trapezoid" (siehe Sechster Henochischer Schlüssel in der *Satanischen Bibel*). Der Orden des Trapezoid lebt heute fort in Gestalt des innersten Kreises der Church (zunächst gekennzeichnet durch rote, trapezförmige Mitgliedkarten, die sich jedoch als zu sperrig für Brieftaschen erwiesen und daraufhin ohne die Trapezform neu entworfen wurden). Auf die Frage, was zu einem Satanischen Altar alles dazugehört, hob LaVey stets die Trapezform hervor, rund einen Meter hoch und anderthalb bis knapp zwei Meter breit. Bei mindestens zwei Satanischen Ritualen stehen die Winkel im Vordergrund („Das Gesetz des Trapezoid – *Die elektrischen Vorspiele*" und „Die Zeremonie der neun Winkel“), bei vielen anderen werden die Gesetze der unheiligen Geometrie zumindest gestreift.

In der *Satanischen Bibel* enthüllt LaVey, dass die Henochischen Schlüssel zu Beginn des 17. Jahrhunderts von John Dee gesehen wurden, indem er sich eines facettenreichen Kristall-Trapezoeders bediente (nicht etwa einer Kristallkugel, wie oft geglaubt wird). Durch dieses Kristall mit seiner Fülle von Winkeln konnte Dee die 19 Schlüssel (oder „Rufe“) wahrnehmen, von denen LaVey beteuert, sie seien im Laufe der Jahr aufgrund einer „metaphysischen Verstopfung“ falsch übersetzt worden. Die erste „blasphemische“ Übersetzung der Rufe ins Englische findet sich, zusammen mit den henochischen Originaltexten, im letzten Teil der *Satanischen Bibel*. „Nun lichtet sich der Kristall, und aus den «Engeln» (engl.: *angels*) werden richtigerweise «Winkel» (engl.: *angles*), und die Fenster zur Vierten Dimension sind weit aufgerissen – für die Verängstigten aber sind es die Tore zur Hölle.“[25]

Für alle unter uns, denen sich die tiefe magische Bedeutung einer geometrischen Form nicht unmittelbar erschließt, veröffentlichte LaVey mehrere aufklärende Artikel. Fangen wir von vorne an: Ein Trapez lässt sich als Dreieck beschreiben, dessen obere Spitze abgeschnitten wurde. Sehen Sie sich einmal einen Dollarschein genauer an: Das steinerne Bauwerk mit dem darüber schwebenden Auge im Dreieck ist ein Trapez.

Überall wo man auf diese Form trifft, strahlt sie eine ganz besondere Art von Magie aus. Und auch wenn die Ägypter ihre letzte Ruhestätte in Pyramiden fanden – die Azteken und Maya zum Beispiel opferten ihren Göttern auf den Dächern großer, trapezförmiger Steintempel. Jedes Spukhaus im Charles-Addams-Stil hat ein Dach im Mansardenstil – ein perfektes Trapez. Während Märchenschlösser nach allgemeiner Vorstellung von konisch zulaufenden Spitzen gekrönt sind, leben böse Königinnen schon seit jeher in schlichten, verwinkelten, gut bewehrten Monolithen. Weitere Gebäude, in denen die Trapezform Ausdruck findet, sind das schwarze *John Hancock Building* in Chicago (das jetzt genau auf LaVeys Geburtsstätte steht) und das still vor sich hingrübelnde *Ennis House* in Los Angeles, von Frank Lloyd Wright als Abbild eines hochragenden Mayatempels entworfen). Auch altmodische Särge waren trapezförmig (wenn man zwei davon Boden an Boden aneinanderstellte), ebenso wie die Golden Gate Bridge aus der Seitenperspektive. Seine Forschungen als Kind ließen LaVey erkennen, dass die Trapezform in der Kriegsarchitektur eigentlich permanent in Erscheinung trat.

Der vierzehnjährige LaVey weitete seine Theorien auf visuelle Muster aus, als er das Buch *The Command To Look* von William Mortensen entdeckte. Auf den ersten Blick nur eine Anleitung zum Fotografieren, veränderte dieses Büchlein LaVeys Wahrnehmung der ihn umgebenden Welt für immer. Morten spricht darin über Bildkomposition und wie man fesselnde Fotos oder Szenen aufnimmt. Er formuliert dazu mehrere visuelle Gesetze, die LaVey sofort auch auf andere Bereiche als die Fotografie ausdehnte. Was Mortensen als „dominante Masse" bezeichnete, entsprach genau dem, was LaVey über die gewaltvolle visuelle (und somit magische) Macht des Trapezes sagte. Darüber hinaus lernte LaVey weitere Aspekte des „Commands To Look", also des unwiderstehlichen Drangs zum Hinsehen, kennen – zum Beispiel die Notwendigkeit archetypischer Themen wie Sex, Anteilnahme oder Verwunderung; ferner Mortensens Prinzip vom „Sein anstatt tun", demzufolge sich wahre visuelle Macht auf eine zeitlose Komposition von Elementen stützt, nicht auf ein simples „Einfrieren" von Bewegung. LaVey war so fasziniert von all den Möglichkeiten, dass er Mortensens Konzepte in seine eigenen Zeichnungen und Gemälde einbrachte. Eins der Gemälde zum Beispiel, mit dem Titel *The Sentinel* (dt.: Wachposten), zeigt ganz weit im Hintergrund ein düsteres, trapezförmiges Gebäude, an dessen Tür sich die Silhouette eines Zauberers abzeichnet. Aus dem offenen Turm des Hauses entweicht ein ungeheuerlicher Lichtstrom in die Nacht, während der Vordergrund des Bildes größtenteils von einem drohnenähnlichen, geflügelten Dämon eingenommen wird, der ausgesandt wurde, um den Willen des Zauberers zu erfüllen.

Die Umsetzung von Mortensens Theorien in die Praxis waren für LaVey die ideale Vorbereitung auf das, was man beim San Francisco Police Department von ihm verlangte. Er konnte jetzt nicht nur wirkungsvolle Fotoaufnahmen machen; als die Zeit kam, in der er die 800er-Anrufe bearbeiten musste, hatte er bereits verschiedene Erklärungsmöglichkeiten für „Spukhäuser", verhexte Landstriche und geheimnisvolle Orte parat. Der womöglich erste „Ghostbuster" der Nation konnte es kaum erwarten, seine Theorien an tatsächlichen Spukstätten zu erproben.

Aus Kirmestagen wusste LaVey, auf welch ausgeklügelte Weise man für optische Rätsel wie Spukhäuser auf die Wirkung von Winkeln und verkehrten Perspektiven zurückgreifen musste, um das Auge zu täuschen und die Leute aus dem Gleichgewicht zu bringen. Vielleicht, so spekulierte LaVey, sind verruchte Häuser ja das Werk von schlampigen Maurern oder Architekten, die sich gar nicht bewusst waren, wie bizarre Winkel sich auf die Bewohner auswirken. Nachdem er die Schauplätze von Morden und Selbstmorden untersucht und fotografiert hatte, vermutete LaVey, dass bestimmte abnorme Gestaltungsmerkmale Menschen, die ohnehin eine Prädisposition zum Wahnsinn haben, zu abweichendem Verhalten zwingen können. „Winkel und Raumebenen, die Angstgefühle verursachen – das heißt, die sich auf die visuelle Orientierung disharmonisch auswirken – werden zu abweichendem Verhalten, sprich: zur Veränderung führen. Zu solchen Ausnahmefällen kommt es, wenn in einer Person eine Art umgekehrter Polarität existiert – extreme seelische Unausgeglichenheit oder Perversion, vielleicht sogar bei extremer Rationalität und Achtsamkeit."[26]

LaVey übertrug diese Ideen auch auf das Geschäftsleben, wo etwas so „abartig" sein kann, dass andere Menschen sich abwenden. „Manchmal betritt man einen Raum, und irgendetwas bildet einen merkwürdigen Winkel, es stört irgendwie, befindet sich in einer bedrohlich wirkenden Position, die korrigiert werden muss. Diese eine Sache macht alles so unglaublich seltsam, dass man den Drang verspürt, mit drastischen Maßnahmen dagegen vorzugehen. Ebenso ist es mit verhexten Häusern. Es muss etwas Drastisches geschehen. Ich habe Gebäude gesehen, häufig an Straßenecken, wo durchschnittlich zweimal pro Jahr ein neues Geschäft eröffnete. Sie versuchten alles, aber dort wollte einfach nichts gelingen. Die Leute würden sagen, das Gebäude ist verhext. Ist es auch. Meist liegen überall die Winkel falsch – zeigen zum Beispiel nach außen, wo sie nach innen zeigen sollten, um die Menschen zum Eintreten zu bewegen. In vielen Fällen lässt sich überhaupt nichts dagegen tun. Sie müssten das Gebäude abreißen und ganz von vorn beginnen."

1962 hatte LaVey inzwischen das „Gesetz des Trapezoids" formuliert und in einer Ausgabe des *Cloven Hoof* aus dem Jahr 1967 auch erläutert. „Ich hatte ausreichend Beweise dafür, dass die Gestaltung des Raums nicht nur Menschen beeinträchtigte, die ihr optisch ausgesetzt waren, sondern – viel heimtückischer – auch andere Personen oder Gruppen, mit denen der Betrachter in Kontakt kam. Wie bei jeder anderen Form von Ansteckung werden Familienmitglieder, Freunde und Arbeitskollegen von den Signalen der Angst, die andere aussenden, beeinflusst. Auf diese Weise kann jede noch so ausgeglichene, jede noch so stoische Person in eine chaotische Situation gezogen werden, wenn ihre Umgebung verstörend genug ist. Oftmals stellte ich fest, dass subtile Abweichungen einen tiefergreifenden Effekt hatten als Raumverzerrungen, die offenkundig und leicht erkennbar waren."[27] Es kommt immer wieder vor, dass sich in einem verwunschenen Haus ein ganz bestimmter Raum ausmachen lässt, der sich als „Raum des Wahnsinns" entpuppt. Es braucht nur eine Wand nicht ganz senkrecht zu sein, und schon entsteht bei den Leuten, die sich darin aufhalten, eine innere Unruhe. Es können ganze Gebäude, die als „verhext" gelten, infiziert sein mit stumpfen, nicht maßstabgetreuen Winkeln, unnützen Haken oder einem unregelmäßigen, asymmetrischen Äußeren – vielleicht irgendetwas, das aussieht, als liege es auf der Lauer oder habe ein Gesicht. In manchem Haushalt werden ganz spezielle Gegenstände, sofern sie eine seltsame Form haben, zu starken Unruheherden. Möbel, Bilderrahmen, Wandbilder, Haushaltsgeräte und auch „verhexte" Autos können zum Katalysator für schreckliche Taten werden. Schon in den fünfziger Jahren wurde LaVey von einem seiner Mitstreiter gebeten, eine ideale Hausplanung für solche Zwecke zu entwerfen. Man kann nur darüber spekulieren, was für Gräuel LaVey über die Leute heraufbeschwor, die in den von ihm entworfenen Häusern lebten.

Zu dem gleichen Phänomen, so fand LaVey heraus, kann es auch auf natürlichem Weg kommen, etwa bei ausgefallenen Felsformationen, seltsam schrägen Abhängen oder zufällig abweichenden Landschaftsformen. Eine bestimmte Szenerie mit schiefen Winkeln, die einen das Gleichgewicht verlieren lässt, kann sich durch ungewöhnliche Naturphänomene so verstärken, dass es zwangsläufig zu Gerüchten über eine Gegend kommt, „in der es nicht mit rechten Dingen zugeht". Sumpfgase zum Beispiel können zur Bildung von „ignis fatui" führen, auch Irrlichter oder Vampirflammen genannt – das sind blaue Flammen, die durch verfaulendes Holz in Sümpfen entstehen. Es heißt, dass sie erscheinen, wo ein Vampir schläft, ein Selbstmörder begraben liegt oder ein Schatz versteckt ist, je nachdem an welche Ammenmärchen man glaubt. So kommt es zu dem Glauben, ein bestimmter Ort wäre verflucht oder verwunschen oder böse. Hexenringe; Steinmännchen (aufrecht stehende Felsen, wie man sie in Teilen Großbritanniens findet); ungewöhnlich tiefe, dunkle Wälder; Waldlichtungen; Klippenränder; Bergspitzen; Gewölbe; Grotten ... all das sind willkommene Kulissen für Schauergeschichten.

Bei seinen Vorträgen über „Zeitschleifen und seltsame Landstriche" sprach LaVey auch über seine persönlichen Forschungen in Gegenden wie *Devil's Slide*, einem an der Küste gelegenen Wirbel südlich von San Francisco, an dem es zu einer Reihe von Todesfällen gekommen war. LaVey war in Besitz des Manuskripts eines nicht zur Veröffentlichung bestimmten Buches von einem Kumpel, das die unerklärlich blutige Geschichte dieses Landstrichs in allen Teilen dokumentierte. LaVey gab selbst zu, mindestens einmal in den Bann dieser gewundenen Straße geraten zu sein, als er und Diane die Küste hinunterführen. Ihm sei keine andere Wahl geblieben, als den Wagen auf dem schmalen Standstreifen zum Stillstand zu bringen. In der Walpurgisnacht ein Jahr vor der Gründung der Church missachteten einige seiner Witches seine Warnungen und stürzten mit dem Wagen über den Klippenrand. Sie landeten auf einem hundert Meter tiefer gelegenen Felsvorsprung und kamen noch einmal mit dem Schrecken davon.

Ein weiterer natürlicher Strudel, auf den LaVey zu sprechen kam, befindet sich in der Gegend um White Hill in Marin County nördlich von San Francisco, der seiner Einschätzung nach dem *Devil's Slide* am nächsten kommt. Er erstreckt sich über eine Länge von fünf bis sechs Kilometern um den Hügel, und vor allem in einer bestimmten „Todeskurve" sei es dort zu einer Reihe ungeklärter Autounfälle gekommen. Fahrer, die ihren Unfall überlebten, sprachen von einer unsichtbaren Kraft, die sie von der Fahrbahn weggezogen habe. LaVey erklärte, dies sei die Folge eines unsachgemäß beschichteten Straßenbelags. Personen, die diese Straße oft befahren, sagten auch, es dauere dort ungewöhnlich lange, bis man sein Ziel erreiche. Man ist sich weitgehend darüber einig, dass man auf dieser Strecke etwa eine Stunde länger braucht, egal wie schnell man fährt.

Es gibt Orte, die vor allem auf Menschen und Kreaturen, die aus der Norm fallen, anziehend wirken, so viel steht fest. LaVey behauptete, in der White-Hill-Gegend selbst einigen sonderbaren Kreaturen begegnet zu sein. Einmal, als er dort mit Robert Barbour Johnson (dem Autor mysteriöser Geschichten in *Weird Tales*) unterwegs war, fiel ihnen ein fast anderthalb Meter großer Aasgeier auf, der am Straßenrand Fleisch in sich hineinschlang. Als sie mit ihm auf gleicher Höhe waren, hob er vom Boden ab wie ein kleines Flugzeug; seine Flügelspannweite war ungeheuerlich. Bei einer anderen Gelegenheit sah LaVey ein seltsames Ding, das auf der Straße herumkrabbelte. Seiner Beschreibung nach war es etwa so groß wie eine riesige Tarantel, aber stachlig, mit schwarzen Perlenaugen, und es bewegte sich seitwärts wie eine Krabbe – womöglich ein Landkrebs. Und dann war da noch jene gewaltige, schlängelnde, raupenähnliche Kreatur, gut einen Meter lang, die plötzlich aus den Büschen am Straßenrand auftauchte und sich ein paar Meter weiterschlängelte, bevor sie wieder im Blattwerk verschwand. Das Bemerkenswerte, so LaVey, sei nicht etwa die geheimnisvolle Identität dieser „Kreaturen", sondern die verwirrende Tatsache, dass sie sich ausgerechnet im kritischen Bereich der „Todeskurve" herumtreiben.

Die Land's-End-Gegend bei San Francisco, die LaVey bei mehreren Gelegenheiten kennenlernen durfte, als er noch Polizeifotograf war, besteht aus gefährlichem, unbeständigem Grund. Einmal ging dort ein Junge mit seiner Freundin spazieren, als der Berghang sich auf ihn zubewegte und ihn bei lebendigem Leib verschlang. Das Mädchen behauptete, es sei alles so schnell gegangen, dass sie selbst kaum Zeit gehabt hätte, sich in Sicherheit zu bringen. Als Rettungsleute nach der Leiche suchten, bebte das Erdreich. LaVey hatte Teile des endlosen, mannshohen Tunnelsystems gesehen, das sich durch das Unterholz windet. Diese organischen Labyrinthe sind ein bevorzugter Ort für kriminelle und illegale Machenschaften; auch Leichen werden dorthin zum Verschwinden gebracht. Was sogar irgendwie passend ist, da das ganze Gebiet früher ein Friedhof war. Menschenfleisch ist ein guter Dünger, der unter der Erde alles mögliche Leben hervorbringt. Auch heute noch rumort und lebt dieses Land, ohne dass Wissenschaftler eine rationale Erklärung dafür finden. Jede Art von Boden, so LaVey, ist in Wirklichkeit aktiver als wir glauben. Doch wie so oft bei Naturvorgängen bekommen wir von dieser Aktivität nichts mit. Die Bauern jedoch nutzen sie zu ihrem Vorteil, indem sie zum Beispiel bestimmte Äcker ein Jahr lang brachliegen lassen, damit das Land sich regenerieren kann. Es sind nur zwei Grabsteine geblieben, die an den ehemaligen Friedhof erinnern – einer davon in einem Bogengewölbe. In diesem Gewölbe hat sich vor einigen Jahren jemand erhängt.

Mit einer disziplinierten Mischung aus erbarmungsloser Skepsis und magischer Faszination widerlegte LaVey die meisten Versuche, übernatürliche Erklärungen für solche Phänomene ins Spiel zu bringen, auch wenn es derlei Dinge natürlich gibt. Zu den wenigen wirklich unerklärlichen Phänomenen, mit denen er (außer in der Ritualkammer) je in Berührung kam, gehörten jene unheimlichen Strudel. Seine Theorien zur Erklärung dieser seltenen Dematerialisationen, deren Wirkung er selbst erfahren hatte, hatten allesamt mit der Neigung molekularer Strukturen zu tun, immer in der gleichen Richtung zu rotieren. Wenn Gegenstände verschwinden, ein paar Tage (oder Monate) lang weg sind und dann in einer um 180 Grad genau entgegengesetzten Richtung wieder auftauchen – ist es dann möglich, dass sie sich einfach vorübergehend in einer anderen Dimension befanden, um schließlich wieder aus ihr hervorzurotieren?

Der Dunwich Horror in H. P. Lovecrafts Story kommt durch die Winkel eines Trapezoeders zustande. *Das Ding auf der Schwelle, Der Jäger der Finsternis* – der gesamte Cthulhu-Mythos und ein Großteil von Lovecrafts Lyrik bezieht sich auf die sabbernden Bestien, die sich durch Winkel Zugang in unsere Welt verschaffen. Viele von Robert E. Howards» Gedichten und Horrorstorys, *Das Haus an der Grenze* von William Hope Hodgson, die angeblich apokryphen *Smaragdtafeln des Thoth* (aus denen LaVey den Text für *Die elektrischen Vorspiele* entlehnte) sowie eine der grauenerregendsten Geschichten, die je geschrieben wurden – Frank Belknap Longs *Die Hunde von Tindalos* – sie alle handeln von dem Kraftfluss, der von Winkeln ausgeht.

LaVey gab zu, bei einem Ausflug in die Grotten tief unterhalb von Sutro Baths einmal einer Lovecraft'schen Wesenheit begegnet zu sein. Die Baths waren die größten Hallenbäder der Welt – erdacht von San Franciscos exzentrischem Bürgermeister Adolph Sutro, um den großen römischen Bädern nachzueifern, die aus mehreren Becken mit verschiedenen gesundheitsfördernden Badezusätzen bestanden. Mehrere Auffangbecken bedienten sich aus dem Meer, um heilkräftiges Wasser in die sieben großen Becken zu leiten. „Ich kletterte durch eine verborgene Öffnung in der Täfelung einer verwaisten Umkleidekabine und erforschte weitaus mehr als nur die Gebäudefundamente. Ich gelangte zu dem Schluss, das hier seit mehreren Jahrzehnten niemand mehr gewesen sein konnte. Im Licht meiner Taschenlampe sah ich eine große Schlammebene, die in der pechschwarzen Dunkelheit weiter reichte als mein Lichtkegel. Es war, als hätte ich ein lichtloses Amphitheater betreten. Vor mir vernahm ich kehlige, stöhnende Laute, und ein grässlicher Gestank stieg mir in die Nase. In die Finsternis spähend erkannte ich mit Müh und Not einen missgestalteten Schatten, der sich vor mir durchs Dunkel bewegte. Dann ein Flattern wie von riesigen Schwingen. Mich überkam dieses erdrückende Gefühl: Nichts wie raus hier! Ich nahm mir nicht erst die Zeit, nachzusehen, worum es sich handelte."

Falls es wirklich Elementarwesen gibt, die wir als Dämonen bezeichnen und die unabhängig in anderen Dimensionen existieren – wäre es dann möglich, dass Formen wie das Trapez sie zu uns herüberziehen? Kann ein Trapez ein Katalysator sein, um ruhelose Geister oder Dämonen aus anderen Ebenen herbeizubeschwören, indem sie in Einsteins Raum-Zeit-Kontinuum ein Fenster bilden? Und könnte es sein, dass diese Dämonen – wenn sie erst einmal hier sind – sich am wohlsten fühlen, wenn sie sich in einer abgeschiedenen Gegend verstecken können – in nahezu unzugänglichen Gewölben oder unergründlichen Höhlen? Könnte es sein, dass Lovecraft, Long und ihresgleichen scheinbar fiktive Geschichten über Monster schrieben, weil ihnen sonst ohnehin keiner geglaubt hätte?

„Oh wisset, ihr Bewohner des Lichts eurer selbsternannten Rechtschaffenheit, dass andere, die die Schlüssel und Winkel kennen, die Tore längst geöffnet haben und dass keine Zeit mehr ist zur Rückkehr! Euch wurde der Schlüssel übergeben, doch euer Geist ist klein und kann

das Wort nicht fassen. Deshalb höret auf die Töne, ihr da draußen, auf die gewaltigen Glockentöne des Gebells der Hunde. Sie sind mager und ungestillt, und durch das große flammende Trapez werden sie kommen, die Augen glühend vom Feuer der Hölle!"

Die Satanischen Rituale

KAPITEL VIERZEHN
Der Hexensabbat

„Ihr könnt nicht Millionen von Jahren menschlicher Reaktion einfach auslöschen, nur weil ihr jetzt wisst, was ihr tut, wenn ihr es tut … Religionen und Ideologien werden kommen und gehen, die Spiele werden beginnen und enden, doch die grundlegende Natur des Menschen wird immer die gleiche bleiben. Nur jedoch, indem er sich selbst versteht, kann der Mensch den Dämon in sich annehmen und schätzen. Er kann in seiner Natur schwelgen, sich glücklich fühlen und die große Endlösung anstreben."

— letzter Absatz der *Satanischen Hexe*

In alten Berichten über das Teufelswesen stößt man immer wieder auf das Klischee von der Hexe, die mit langen, zotteligen Haaren und barfuß aus ihrer Hütte hervortritt. Nichts könnte dem Hexentum zu LaVeys Zeiten weniger entsprechen. LaVey war der Überzeugung, dass Frauen unweigerlich anders seien als Männer und dass die Macht einer Frau sich darauf stütze, ihre einzigartigen Eigenschaften zu ihrem Vorteil einzusetzen. *Die Satanische Hexe* ist LaVeys Leitfaden der Verzauberung, in dem Frauen lernen können, welche Kniffe und Fertigkeiten sie völlig schamlos einsetzen dürfen, um zu bekommen, was sie sich wünschen.

LaVey bevorzugte stets das Bild der Hexe als Verführerin, als eine Person, die fasziniert – ganz im Gegensatz zur feministischen Neudefinition der Hexe bei den Wicca-Anhängern, wo sie als Heilerin und Geburtshelferin nach dem Vorbild der angelsächsischen *wica* (= die Weise) in Erscheinung tritt. Von der feministischen Militanz mal abgesehen definieren die meisten Wörterbücher den Begriff „Hexe" immer noch als altes Weib oder als attraktive, junge Frau. Viele Jahre lang, auch noch nach der Gründung der Church of Satan, leitete LaVey wöchentliche Hexen-Workshops. In der *Satanischen*

Hexe finden sich diese in den Kursen gelehrten, realitätserprobten Techniken in gesammelter Form.

Doch *Die Satanische Hexe* ist nicht nur ein Buch für Frauen. In der Bibliographie finden sich, neben der Original-Widmungsseite aus der *Satanischen Bibel,* etliche Hinweise auf LaVeys geheimnisvolle Quellen, und die Neugierigen haben angeblich das ganze Land abgeklappert, um an die dort gelisteten Raritäten zu gelangen. Von großem Interesse für Nicht-Hexen ist auch LaVeys „Synthesizer-Uhr", deren Kurzdarstellung sich im Anhang zur *Satanischen Hexe* findet – ein System zur Klassifizierung von Menschen mittels ihrer Physiognomie. Das erste Viertel des Buches erläutert, wie man Typen erkennt und ihre Vorlieben, Abneigungen und Motivationen kennenlernt – wichtige Informationen, die aus LaVeys Tagen beim Zirkus, beim Jahrmarkt oder beim Varieté stammten. Menschliche Neigungen aus der Sicht eines Rummelplatz-Mitarbeiters; Betriebsgeheimnisse, mit denen nur vertraut ist, wer die Geheimnisse der Kirmes kennt.

LaVeys Synthesizer-Uhr gründet auf der Typenlehre von Sheldon, Kretschmer und anderen, kombiniert mit der Lehre von den traditionellen magischen Elementen Feuer, Luft, Wasser und Erde. „Was ich präsentiere, sind grobe Verallgemeinerungen. Worauf es bei der Typenlehre wirklich ankommt, ist auf einer großflächigen Leinwand die gleichen Merkmale zu erkennen wie auf einer Briefmarke. Man muss an übertriebenen Beispielen üben, dann kann man solche Persönlichkeitstypen später auch in unauffälligerem Rahmen erkennen. Wenn man seine Beobachtungsgabe schult, findet sich in allem ein Hinweis. Auf dem Rummelplatz nennt man so etwas »Cold Reading'. Ein Beispiel: Wenn man ein Mädchen sieht, das schwarze Turnschuhe trägt, bedeutet das, sie würde sich am liebsten ganz in Schwarz kleiden; daraus lässt sich folgern, dass sie sich wahrscheinlich für die dunkle Seite, für Hexerei und Satanismus interessiert. Ein Tattoo an der Hand einer Frau kann darauf hindeuten, dass sie einst Mitglied einer Biker- oder Metal-

Gang war, also eine rebellische Natur. Achtet immer auf kleine Hinweise. Meinen Hexen bringe ich genau das bei."

LaVeys Uhr war in zwölf Abschnitte aufgeteilt, die nahtlos ineinander übergingen. Auf diese Weise konnte sich jeder als „Neun-Uhr-Typ" oder „Vier-Uhr-Typ" klassifizieren. Das „Zifferblatt" beginnt oben bei zwölf Uhr, und ein reiner Zwölf-Uhr-Typ verkörpert den maskulinen Archetypus – breite Schultern, schmale Hüften, kurze Beine, festes Gewebe, dominant, aggressiv, stets präsent, impulsiv und autoritär. Ein waschechter Feuertyp also, ein Prachtexemplar im wahrsten Sinne des Wortes. Ein reiner Luft-Typ (drei Uhr) ist von schmalem, zartgliedrigem Körperbau, mit durchschimmernder Haut und sehnigen Muskeln. Er ist intellektuell, eher Denker als Macher, technisch begabt, ein Haarspalter und Gesellschaftskritiker. Blau steht ihm am besten. Der Sechs-Uhr-Wassertyp ist das feminine Element in Reinstform. Mit seinen schmalen Schultern und breiten Hüften, seiner knappen Taille, die für wohldefinierte Kurven sorgt, den langen Beinen und dem weichen Gewebe bildet er genau den Gegensatz zum Zwölf-Uhr-Typ; seine Bewegungen sind daher – dem Wasserelement entsprechend – auch fließender. Er oder sie sind solide und verlässlich, großzügig, engagiert, und was sie wollen, setzen sie auch in die Tat um. Wie das Meer können sie sehr launisch und emotional sprunghaft sein. Ihre Farbe ist das Blaugrün des Meeres. Bei neun Uhr finden wir den typischen Erdtypus, von kompakter, gedrechselter Statur und zähem Gewebe. Es sind soziale Charaktere, angenehm im Umgang, praktisch, erfinderisch, eher Macher als Denker – das Gegenteil also vom intellektuellen Drei-Uhr-Typus. All diese Basistypen gibt es (in stärkerem oder schwächerem Ausmaß) sowohl bei Männern als auch bei Frauen. Eine Frau vom Typ Domina kann eine stark maskuline Prägung haben und eine beherrschende Zwölf-Uhr-Frau sein; ein Mann mit vielen weiblichen Wesensmerkmalen kann von Natur aus in den Sechs-Uhr- oder Sieben-Uhr-Bereich fallen.

LaVey beeilte sich, hinzuzufügen: „Die menschliche Typenlehre ist in der heutigen Gesellschaft verboten. Wir sollen alle gleich sein und dürfen andere nicht nach ihrer äußeren Erscheinung beurteilen. Ich jedoch sage: Das Erscheinungsbild, die Ästhetik ist alles. In den dreißiger und vierziger Jahren machte man in der Charakterdeutung große Fortschritte. Doch als die Große Integration begann, galt es plötzlich, über die körperlichen Merkmale einer Person hinwegzusehen und sich einer tieferen Gemeinsamkeit zuzuwenden, die uns alle vereint. Das ist Bullshit. In der Magie ist es unerlässlich zu wissen, welche äußeren Merkmale auf welche Charaktereigenschaften schließen lassen. Wenn man Menschen in Typen einordnen kann, kann man in ihre Seele blicken – und ihren Grundveranlagungen werden sie immer treu bleiben. Es funktioniert immer."

Sobald sie sich auf LaVeys Synthesizer-Uhr selbst finden können, wird den aufstrebenden Hexen beigebracht, auf der gegenüberliegenden Seite des Kreises nachzusehen, welche Art von Mann sie naturgemäß anziehen. Es gilt das bewährte Sprichwort „Gegensätze ziehen sich an", ergänzt um eine Erklärung, warum sie sich eigentlich anziehen. Wenn ein Drei-Uhr-Mann dünn wie ein Fahnenmast ist, wird er gemäß seines Intellekts und seiner Fähigkeit, andere mit Worten zu fesseln, sich einer eher extravertierten, umgänglichen und etwas schwergewichtigeren Frau zuwenden, die gerne kocht, auf Partys geht und feiert. Es treibt uns zu unserem Gegenpol – er fasziniert uns durch seine Andersartigkeit. Indem wir uns mit ihm einlassen, können wir der Welt ein geheimes Ich von uns präsentieren. Unser Partner stellt eine andere Dimension dar, und wir fühlen uns zu ihm hingezogen, ob wir das wollen oder nicht. Aus dem gleichen Grund lässt sich, wenn wir ein junges Pärchen sehen, die einander zu ähnlich sind, also auf der Uhr zu nahe beieinander liegen, voraussagen, dass die beiden nicht allzu lange zusammenbleiben werden. Alle Welt wird staunen, wie wir das voraussehen konnten. Viele Menschen bevorzugen – sexuelle oder kameradschaftliche – Beziehungen mit Leuten, die sich auf der Uhr ganz in ihrer Nähe finden. Der Unterschied ist: Sie fühlen sich nicht zueinander getrieben und müssen sich viel mehr darum bemühen, dass ihre Beziehung stabil bleibt.

LaVey begründete ein einzigartiges Konzept, das er ECI (Erotic Crystallization Inertia) nannte. Es besagt, dass weibliche Reize, mit denen ein Mann bei seiner ersten sexuellen Erfahrung oder zur Zeit seiner Geburt konfrontiert wird, zu sexuellen Fetischen werden. Die ECI von Männern, die während der Zeit des Zweiten Weltkriegs pubertierten, wären demnach lange Damenstrümpfe, Schnittkleider, Röcke und viel Make-up – denn das ist es, was sexuell verfügbare Frauen im Jahre 1942 trugen. Männer, die in den Sechzigern aufwuchsen, haben eine völlig andere ECI: Vermutlich sind es lange Bluejeans und glattes Haar bei politisch engagierten und aktiven Frauen, die eine Faszination auf sie ausüben.

LaVeys Buch enthält eine kurze Liste von Bemerkungen, die Sie in ein Gespräch mit Ihrem Objekt der Begierde einflechten und aufgrund ihrer Reaktion auf deren Fetisch schließen können. Sie können zum Beispiel sagen „Dieser Mann hat ständig andere Fürze im Kopf" oder über eine Auseinandersetzung mit einer Geschlechtsgenossin sagen, sie hätten sich „ganz schön die Haare gerauft". Sie können auch von ihren Schamgefühlen berichten, als Sie von Ihrem Chef gemaßregelt wurden oder „versehentlich" ein Stückchen Haut zeigen. Oder wie beiläufig erwähnen, was für Unterwäsche sie tragen – all das sind Fetisch-Detektoren. Auf eine oder mehrere dieser Bemerkungen werden Sie auf jeden Fall eine Reaktion bekommen. „Jeder Mensch ist ein Fetischist", schrieb LaVey. „Sein Fetisch muss nur *entdeckt* werden."

Männermagazine wissen, wie man mithilfe von Fetischen das Publikum anspricht. Einmal gab LaVey dem Männermagazin *Hustler* ein Interview (Dezember 1979), das vor allem von seinen sexuellen Erfolgen handelte. Dabei versteifte sich das Gespräch auf Marilyn und das Furzen. Obwohl LaVey das Thema nie von selbst anschnitt, musste er doch zugeben, dass sie wie jeder andere Mensch gelegentlich furzte. „Der *Hustler* spielte das Thema gewissermaßen zu einer Cause Célčbre hoch." Nach Erscheinen des Artikels traten wie befürchtet eine Handvoll flatulenter Singles an ihn heran. Überflüssig zu sagen, dass LaVey wenig beeindruckt war. Die apokryphe Legende über Marilyn jedoch ging in die Literatur ein. Von ihren Blähungen war nachher in allen möglichen „Memoiren“ und Biographien die Rede.

Erfolgreiche Hexen sollten immer an das Gesetz des Verbotenen denken. „Die ungebrochene Faszination für Zauberkraft und Hexenkunst“, so LaVey, „rührt daher, dass diese Dinge stets als Tabu galten. Alle Männer sind Voyeure, und was sie in ihren Bann zieht, entspricht in den meisten Fällen dem, was sie sehen. Was sie in dir als Hexe sehen, muss faszinierend sein, und *nichts* ist so faszinierend wie das, was eigentlich nicht gesehen werden soll … Wenn es ums Verhexen geht, sind alle Männer in ihrem Herzen bösartige kleine Jungs. … Die Menschen von heute haben den Wert der Laszivität völlig zunichtegemacht. Bei all den vielen Frauen, die Männerhosen tragen, bei all den vielen sexuell provokativen Bildern, deren Grenzen erst dort beginnen, wo jeder bereits alles gesehen hat, ergeben sich solche Chancen wie früher nicht mehr.“ LaVey warnte Frauen davor, das Image, das sie bei ihren Geschlechtsgenossinnen wünschenswert finden, auf sich selbst zu übertragen. „Was Frauen an sich selbst am meisten hassen – ihre weibliche Ausdünstung, ihre Zellulitis, ihre Bewegungen, ihre Makel – genau diese Dinge sind es, die ich an einer schönen Frau am attraktivsten finde, da sie es sind, die sie verwundbar machen, eine echte Frau aus ihr machen.“

Im Gegensatz zu den weißen Hexen, die ihr magisches „Himmelskleid“ für sich wirken lassen, versteht die Satanische Hexe es, die Macht der Kleider für sich zu nutzen. Wann fühlen Männer sich schon einmal wie versaute kleine Jungs, außer sie bekommen etwas zu sehen, das absolut nicht für ihre Augen bestimmt ist und eigentlich von der Kleidung verdeckt sein sollte? Echte Hexen ziehen in der Regel *mehr* an als andere Frauen, so können sie auch mehr von sich entblößen. LaVey bemühte das provokative Beispiel einer Oben-ohne-Tänzerin, die ihre natürlichen Attribute lustlos vor einer Gruppe ebenso begeisterungsloser Männer schwenkt. Ein weiblicher Zuschauer tritt durchs Bild, eher konservativ gekleidet, mit klassischen Siebenzentimeterabsätzen und einem hautengen, aber nicht sehr spektakulären Kleid. Sie ist in Begleitung eines Mannes und trägt einen dezenten Ehering. Als sie sich an die Bar setzt, bleibt sie versehentlich mit einem Zipfel ihres Kleides am hinteren Ende des Hockers hängen und zeigt ungewollt mehr von sich als ihr bewusst ist. Die anwesenden Männer haben Gelegenheit, oberhalb ihrer traditionellen, beigefarbenen Nahtstrümpfe das helle Fleisch ihrer Schenkel zu erspähen. Sogar ein nicht mehr ganz blütenweißes Strumpfband zeichnet sich an der Rückseite ihres Beines ab, über das sich ein Blick auf das schmutzigweiße Höschen der verheirateten Frau erhaschen lässt. Sie trägt keine schwarze und rote Reizunterwäsche, wie das Mädchen auf der Bühne sie zur Schau stellt, doch sie stellt etwas viel Unanständigeres zur Schau – das Verbotene. Alle Männer werfen ihr verstohlene Blicke zu, das Geschehen auf der Bühne ist vergessen.

In der *Satanischen Hexe* macht LaVey Vorschläge, mit welcher Art Kleidung eine Frau den Typus, den sie auf der Uhr verkörpert, zum Strahlen bringen kann. „Es sieht großartig aus, wenn Frauen ihren Hals, den Rücken oder die Beine zur Schau stellen. Es wirkt attraktiv, weil Verwundbarkeit darin mitschwingt; man setzt sich buchstäblich dem Übergriff des anderen aus. Bei Männern hat Verwundbarkeit keine Wirkung. T-Shirts ohne schützenden Kragen und Shorts, die nur ein Minimum von dir bedecken, verursachen bei Männern Unbehagen – sie kommen sich vor wie eine Lockente. Ich spreche in solchen Fällen gern von »Hosenmatz-Klamotten'. Man zeigt zu viel." Außer Zurschaustellung, Strapsen, Stöckelschuhen und gerade geschnittenen Kleidern oder Röcken empfiehlt LaVey eher Vollschnitt-Unterwäsche als Bikinis (mehr zu entblößen), bei Make-up helle Farbtöne, keinen übertriebenen Schmuck und keine zu dominierenden Parfums oder Deodorants, die nur die natürlichen Reizstoffe übertünchen.

LaVey veröffentlichte *Die Satanische Hexe* auf dem Gipfelpunkt des feministischen Fanatismus. Das Buch war als Gegenmittel zu der nach LaVeys Worten ästhetisch unfruchtbarsten Periode der

Geschichte gedacht. Die Reaktionen waren sehr geteilt. Helen Gurley Brown veröffentlichte eine gekürzte Version des Buches im *Metropolitan*. New Yorks Top-DJ Barry Farber rief: „Meine Güte, wisst ihr, was ihr da in Händen haltet, Leute? Das Ding ist seiner Zeit um fünfundzwanzig Jahre voraus – ein echter Durchbruch zum Verständnis menschlicher Motivationen." „Andererseits", sagt LaVey, „war es schier unglaublich, wie Feministinnen auf das Erscheinen des Buches reagierten. Öffentliche Bücherverbrennungen, Mahnwachen vor Buchhandlungen. Während meiner Verkaufstournee beging ich den Fehler, live im Radio anzukündigen, ich würde heute in dem und dem Buchladen sein und Bücher signieren. Sie strömten mit ihren Stiefeln und Maxiröcken in Scharen herbei."

Angesichts seiner Meinung über die wahre Macht von Frauen überrascht es nicht, dass LaVey über die Auswirkungen des Feminismus nicht viel Gutes zu sagen wusste. „Der Feminismus negiert das weiblich/männliche Wechselspiel und stellt es auf den Kopf. Es gibt eine magnetische Interaktion zwischen Männern und Frauen, die sich für magische Resultate nutzen lässt, wie ein Perpetuum mobile. Man kennt sie auch unter den Bezeichnungen Yin und Yang, aktiv und passiv … Bei Satanischen Zeremonien ist es das Wechselspiel zwischen dem dominanten Priester und dem sich hingebenden weiblichen Altar. Die Feministinnen jedoch mit ihrem vermeintlichen Streben nach Gleichheit haben das Kind mit dem Bade ausgeschüttet. Es ist auch wirklich schade, da Frauen in Beziehungen von Natur aus dominant sind, es sei denn wenn ein extrem maskuliner Mann auf eine extreme feminine Frau trifft. Die Feministinnen haben Methoden zur Beherrschung von Männern vernichtet, die sich Frauen seit Jahrhunderten boten. Dieses System jedoch war schlecht für die Konsumgesellschaft. Frauen sind die besten Konsumenten, und sie können keine Gefälligkeiten erweisen. In diesen postfeministischen, »emanzipierten' Jahren zahlen Männer und zahlen Frauen – *alle* zahlen – mit Plastikgeld, wie Gott (also das Fernsehen) es von ihnen verlangt. Für ein Tauschsystem ist da kein Platz, da Frauen sich zu gut sind, Gefälligkeiten von

Männern anzunehmen. Sie haben jetzt ihr eigenes Geld, das sie bekommen, indem sie sich fest im Wirtschaftssystem verankern. Selbst Prostituierte sind darauf abgerichtet, Geld zu bekommen und wieder auszugeben, wie es erwünscht ist.

Die meisten Männer fühlen sich bedroht und haben die Nase voll von solch anstrengenden Frauen; also stellen sie zum Zweck der eigenen Machtausübung höhere Ansprüche an sie. Sie sind so an Frauen gewöhnt, die eine Bedrohung für ihre Männlichkeit darstellen, dass sie jede Gelegenheit nutzen, den großen Macker zu markieren, auch bei einer naturgemäß passiven Frau. Darin liegt das wahre Verbrechen des Feminismus – dass sie zu Situationen führt, bei denen empfängliche Sechs-Uhr-Frauen das auslöffeln müssen, was ihnen Zwölf-Uhr-Frauen eingebrockt haben. Der Reiz eines subtilen Exhibitionismus, der Reiz des Lasziven wurde ihnen gestohlen. In vorfeministischen Zeiten waren solche Frauen vollkommen glücklich und höchst erfolgreich. Nun müssen sie hinausgehen und mit Zwölf-Uhr-Frauen konkurrieren – in Bürojobs, in der Industrie – und unter dem Frust der Männer leiden."

Wenn es darauf ankam, klangen LaVeys Ansichten mehr als nur leicht chauvinistisch. „Ich bin ein überzeugter Frauenhasser", erklärte er, „aber nur weil ich so ein Faible für weibliche Frauen habe." Die Verächtlichkeit von Frauenhassern gründet auf Eifersucht. Sie sehen, welche Macht offensiv weibliche Frauen mithilfe ihrer feministischen Mätzchen ausüben und wünschen sich, sie hätten auch ein Stück davon, bewundern sie heimlich und versuchen, sie zu kontrollieren, bevor sie selbst kontrolliert werden. „Offenkundige Mannweiber und dominante Frauen jedoch erzeugen kein dualistisches Verlangen. Wie ich schon schrieb, es sind nutzlose Kreaturen, zu stolz, um sich zu belasten, aber nicht attraktiv genug, dass man etwas von ihnen hätte. Wir Frauenhasser brauchen schamlose, anrüchige, ergebene und weiche Frauen, um unsere Männlichkeit zu steigern. Ein gut angepasster, heterosexueller Frauenhasser ist ein Bollwerk gegen diese höchst verheerende Form der Entweiblichung."

Ein weiterer schädlicher Nebeneffekt des Feminismus, so LaVey, sei die Umkehrung der sexuellen Rollen. „Es wurde alles total auf den Kopf gestellt", sagte er. „Seht euch doch nur einmal um. Es gibt einen Unterschied zwischen männlichem und weiblichem Stoffwechsel – Frauen zum Beispiel neigen dazu, die ganze Zeit zu frieren. Bei ihnen läuft der Stoffwechsel langsamer ab. Mir ist immer sehr heiß, und ich habe mich oft gefragt, warum. Warum ist es mir überall, wohin ich gehe, zu heiß? Schließlich begriff ich, was geschehen war. Vielleicht liegt es daran, dass ich ein Mann bin, der in einer Frauenwelt lebt. Wenn Männer zu Frauen werden und Frauen Wärme und Kinese brauchen, dann sind die Männer jetzt ebenso verfroren wie früher die Frauen. Sie haben den weiblichen Stoffwechsel gleich mitübernommen. Sie geben heutzutage bessere Frauen ab als richtige Frauen – es kann ihnen gar nicht warm genug sein. In einem Staat, der nur aus Frauen besteht, kann es niemandem zu heiß werden, weil es dort keine richtigen Männer gibt. Man würde dort vor Hitze umkommen, weil alles auf den weiblichen Stoffwechsel abgestimmt ist. Lysenko, Lamarck und andere sind der Spur nachgegangen, die während einer oder zweier Generationen von der Umwelt hinterlassen wurde. Für solche Veränderungen braucht es keine fünfzigtausend Jahre Evolution.

Die Männer machen jetzt Besorgungen wie früher die Frauen. »Eine Frau wird nie mit der Arbeit fertig' – das ist nun auch das Los der Männer. Seit Elvis the Pelvis bewegen sich Männer auch anders. Männer von heute kochen und putzen, während Frauen Gewichte stemmen. Früher lag die ganze Kraft einer Frau in ihren Schenkeln und ihrem Becken, während sie sich bei Männern in Armen und Oberkörper fand. Frauen trugen eine Last eher tief, Männer eher hoch. Seht euch jetzt mal um.

Männer explodieren nicht mehr so wie früher. Der kreative männliche Geschlechtstrieb wurde sublimiert, ist halbherzig geworden. Frauen bringen ihre Sexualität normalerweise auf zurückhaltende, bewahrende Weise zum Ausdruck. Sex wird ihnen zugefügt. Das ist es, was die neuen Männer brauchen –

zugefügten Sex, Hitze und Potenz von Frauen. Die neuen Frauen klagen: »Warum gibt es keine echten Männer mehr?' Unsere ganze Nation besteht aus kalten und gefühlsarmen Frauen, die sich mit ihren männlichen Gegenparts zusammenkuscheln, um sich warm zu halten. Doch Frauen sind von Natur aus keine Erzeuger. Sie werden durchströmt. Sie empfangen. Daran hat sich nichts geändert – die weiblichen Eigenheiten sind noch vorhanden und werden erfolgreicher ausgebeutet als je zuvor."

Trotzdem gab LaVey die Hoffnung nicht auf. Er sah, dass Satanische Ideen sich auf die männlich-weibliche Interaktion auswirkten und vielleicht dazu führen konnten, dass man über eine Rückkehr zu den alten Rollenbildern zumindest sprach – über eine gegenseitige Ergänzung rein maskuliner und rein femininer Charaktereigenschaften. *Die Satanische Hexe* war ein spektakulärer Anstoß zu einer Neuentdeckung der Geschlechtsunterschiede, und dies in einer durch und durch androgynen Zeit. Heute, nach etwa zwanzig Jahren versteckter Einschleusung in den Mainstream, macht Geilheit auf einmal wieder Spaß. „Auf der sich verändernden sexuellen Bühne (AIDS) gewinnt Fantasie zunehmend an Bedeutung. Die Menschen betrachten ihre sexuellen Liaisons mit mehr Besonnenheit – indem sie zu den einzig sicheren Ventilen greifen, der Geilheit und dem Voyeurismus. Frauen lernen wieder, wie man flirtet und sich auf subtile Weise zur Schau stellt. Wir benötigen eine Rückkehr zum Reizvollen und Lasziven, egal wie laut die Feministinnen aufheulen, Frauen würden ihren Körper »ausbeuten lassen'.

Frauen können die Kunst, ihre Unterschiede zum persönlichen Machtgewinn auszuspielen, neu erlernen. Es müssen aber hochentwickelte Frauen sein. Die meisten Frauen werden es vorziehen, weiterhin Schafe zu bleiben und das zu kaufen, worauf man sie programmiert, sowohl emotional auch ökonomisch gesehen. Fortgeschrittene, Satanisch ausgerichtete Frauen können sich ihren Lebensstil selbst aussuchen anstatt ihn sich aufoktroyieren zu lassen. Sie können an allen Übungen oder, wenn man so will, Ritualen teilnehmen, die ihnen helfen, der feministischen Gehirnwäsche, die an Frauen unserer Tage vollzogen wurde, den Garaus zu machen. Sadomasochistische Orgien und Teufeleien; Übungen zur Verwandlung der Gestalt; Machtspielchen – Frauen suchen in ihrem Privatleben nach mehr von diesen Dingen, denn sie sind die ideale Therapie. Doch auch hier müssen sie selbstbewusst sein, um den Willen aufzubringen, mit derlei Satanischen Ausschweifungen zu beginnen. Wenn man mit einem Bein in der Gosse steht, hat man zu viel Angst, jenen Schritt rückwärts zu gehen und an niederträchtigen, entwürdigenden Aktivitäten teilzunehmen. Fortgeschrittene Frauen jedoch wissen, dass sie umkehren müssen, um ihre Beziehungen mit mehr Fantasie, Förmlichkeit, Metaphorik, Vorstellungskraft und Magie zu erfüllen."

Es gab eine Zeit, da wurden bestimmte Frauen – weil sie außergewöhnlich attraktiv, promisk oder irgendwie ungewöhnlich waren – als Hexen verdächtigt, die sich an Sabbaten auf ihrem Besenstiel aufmachten, um mit Satan geschlechtlich zu verkehren. Vor ihrem Aufbruch, so hieß es, würden ältere Frauen sie mit einer wirkungsvollen, mit Belladonna (Tollkirsche) gewürzten Flugsalbe einreiben, um sie für ihre Reise zu rüsten. Dann brachte man den Mädchen bei, sich auf den Rücken zu legen, den Besenstiel zwischen die Schenkel zu klemmen und sich von Satan nehmen zu lassen.

In dem Film *Svengali* wird Trilby von Barrymore gezwungen, mit heißen Gedanken an ihn zu denken; sein Geist dringt zu ihr vor, über die Dächer von London hinweg. Vampire, Svengali, Satan – egal welche Metapher man wählt, sie stehen alle für eine ganz bestimmte Kraft. Für Frauen sind Fantasien ebenso real wie körperlicher Kontakt. Es sind die einzigen Verkörperungen, die einzigen Interpretationen, die wir von jener furchteinflößenden, verzaubernden, düster-romantischen Macht haben, die mit manchen Mädchen in Kontakt tritt. Irgendeine Kraft kommt über sie, spricht mit ihnen, schläft mit ihnen und überwältigt sie. Es gibt noch so viel, das wir nicht verstehen über Raum/Zeit-Fenster und wie sie sich durch reine Willenskraft manipulieren lassen. Wie könnte man Frauen besser dienen als durch Fernkontakt, Fantasie und Kunststücke?

Die Obsessionen beginnen schon im jungen Alter, flammen in der Pubertät neu auf und sind Ursache einer unerträglichen Sehnsucht, einer unbeschreiblichen Ekstase beim „Berührtwerden". Es ist ein pulsierendes Getriebensein, ein wogendes Verlangen. Mädchen stoßen auf verbotene Bücher, suchen nach verruchten, verbotenen Ideen, um diese Sehnsüchte zu stillen. Sie versuchen herauszufinden, was mit ihnen geschieht. Nach langem Forschen kommen viele von ihnen auf die Idee, von Satan berührt worden zu sein.

Hinter all jenen fiesen Tricks mit High Heels, Nahtstrümpfen, Fantasien, Fetischen und Düften lauert jedoch der wahre und gefährliche Inhalt von Anton LaVeys *Satanischer Hexe*. Es ist ein Thema, das 1970 noch nicht direkt angegangen werden konnte und auch heute noch ein Tabu darstellt. LaVey schrieb in Wirklichkeit ein Lehrbuch der Eugenik, getarnt als ein Buch über praktische Hexenkraft. Ein Buch, in dem er mit List und Tücke ein System für angewandte natürliche Selektion unters Volk brachte, die jede Frau anwenden kann, die seine Ausführungen liest und befolgt. „Infolge des Zwangs zur Gleichmacherei", sagte LaVey, „wird die verlorene Wissenschaft der Eugenik – also der Kunst, Menschen zu typisieren – heute geächtet, und der Darwinsche Prozess der natürlichen Selektion wurde praktisch in sein Gegenteil verkehrt."

ABBILDUNGEN

Oben links: Im Jahre 1948, nachdem er als Musiker in den Varieté-Häusern von San Francisco wie dem Mayan Theater (wo er Marilyn kennenlernte) aufgetreten war, hatte LaVey bereits jene Mischung aus Satanismus und Film-noir-Symbolik kreiert, die zu seinem Markenzeichen werden sollte. **Oben rechts**: LaVeys Mitarbeiterausweis beim Zirkus. **Unten links:** Der perfekte Jahrmarktsschausteller mit greller, handbemalter Krawatte. **Unten rechts:** Im House Of Harmony, 1961.

Oben: Bis zum Jahre 1955 hatte LaVey oft mehrere Jobs gleichzeitig: als Hypnotiseur, Musiker, Erforscher des Übersinnlichen und Magier. Das Bild zeigt ihn vor einer Hammond-Zugriegelorgel.

Unten links: Beim Clyde-Beatty-Zirkus arbeitete sich LaVey vom Manegenboy zum Löwenbändiger empor. Als Siebzehnjähriger arbeitete er in einer großen Manege mit acht nubischen Löwen und vier bengalischen Tigern gleichzeitig. Im Laufe seiner Zirkus- und Kirmestage freundete er sich mit vielen außergewöhnlichen Typen an, wie etwa Lou Armstrong und seinem Liliputaner-Helfer Jimmy Armstrong (links im Bild). **Unten rechts:** LaVey mit Anfang zwanzig an der großen Wurlitzer-Kinoorgel.

LOU
JACOBS

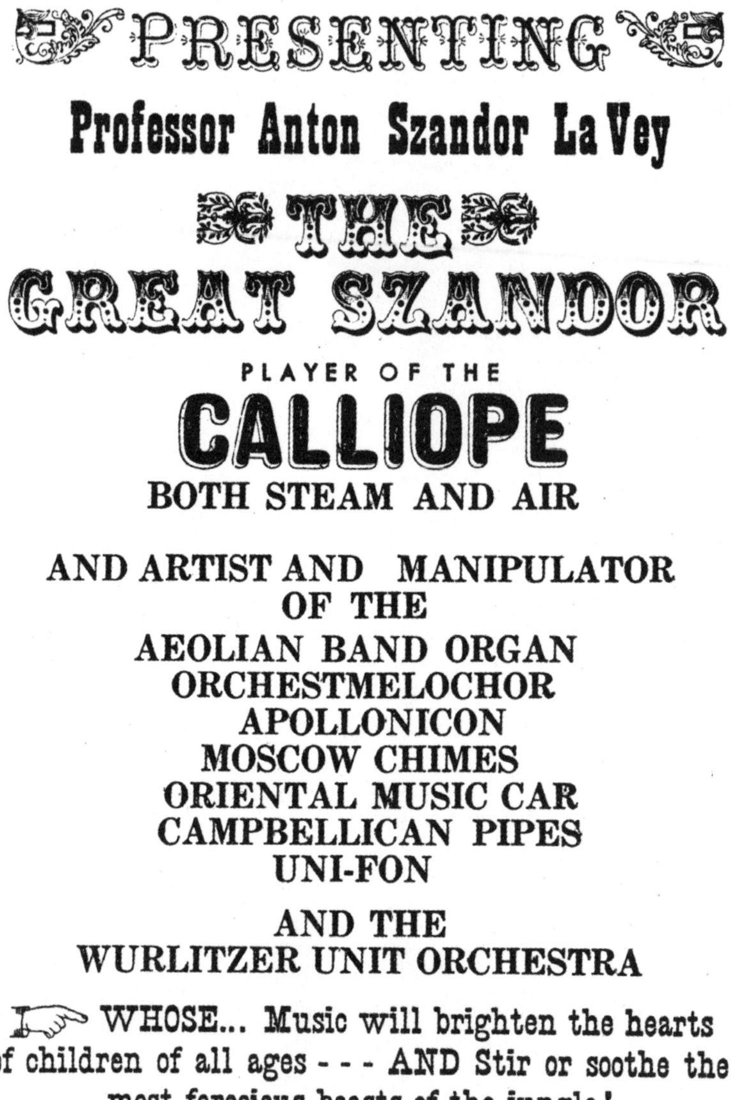

Theaterplakat für eine Frühvorstellung.

Anton spielt auf einer seiner Freitagnacht-Zusammenkünfte. Ein Jahr später ließ er sich den Schädel kahlscheren und gründete die Church of Satan in der Walpurgisnacht 1955.

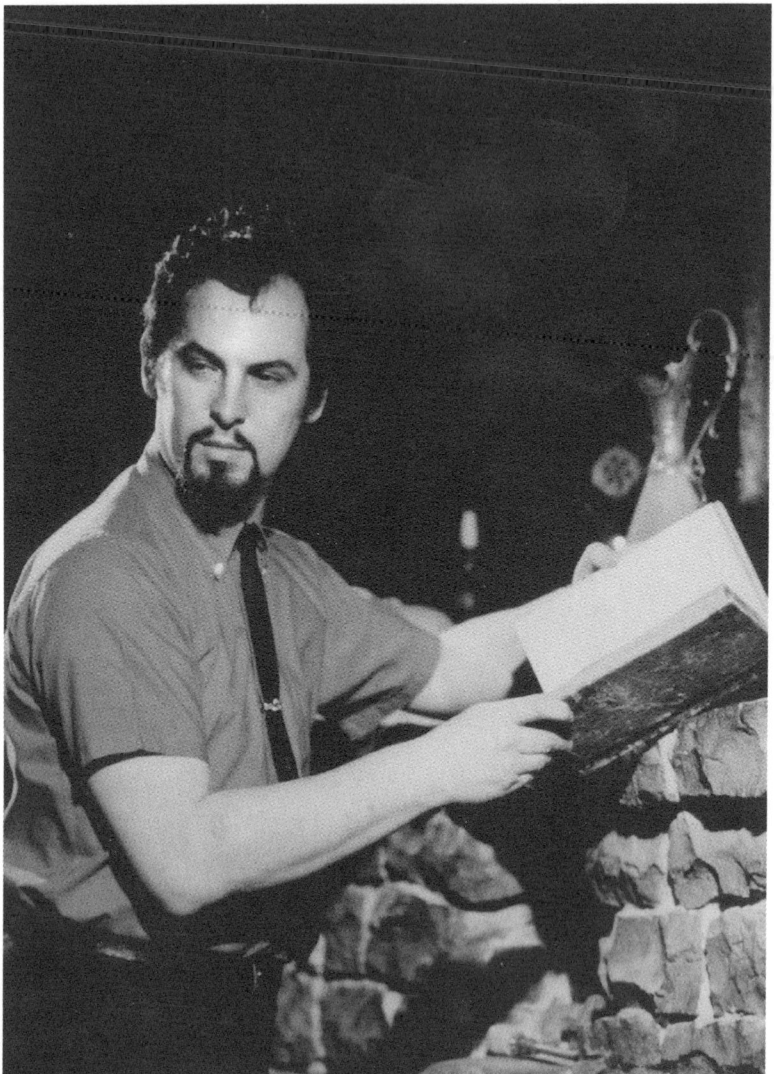

LaVey vor dem überdimensionalen Altar in der Vorderen Ritualkammer des Black House, wo er öffentliche Rituale und seine Vorträge über das Paranormale abhielt. 1965.

Mit Hilfe seiner professionellen Hypnosekunst linderte LaVey Dianes Schmerzen bei der Geburt von Zeena. 1965.

Oben: Als Togare (LaVeys nubischer Löwe) noch ein Tierjunges war, besuchte LaVey mit ihm oft örtliche Schulen, damit die Kinder einmal einen echten Löwen streicheln konnten.

Unten links: Zambezi war eine Kreuzung aus afrikanischer Wildkatze und Abesinnierkatze (1990, Abdruck mit Genehmigung von Nick Bougas).

Unten rechts: LaVey mit dem ausgewachsenen Togare. In den Anfangstagen der Church war der Löwe sein ständiger Begleiter. Das Foto zeigt sie auf den Eingangsstufen zum Black House, 1967.

LaVey mit Boaz, seiner gutartigen Boa constrictor (Abdruck mit Genehmigung von Nick Bougas).

Diese berühmte Sterbebett-Skizze von John Barrymore wurde von John Decker auf braunes Paketpapier gezeichnet. Decker und Barrymore waren Mitglied einer Vereinigung von Schriftstellern, Schauspielern und Lebemännern aus Hollywood, denen auch W.C. Fields, Ben Hecht und Gene Fowler angehörten. Fowler schrieb Oden zu Ehren der Satanischen Mächte und nahm die Namen verschiedener Teufel an.

Oben: Zwei von LaVeys künstlerischen Umsetzungen des Lasziven. Das linke Bild ist aus dem Jahre 1956 und mit „Zorilla" signiert, einem Künstlernamen LaVeys; das rechte Bild, das eine bekümmerte Frau zeigt, stammt aus dem Jahre 1961.

Unten: LaVeys Foto von seinen Androiden im Todeskampf.

LaVeys Dorian-Gray-„Porträt auf dem Dachboden“

Anton mit einem seiner frühen Gemälde, etwa 1955.

Fotos von LaVeys kurzer Karriere als Polizeifotograf für das San Francisco Police Department.

Seite 263: Die älteren Fotografen kritisierten LaVey, weil er eine winzige 35-mm-Kamera benutzte anstatt der auch heute noch üblichen Standard-Boxkamera. Er beeindruckte seine erfahreneren Kollegen mit dieser Weitwinkelaufnahme, die er machte, nachdem er mit seiner weitaus transportableren Kamera das Takelwerk eines in der Nähe angedockten Schiffes erklommen hatte.

Seite 264: Die erste öffentliche Satanische Hochzeit. LaVey begleitet 1967 die Salonlöwin Judith Case und den radikalen Journalisten John Raymond in den unheiligen Stand der Ehe. Foto von Joe Rosenthal, der das Hissen der Flagge auf Iwo Jima fotografiert hatte.

PHOENIX
SAN FRANCISCO

1J77256
8

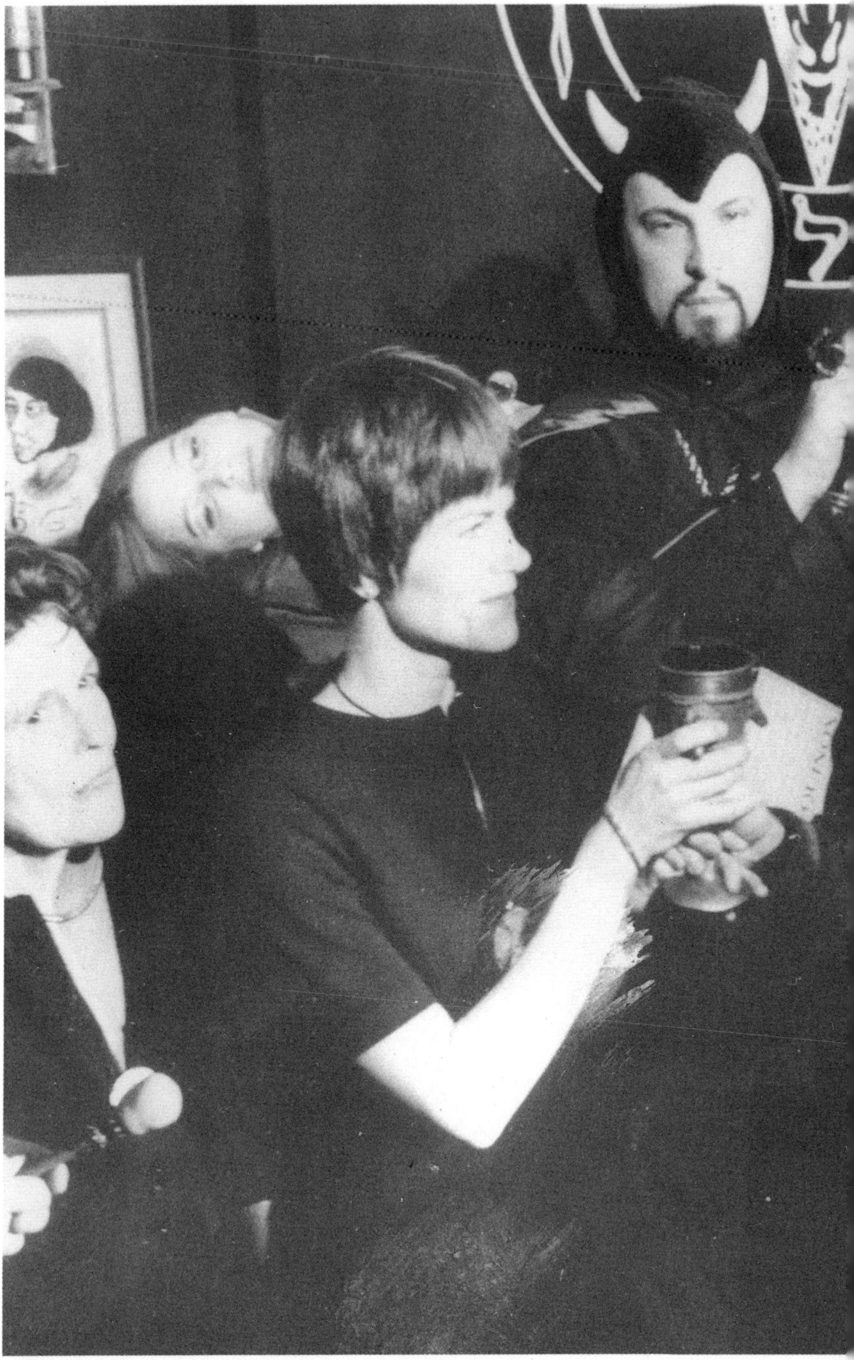

LaVey vor der Geheimtür zur vorderen Ritualkammer.

Der Schwarze Papst ermuntert eine heiratsfähige Messdienerin zur irdischen Sinnesfreude. Während der Anfangsjahre der Church of Satan erschienen zahlreiche solcher Fotos in Männermagazinen.

Die erste Satanische Trauerfeier, geleitet von Edward D. Olsen. Der schwarzgewandete Warlock in der Bildmitte ist der berüchtigte Filmemacher Kenneth Anger.

Die Mörderin Susan Atkins tritt in ihrer vampirischen Rolle in LaVeys Oben-ohne-Hexen-Revue (in der Zeit vor den Manson-Morden) aus einem Sarg.

LaVey mit Ernest Borgnine und Ida Lupino als teuflischem Paar während der Filmarbeiten zu The Devil's Rain im Jahre 1975, bei dem LaVey als Berater tätig war.

Oben: Filmplakat für Witchcraft '70, der amerikanischen Version von Luigi Scattinis Angeli Bianchi … Angeli Neri.

Unten: Der verstorbene Dr. Cecil Nixon mit seiner handgeschnitzten Automatenfrau Isis, die auf gesprochenen Befehl ein Repertoire von dreitausend Liedern spielen konnte. Nur Dr. Nixon kannte die richtigen Einstellungen, um sie in Aktion zu setzen. Er gab sein Geheimnis an Anton weiter.

Der Hohepriester in der Mitte zwischen dem Ufo-Forscher, Computerwissenschaftler und Ikonoklasten Jacques Valler sowie dem französischen Publizisten (Morning Of The Magicians), Höhlenforscher und Zwergenkönig Aimé Michel.

LaVey zu Besuch bei Jayne Mansfield in ihrem Haus am 10.100 Sunset Boulevard. Gleich in der Nähe der herzförmige Swimmingpool.

Anton und seine hingebungsvolle Schülerin Jayne. Fotos von Walter Fischer, 1967.

LaVey mit der Rocklegende King Diamond, einem überzeugten Verfechter des Satanismus.

LaVey mit dem derzeitigen Hohepriester der Church of Satan, Magus Peter H. Gilmore.

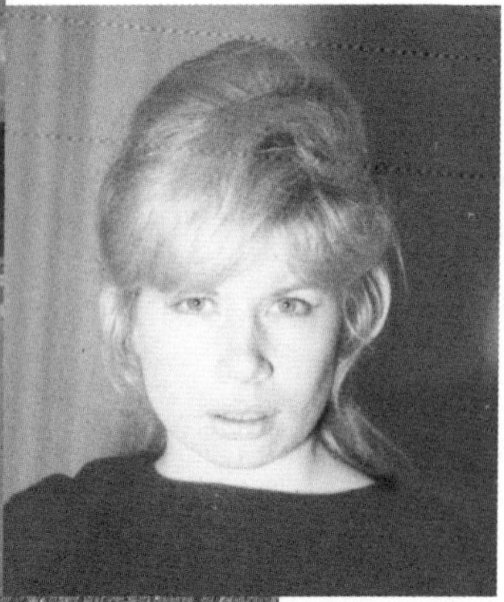

Oben links: Diane Hegarty, über 24 Jahre seine geliebte Lebensgefährtin und Mutter von Zeena.

Oben rechts: Antons Frau Carole.

Unten: Antons älteste Tochter Karla Maritza LaVey.

LaVey und die Autorin, 1990.

(Alle Fotos mit freundlicher Genehmigung von Nick Bougas.)

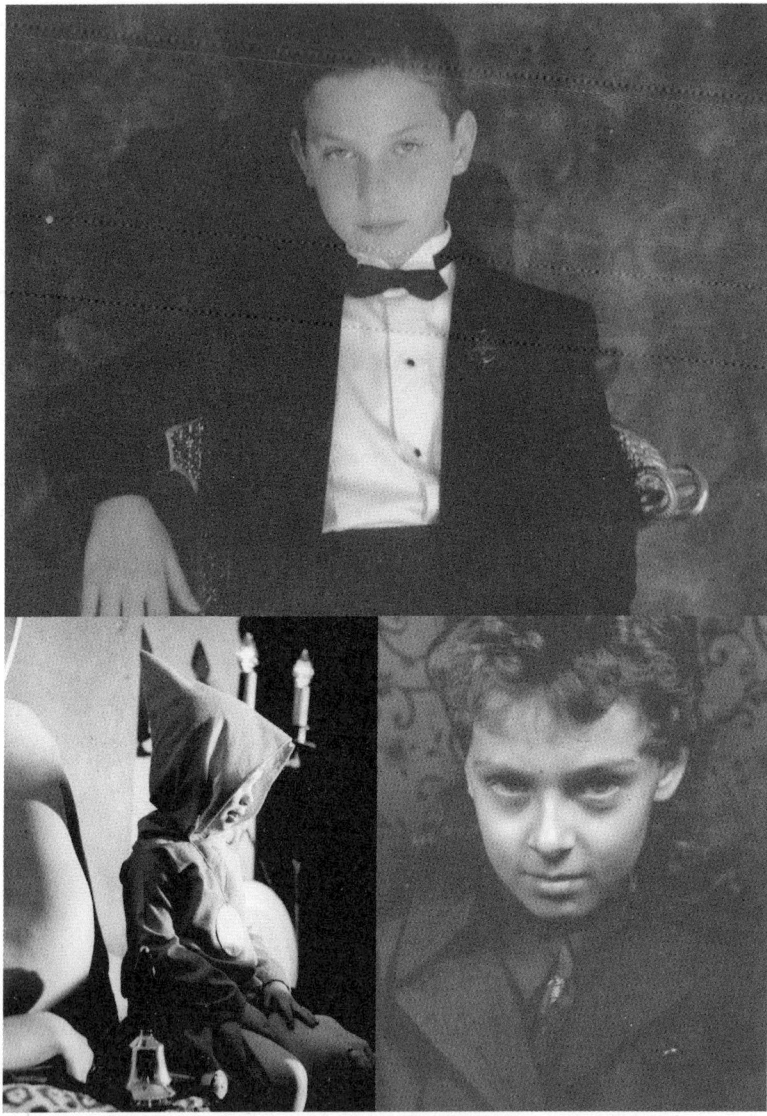

Oben: Zeenas Sohn Stanton Zaharoff LaVey, geboren 1978. (Foto: Gisela Getty.)

Unten links: Zeena Galatea LaVey bei ihrer Taufe im Jahre 1967.

Unten rechts: Unser Sohn Satan Xerxes LaVey, geboren 1993.

(Foto mit freundlicher Genehmigung von Christopher Media, 2002.)

Zeena LaVey.

(Mit freundlicher Genehmigung von Nick Bougas.)

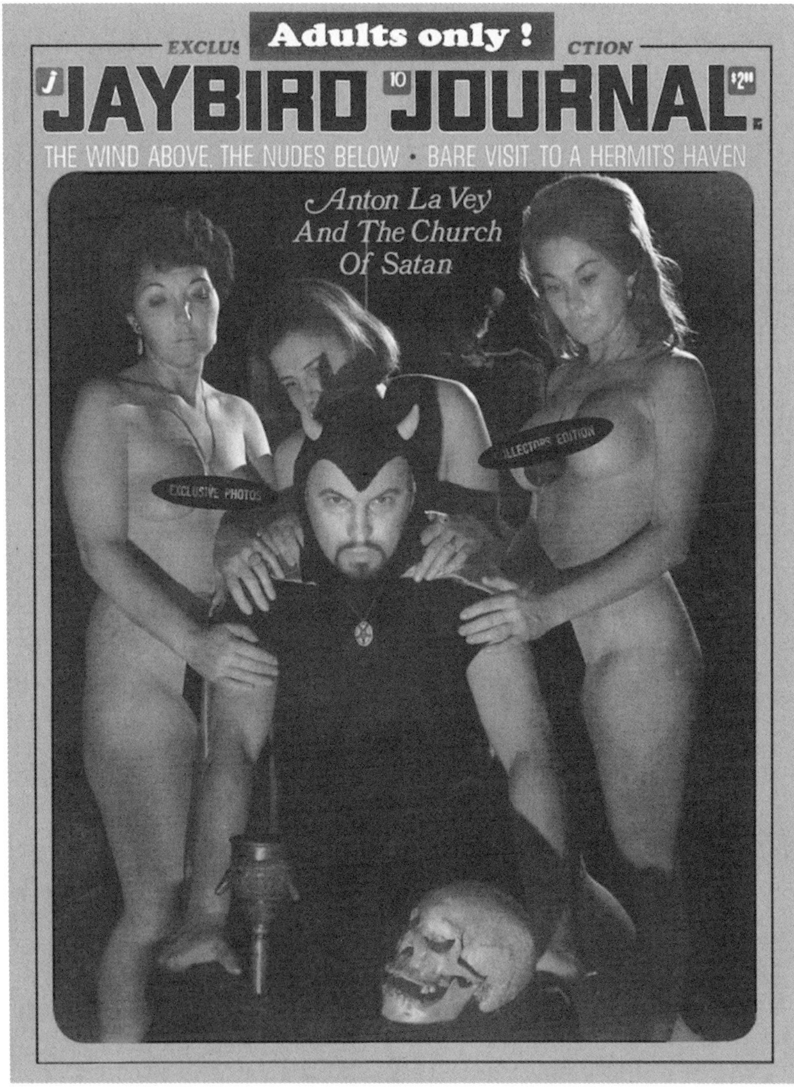

Links: LaVey mit seinem persönlichen magischen Symbol, dem von einem Blitzstrahl durchstoßenen, inversen Pentagramm.

Oben: Ausführlicher Coverbericht von Nat Freedland in dem Softporno-Magazin Jaybird Journal, März 1968.

Auf einem seiner letzten Porträts zeigt sich LaVey gewappnet für die Unsichtbare Revolution.

(Mit freundlicher Genehmigung von Nick Bougas)

KAPITEL FÜNFZEHN
Land der Masochisten

Ein immer wiederkehrendes Thema in LaVeys Schriften und Gedankenspielen war die Theorie, dass es für die meisten Menschen nur zwei Antriebskräfte gibt: Schmerz und Angst. „Je mehr Schmerz ihnen irgendetwas bereitet, umso besser gefällt es ihnen", sagte LaVey. Der Masochismus sei bereits seit vierzig Jahren groß im Kommen, vor allem seit den sechziger Jahren. Um zu erklären, warum, stellte LaVey auf seine unnachahmliche Weise eine Verbindung her zwischen Themen wie Schmerz, Überbevölkerung, Vergnügungsfahrten auf dem Jahrmarkt, Joggingschuhen, Christentum und Kapitalismus, und versuchte auf diese Weise zu erklären, was sich in der Psyche von Amerikanern abspielte. Wie alle Betrachtungsweisen LaVeys hatte auch diese einen verstörend Machiavelli'schen Beigeschmack.

LaVey beschrieb sich selbst als einen „sehr glücklichen Menschen in einer zwanghaft unglücklichen Welt".[28] Je mehr die Gesellschaft der Nachkriegsära zur Konsumgesellschaft werde, umso mehr müsse dafür gesorgt werden, dass das amerikanische Volk unbefriedigt bleibe, ungebildet und verunsichert, was seine wirtschaftliche Stabilität betrifft. Wir müssten in einer angreifbaren Position bleiben, leichte Beute sein für TV-Werbespots und Politiker. Selbstbewusste und gefestigte Menschen hätten es nicht nötig, sich das richtige Deo zu kaufen oder täglich ein bestimmtes Soll an Kilometern zu joggen, um gesellschaftliche Akzeptanz zu erlangen.

Die menschliche Entwicklung zur Drohne (das heißt, zum idealen, leichtgläubigen Konsumenten), so LaVey, begann während des Zweiten Weltkriegs, als die Dringlichkeit der Situation es erforderlich machte, dass Frauen in Männerberufen arbeiteten und in Fabriken und auf Farmen männliche Rollen verkörperten, während ihre

Ehemänner und Geliebten in Europa und auf dem Pazifik kämpften. Die Wirtschaft befand sich nun in weiblichen Händen, und das Marktgeschehen richtete sein Hauptaugenmerk auf weibliche Launenhaftigkeit und typisch weibliche Unsicherheiten.

„Frauen sind bessere Konsumenten als Männer", sagte LaVey, „da sie von Natur aus masochistisch sind. Schon lange vor mir hat das auch Freud gesagt – das ist einer der Gründe, weshalb er in unserer postfeministischen Ära derart in Ungnade fiel. Frauen haben ein Bedürfnis nach mehr Bewegung, körperlicher Aktivität, einen hohen Energieausstoß. Dabei spreche ich von Frauen am unteren Ende und Männern am oberen Ende der Uhr. Körperliche Ausprägungen wie der rein feminine Typus sind von Natur aus unsicherer und demonstrieren diese Unsicherheit gern auf spielerische Weise. Sie sind formbarer, verwundbarer. Und all dies verschafft sich Ausdruck beim Verkauf von Produkten. Eine Sache, die sich aus sich selbst speist." Als die Männer vom Krieg nach Hause kamen, änderten sich die Verkaufsmethoden nicht. Die Geschlechterumkehrung erlebte ihre Blütezeit im Jahre 1955, als die erste *Playboy*-Ausgabe an den Kiosken auslag. Was LaVey als Frauen „vom oberen Ende der Uhr" bezeichnet – großgewachsene Frauen mit großen Brüsten, breiten Schultern und schmalen Hüften – wurden glorifiziert, während rundliche, hübsche Kewpie-Doll-Mädchen als „dick" in Verruf kamen. Die Männer wurden daraufhin dazu ermuntert, selbst die weibliche Rolle zu übernehmen, indem sie die maskulinen Frauen vom oberen Ende der Uhr bewunderten.

Romantischer Idealismus und die Freude am Lasziven wurden verteufelt, als die klinische, gynäkologische Beurteilung von Frauen die Oberhand gewann. Die Film-noir-Ära mit ihren treu ergebenen Chormädchen und den gangsterhaften Antihelden ging zu Ende. Grelle, sensationelle Farbfilme mit sauberen und gesunden Frauen in Rüschenkleidern waren der letzte Schrei. Verschwunden die billig-verführerischen Kellnerinnen, die mithilfe ihres subtilen Exhibitionismus alles bekamen, wonach ihnen gelüstete. Frauen werden entsexualisiert, Männer entmaskulinisiert, an ihre Stelle trat das Ideal des rundschultrigen Madison-Avenue-Typs im grauen Flanellanzug.

Und dann folgte die Blütezeit der Drohne: die Hippies – für LaVey der erste Schritt zur Rückentwicklung des Menschen – durch und durch androgyn, überzeugt davon (alle fünfzig Millionen von ihnen), sie wären Rebellen gegen unsere Gesellschaft, und von Drogen derart ausgepowert, dass sie nicht mehr selbständig denken und nichts mehr von dem hinterfragen konnten, was man ihnen vorsetzte (obwohl sie alle von ihrer Individualität und Einzigartigkeit überzeugt waren). Was eignet sich besser dazu, Menschen empfänglich für Übergriffe zu machen, als sie mit angeblich bewusstseinserweiternden Drogen vollzupumpen? „In den dreißiger und vierziger Jahren waren die Leute in der Regel nicht so leichtgläubig. Sie waren nicht sehr kultiviert – es gab einfach zu viel, das sie noch nicht durchgemacht hatten. Heutzutage ist jeder kultiviert und schlau – aber auch viel leichtgläubiger und naiver als noch vor vierzig Jahren."

LaVey erkannte, dass das Christentum keine geringe Mitschuld an der herrschenden Konsumabhängigkeit trug. Wenn eine Religion blinden Glauben, blindes Vertrauen auf Autoritäten und Unwissenheit predigt, kann niemand mehr für sich selbst denken. So wie einst Priester sich für ihren Heiland geißelten, so erklärt der Sportwarenhändler heute seinen Kunden: „Ohne Fleiß kein Preis." Dieselbe Absicht, nur eine andere Verkaufsstrategie. Es gibt nur drei Eigenschaften, die beim Menschen von heute honoriert werden: Dummheit, Irrationalität und Verantwortungslosigkeit.

„Es sind Masochisten", erklärte LaVey, „unbewusste, unerkannte Masochisten. Sie leben in einem Binärsystem, sie könnte ebenso gut Maschinen sein. Lieben/sterben, hassen/sterben, rennen/sterben. Keine Zwischentöne, keine Schattierungen, keine Feinabstufungen. Nichts als ein/aus, schwarz/weiß, gut/böse, handeln/sterben. Entweder müssen sie treten, kratzen, schikanieren, aufstacheln – oder sterben. Dazwischen gibt es nichts. Es ist ein Teil der

Todessehnsucht, das calvinistische Ideal der Zurückhaltung. Die meisten Menschen haben das Bedürfnis, bestraft zu werden. Auf diese Weise gewinnen sie immer. Vertrauen sie auf sich selbst, wie all jene Bücher es ihnen raten, und bekommen, was sie wollen, haben sie gewonnen. Versetzt ihnen jemand einen Schlag auf die Nase, bekommen sie, was sie wollen – persönliche Aufmerksamkeit, Schmerz, das Gefühl, lebendig zu sein. Sie spielen auf Risiko. Wenn sie mit zehn Leuten aneinanderrücken und einer von ihnen gibt ihnen, worum sie betteln, gehen sie in Führung. Es ist wie bei Geschäftsleuten – der Verkauf beginnt mit dem ersten «Nein».

Es gibt einfach zu viele Menschen, die unser System tragen muss. Es ist ein Gesetz wie das der Schwerkraft oder der Thermodynamik – je mehr Menschen es gibt, umso dümmer werden sie sein. Das Wichtigste, das eine übervölkerte Gesellschaft fördern und bereitstellen muss, ist das unveräußerliche Recht auf Dummheit – so wie in «Leben, Freiheit und das Streben nach Dummheit». Anders ist es wirtschaftlich nicht zu bewerkstelligen. Immerhin, ist das nicht alles, worum es beim Glücklichsein geht? Es hieß immer, die einzig wirklich glücklichen Menschen finde man im Irrenhaus.

Menschen, die wir als selbstmordgefährdet bezeichnen, sind im Grunde gar nicht anomal – sie bringen nur die Gefühle eines Großteils der Gesellschaft zum Ausdruck. Sie wollen im Grunde nicht leben, sie wollen *tatsächlich* sterben. Es ist ihnen zu viel Arbeit zu leben, Emotionen voll auszuleben, loyal zu sein, zu atmen, vorwärtszustreben, ihr Potenzial auszuschöpfen – es ist einfach zu viel Arbeit. Sie wollen eigentlich nur ein wenig herumeiern und dann umfallen.

Die meisten Menschen müssen in ihrem Leben für Aufruhr sorgen oder ihn sich von anderen servieren lassen. Sie wandeln durchs Leben auf der Suche nach Zerstreuungen und Fluchtwegen, damit sie nicht übers Leben nachdenken müssen. Und auf der Suche nach einem Scharfrichter, der sie tötet. Die Schwachen sehen jemanden, der ihnen stark vorkommt, erfolgreich, überlegen, und dann stupsen sie ihn so lange an, bis er sich umdreht und sie zerschmettert. Dann ist ihr ultimatives Ziel, ebenso wie der Orgasmus zum Zeitpunkt des Todes, die Ekstase, die sie verspüren, wenn ihr Genick kracht.

Das ist der Grund, weshalb man Parasiten auf schmachvolle Weise krepieren lassen muss, ohne dass sie in der Lage sind, auf dich zu zeigen und zu sagen: „Seht mal, was er mir antut." Das sind Masochistenträume. Sie *wollen* zum Opfer werden, damit es ihre Identität ist (die einzige, die sie je hatten), den Starken mit Hilfe ihrer Anklagen zu vernichten. Aber so wohltätig bin ich nicht."

Von Zeit zu Zeit wirkt LaVeys hemmungslose Misanthropie geradezu furchteinflößend. „Ich gehe noch einen Schritt weiter als Carl Panzram, der sagte «Ich befreie sie aus ihrem Elend.» Ich sage: «Ich lasse sie etwas fühlen, das sie sonst nie gefühlt hätten. Ich stimuliere sie – zum ersten Mal in ihrem Leben.» Selbst im Sterben sind sie lebendig.

Sie *sollen* leiden – auch ich muss Tag für Tag unter meiner Wahrnehmung leiden. Sie wachen jeden Tag in einer neuen Welt auf. Sie müssen sich nicht irgendwelchen Dämonen oder Angreifern stellen. Es sollte Gleichgewicht herrschen. Meine Philosophie lautet «Ich muss es erdulden – warum nicht auch sie?» Mich würde man nicht so leicht davonkommen lassen! Satanisten sehen sich täglich mit einer Welt konfrontiert, in der jeder ihnen zu erklären versucht, dass sie sich irren, einer Täuschung unterliegen. Warum sollten nicht auch dumme Menschen zu etwas mehr Weitblick gezwungen werden?"

Zur politischen Maschinerie in den Vereinigten Staaten wusste LaVey nicht viel Positives zu sagen. Für ihn war sie nicht mehr als ein Publikumssport, der veranstaltet wird, um die Menschen beschäftigt zu halten, während die eigentlichen Karten ganz woanders gemischt werden. „Die meisten Menschen wollen sich keinen Führer erwählen – sondern einen Scharfrichter. Wenn sie sich also «einen Führer wählen», sagen sie damit in Wirklichkeit: «Ich will, dass du das Fallbeil betätigst, nicht der andere.»"

Heute gebe es zu viele *Gauleiter*-Zombies, so LaVey – diensthabende Vorarbeiter-Zombies, die in Wirklichkeit selbst Mediensklaven und mehr als gewillt sind, aus der Masse der verbleibenden Nicht-Zombies zu schöpfen, die es nicht anders verdient haben.

Das Problem bei einer Gesellschaft, die nur möglichst viele Konsumenten heranzüchten will, liegt auf der Hand – die Starken werden degradiert, die Evolution kommt zu einem Stillstand oder verläuft sogar in die falsche Richtung. Das Prinzip vom „Survival of the Fittest" wird in sein Gegenteil verkehrt, da die Schwachen die besseren Konsumenten sind. Folglich werden die minderwertigsten Elemente erhalten und geschützt, die hochwertigsten Elemente jedoch abgeschreckt. Intelligenz, Einfallsreichtum, Originalität, Außergewöhnlichkeit – all jene Bestandteile des menschlichen Geistes, die uns auf dieser Erde zur erfolgreichen Spezies gemacht haben, werden uns abgezüchtet.

Gibt es Möglichkeiten für höher entwickelte Menschen, sich vor dem um sich greifenden, masochistischen Konsumdenken und der daraus entstehenden Dummheit zu schützen? LaVey hatte einige Vorschläge parat, sowohl von kurzlebiger Natur als auch für die dauerhafte praktische Anwendung. „In alten Zeiten reichten ein Tor, eiserne Gitterstäbe und ein Wächter, um sich vor Eindringlingen zu schützen. Heute jedoch gilt es, Schutzmaßnahmen gegen den legalisierten, offiziell genehmigten Diebstahl zu finden, der zur Zerstörung der hochwertigsten, individuellsten Elemente führt. Wir brauchen einen Plan, ein Format, eine Richtlinie zu unserem Schutz. Heute werden geistig entwickelten Menschen ihre Rechte gestohlen, ihre Willenskraft, ihre ganz besondere Eigenart – ebenso wie einst Stereoanlagen aus Autos gestohlen wurden.

Die Großindustrie entwickelt heute für alle möglichen Dinge Steueroasen. Genau das müssen wir auch erreichen, selbst wenn es an die Grenzen des Abstrakten rührt. Kein Mensch würde davon ausgehen, dass andere etwas stehlen wollen, das in seinem Kopf ist – seine Erinnerungen, seine Gefühle, seine Wahrnehmungen -, aber genau das geschieht. Satanisten müssen sich mit Farbe und Tarnung schützen, mehr als je zuvor. Alles, worauf andere es abgesehen haben – sei es real oder abstrakt – muss vermutlich durch Scheinfirmen geschützt werden – eine Sache, für die menschliche Vakuums gut sind, ohne es zu wissen. Wir müssen ein Vorarbeitersystem aus kompetenten, scharfsinnigen Menschen entwickeln, damit echte Führer nicht dazu gezwungen sind, ihre Zeit zu verschwenden. Denn Zeit ist eine weitere abstrakte Ware, die erfolgreiche Menschen sich von Zombies stehlen lassen müssen."

Neben diesen Sicherheitsvorkehrungen und Schutzmaßnahmen für höher entwickelte Menschen empfahl LaVey auch einige Methoden, um menschlichen Masochismus in angemessene Kanäle zu lenken. Als Beispiel führte er eine Zeremonie aus den frühen Tagen der Church of Satan an – das sogenannte Stärkungsritual. LaVey wählte dazu eine Person aus, die jenen Teil der Welt repräsentierte, der beschädigt werden muss, damit man glücklich sein kann – jemanden, dessen Persönlichkeit ein kleines Stück von dem Masochismus enthielt, der den Kern des Schuld- und Sündenkomplexes frommer Christen darstellt, jedoch dagegen rebellierte, aufgrund seiner unkonventionellen Ansichten herumgestoßen zu werden. Anstatt sich durch Selbstgeißelung von ihren Übertretungen zu befreien, wie es in der christlichen Religion üblich ist, peitschten die Mitglieder diese Person aus und bezeichneten sie als „Gefäß des Heiligen Schmerzes", das auf diese Weise ihre Vergehen in sich aufnahm. Eine Abart dieser Idee empfahl LaVey der Gesellschaft im Allgemeinen. Seiner Meinung nach könnten wir alle frei sein von Zwiespalt, wenn wir den Mut besäßen, unsere eigenen naturgegebenen Neigungen zu entdecken, anstatt blind (in mehrfacher Hinsicht) alles zu kaufen, was man uns anbietet.

Als Erstes müssen wir semantische Fallstricke beseitigen – Chef und Sekretärin; Sadist und Masochist; Herr und Sklave. „Die Leute sollten keine Angst davor haben, Worte zu gebrauchen, die scheinbar Schwäche und Unterwürfigkeit ausdrücken", so LaVey. „Wenn es drauf ankommt, ist der Herr oft mehr von seinem Sklaven abhängig als umgekehrt. Und was wäre schon ein Chef ohne eine tüchtige Sekretärin? Sie ist die Einzige, die weiß, wo sich alles befindet. Wir brauchen keine neue Sprache zu erfinden (wie Feministinnen es versucht haben); die Leute reagieren darauf nur ärgerlich und verweigern sich. Die einfachste und effektivste Methode besteht darin, zu nehmen, was gegeben wird, und es umzudefinieren. Wenn jemand das Wort «Sklave» hört, soll es an die authentischere Bedeutung als «Unterstützer, Befürworter» erinnern. Der «Meister» ist ein Motivator, ein Lieferant. Ebenso lässt sich die Bezeichnung «Satanist» unter einem positiveren Blickwinkel betrachten. Es ist die gesamte Philosophie des Satanismus – nimm ein Tabuwort, ein Tabuthema, und nutze es zu deinem Vorteil."

Es hat seine Vorteile, wenn man in der Lage ist, Schmerz zu genießen. Die besten Geschäftsleute müssen ein wenig masochistisch veranlagt sein, da sie unglaubliche Risiken auf sich nehmen und trotzdem nicht verzagen. Ein genussbetonter Mensch würde sich von vornherein geschlagen geben, weil er zu sehr den Schmerz fürchtet, die ganze Sache in den Sand gesetzt zu haben. Viele masochistische Menschen sind auch die erfolgreichsten, da sie gelernt haben, ihre Vorlieben in einer kontrollierten, beherrschten Umwelt auszuleben, die ihrem Erfolg nicht gefährlich werden kann. Masochisten zeigen eine größere Bereitschaft, etwas zu riskieren und dabei zu verlieren – es stört sie nicht, wenn sie verletzt werden. Wenn ein Masochist gewinnt, dann gewinnt er. Wenn er verliert, gewinnt er trotzdem."

Dennoch zog LaVey einen deutlichen Trennungsstrich zwischen selbstzerstörerischem Masochismus und nutzbringendem Masochismus. Es sind zwei verschiedene Aspekte einer Person, die den Unterschied bestimmen zwischen Misserfolg und Erfolg. Es gibt selbsterhaltende Masochisten, die ihre Vorlieben exerzieren/exorzieren, um weltliche Gewinne zu erzielen, und es gibt selbstzerstörerische Masochisten, die auf Selbstbekämpfung programmiert sind. Im LaVey'schen Kosmos zeigt sich der Unterschied zwischen einer unterlegenen und einer überlegenen Frau darin, ob sie sich selbst mit klarem und mutigem Blick betrachten und aus dem, was sie hat, den größten Vorteil ziehen kann. Ein Masochist, der sich seiner selbst bewusst ist, kann eine extrem starke Persönlichkeit und ein potenzieller Verbündeter sein.

Um an diesem Prozess der Entdeckung und aufrichtigen Nutzung von Schmerz teilzunehmen, empfahl LaVey die Einrichtung von Kliniken, die sich an der Philosophie der Church of Satan orientierten und eher darauf zielten, sich durch den Genuss von Schmerz von seiner Schuld zu reinigen, als jeden von seinen masochistischen Neigungen „heilen" zu wollen. Er hatte sogar Ideen für ganz bestimmte, die Therapie unterstützende Maschinen, die er „auto-erotische Erregungsbehälter" (Auto-Erotic Agitation Tumblers) nannte – große, zylinderförmige Gefäße, die vibrieren und herumhüpfen, während die Frau in ihrem Inneren hin- und hergeworfen wird. Solche Maschinen würden das weibliche Gegenstück bilden zur anatomisch perfekten menschlichen Gefährtin – hervorragende Masturbationsgeräte für Frauen, die es letztlich schaffen würden, sich selbst hochzuschaukeln, um die in ihnen gestaute Energie zu jedem gewünschten Zeitpunkt freizusetzen. „Wenn es das richtige Forum gäbe, auf angemessene Weise präsentiert, könnten Frauen ihr Leben selbst in die Hand nehmen und würden nicht mehr irgendwelchen Modeerscheinungen zum Opfer fallen. Sie würden beginnen, ihren Masochismus zu kontrollieren und für sich zu nutzen."

LaVey empfahl dem ganzen amerikanischen Volk, Masochismus sowohl auf privater als auch öffentlicher Ebene zu praktizieren. Massenbewegungen (Christentun, Fernsehen, Konsumgesellschaft) beuten das individuelle und instinktive Bedürfnis nach Liebe aus, indem sie es auf Massenebene hochstilisieren. LaVey empfahl ein privates Abkommen zwischen Frauen und Männern, sich auf die

Herr-und-Sklavin-Komponente einer erfolgreichen Partnerschaft zu konzentrieren. Nicht selten kommt es bei Paaren zu Problemen, weil eine der beiden Personen nicht dominant genug ist, um die Rolle des Herrn und Meisters zu verkörpern. „Ist es nicht besser, sich seinen Meister selbst aussuchen zu können, als einem unpersönlichen Meister dienen zu müssen?" fragte LaVey. „Unsere Konsumgesellschaft züchtet zu viele achtlose, nutzlose Menschen heran. Vorausgesetzt man hat die Wahl – ist es dann nicht besser, benutzt zu werden, als nutzlos zu sein?"

LaVey erkannte, dass wir uns derzeit in einem konsumorientierten „Unsichtbaren Krieg" befinden, inklusive hochtechnologisierter, chemischer und elektromagnetischer Waffen, inklusive Massenkontrolle und Wetterkontrolle und Irreführung zwecks Verschleierung des gesamten Unterfangens. Er behauptete, für Verschwörungstheorien bestehe kein Bedarf, da private Interessen solche Denkspielchen überflüssig machten. Die Resultate jedoch überträfen bei Weitem die schlimmsten Verschwörungsalbträume in Bezug auf Geheimdienste, CIA-Komplotte, UFOs oder Männer in Schwarz. „Die Leute verstehen nicht, dass es verschiedene Arten von Bewaffnung gibt", sagte LaVey, der darüber ausführlich in *The Cloven Hoof* schrieb. „Es gibt Lebensmittelwaffen, Schall- und Unterschallwaffen ebenso wie Kanonen, Handgranaten und U-Boote. Wie kann jemand so naiv sein zu glauben, die Entwicklung neuer Geräte zur Kriegsführung sei mit der Erfindung von Nuklearwaffen zum Stillstand gekommen?

Die Maßnahmen/Methoden, die heute beim Unsichtbaren Krieg eingesetzt werden – Gedankenkontrolle, Krankheiten, Pseudo-Krankheiten, Demoralisierung und so weiter – dienen einem doppelten Zweck: Sie stabilisieren die Schichtenbildung und dünnen die Bevölkerung vorsorglich aus, bis die Gründung von Weltraumkolonien sich perfektionieren lässt."

Irgendwann, so LaVey, werde man menschliche Drohnen in den Weltraum senden. Nachdem die Schichtenbildung begonnen hat und ein Untergrund von überlebenden, sensibilisierten Menschen errichtet wurde, werden Weltraumkolonien mit atemberaubender Geschwindigkeit entstehen, und die guten Konsumenten werden in Straflager verfrachtet, wo sie eine Menge Geld ausgeben können, ohne zu zerstören, was von einem wunderschönen Planeten übrigblieb. Weltraumkolonien sind kontrollierbare, geschlossene Erlebniswelten – Lebensmittel müssen dorthin verschickt und weiterverarbeitet werden; alle Luft und alles Wasser kann mit den geeigneten Stoffen versetzt und fein verteilt werden, ohne dass man sich Gedanken um den Wind oder natürliche Strömungen machen muss.

Seit Jahren werden Menschen für die bevorstehende Revolution des Raums weichgeklopft. Filme (wie *Krieg der Sterne*), TV-Serien (wie *Raumschiff Enterprise*), Bücher über Cyberpunks und kosmische Rebellen, Zeichentrickserien, Spielzeug, die zu guter Letzt stabilisierte politische Lage zwischen Russland und den USA – alle haben sie das eine große Ziel im Visier: den Weltraum. Die sich bereitwillig dorthin begeben, werden die Abenteurer sein, die Rebellen, und die Geknechteten, die auf Erden keine Gerechtigkeit finden, dafür aber zu den Pionieren der ersten Stunde gehören, irgendwo dort oben in den fantastischen, unerschlossenen Regionen. Es wird für alle genügend Jobs geben, in der Herstellung, der Wartung, auf dem Dienstleistungssektor. Es wird an keiner der Annehmlichkeiten mangeln, die man zu Hause auch hatte – nur diesmal ohne Chaos und Verdruss. Nur ein paar komische Käuze, die von der Vergangenheit nicht loslassen können (wie Satanisten oder Freidenker), werden zu Hause bleiben wollen. Mit dem Verschwinden der Großindustrie von der Erde werden die Zurückgebliebenen sich an ein Leben mit minimaler Population gewöhnen müssen.

In der Zwischenzeit werden wir auto-erotische Erregungsbehälter entwerfen und uns für Masochismus-Kliniken entscheiden. Vielleicht werden sie ja «Physikalische Therapiezentren» heißen oder «Sexuelle Stimulationskliniken». Anstatt unsere Bedürfnisse zu unterdrücken oder jemand anderen mit Nachdruck dazu zwingen zu müssen, uns zu vernichten, können wir dann einfach eine Klinik aufsuchen, unseren «Juckreiz» stillen, um unsere kreative Energie dann in etwas anderes umzuleiten, etwas weitaus Produktiveres. Aus Satanischer Perspektive können Masochisten zu ihren eigenen Sklaven werden, zu scharfsinnig ausgewählten Meistern anstatt zu den Sklaven eines abstumpfenden Systems."

KAPITEL SECHZEHN
Die Humanoiden kommen!

„When I come home at night, she will be waiting,
She'll be the truest doll in all this world.
I'd rather have a paper doll to call my own,
Than have a fickle-minded real live girl."
— *Paper Doll,* Text und Melodie von Johnny S. Black, 1942

In der März/April-Ausgabe 1979 des *Cloven Hoof,* dem Mitteilungsblatt der Church of Satan, kündigte Anton LaVey eine neue Phase seiner Organisation an: „Die Entwicklung, Förderung und Herstellung künstlicher menschlicher Gefährten." Für enge Mitarbeiter LaVeys kam das nicht überraschend. Viele aus seinem engsten Kreis unterstützten ihn bereits seit Jahren bei der Produktion seiner „Menschen". Ein Großteil der CoS-Mitglieder jedoch war – um es milde auszudrücken – verwirrt. Was konnte die Herstellung von Robotern schon mit praktischem Satanismus zu tun haben? Während der folgenden Monate erklärte LaVey in einer Reihe von Fortsetzungsartikeln genauer, was ihm vorschwebte, ging dabei auch auf die Produktionsmethoden ein und verdeutlichte, inwiefern seine Pläne mit der weltweit wachsenden Satanismus-Bewegung in Zusammenhang standen.

„Die Menschen lassen sich leicht hinters Licht führen. Tatsächlich deutet sogar vieles darauf hin, dass sie hinters Licht geführt werden müssen. Sie beklagen sich, alles sei nur «a Barnum and Bailey world, just as phony as it can be»[13]*, wollen es aber im Grunde nicht anders haben und scheinen unter den künstlichsten Bedingungen die größten Überlebenschancen zu haben. Erst wenn wir das Künstliche als eine natürliche und oftmals*

[13] Zeile aus dem amerikanischen Song Paper Moon, die ganze Welt sei nur Gaukelei und schöner Schein.

höherwertige Entwicklung intelligenten Lebens betrachten, können unsere magischen Fähigkeiten kraftvoll sein und bleiben.“[29]

Anton LaVey glaubte, die Produktion von Humanoiden würde zur nächsten großen Konsumgüterindustrie werden – eine beispiellose Lösung für eine Vielzahl menschlicher Probleme, von sexueller Unvereinbarkeit bis hin zum wirtschaftlichen Abschwung und Gewaltverbrechen.

LaVey erklärte: „Theologisch gesehen bewegen wir uns auf dünnem Eis, wenn wir die Herstellung von Humanoiden befürworten. Wenn der Mensch sich erstens Götzen in Großhandelsmengen herstellt, die ihm eine Ekstase verschaffen, von der die Religionen der Vergangenheit nur träumen können, und wenn diese Götzen zweitens auch noch die Form eines perfekten Exemplars der menschlichen Spezies aufweisen, die von jedem Menschen angebetet werden kann, und Gott drittens den Vertrag zur Erschaffung solcher Götzenbilder einhalten, gleichzeitig jedoch menschliche Konkurrenz fürchten muss – bringt das den Menschen nicht einen Riesenschritt näher zur Göttlichkeit?“[30]

Die Vorzüge, die der Besitz eines künstlichen menschlichen Gefährten mit sich bringt, erscheinen endlos und sind, wie LaVey erklärte, sehr verlockend. Die primäre und offensichtlichste Art der Nutzung wäre natürlich sexueller Natur. Selbst in unserer Ära nach Freud ist Masturbation noch immer nicht die bevorzugte Methode, zum Orgasmus zu kommen. Noch immer haftet demjenigen, der darauf „angewiesen“ ist, diese Prozedur im Alleingang durchzuführen, ein unausgesprochenes Stigma an. Wenn jedoch maßgeschneiderte Humanoiden zum begehrten Statussymbol werden (so wie ein Junge im Teenageralter stolz auf sein individuell frisiertes Auto ist), wird Masturbation schließlich zur vollen Akzeptanz gelangen.

Bei einer Vielzahl an Variationsmöglichkeiten bezüglich Körpergröße, Gestalt, Haarfarbe, Proportionen, Muskulatur,

Gesichtszüge, Kleidung, Gesichtsausdruck, Geruch, Stimme, Geschmack würde ein Humanoid in optischer und haptischer Hinsicht genau dem entsprechen, wonach sein Käufer sich immer schon sehnte – Perfektion bis ins Detail. Selbst Personen, die vielleicht eher als unattraktiv gelten, kämen auf diese Weise zu einem idealen und willigen Partner, der die speziellen fetischistischen Wünsche seines Besitzers befriedigen könnte. Single-Bars (die Brutstätten seichter Gespräche, innerer Ängste, Verstellung und frustrierender One-Night-Stands) wären überflüssig – man braucht nicht mehr nach dem „perfekten Partner" zu suchen, wenn man ihn sich selbst herstellen kann.

Für Kunden mit weniger Fantasie gäbe es zahlreiche Modelle nach dem Vorbild begehrenswerter Filmstars und bekannter Persönlichkeiten, ob lebend oder tot – so könnte jeder mit seinem Idol ins Bett gehen, der nur das tut, was er tun soll, und nur das sagt, was man von ihm hören will. So gab es zum Beispiel zwar nur einen Elvis Presley, doch mit Hilfe einer hochentwickelten Technik könnte es Tausende von Elvis-„Puppen" geben, in deren Armen Frauen aus ganz Amerika liegen dürften.

„Jeder Mensch braucht Fantasien – dagegen habe ich nichts. Ich fördere sie und lasse sie entstehen. Mein einziges Ziel ist es, dass in unseren Tagen ein Großteil aller Fantasien als Realität empfunden wird – die Menschen haben nicht genug Vorstellungskraft, um eigene Fantasien zu entwickeln, also müssen sie sich an die die halten, die speziell für sie produziert werden. Wenn jemand in seinem Leben genügend Fantasie hätte – eigene Fantasie, wohlgemerkt – würde er nicht all den unpersönlichen Fantasien und falschen Verschwörungen zum Opfer fallen, an die er glauben soll."

Ein Humanoid sieht stets perfekt aus, hat keinen Mundgeruch und keine anderen widerwärtigen Attribute, die viele bei ihrem Partner nur aus sexuellen Gründen oder aus Bequemlichkeit hinnehmen. „Wie viele Menschen lassen sich nur aus sexuellen Motiven auf eine völlig unbefredigende, intellektuell unfruchtbare Beziehung ein?", fragte LaVey. „Mit einem künstlichen Gefährten wäre der sexuelle

Aspekt zu hundert Prozent abgedeckt, und ein potenzieller Partner müsste dann schon mit etwas Reizvollerem aufwarten als nur mit Sex."

Da der Einzelne darauf programmiert ist, das vom Fernsehen propagierte Schönheitsideal zu akzeptieren, wird er desensibilisiert und dazu unfähig gemacht, authentische Reize selbst zu entdecken und zu erleben. Hat hingegen jeder einen künstlichen Gefährten zu Hause, kann er seine eigenen Vorstellungen ausleben. Ohne gesellschaftlichen Druck können persönliche Fetische unbändig werden – und vielleicht zu lasziven Vergnügungen führen, die sonst für immer unerlebt geblieben wären. LaVey betrachtete das als äußerst Satanisch: „Es wäre der Fall eines programmierten Menschen, der von einem Nicht-Menschen entprogrammiert wird.

Ich kann es mir leisten, in den Belangen leichtgläubig zu sein, die ich mir selbst aussuche, nicht jedoch in den Belangen, die Werbefritzen und moderne Wahrsager mir schmackhaft machen wollen."

Sexuelle Psychopathen hätten die Chance, bei einem künstlichen Gefährten Gott zu spielen und müssten es nicht bei richtigen Menschen machen. Womöglich ließe sich so die eine oder andere explosive Situation entschärfen, bevor sie ihren kritischen Punkt erreicht. LaVey schrieb: „Da fast alle schöpferischen und/oder zerstörerischen Künste aus einer Sublimation des Geschlechtstriebs hervorgehen, würde der Humanoid eine Form von Sublimation verhindern, die sich nicht in sexuellen, sondern schädlichen Handlungen verkörpern würde.

Anstatt zu einer Versklavung *des* Menschen käme es zu einer Versklavung *für* den Menschen. Es könnte zum ultimativen Power-Trip werden: die Herrschaft über ein anderes «menschliches» Wesen. Bis jetzt konnten sie nur für ein paar hundert Dollar einem Computer «Befehle erteilen». Das hat eine Menge elektronischer Sklaventreiber hervorgebracht."

Ein offenkundiger Vorteil von Humanoiden wäre ein Rückgang der Zahl an ungewollten Schwangerschaften. In unserer überbevölkerten Welt ist das ein wichtiges Thema. Mit der ihm typischen Geringschätzung schrieb LaVey: „Dummerweise ist das der einzige Beitrag (falls man es überhaupt so nennen kann), den viele Menschen für diese Welt leisten: die Fähigkeit, einen weiteren Menschen hervorzubringen. Wenn es künstliche Gefährten gibt, können Frauen so viel Sex haben, wie sie wollen, ohne je Angst vor einer Schwangerschaft haben zu müssen. Männer hingegen brauchen nicht zu fürchten, dass eine Frau sie in Sachen Verhütung anflunkert."

Die Gefahr, dass andere mit ihrem Humanoiden trotz all seiner Vorzüge irgendwann zu selbstzufrieden und müßig werden könnten, sah LaVey nicht gegeben. Er versicherte, Menschen hätten den unbändigen Drang, um Anerkennung zu buhlen. „Wenn jemand sexuell befriedigt ist, weil sein Partner seinem Idealbild so nahe wie nur möglich kommt, kann er diese Anerkennung nur noch aus nicht-sexuellen Erfolgen beziehen. Aus diesem Grund ist ein Status, der sich auf nicht-sexuelle Belange stützt, nur möglich in einer Gesellschaft, in der sexuelle Eroberungen ebenso hinfällig geworden sind wie Krieg, da beide sich im Vergleich zu ihren fragwürdigen positiven Resultaten als reine Zeit- und Energieverschwendung erwiesen haben.

Es ist Zeit für Satanisten, sich zu vergegenwärtigen, dass künstliche Gefährten ganz groß im Kommen sind", sagte LaVey. „Wir müssen uns in die erste Reihe stellen, über das Unmittelbare hinausblicken und erkennen, dass sie die nächste Satanische Entwicklungsstufe des Menschen verkörpern.

Spötter, die sagen «Ach, so etwas wird sich nie durchsetzen», sind vermutlich Sklaven ihres Fernsehapparats und somit die Ersten, die sich für Humanoiden interessieren werden. Erst wenn Menschen dazu fähig sind, ihre persönliche Interaktion mit einem zweidimensionalen Bildschirm zu beenden, ihr Gerät verkehrt herum an die Wand zu stellen und sich von den Bildern aus einer Kathodenröhre nicht mehr beeinflussen zu lassen, können sie aufrichtig behaupten, immun gegen Ersatzbefriedigungen zu sein – aber ich glaube, das wird ohnehin nie geschehen.

Wenn die Humanoiden kommen, müssen viele Dinge überdacht werden", sagte LaVey. „In unseren Tagen lebt die Werbeindustrie davon, dass jeder sich wichtig vorkommen möchte. Jeder ist eine große Nummer. Auch beim Handel mit künstlichen menschlichen Gefährten muss dieser Aspekt berücksichtigt werden – sie müssen zu echten Statussymbolen werden, so wie auch ein teures Auto das Image seines Käufers aufpoliert. Mit anderen Konsumgütern wird es bergab gehen, da die Androiden sich als eindrucksvoller erweisen werden als die Personen, die mit ihnen beeindruckt werden sollen. Prostituierte werden nicht mehr gebraucht – oder höchstens als eine Eliteklasse moderner Kurtisanen, die jenen zu Diensten stehen, die sich nach mehr sehnen als nach Sex und anspruchsloser Gesellschaft."

Aufgrund einiger Interessengebiete, die ihn seit seiner Kindheit nicht mehr losließen, war die Vorstellung vom künstlichen Menschen tief in LaVey verwurzelt. Seit damals war er fasziniert von einer Miniaturausgabe von Chicago, die bei der Weltausstellung 1939/40 im Illinois Building gezeigt wurde. Die Modellstadt entsprach dem Original so sehr, dass der Führer für die Besucher sogar genaue Adressen ausfindig machen konnte. Fabriken, Geschäftsviertel, Kaufhäuser, finstere Kneipen – stundenlang stand Anton vor der Modellstadt, um sie zu betrachten und sich eine eigene Vorstellung vom Inneren der Gebäude und Häuser zu machen, die sich scheinbar tief unter ihm befanden.

Diese Obsession veranlasste den jungen LaVey dazu, sich seine eigene Stadt zu bauen, auf zwei Quadratmeter großen Sperrholzplatten, die seinen ganzen Schlafzimmerfußboden einnahmen. Er verwendete Balsaholz, Flechten, minuziös bemalte Fahrzeuge und Gebäude, um sich sein eigenes Miniatur-Gotham zu erschaffen. Da gab es einen Hafen mit zahlreichen Schiffen, da fuhren Autos und Lkws auf Straßen, da gab es bescheidene Wohnhäuser, Nobelpaläste, ein Ghetto, kleine Hügel ... Dort führte er seine ersten magischen Übungen durch, bei denen er sich in eins der Gebäude oder auf eine Straße seiner Stadt projizierte. Wenn er sich konzentrierte, konnte er die Kälte oder Hitze dort spüren, seine Umgebung riechen und fühlen, an den Häusern hochblicken, die um ihn herum emporragten, in Fenster spähen und das gedämpfte Geplapper der Menschen hören, die darin wohnten.

Viele Jahre später, nachdem Anton ins Black House gezogen war und dort regelmäßig Seminare abhielt, hatte er Gelegenheit, genau zu erkennen, in welchem Maß eine reale Person durch eine künstliche ersetzt werden konnte. Sein Vortrag handelt von der literarischen Aufarbeitung von „Menschenopfern", einschließlich einer „Demonstration". Das attraktive junge Mädchen lag auf den Altarsteinen, teilweise bedeckt mit einem weißen Tuch. Anton hob sein Messer hoch in die Luft und rammte es ihr tief in die Brust. Das Publikum hielt den Atem an, als unter dem weißen Tuch das Blut zu sprudeln begann.

Was die zu Tode erschrockenen Zuschauer nicht wussten: Anton hatte sich einer der wirksamsten Techniken von Taschenspielern und Spiritisten bedient. Das Mädchen war gegen eine umgestaltete Schaufensterpuppe ausgetauscht worden, an der Anton schon Tage zuvor herumgewerkelt hatte. Er veränderte die Puppe so, dass sie der „Freiwilligen" verblüffend ähnlich sah – jedenfalls ähnlich genug, um die Vortragsbesucher davon zu überzeugen, es hätte kein Austausch stattgefunden. Einen unter dem Tuch versteckten Beutel mit Kunstblut brachte Anton mit seiner Messerspitze zum Platzen. Ganz ähnliche Effekte wurden während des Vortrags über „Geistchirurgie" vorgeführt, bei dem Anton „erkrankte" Organe aus dem Körper eines Freiwilligen entfernte, was die Heilung augenblicklich förderte.

„In seinem Buch The Trick Brain führt Dariel Fitzkee eine Reihe von «Austausch»-Techniken auf, wie sie von Bühnenmagiern angewandt werden. Das amerikanische Publikum muss da noch dazulernen, muss begreifen, dass das Ersatzobjekt nicht von geringerer Qualität ist als das Original (die Werbeindustrie will uns ja dazu nötigen, «keinen Ersatz zu akzeptieren»), sondern oft hochwertiger ist als das, dessen Ersatz es ist."

Dr. Cecil Nixon versuchte Anton für den Bau eines neuen, Geige spielenden Automaten namens Galatea zu begeistern, ganz nach dem Vorbild von Isis, die auf der Zither spielte. Anstatt in liegender Stellung wie Isis sollte Galatea beim Spielen aufrecht stehen. Als er mit Dr. Nixon an Isis arbeitete, hatte Anton verschiedene Konstruktions- und Animationstechniken erlernt. Ein Zitat wird ihm zugeschrieben, demzufolge Dr. Nixon ein Viertel seines Lebens damit zugebracht habe, „eine Frau zu erschaffen, die man nicht flachlegen konnte".[31]

Erst in den sechziger Jahren jedoch begann Anton ernsthaft mit der Konstruktion von Ersatzmenschen und testete verschiedene Materialien auf ihre Optik und Haptik sowie auf ihre Dehnbarkeit, Verformbarkeit und Beweglichkeit. Manchmal begann er mit Schaufensterpuppen, die er weit über ihre eigentliche Bestimmung hinaus veränderte, indem er ihnen das ursprüngliche Gesicht aus dem Schädel schnitt und es durch ein neues aus Gips, Fiberglas und verschiedenen Kunststoffen ersetzte. Er heuerte einige seiner Schüler und Mitarbeiter als Modelle an und machte Abdrücke von ihren Gesichtern in Gips oder Latex als Grundlage für weitere Bearbeitungen.

Im *Cloven Hoof* berichtete er über seine Experimente mit Humanoiden, wobei er einige Anregungen für Materialien und Methoden im Stil von *Popular Mechanics*[14] beifügte. War das Bedürfnis einer Person nach einem Humanoiden rein optischer Natur, bestand

[14] Amerikanisches Magazin für Wissenschaft und Technik, das auch für den Laien verständlich ist.

die Möglichkeit, ein zufriedenstellendes Modell mit Hilfe von Kunstharz und Fiberglas sowie entsprechenden Farbstoffen für den Teint herzustellen, um die Kreation abschließend mit der passenden Kleidung, Schminke und Perücke zu vervollkommnen.

Mehr am Tastsinn orientierten Personen riet man zur Herstellung eines Körpergerüsts aus Dübeln, Metall und Plastikschläuchen, das mit Kugelgelenklagern und gegebenenfalls Polyurethanschaumstoff versehen wurde, damit es sich wie menschliches Fleisch anfühlte. Anton empfahl den Gebrauch von Vinyl- oder Gummibelägen beziehungsweise gefärbtem und gedehntem Gewebe zur Vermittlung eines authentischen Hautgefühls. Die Gesichtsabdrücke konnten von realen Menschen oder Lehmnachbildungen stammen und mit den gängigen Methoden zur Wachsmodellierung behandelt werden. Die dabei entstehende Latexmaske ließ sich auf einer gesichtslosen Schädelstruktur befestigen, wobei eine Perücke die Nahtstelle verdeckte. Auf diese Weise ließen sich Gesichter, je nach gewünschter Wirkung, leicht austauschen. Die anatomische Vervollkommnung des künstlichen menschlichen Gefährten stellte dabei den einfachsten Teil dar – künstliche Geschlechtsorgane gibt es schließlich in jedem Sex-Shop zu kaufen.

Ein interessanter Nebenaspekt von LaVeys menschlichen Kreationen war, dass nach der Erschaffung dieser stillen Gefährten oftmals Doppelgänger von ihnen aus Fleisch und Blut auftauchten wie bei „Pygmalion". Man hatte wirklich das Gefühl, diese Personen seien einem dieser Humanoiden nachempfunden worden. Anton versuchte diese „Heraufbeschwörungen" nie zu erklären; er sprach nur manchmal von einer Methode, die er bei magischen Ritualen anwandte und als „kosmische Überlagerung" bezeichnete – ein Begriff, den er von Wilhelm Reich übernommen hatte.

Nur Wenige waren dazu auserwählt, den bizarren Schaukasten mit Antons Arbeiten besichtigen zu dürfen. Eine Kammer, in deren schwindelerregende Tiefen man nur mittels einer Leiter gelangte, war in trübes, bernsteinfarbenes Licht getaucht, das von den verspiegelten Wänden und der Zimmerdecke reflektiert wurde und an eine Eckkneipe aus den vierziger Jahren gemahnte. Auf einem Neonschild flackerten die Worte „Höhle des Lasters". Eine echte Rock-Ola-Jukebox spielte Songs wie *Prisoner Of Love und Detour, There's A Muddy Road Ahead*. Ein Schlagzeug und eine alte Hammondorgel standen unbeachtet auf der gegenüberliegenden Seite des Raums. Hinter dem Bartresen befanden sich reihenweise Flaschen unterhalb einer Sammlung von Bowling-Pokalen. Beißende, hopfige und rauchige Bargerüche wirkten wie ein Affront gegen die Sinnesorgane. Alles war genau wie es sein sollte.

LaVeys Schöpfungen, die jene Zufluchtsstätte der Vergangenheit bevölkerten, spiegelten den Kleidungsstil und Geist der Kriegsära wider. Eine kecke Brünette namens Bonita trieb es mit einem Taxifahrer, schroff in Richtung einer anderen Frau gestikulierend, die prüde vom Ende des Tresens aus zusah. Sylvia, eine sexsüchtige Trinkerin, starrte abwesend auf ihr Glas, als hätte sie etwas Wichtiges vergessen, das sie sich eigentlich hätte merken sollen, und ihre Zigarette glühte endlos, ohne jemals niederzubrennen. Gwen lauschte mit halbgeschlossenen Augen der Musik und lehnte sich besoffen an den Matrosen hinter ihr. Alphonse, der stets aufmerksame Barkeeper, versuchte den Umstand zu ignorieren, dass Gwen beinahe vom Barhocker glitt, das Kleid in der Taillengegend hochgezogen, die Schenkel über den Strumpfenden hervorgewölbt, während sich unter ihr am Boden Urin in einer Pfütze sammelte. An einem einsamen Ecktisch blickte eine Blondine mit traurigen Augen zur Eingangstür und wartete auf jemanden, der nie kommen würde. Sylvester, ein frech aussehender Junge, stand im Foyer und beobachtete das Geschehen mit lüsternen Augen, während seine Mutter in einem Sessel flegelte, eine Tüte mit Lebensmittel zu ihren Füßen, und offenbar überwältigt war von der Atmosphäre des Ortes. Soweit einige der Charaktere, die LaVeys ganz private Welt bevölkerten.

Auch für sich selbst reservierte LaVey einen Platz inmitten der eher ortsgebundenen Gestalten in diesem verrufenen Tableau. Die

Argon- und Neonlichter unterhalb der Keyboards, blau und orange, schienen sanft in sein Gesicht, wenn er mit seiner Version von *Zip-a-Dee-Doo-Dah* für eine fröhliche Stimmung sorgte. Das Instrument, auf dem er spielte, war das gleiche, mit dem er schon zusammen mit der Kirmesgruppe über viele Landstraßen gerumpelt war. Er genoss die Reaktionen der Leute auf seine Schöpfungen. „Ich habe tatsächlich Leute gesehen, denen schlecht wurde, wenn sie mit nach unten kamen. Entweder sie mögen es, oder sie hassen es – dazwischen gibt es nichts." Lichtflecken von einer rotierenden Kugel wanderten langsam durch den verspiegelten Raum, und wenn die Magie des Ortes greifbar wurde, konnte einem das Gehirn sehr leicht einen Streich spielen. Die Mischung aus Musik, Lichtern und unaufhörlichen Reflexionen raubten dem ahnungslosen Besucher auf teuflische Weise die Orientierung und erweckte den Anschein, LaVeys Figuren würden sich bewegen oder Mimik zeigen. Man hatte das ungute Gefühl, in eine Party hineingeplatzt zu sein. LaVey hatte nicht nur seine „Menschen" erschaffen, sondern auch eine geschlossene Erlebniswelt als wilden Triumph einer Art Geisterbeschwörung.

Anfang der siebziger Jahre, als der Superrealismus seiner ungewöhnlichen Figuren sich herumgesprochen hatte, traten die Cory Galleries in San Francisco an LaVey heran und fragten, ob er seine „Menschen" nicht bei ihnen ausstellen wolle. Obwohl auch Diane und andere ihn dazu drängten, blieb LaVey eisern. Er beharrte darauf, dass er seine Figuren ausschließlich zu experimentellen magischen Zwecken erschaffen habe und nicht zur öffentlichen Zurschaustellung. Es war klar, dass einige Betrachter seine Schöpfungen als äußerst anstößig empfanden, und noch mehr Publicity hätte noch mehr Aufmerksamkeit bedeutet in einer Zeit, in der er sich bewusst so weit wie möglich zurücknahm. Daraufhin traten Duane Hanson, George Segal, John DeAndrea und andere mit ähnlich realistischen Figuren auf den Plan, um damit auf die Akzeptanz des Publikums und den Beifall der Kritiker zu stoßen.

Anton blieb in Kontakt mit Menschen-Machern auf der ganzen Welt. Nachdem er sich mit führenden Leuten auf dem Gebiet der Herstellung von Robotern und Androiden sowie der künstlichen Intelligenz ausgetauscht hatte, stellte er fest, dass die wichtigste Arbeit, wie er vermutet hatte, bislang verschleiert und geheimgehalten wurde. „Die Menschen, die Humanoiden herstellen", sagte er damals, „müssen ihre Ideen jetzt hinter technischem Kauderwelsch und Fachchinesisch verbergen, um andere damit beeindrucken zu können. So wie bei vielen großen Erfindungen der Vergangenheit sind die eigentlichen Geheimnisse zu einfach, um ausgesprochen zu werden."

Abgesehen von der Ablehnung künstlicher menschlicher Gefährten aus religiösen Gründen sprach LaVey von einer angeborenen Abscheu oder Angst der Menschen, sobald sie mit menschlichen Nachbildungen konfrontiert werden, die dem lebenden Vorbild zu ähnlich sind. Jacques Vallée, ein enger Freund und Mitarbeiter LaVeys, erkannte dieses Phänomen und beschrieb es in seinem Buch *The Network Revolution*: „In verschiedenen Hollywood-Produktionen der siebziger Jahre traten Automatenmenschen als persönliche Gefährten auf, und der Satanist Anton LaVey hielt die kommerzielle Entwicklung solcher Alternativwesen für unumgänglich. (...) Dieselben Experten jedoch, die von den immensen Fähigkeiten ihrer Software-Kreationen schwärmen, bekommen es mit der Angst, wenn ihre Maschinen ein menschliches Aussehen haben. Sie erschaudern bei der Vorstellung, die Fähigkeit ihres Computers zu sprechen, Gedichte zu verfassen und sogar Musik zu spielen, könnte sich auf elegantere Weise verkörpern denn als Stahlgehäuse mit Plastikknöpfen, das auf vier Rollfüßen steht und mit dicken schwarzen Kabeln an seinem Platz verankert ist. Diese Zurückhaltung ist verständlich. Es ist die Reaktion des Affen, der sich selbst im Spiegel sieht. Es ist das Schaudern, das jedes Wesen ergreift, wenn es sich selbst oder einen Teil davon in der Welt der anderen wiedererkennt."[32]

Ungeachtet dieser Urängste glaubte LaVey, die Konstruktion von Humanoiden sei die logische Fortführung der ersten anatomisch korrekten *Betsy-Wetsy*-Puppen und *Chatty Cathys* hin zu einer höher entwickelten Form von Sprech- und Anziehpuppen. Durch den Einsatz überzeugender Mikrochip-Technologien hatten zum Beispiel auch Plüschtiere „gelernt", auf Befehl zu kommen oder Laut zu geben, gleichzeitig aber waren sie sauberer und nicht so lärmend wie echte Haustiere. Puppen, deren Münder scheinbar Worte formten oder deren Körper und Augen eine freundliche Haltung vermittelten, stützten sich auf Animationstechniken, die in den Disney-Studios entwickelt wurden. „Walt Disney hatte zweifellos die richtige Vorstellung von eine realistischen Präsentation von Humanoiden. Kinder wissen so etwas zu schätzen – sie wurden schon vor Langem auf Ersatzmenschen vorbereitet", sagte Anton. Sogar das Phänomen der Kohlkopf–Puppen in den achtziger Jahren oder der noch neuere „Reborn"-Trend lassen sich als Beweise für eine zunehmende Wertschätzung künstlicher Gefährten interpretieren. Millionen Erwachsener gaben horrende Summen für „Ersatz-Babys" aus, die weder sprechen noch sich bewegen konnten, aber über einen Namen, ein eigenes Geburtszertifikat und eine eigene Identität verfügten. Dieser „Annäherungsprozess" erstreckte sich auch auf Filme, Bücher und TV-Serien über Humanoiden. Ob wir sie nun akzeptieren oder nicht – die Humanoiden schleichen sich nach und nach in unsere Kultur ein.

LaVeys dunkelste Motive hinter seinen künstlichen menschlichen Gefährten bildeten einen Beleg für seine Misanthropie. „Die meisten Menschen sind nichts Besseres als Inventarstücke, Zuschauer, und können jederzeit durch Humanoiden ersetzt werden", sagte LaVey, die ultimative Satanische Sichtweise verkörpernd. „Manche Menschen empfinden den Gedanken an künstliche Gefährten als ziemlich bedrohlich. Die am stärksten dagegen eingenommen sind, sind diejenigen, die sich insgeheim davor fürchten, über eine ähnliche Beschaffenheit, Wichtigkeit oder ein ähnliches Potenzial zu verfügen. Wenn jemand so langweilig ist, so wenig unterhaltsam, dass er sich jederzeit gegen eine Maschine eintauschen lässt, dann möge es geschehen. Dann soll er eingetauscht werden.“

KAPITEL SIEBZEHN
Flüche und Fügungen

„Kann sein, dass die Welt, in der wir leben, eine bunte Tüte voll merkwürdiger, willkürlich angehäufter Versatzstücke ist – Magier jedoch glauben, dass sie wirklich eine Ganzheit darstellt, wie ein Bauwerk oder eine Maschine, und dass all ihre Teile zwangsläufig auf bestimmte Weise zusammenhängen. Menschen sind solche Ganzheiten ... So wie alle Facetten des Charakters und Verhaltens eines Menschen Aspekte einer einzigen Persönlichkeit sind, so sind auch alle Erscheinungen des Universums Aspekte eines großen Einen, das ihnen zugrunde liegt und sie verbindet. Dieses Eine ist ein Wesen, eine Kraft, eine Substanz, ein Prinzip, oder etwas, das sich in Worten überhaupt nicht beschreiben lässt."
Richard Cavendish *Die Schwarzen Künste*[1533]

Anton LaVey war die Fleischwerdung eines kompromisslosen Gerechtigkeitssinns. Stets rankten sich Spekulationen um seine Fähigkeit, andere zu verfluchen. Anton beteuerte nur kryptisch, dass für alle Art von Magie ein „Gleichgewichtsfaktor" vonnöten sei. „Das Universum besteht auf diesem Gleichgewicht", erklärte er. „Und es wird den notwendigen Preis erzwingen oder einfordern. Vielleicht bin ich ein Katalysator für diesen Prozess."

Nachfolgend eine Sammlung von „Fügungen", die Gesprächen mit LaVey entnommen sind – die wenigen Vorfälle, über die er zu sprechen bereit ist. Die satansjagenden Medien, stets auf der Suche nach einer großen Verschwörung, neigen dazu, diese offenkundigen Zusammenhänge zu übersehen, die sich als stichhaltiger erweisen als sämtliche Konstrukte quotengieriger Talkshow-Moderatoren.

---

[15] In Deutschland in einer Neuausgabe erschienen unter dem Titel Die schwarze Magie beim Second Sight Books Verlag, Berlin.

1947: Als Angestellter beim Clyde Beatty Circus will LaVey seine Keyboardkünste auffrischen, indem er auf der zirkuseigenen Dampforgel übt. Er fragt den alteingesessenen Dampforgelspieler, einen notorischen Säufer, ob er das Instrument für eine halbe Stunde benutzen darf, der Mann aber verneint. Anton verflucht den betrunkenen Schluckspecht für seine Verbohrtheit. Wenige Tage später übernimmt Anton seine Stelle als offizieller Dampforgelspieler des Zirkusunternehmens.

1948: Als Sechzehnjähriger gerät Anton in Streit mit einem Freund über die Tugendhaftigkeit eines Mädchens, mit dem Anton zu jener Zeit geht. Der Junge sticht mit dem Messer auf LaVey ein und beschert ihm eine dunkelviolette Narbe, die noch jahrelang auf seiner rechten Wange sichtbar bleibt. Zwei Jahre später wird der Junge wegen einer völlig anderen Tat aufs Polizeirevier geschleppt. In seiner Zelle befestigt er seinen Gürtel an einem Rohr unterhalb der Decke, schlingt das andere Ende um seinen Hals und erhängt sich.

1960: Diane schmiegt sich eng an Anton, der am Steuer seines Wagens sitzt. Ein aggressiver Polizist auf dem Motorrad hält an einer Ampel neben ihnen, schielt in den Wagen und hält Diane dazu an, auf den Beifahrersitz zurückzukehren. „Beide Hände ans Lenkrad", warnt er und rattert davon. Ohne nachzudenken, erhebt Anton seine Hand und schickt dem Beamten das „Fluchzeichen" nach. Als Anton und Diane ihn wieder einholen, liegt er ausgestreckt auf dem Gehsteig, das Opfer eines schrecklichen Zusammenpralls.

1960: Das San Francisco Fox Theater gilt allgemein als der größte Filmpalast aller Zeiten, konstruiert für zweitausend Jahre Lebensdauer. Irgendwann kommt man auf die Idee, das Gebäude würde sich als Geschäftshochhaus lukrativer nutzen lassen. LaVey ist einer der Künstler, die am letzten Abend auftreten, ehe das Kino seine Pforten für immer schließt. Während er die letzten Akkorde an der Orgel anschlägt, die durch das ganze Theater hallen, verflucht Anton den Ort: Welches Gebäude auch immer dort entsteht, es möge vom Unglück verfolgt sein, für immer. Das Bürogebäude, das sich heute dort befindet – das Fox Plaza -, hat in der Tat ein Problem nach dem anderen, und die Leute munkeln, es sei verhext.

1966: Verärgert über den Plan, die sagenumwobenen San Francisco Sutro Baths abzureißen, um die gewinnträchtige, direkt am Meer gelegene Gegend für Bauunternehmer nutzbar zu machen, verflucht LaVey den Landstrich und bestimmt, dass auf diesem Grund und Boden nie etwas gebaut werden wird, ehe dem Teufel nicht in sämtlichen Plänen eine kleine Ecke zugesprochen wird. Sechsunddreißig Stunden nachdem der Fluch über den Besitz verhängt wurde, bricht das Gebäude in Flammen aus, noch während die Abrissbirne baumelt.

1967: LaVeys vielfach dokumentierter Fluch auf Jayne Mansfields besitzergreifenden Anwalt Sam Brody kostet nicht nur Brody das Leben, sondern auch Jayne, obwohl LaVey sie zuvor gewarnt hatte.

1968: LaVeys geliebter nubischer Löwe Togare, der gegen den Willen seines Besitzers aus dem LaVey'schen Haushalt entfernt und in den San Francisco Zoo verbracht wurde, stößt bei dem Zoodirektor auf uneingeschränktes Missfallen und wird als Zuchttier nach Lion Country Safari in Südkalifornien verschifft. Togare wird einfach mitten in der Nacht davongetragen; LaVey darf sich nicht einmal von seinem Freund verabschieden. Anton richtet all seine Frustration und seinen Zorn auf einen kostbaren ägyptischen Pavian aus Kristall, der sich in der Ritualkammer eines Freundes befindet. Kurz danach berichten die Zeitungen von einer seltsamen Tragödie, die sich an einem späten Nachmittag im Affenkäfig zugetragen habe und in die auch der Zoodirektor verwickelt gewesen sei. Niemand konnte sich erklären, was er dort wollte und warum die sonst friedlichen Affen auf ihn losgestürzt seien – doch ihr Angriff war rasch und tödlich. Die Affen rissen und kratzten und schlugen zu. Als das dämonische und blutrünstige Geschrei der Affen einen Helfer auf den Plan rief, hatte der Zoodirektor bereits das Bewusstsein verloren.

1969: Am 8. August leitet LaVey in der Church of Satan ein Hippie-Ritual, bei dem er das „psychedelische Geschmeiß“, von dem diese Welt befallen ist, mit heftigen Flüchen belegt. Er fordert eine Säuberungsaktion, bei der die Sklaven in den Knast verbannt werden, wo sie hingehören, wodurch der Weg frei werden kann für eine neue Ära Satanischen Bewusstseins. Am nächsten Tag lesen die Teilnehmer dieses Hippie-Rituals über die schrecklichen Funde im Haus von Sharon Tate und Roman Polanski im Benedict Canyon.

1969: LaVey erklärt sich bereit, in Lou Gordons Fernsehshow in Detroit auf dem „heißen Stuhl“ zu sitzen, obwohl er aufgrund des Halloween-Abends noch weitere Verpflichtungen hat. Der Produzent verspricht, Diane und Anton zum Flughafen zu fahren, damit sie ihren Flieger nicht verpassen. Die Sendung beginnt spät, zieht sich hin, während die Abflugzeit näher und näher rückt und Gordon sich über LaVeys ungewöhnliche Überzeugungen lustig macht. Irgendwann stürzt Diane auf die Bühne, ruft „Mach weiter, wir müssen unser Flugzeug erwischen!“ und drängt Anton von der Bühne. Ein Freund schlittert mit seinem Wagen durch den gnadenlosen Sturm, um die LaVeys rechtzeitig zum Airport zu bringen. Das Luftfahrtpersonal will soeben die Einstiegsrampe wegziehen, als die LaVeys angerannt kommen und in letzter Sekunde an Bord springen. Während das Flugzeug abhebt, macht Anton seinem beträchtlichen Ärger Luft. Die Stadt verfinstert sich unter ihnen, sie jedoch legen einen sauberen Start hin. Als LaVey einige Tage später nach San Francisco zurückkommt, schreibt er einen offiziellen Fluch auf blutrotes CoS-Briefpapier und schickt ihn Gordon, der ihn bei seiner nächsten Sendung unter höhnischem Gelächter vorliest. Innerhalb eines Jahres ist er tot.

1970: LaVey ist mit einem Auftritt in der Radio-Talkshow des reaktionären Joe Pyne einverstanden, bei der er dessen außergewöhnlichen Sarkasmus über sich ergehen lassen muss. Ein paar Monate nachdem LaVey zu Gast in seiner Sendung war, stirbt Pyne.

1972: Die Stadtväter beschließen, ein weiteres Wahrzeichen von San Francisco zu zerstören, nämlich *Playland At The Beach*, einen Vergnügungspark, der sich acht Blocks weit über eine Eins-A-Immobilie an der Küste erstreckt. Hier hat LaVey seine erste Frau Carole kennengelernt und eine Zeit lang auf den nahegelegenen Klippen gewohnt. Als er hört, welches Schicksal seinem geliebten Vergnügungspark droht, verfügt er, kein anderes dort errichtetes Gebäude möge jemals erfolgreich sein. Während ich diesen Absatz schreibe, steht der dort errichtete Komplex mit teuren Eigentumswohnungen noch immer weitgehend leer, und allmählich wird auch die Verbrechensrate in dem Viertel zu hoch, um eine Verbesserung der Situation wahrscheinlich zu machen.

1984: Am Nachmittag des 18. Juli muss LaVey vor Gericht erscheinen, um erstmals in seinem Leben offiziell kriminalisiert zu werden. Diane, die Frau, mit der er vierundzwanzig Jahre zusammenlebte, hat eine einstweilige Verfügung gegen ihn erwirkt. Vor der Anhörung schickt Anton seiner Tochter Karla einen Brief nach Amsterdam, in dem er schreibt, er werde das nicht hinnehmen, habe bereits Magie angewendet, werde „auf den Teufelswinden von Santa Ana" reiten, und es werde wirklich „die Hölle los" sein. Er ermahnt Karla, den Brief an einem sicheren Ort aufzubewahren.

Am Nachmittag seines Gerichtstermins, genau um die Zeit, als LaVey eigentlich vor dem Richter hätte stehen sollen (er erschien nicht, um die Sache anzufechten), betritt James Huberty ein McDonald's-Restaurant in San Ysidro, Kalifornien, an einem Tag, an dem die Santa-Ana-Winde den Leuten die Haut von den Gliedern brennen. Bewaffnet mit einem Maschinengewehr, einem Revolver, mehreren Ladungen Munition und einem Ghettoblaster, taucht Huberty das Fast-Food-Restaurant in einen Kugelhagel und schießt auf alles, was sich bewegt. Er hatte zuvor seiner Frau einen Abschiedskuss gegeben und gesagt, er gehe auf Menschenjagd. Es ist das schlimmste derartige Massaker in der Geschichte. Der Name von Dianes Vater ist James Hegarty.

KAPITEL ACHTZEHN
Die zweite Satanismus-Welle

„Gibble, gobble, gibble, gabble – we will make you one of us, one of us – we will make you one of us."

— Worte eines Liliputaners während der Szene bei der Hochzeitsfeier in Tod Brownings *Freaks*

„Ich lehre jetzt die «Schwarze Geschichte» des Satanismus", sagte LaVey in Bezug auf seine späteren finsteren Bestrebungen. „Ich gehe dabei zurück bis zu den Satanischen Wurzeln in der Philosophie von Machiavelli, Milton, Herbert Spencer, Rabelais, G. B. Shaw, Maugham, Nietzsche, dem Film noir ... Es gab immer einen genetischen Strang von Satanisten, jetzt aber gelangen wir an den Punkt, an dem wir uns dazu bekennen sowie uns und unsere Vorväter zu erkennen geben können. Junge Menschen gieren danach, die Philosophie kennenzulernen, die hinter dem Satanismus steckt. Es ist an der Zeit, dass die nächste Welle sich auftürmt." Indem er seine in der *Satanischen Bibel* festgehaltene Philosophie erweiterte, die nach LaVeys Worten noch genauso gültig ist wie zum Zeitpunkt des Erscheinens, sah er seine neue Rolle darin, die Prinzipien des Satanismus um deren praktische Anwendung zu ergänzen. „Wir halten uns dabei an Huey Longs Vorgabe: «Wenn der Faschismus nach Amerika kommt, dann in Form von Amerikanismus.» Ich nehme mir eine durch und durch amerikanische Denkform und betrachte sie als das, was sie schon immer war. Wenn der Satanismus in den USA zur Hauptreligion wird, dann inklusive rot-weiß-blauen Bannern, deren Flattern begleitet ist von den plärrenden Trompeten John Philip Sousas."

Als Beleg für die steigende Satanismus-Flut verwies LaVey auf die ungezwungene, ja geradezu demonstrative Haltung, die junge Leute von heute dem Bild des Teufels entgegenbringen. Während ihre entsetzten Eltern sich fragen, was für ein heidnisches Monster sie da herangezogen haben, vergöttern die Kinder Satan als ihren Rebellenkönig. „Es gibt da draußen eine Menge Teenager und Twens, die sagen, sie würden den Teufel verehren, weil das jetzt cool sei und weil ihre Freunde sich Satanisten nennen. Viele davon haben nicht mehr kapiert als das, was sie auf MTV zu sehen bekommen, der springende Punkt ist aber, dass sie dem Teufel huldigen und nicht Gott. Menschenopfer und Pakte mit dem Teufel sind dazu nicht mehr nötig. Diese Kids haben sich bereits mit Satanischen Mächten verbündet. Jetzt beteiligen sie sich bei Rockkonzerten an Altarrufen, egal, ob ihre Eltern sich darüber empören – oder gerade deswegen.

Sie können Spaß haben, indem sie einen Baphomet tragen, der zum Schockieren anderer immer gut ist. Leute, die dieses Symbol regelmäßig tragen, berichten, dass die Reaktionen darauf viel heftiger ausfallen als beispielsweise auf Nazi-Insignien. Mit einem Hakenkreuz kann man andere zu Recht verletzen. Leute, die es tragen, wollen als arische Rassisten gelten, als Ultrarechte, irgendwas in der Art. Sie lassen sich sofort einordnen. Der Baphomet hingegen steht für keinen speziellen historischen Kontext. Das Satanische Symbol und der Satanist lassen sich nicht einordnen. Sie rufen nur dunkle, unerklärliche, aber intensive Urängste wach. Die Reaktion lässt sich in etwa mit den Worten charakterisieren «Wir wissen nicht viel darüber, wir wissen nur, dass wir Angst davor haben sollten.» Und es sind nicht nur junge Leute, die dazu beitragen, den Satanismus zu etablieren. Halloween ist inzwischen beliebter und wird häufiger gefeiert als Weihnachten. Weihnachten bedeutet nur Kummer, Schuldgefühle, Selbstmorde, Einsamkeit und Tod. Halloween macht Spaß, man feiert es nicht im Rahmen einer unvermeidlichen Familienzusammenkunft, sondern man kann mit Freunden zu Partys gehen, trinken und sich maskieren."

Es gibt ganze Denkgebäude, wie zum Beispiel Neo-Tech, die den Satanismus im grauen Flanellanzug präsentieren, Reichtum über Nacht versprechen, aber das gefürchtete S-Wort tunlichst meiden.

Megabrain macht die Geschäftswelt mit Ritualen im Stil der frühen CoS vertraut, angereichert durch ein paar Meditationstechniken, um dem weichgespülten New-Age- und Yuppie-Publikum entgegenzukommen. C.A.S.H., die Continental Association Of Satan's Hope mit Sitz in Kanada („Tauschen Sie Ihre Schecks einfach gegen Cash ein!"), begann Teile der *Satanischen Bibel* neu aufzulegen und den Baphomet zu kopieren, bevor man ihnen mit einer Anklage wegen Urheberrechtsverletzung drohte. Ein anderer Kanadier namens Dr. Lawrence Pazder behauptete, von der international bekannten Church of Satan nie gehört zu haben, bevor er sein angeblich auf wahren Begebenheiten gründendes Buch *Michelle Remembers* veröffentlicht, der Stein von Rosetta für Zeugenberichte über Satanischen Missbrauch. Dr. Pazder heiratete sein Thema Michelle Smith später, und gemeinsam bereisten sie die Welt und sammelten Schaulustige um sich, die der Geschichte von Kindesfolter und „okkulten" Ritualen nicht widerstehen konnten.

„In Wahrheit ist unser Einfluss auf den Mainstream nur die Spitze des Eisbergs. Auf jedes dieser Kids, die man auf Rockkonzerten sieht, wo sie das Zeichen der Hörner machen und doch nichts darüber wissen, kommen vielleicht fünf andere, die die *Satanische Bibel* gelesen haben, über Satanismus Bescheid wissen und jetzt allmählich in das Stadium kommen, in der sie einflussreiche Positionen besetzen und wirklich auf die Welt um uns einwirken können. In der Filmindustrie, der Kunst, der Geschäftswelt, der Wissenschaft, der Politik - sie tragen alle kein Schild um den Hals, so dass man vermutlich gar nicht weiß, dass es Satanisten sind. Aber es ist klar, dass Leute, die 1955 oder 1960 geboren und in der post-Satanischen Ära nach 1966 großgeworden sind, inzwischen alle so siebenundzwanzig, neunundzwanzig oder zweiunddreißig Jahre alt sind. Sie etablieren sich auf ihren Fachgebieten, und ihre Philosophie wird ihre Vorgehensweise beeinflussen. Sie haben den ganzen Bullshit satt. Jetzt sind diejenigen dran, die ich gern als Satanisten der zweiten Generation bezeichne; die Church of Satan hat während eines Großteil ihres Lebens bereits existiert, und für sie sind die Auswirkungen des Satanismus eher die Regel als die

Ausnahme – sexuelle Freiheit genießen, nicht an Gott glauben, geistig unabhängig sein. Sie wählen den Satanismus als Lebensstil, weil er ihnen nie mit Gewalt aufgezwungen wurde, wie christliche Eltern das mit ihrer Religion tun."

„Das Kleinkind lernt zu laufen, und bis zum ersten Wirkungsjahr seines Zeitalters – das heißt 1984 – wird es mit sicheren Füßen auftreten, beim nächsten – 2002 – wird es zur Reife gelangt sein, und seine Herrschaft wird geprägt sein von Weisheit, Vernunft und Entzücken." – letzter Satz in den Satanischen Ritualen.

LaVey beschrieb den Satanismus als eine weltliche Philosophie aus Rationalismus und Selbsterhaltung (Naturrecht, Tierzustand), glanzvoll verpackt in religiöses Glanzpapier zwecks Erhöhung der Attraktivität. Satanisten betreten den Bereich des Übernatürlichen aus eigener Wahl, mit offenen Augen und reinem Herzen, doch der Glaube an das Übernatürliche ist bei ihnen nicht Ausgangspunkt wie bei vielen abergläubischen Primitivlingen, die auf diese Weise den Blitz zu erklären versuchen, oder wie bei Christen die Jungfrauengeburt. „Satanisten benötigen ein festes Fundament aus rationalen Denkmethoden, auf dem sie stehen können. Fehlt dieses Fundament, versucht man, den Himmel zu erreichen oder hat ihn bereits erreicht, ohne dass eine Leiter zurückführt. Für Christen ist Logik keine Option, sie gehen damit um, als wäre sie etwas Gefährliches.

Unter dem seelsorgerlichen System des Christentums muss man fortwährend bezahlen, um ohne Sünde zu bleiben. Hört man auf zu zahlen, kommt man nicht in den Himmel. Um zu beten, muss man große Gebäude aufsuchen. Altare, die wir zu Hause selbst errichten, können nicht legalisiert werden; schließlich kann man für sie keine Kollekten sammeln. Der Satanismus führt die Religion über die Grenzen des Konsumdenkens hinaus. Wäre die Wahrheit bekannt, würde sich zeigen, dass eine der größten Bedrohungen in Berichten über Teufelsverehrung darin besteht, dass sie unabhängig sind, keiner starren Struktur unterliegen. Satanisten, echte Satanisten ausfindig zu machen ist so schwer wie einen Pudding an die Wand zu nageln. Man müsste bei jedermann zu Hause einbrechen und nachsehen, ob sie einen Satanischen Altar haben. Und selbst wenn sie keinen Altar hätten, könnten es *trotzdem* Satanisten sein.

Manche Leute schicken Briefe an die CoS und fragen verzweifelt: «Was kann ich tun, um ein aktives Mitglied zu werden?» Was sie wirklich wissen wollen, ist natürlich «Wohin muss ich gehen, um andere Satanisten zu treffen? Habt ihr keine Adresse, unter der man sich treffen kann?» oder «Wie kann ich in der CoS einen Rang bekleiden?» Meine Meinung dazu: «Wenn ihr erst fragen müsst, seid ihr keine Satanisten.» Es ist wie in dem Witz mit dem Preis für eine Yacht – wenn man erst fragen muss, kann man sie sich ohnehin nicht leisten. Wenn Sie draußen in der Welt bereits ein Priester oder eine Priesterin sind, werden wir davon erfahren. Die fünf Satanismus-Grade sind nach wie vor gültig, aber auf eine eher praktische Weise, die davon bestimmt wird, auf welchem Level der Betreffende in der realen Welt tätig ist. Als Mainstream-Satanisten oder «Satanisten ersten Grades» bezeichne ich Leute, die vergleichbar sind mit Lehrlingen. Sie haben einen Ganztagsjob, verdienen gut, tragen angemessene Kleidung, pflegen förmliche Rituale, fahren Autos wie die meisten Leute sie fahren, sehen fern, und trotzdem sagen sie Ja zum Satanismus und leben ihn auf positive Weise aus. Am anderen Ende des Spektrums haben wir nach wie vor praktizierende Magister und Magistras, die sich vom Mainstream weitgehend fernhalten und sich ihren Lebensunterhalt mit Dingen verdienen, bei denen sie so wenig wie möglich mit der Herde in Berührung kommen – als Künstler, Regisseure, Schriftsteller, Darsteller oder spezielle Unternehmer … Für jemanden, der Titel repräsentieren oder Roben tragen will, ist das nicht die richtige Organisation. Wir wollen den Satanismus zu unserem eigenen Vorteil nutzen, nicht als Krücke, um vermeintliche Erfolge vorzutäuschen."

Über Mitgliederzahlen schwieg LaVey sich in der Regel aus. „Wäre sie zu niedrig, würde man uns als unbedeutend einstufen; wäre sie zu hoch, würde man uns zu sehr für eine Bedrohung halten, und das wäre ein Grund, uns zu zerstören. Wenn man zahlenmäßig festgelegt werden kann, ist es möglich, dass man entbehrlich wird, und dann kann man aus dem Weg geschafft werden. Im Übrigen ist es nach fünfundzwanzig Jahren sehr schwierig, unsere Mitgliederzahl zu schätzen. Mitgliedschaften dauern in der Regel ein Leben lang; man muss nicht jedes Jahr wieder eine Verlängerungsgebühr bezahlen, so dass man seit 1966 von einem ständigen Wachstum sprechen kann." Tom Wedge erklärt dieses Phänomen in seinem 1987 erschienenen Buch *The Satan Hunter* wie folgt: „Es muss jedoch erkannt werden, dass die große Mehrzahl der CoS-Anhänger sich nie offiziell darum bemüht haben, der Kirche tatsächlich «beizutreten». Die vielen Tausende, die einen bestimmten Teil der Lehren LaVeys oder vergleichbarer Personen gutheißen, sind nicht diejenigen, die auch zu zahlenden Mitgliedern werden. Ein Großteil derer, die nach den Prinzipien der Church of Satan leben, sind Teenager, die sich für drei Dollar fünfundneunzig eine Taschenbuchausgabe der *Satanischen Bibel* kaufen."[34]

LaVey hatte das Gefühl, so sei es auch richtig. Über echte, eingetragene Mitglieder sagte er: „Entweder sie sind bei uns oder nicht. Daran wird sich auch zehn oder zwanzig Jahre später nichts ändern. Der Grundgedanke ist, das Denken der Menschen zu formen und sie hinaus unter die Leute zu schicken, anstatt sie unaufhörlich im gleichen Gehege herumrennen zu lassen wie Schafe. Wenn sie die Augen offenhalten, gibt es kein Zurück – dann wird für sie nichts mehr wieder so sein wie es war. Das sind Leute, die nicht erst an Gruppenritualen teilnehmen müssen, um sich ihrem Ursprung verbunden zu fühlen – eine echte Geheimorganisation für Magier, die sich mit fortgeschrittener Schwarzer Magie beschäftigen und die Welt um sich herum beeinflussen. Welchen Vorteil hat es, ein großer Fisch in einem kleinen Becken zu sein, wenn man ein großer Fisch in einem großen Becken sein kann? Wer «draußen im Leben» ist, braucht seine Zugehörigkeit nicht an die große Glocke zu hängen. Das ist etwas für Anfänger – es macht Spaß, und es befriedigt, und wenn jemand sich mit einigen Freunden treffen will, um nach meinen Büchern Rituale durchzuführen, ist das prima. Irgendwann aber wird es ihn danach drängen, Magie auf eine Weise anzuwenden, die ihm in der realen Welt von Nutzen ist."

Sowie eine neue Spezies von Satanisten sich abzeichnete, trat auch eine neue Spezies von „Experten" auf den Plan, um das Bild zu vervollständigen. LaVey widerten diese selbsternannten „Okkult-Fachleute" an. „Offensichtlich hatten sie nicht die Spur einer Ahnung von dem, was ich geschrieben hatte oder wofür ich eintrat. Wenn sie meine Bücher lesen würden anstatt damit nur in der Luft herumzufuchteln, wüssten sie vielleicht ein wenig über Satanismus Bescheid. Aber es scheint ihnen lieber zu sein, etwas erfinden zu können. 1975 war die Presse noch sachlicher und besser informiert als heute. Natürlich kann man heutzutage als professioneller Hysteriker mehr Aufmerksamkeit erregen und Geld machen; man kann sich seinen Lebensunterhalt damit verdienen, indem man der gesamten Nation im Fernsehen seine Masturbationsfantasien schildert. Es gibt Leute, die sämtliche Talkshows abklappern und behaupten, sie seien ehemalige Mitglieder oder Priester einer Satanischen Organisation, die aber nicht den Eindruck erwecken, das gleiche Buch gelesen zu haben, das ich geschrieben habe, geschweige denn eine korrekte Darstellung unserer Praktiken und unserer Philosophie abgeben zu können. Es ist witzig, dass sie immer gleich «Hohepriester» gewesen sein wollen, nie «Niedere Priester» oder einfach nur «Priester». Dabei gab es vor mir gar keine Hohepriester, außer in Puccinis Opern.

In Chicago gibt es ein Zentrum für multiple Persönlichkeiten, die sich mit «erwachsenen Überlebenden Satanischer Kindesmisshandlung» beschäftigt. Nun, was hat das zu bedeuten? Es gab keine moderne, organisierte Satanische Bewegung, bevor ich auf den Plan trat, und plötzlich trifft man dort eine Menge Frauen mittleren Alters, die berichten, wie sie als Kinder vergewaltigt und gequält wurden, weil ihre Eltern einer Satanischen Sekte angehörten. All das hätte sich in den vierziger Jahren abspielen müssen. Damals gab es aber keine solchen Sekten! Ganz ehrlich, ich habe es nachgeprüft. Die Produktionsfirmen schicken keine Kameraleute aus, damit sie die Spur dieser Leute nachverfolgen. Sie interessieren sich nur für ihre Story und fragen nicht nach dem psychologischen Werdegang dieser Frauen. Wenn es noch einige Freudianer gäbe, könnten sie ihnen sagen, was da vorgeht.

Doch das Getöse des Sensationsjournalismus erstickt den Klang sinkender Zuschauerquoten. Wenn es um darum geht, Quote zu machen, ist das Thema Satanismus immer eine gute Wahl. Dummerweise ist es so, dass sie zwar über Satanismus sprechen wollen, dass es ihnen aber zu gefährlich ist, echte Satanische Ideen zu diskutieren."

Seit der Ausstrahlung einer Episode von *20/20*[35] im Jahre 1985 begann sich um den Satanismus eine neuartige Mythologie zu bilden. Der Katalog an grauenerregenden und markerschütternden „wahren Geschichten" über Satanismus schien sich auf einmal stilistisch und inhaltlich an Julius Streichers antijüdischer Propaganda zu orientieren – Teufel, die das Blut christlicher Kinder mit einem Strohhalm aufsaugten.

LaVey nahm auch Stellung zu finsteren Beschuldigungen gegen den Satanismus:

„Aus einer Satanischen Sekte kann man nicht wieder austreten – außer durch den Tod." – „Wer austreten will, braucht uns nur einen Brief zu schreiben. Es wird auch niemand hinausgeworfen, solange er nicht offensichtlich gegen unsere Lehren verstößt oder selbst darum, seinen Namen aus der Liste zu streichen."

„Es gibt drei Kategorien von Satanisten: 1) Traditionelle Satanisten, 2) Religiöse Satanisten und 3) Unabhängige Satanisten." – „Es gibt überhaupt keine Kategorien von Satanisten – es gibt nur Satanisten und Spinner. Die Alleswisser versuchen, eine Unterteilung herzustellen, damit sie nicht verklagt werden können. Wenn es verschiedene Kategorien gibt, können sie sagen: «Oh, euch haben wir natürlich nicht gemeint. Wir meinten diese anderen (die es in Wahrheit gar nicht gibt). Ihr seid gute Satanisten!» Aber so

etwas wie einen «guten Satanisten» gibt es nicht. Ich würde eher die Satanischen Poser in drei Kategorien unterteilen – Satanisten, christliche Satanisten und Spinner. Christliche Satanisten würde ich definieren als Personen, die sich zum Satanismus zwar hingezogen fühlen, sich aber nicht völlig vom christlichen Glauben loseisen können. Sie arbeiten weiter innerhalb eines primitiven Rahmens von Gut kontra Böse, nur mit dem Unterschied, dass sie die Rolle des Bösen verkörpern. Wer auch nur die leiseste Ahnung hat von *Dungeons & Dragons*[16], dem Mythos von Gut und Böse, wird erkennen, dass sie über das wahre Böse nicht viel wissen. Man muss Satan in sich selbst suchen, um diese christliche Orientierung zunichte zu machen."

„Man muss Satan seine Seele verkaufen und einen mit Blut geschriebenen Pakt mit ihm eingehen." – „Seid ehrlich – Seelen gibt es heutzutage im Sonderangebot. Dieser Mythos wird von christlichen Satanisten am Leben erhalten, die damit auf den Pfaden mittelalterlicher Hexenjäger wandeln. Satan verlangt schon ein wenig mehr als eine mit Blut gezeichnete Unterschrift. Er verlangt, dass ihr euer Leben so intensiv wie möglich auskostet, durch euren eigenen Scharfsinn Erfolg habt und jeglichem Ungemach aus dem Weg geht. Ihr würdet staunen, was für eine schwere Aufgabe das für manche Leute ist."

„Um an Satan glauben zu können, muss man an Gott glauben. Satan ist ein von Christen erdachter Mythos, und man kann nicht an das eine glauben, ohne auch an das andere zu glauben." – „Viele Menschen – vor allem solche, die sich als «Angehörige der Alten Religion» bezeichnen, können sich eine Philosophie jenseits des Christentums, jenseits von Gut und Böse nicht vorstellen. Es wäre für sie das gleiche wie «den Teufel anbeten». Wir beten Satan nicht an, wir beten uns selbst an, wobei wir die Eigenschaften Satans auf metaphorische Weise verkörpern. Satan ist der Name, der von Juden und Christen benutzt wird, um diese individuelle, stolze Triebkraft in uns zu benennen. Für diese Kraft jedoch gab es bereits

---

[16] Name eines Rollenspiels

viele Bezeichnungen. Wir begegnen ihr in den christlichen Mythen von Satan und Luzifer ebenso wie in der griechischen, römischen, islamischen, sumerischen, syrischen, phrygischen, ägyptischen, chinesischen und hinduistischen Mythologie – um nur einige davon zu nennen. Wir beschränken uns nicht auf eine Gottheit, doch alle verkörpern sie die Merkmale des Anklägers, der für einen freien Willen und vernünftige Alternativen eintritt – egal wie er zu einer speziellen Zeit in einem speziellen Land genannt wurde. Zufällig leben wir eben in einer Kultur, die weitgehend jüdisch-christlich geprägt ist, also heißt er in unseren Breiten Satan. Würden wir in römischen Zeiten leben, wäre es wieder eine andere Zentralfigur, und vielleicht hieße auch unsere Religion dann anders. Der Name jedoch würde genau das gleiche vermitteln und zum Ausdruck bringen. Es hängt nur vom Kontext ab."

Zu den schwersten Anklagen, die gegen den Satanismus erhoben werden, zählen rituelle Menschen- und Tieropfer, Kidnapping, Kindesmissbrauch, Folter, Vergewaltigung ... Das geht über den theologischen Bereich hinaus in den der kriminellen Aktivitäten. LaVey bleibt gelassen. „Wenn ein Christ ein Verbrechen begeht, spricht kein Mensch von einem «christlichen Ritualmord». Je mehr *Satanische Bibeln* verkauft werden, umso wahrscheinlicher wird es, dass sich ein Exemplar davon am Schauplatz eines Mordes oder unter den persönlichen Besitztümern eines Mörders findet. Und es ist unvermeidlich, dass es – bei so vielen Mitgliedern – nicht lange dauert, bis irgendein Verbrecher oder Opfer eine echte CoS-Mitgliedskarte bei sich trägt. Und das ist natürlich Zündstoff!

„Ein «Ritualmord» wird deshalb noch lange nicht daraus, aber es sorgt für eine fette Auflage. Ich warte noch immer auf den Tag, an dem in einer Zeitungsüberschrift steht «Messermörder war Mitglied in einer christlichen Gruppe» und der begleitende Artikel die belastenden Beweisstücke auflistet, die in der Wohnung des Mörders gefunden wurden: Heiligenbilder an den Wänden, und in den Buchregalen die Heilige Schrift, zusammen mit anderen christlichen Büchern und verschiedenen Kreuzen in

Schmuckkästchen. Bei diesen vermeintlich Satanischen Verbrechen haben die «Beweisstücke für Beziehungen zur Satanischen Szene» mit dem Verbrechen als solchem nicht das Geringste zu tun, ja sie müssen nicht einmal etwas mit Satanismus zu tun haben, werden aber in den Mittelpunkt gestellt, um die Sensationsgier der Leserschaft zu wecken."

Von Anfang an versuchten Polizeidienststellen, die Hysterie weitgehend einzudämmen, und änderten die anfänglichen Hinweisblätter und Infobroschüren, in denen bereits Keramikkatzen, Glasmalereien und Kreise als Satanische Symbole abgestempelt wurden, die man an Verbrechensschauplätzen nicht übersehen dürfe. Während einige der Beamten sich noch immer als „Cops for Christ" einen Namen zu machen versuchen, sind die meisten der vielen in Polizeimagazinen erscheinenden Artikel inzwischen von einer recht ausgewogenen Sichtweise geprägt. LaVey stand mit der Polizei und den Ermittlungsbehörden stets auf gutem Fuß und kam ihnen bei jeder Gelegenheit zu Hilfe.

Polizeiinspektorin Sandi Gallant aus San Francisco, eine der führenden Fachfrauen in Sachen Okkult-Kriminalität, schult ihre Kollegen darin, das Hauptaugenmerk auf „Ritualverbrechen und Missbrauch" schlechthin zu richten, anstatt eine ganz bestimmte Religion an den Pranger zu stellen. „Es kommt vor, dass Leute, die ein Verbrechen begehen, sich der Elemente einer bestimmten religiösen Richtung bedienen, um ihre Tat damit zu rechtfertigen – das kann den Bereich des christlichen Glaubens, des Katholizismus, des Rastafarianismus, der Santería, des Satanismus oder irgendeine Kombination aus diesen Dingen betreffen. Man kann nicht in ein Zimmer gehen und beim Anblick eines umgekehrten Sterns oder eines Ozzy-Osbourne-Posters sagen: «Das ist ein Satanisches Verbrechen.»

„Heute müssen Ermittler bei der Untersuchung eines Verbrechens zunächst einmal festlegen, in welche von zwei Kategorien es fällt – gehört es tatsächlich zu den Vorgaben einer bestimmten Religion (wie bei Tieropfern im Santería- oder Voodoo-Kult), oder wird die Religion nur als Vorwand für ein Verbrechen missbraucht, das sich aufgrund des psychologischen Profils des Täters auch anderweitig abgespielt hätte?"

Während der neunziger Jahre uferten die Dinge aus. Ein kurzer Blick auf das „Experten"-Vokabular jener Zeit beweist, dass nicht jeder, der sich als Ermittler in Okkult-Straftaten ausgab, so gut Bescheid wusste wie Frau Gallant. Talkshow-Moderatoren in ganz Amerika waren der Meinung, wir müssten uns Sorgen machen über Dinge wie das Feast Of The Beast, den WICA-Letter, Leihmütter, Altarbabys, Scharlatane, Kiffer, traditionelle Satanisten, orthodoxe Satanisten, Freestyle-Satanisten, religiöse Satanisten, rituellen Missbrauch, Satanische Überlebende, das Black Hole Ritual, Acid Pits und bewegliche Krematorien (mit denen man sich der Leichname der Ritualopfer entledigt, und die oft als Antwort auf die Frage „Wo sind die Leichen?" bemüht werden), Spotters (Leuten, die, oft in Gestalt von Gärtnern oder Müllmännern, zum Auskundschaften von Kindertagesstätten dienen, wo Satanisten sich verpuppen), Ritualisten, Grimoires, Ausbilder, Anwerber und Teufelstänze (verbreitet bei Kindern im Vorschulalter, die rituell missbraucht wurden).

Als Warnzeichen dafür, dass Ihr Kind sich mit Satanismus beschäftigt, wurden genannt: Es ist gern allein, trägt unzweideutige T-Shirts, will schwarze Bettlaken oder schwarze Vorhänge haben, wünscht sich eine Schlange als Haustier ... all das seien deutliche Hinweise darauf, dass der Teufel seine Hand im Spiel hat. Als Papst Johannes Paul II durch die Vereinigten Staaten tourte und im Auditorium der University Of Arizona sprach, wurden die an die Wand gemalten, roten Teufelsmaskottchen verdeckt, um Seine Heiligkeit nicht zu kränken. Highschool-Teams im ganzen Land, die sich als irgendeine Art von „Devils" bezeichneten, änderten ihren Namen, damit er nicht mehr so Satanisch klang. Hausnummern, Autokennzeichen und Telefon-Vorwahlen, die die makabre Ziffernfolge „666" enthielten, wurden als Kanäle dämonischer Einflüsse erkannt und rasch geändert – auch die neue Hausnummer der Reagans, nachdem sie das Weiße Haus geräumt hatten, zählte dazu. Eine Gesetzesvorlage des Senats wurde im Februar 1986 von „Bill 666" in „Bill 649" umbenannt, weil man fürchtete, die ursprüngliche Nummer könne die Gesetzgeber auf ungünstige Weise beeinflussen.

Und all das wäre ja ziemlich lustig, hätten nicht unzählige Menschen ihren Job, ihre Wohnung, ihre Kinder, ihr gesellschaftliches Ansehen oder das Vertrauen ihrer Eltern auf Grund irrationaler und unbegründeter Ängste und Beschuldigungen eingebüßt. Auch die selbstgerechten Lehrer und Schulrektoren, die die Schließfächer von Highschool-Kids nach Hinweisen auf diabolische Umtriebe durchsuchten, benutzten den Satanismus als Vorwand. Jeder Schüler mit einem Pentagramm konnte jederzeit ins Büro des Rektors geschleppt werden, um dort vom örtlichen Priester (oder der Polizei!) ins Gebet genommen zu werden. In Artikeln steht, dass Schulbüchereien die Leihkarten überprüfen, um nachverfolgen zu können, wer sich gefährliche (und „subversive") Bücher ausgeliehen hat.

„Trotzdem entwickelt sich alles zu unseren Gunsten", sagte LaVey. „All diese Fernseh-Evangelisten bäumen sich zum letzten Mal auf. Sie verletzen. An wen sonst sollen sie sich also wenden als an den Teufel? Er war doch stets ihr wahrer Erlöser. Die Leute haben den Lärm satt. Sie haben die Hysterie satt. Wir hätten es nicht geschickter einfädeln können. Wenn die Satanische Hysterie den Punkt der Absurdität erreicht, beginnen die Leute den ganzen Scheiß pauschal zu hinterfragen. Es kommt noch so weit, dass von dem, was christliche Prediger so von sich geben, keiner mehr ein Wort glaubt. Wenn sie vom Teufel hören und wie verdorben er ist, macht es sie nur neugierig darauf, wie denn der Satanische Standpunkt aussehen könnte."

Es gab viele, die all die verrückten Behauptungen unmittelbar hinterfragten. Arthur Lyons» Film *Satan Wants You* zweifelte die

Geschichten der Ankläger an, da sie keine handfesten Beweise vorlegen konnten. Im Oktober 1989 legte das Komitee für die wissenschaftliche Erforschung von Religion einen Bericht vor, der die Behauptungen über Leihmütter und „Satanische Überlebende" genau unter die Lupe nahm. Nach sorgfältiger Untersuchung kam der Bericht zu dem Schluss, dass „die schockierendsten Behauptungen – die von Entführungen und Ritualmorden an Kindern handeln – sich leicht als Fälschungen entlarven lassen. Tatsächlich entbehren alle Bezichtigungen, es seien großflächige Satanische Verschwörungen im Gange, jeglicher Grundlage. Die vorliegenden Befunde lassen nur einen vernünftigen Schluss zu: *Es gibt sie nicht!*[36] Verschiedene Magazine, darunter *The Skeptical Inquirer*, widmeten der Widerlegung Satanischer Hysterie sogar eine Titelstory.

„Es ist keine Propaganda vonnöten. Lassen wir die Satanisten einfach für sich selbst sprechen – da bedarf es keiner Voreinstellung irgendwelcher Art. Was mich ärgert: Dass die Produzenten von TV-Shows – selbst wenn sie ein Zugeständnis machen, indem sie einen glaubwürdigen Satanisten in ihre Show einladen und nicht irgendeinen Pseudo – den selbsternannten «Experten» dennoch mehr Redezeit einräumen als den eigentlichen Satanisten. Wie sollen sie über mehr Autorität verfügen als die Anhänger selbst? Man befragt doch Hitler auch nicht über die Wonnen des Passahfestes. Alles, was über Satanismus gesagt werden muss, ist die Wahrheit, dann wird sich die Einstellung der Leute von selbst ändern. Falls sie jemals eine Dosis echten Satanismus abbekommen, möge Gott ihnen helfen."

KAPITEL NEUNZEHN
Die Unsichtbare Revolution

„Aber wissen Sie was? Ich bin der festen Überzeugung, dass Untergrund-Menschen wie ich in Schach gehalten werden müssen. Auch wenn wir in der Lage sind, vierzig Jahre lang im Untergrund zu verweilen, ohne ein Wort zu sagen – wenn wir hinaus in die Welt treten und loslegen, werden wir reden und reden und reden …"

— Dostojewski, *Aufzeichnungen aus dem Untergrund*

1967 arbeitete LaVey die *„Elf Satanischen Regeln der Erde"* aus, als Ergänzung zu den *„Neun Satanischen Aussagen"*, die er bereits niedergeschrieben und unter seinen Anhängern verteilt hatte. Lange Zeit betrachtete LaVey die Regeln als zu brutal für Uneingeweihte und beschränkte sich als Einleitung zur *Satanischen Bibel* auf die Aussagen. Irgendwann glaubte er jedoch, es sei nun die rechte Zeit, sie zu veröffentlichen. Es handelt sich um eine Reihe von Leitsätzen speziell für das menschliche Tier, in denen das Gesetz des Dschungels – „Lex Talionis" – erörtert wird. LaVey *untersagt* vor allem: Kindern Leid zuzufügen, nicht-menschliche Tiere zu töten außer zur Nahrungsbeschaffung und Selbstverteidigung; ungefragt seine Sorgen zu schildern oder Ratschläge zu erteilen; sich jemandem in sexueller Absicht zu nähern, der es womöglich nicht schätzen wird. Zwei Regeln gibt es, die bei den nicht-Satanisch Orientierten für ein Stirnrunzeln sorgen werden: „Wenn ein Gast dich in deiner Behausung belästigt, behandle ihn grausam und ohne Gnade" sowie „Wenn du dich auf öffentlichem Territorium befindest, belästige niemanden. Wenn jemand dich belästigt, bitte ihn, damit aufzuhören. Wenn er nicht aufhört, vernichte ihn."

Während der neunziger Jahre stand LaVey nur umso mehr zu diesen teilweise gewalttätigen Verordnungen. „Wenn die Leute einfach nur ihren eigenen Handlungen, ihrer eigenen Entwicklung ins Auge sehen und ihres eigenen Fortschritts wegen Korrekturen anbringen müssten, würde die Bevölkerung innerhalb einer Generation auf die Hälfte zusammenschrumpfen. Stattdessen haben wir Gesetze und Gerichtsverhandlungen erfunden, um die Menschen vor sich selbst zu schützen. Wenn diese schwächlichen, modernen, inzestuösen Kreaturen mithilfe ihres eigenen Verstands überleben und auf sich selbst aufpassen müssten, würden sie sich vor lauter Angst nicht mehr aus dem Haus trauen. Sie wären so gut wie tot. Sie wären nicht in der Lage, sich schnell genug zu bewegen oder zu denken, und sie würden auf der Strecke bleiben.

Jedes Geschöpf, ob menschlich oder nicht-menschlich, ist nur so wichtig, wie es für andere Kreaturen wichtig ist. Was würde geschehen, wenn in der Wildnis ein gestörter Affe die ganze Zeit nur kreischen oder das Schlaflager anderer Affen in Unordnung bringen würde, wenn er kratzen und andere Mitglieder der Affenherde attackieren würde? Sie würden ihn zurückbeißen, ihn ebenfalls in die Mangel nehmen. Wenn er dann immer noch nicht aufhören würde, würden sie ihn entweder verjagen oder in Stücke reißen. Das ist es, was unser Instinkt uns rät. Bis jetzt aber wurde uns die Haltung auferlegt, andere in ihrer Untauglichkeit gewähren zu lassen - beim Fahren auf der Straße für sie mitzudenken, Warnschilder aufzustellen, damit sie nicht in den Straßengraben fahren oder auf einem glatten Gehsteig ausrutschen. Wenn ein anderer auf die Nase fällt, sind *wir* dafür verantwortlich. Heutzutage hat alles eine Kindersicherung. Was würde geschehen, wenn sie eines Tages aufwachen würden, um festzustellen, dass sie die Konsequenzen ihres unfähigen Verhaltens selbst auf sich nehmen müssen? Für ihre Zerstörungswut? Ihre Rüpelhaftigkeit?"

Eins von LaVeys Lieblingsärgernissen war die Ungleichheit, auf die er in Amerika stieß. Damit ist aber nicht die Art von Ungleichheit gemeint, über die fortwährend gesprochen wird. „In unserer Gesellschaft werden die Menschen nicht für das belohnt, was sie können, sondern für das, was sie nicht können. Für mich ist das eine schreckliche Ungerechtigkeit. Offenbar ist alles – das Gesetz, die

Schulen, die Wirtschaft, der Arbeitsmarkt – darauf ausgelegt, nicht die am höchsten entwickelten, sondern die niedrigsten Elemente anzuspornen."

Als Gegenmaßnahme zu dieser Ungleichheit bot LaVey einige Satanische Lösungen an. 1988 veröffentlichte er im *Cloven Hoof* ein Essay mit dem Titel „Wandel im Zeichen des Pentagramms – ein Fünf-Punkte-Programm", in dem die aktuelle Stoßrichtung einer Satanischen Interessenvertretung erläutert wurde. Die Plattform trat ein für Schichtenbildung (Stratifikation), strikte Besteuerung der Kirchen, die Wiedereinführung des Talionsprinzips (Lex Talionis) in den Bereichen der Gesetzgebung und Rechtsprechung, die Entwicklung und Herstellung von Androiden sowie die Möglichkeit, „geschlossene Erlebniswelten" zu bewohnen. Auch wenn die meisten dieser Themen bereits ausführlich an anderer Stelle in diesem Buch behandelt wurden, stellt die Stratifikation doch LaVeys Eckstein eines zeitgenössischen Satanischen Wirkens dar.

„Die Stratifikation ist der Punkt, auf dem alle anderen Punkte letztendlich gründen. Sie räumt auf mit dem Mythos von der «Gleichheit aller Menschen» – die nichts anderes bedeutet als Mittelmäßigkeit und die Erhaltung der Schwachen auf Kosten der Starken. Man muss dem Wasser erlauben, sich seinen eigenen Pegel zu suchen, ohne dabei von irgendwelchen Schutzheiligen beeinträchtigt zu werden. Niemand sollte vor den Auswirkungen seiner eigenen Dummheit geschützt werden." Weiter hinten in derselben Ausgabe schreibt LaVey: „Der derzeit in Gang befindliche Dritte Weltkrieg – menschliche Heuschrecken, die über die Welt herfallen – macht es nötig, dass ganze Bevölkerungsgruppen ausgedünnt werden, da das Gesetz der Narren zum ersten Mal in der Geschichte die Zivilisation und menschliche Fortentwicklung zu vernichten droht. So etwas *darf* nicht noch einmal geschehen. Die moderne Technik hat das menschliche Bewusstsein verkümmern lassen. Natürlich wäre es einfacher und in wirtschaftlicher Hinsicht praktischer, weiterhin dem Konsumzwang das Wort zu reden, auf

Kosten der Evolution. Aber die Erde würde das nicht überleben. Ausnahmemenschen zu isolieren und genetisch zu fördern ist das große Anliegen der Stratifikation.

Ich behaupte, dass in diesem Land soeben ein unbemerkter Krieg wütet", erklärte LaVey. „Ein ökonomischer Krieg. Der Krieg kommt nicht von ungefähr, er geht von den Leuten aus, die in diesem Land das meiste Geld verdienen können. Der große Konsumentenkrieg. Alle anderen «Ursachen' sind lediglich Täuschungsmanöver. Jede angebliche Protestaktion ist sorgsam zurückgehaltene Rebellion. Ansonsten würden die Leute auf den Straßen toben, wenn sie für einen dreitägigen Krankenhausaufenthalt dreißigtausend Dollar bezahlen müssen. Die Kriegsführung unserer Tage ist jedoch weitaus komplexer als je ein Science-Fiction-Autor es sich ausgemalt hat. Es ist absurd zu glauben, die Erforschung chemischer, akustischer oder bioelektrischer Waffen sei zu einem Stillstand gekommen. Mir ist klar, dass gewisse Dinge für das Wohl der Gesellschaft getan werden müssen – um die Wirtschaft am Laufen und die Bevölkerung klein zu halten, aber ich lasse mich nicht gern zum Narren halten."

Isolation, Verzicht und Stratifikation waren die von LaVey empfohlenen Waffen gegen den bereits im Gang befindlichen Unsichtbaren Krieg. Er hatte dem schmalen Prozentsatz der Bevölkerung, von dessen Andersartigkeit der Chromosomen er fest überzeugt war und die vielleicht sogar auf genetische Weise resistent waren gegen die Auswirkungen der Kontrolle, bereits einen Namen gegeben – Satanisten. Die Stratifikation ist ein magischer Reinigungsprozess – eher subtraktiv als additiv. „Während der Krieg fortschreitet und die Bevölkerung bis zu einem nicht mehr hinnehmbaren Grad weiterwächst und bei der Ausbeutung ihrer Ressourcen an eine kritische Grenze gerät, werden die Starken beginnen, um ihr eigenes Überleben zu kämpfen", sagte LaVey. „Genau das ist es, was wir heute erleben. Die Gesellschaft wird sich immer mehr aufspalten in Leute, die der Gesellschaft ihren Bullshit nicht mehr abkaufen, und andere, die ihren Führern auf blinde Weise folgen. Die Satanisten, die Freidenker, sind eine aufkeimende Minderheit. Es geht um eine Krankheit, die erkannt werden muss wie Alkoholismus, Behinderungen, Suchtverhalten und AIDS. Wir leiden an einer Krankheit, die sich Unabhängigkeit nennt – eine pathologische Abneigung gegen Bevormundung und Institutionalismus – die uns davon abhält, «reguläre» Jobs zu bekommen und ein «normales» Leben zu führen."

Anstatt die „Ausbreitung der Schwachen" zu fördern, hielt LaVey es für das Gebot der Stunde, den neu hervortretenden genetischen Satanismus-Strang zu isolieren und voranzubringen. Als 1970 *The Compleat Witch* erschien (das Buch, aus dem später *Die Satanische Hexe* wurde), legte LaVey damit seinen Leitfaden zu einer selektiven Vermehrung vor. In dem am 16. August in der *Newsweek* erschienenen Artikel „Evil, Anyone?" war auch ein Foto zu sehen, auf dem LaVey seine Tochter Zeena taufte und in dessen Bildlegende es hieß „Die Erschaffung einer besseren Rasse". Im Text beschrieb LaVey es als sein Satanisches Ziel, „einen Polizeistaat zu errichten, in dem die Schwachen ausgemerzt werden und es den «erfolgsorientierten Führern» gestattet ist, den Geheimnissen der Schwarzen Magie nachzugehen."

Später, in den *Satanischen Ritualen*, erteilte LaVey seinen Anhängern die Weisung: „Es ist jetzt das höchste Ziel der Menschen, die Kinder der Zukunft zu zeugen. Qualität ist nun wichtiger als Quantität. Ein in Ehren gehaltenes Kind, das *erschaffen* kann, ist mehr wert als zehn, die nur *produzieren* können – oder fünfzig, die *glauben* können!"[37] In einem Interview mit *Fling* gelobte LaVey, er werde, falls er die Möglichkeit habe, „das Wachstum neuer, intelligenterer Generationen durch selektive Vermehrung vorantreiben. Aber das erinnert auf so schreckliche Weise an Hitlers Lehren, dass ich das Thema normalerweise gar nicht anschneiden darf."[38]

Auf die Frage, welche Art von Herrenrasse ihm genau vorschwebe, erklärte LaVey, die Satanische Stratifikation und Trennung, für die er eintrete, sei „eher ethisch als ethnisch" definiert. „Wie gesagt, ich will zwar ein neues Volk heranbilden, will es isolieren und weiterzüchten – aber eines, das unbemerkt schon immer existierte, von Beginn der Menschheitsgeschichte an. Führer, Erneuerer, Menschen, die etwas riskieren – die hat es schon immer gegeben, in allen Kulturen. Diese wenigen - vielleicht ein Zehntel Prozent aller Menschen – sind es, die Nationen voranbringen, die Evolution voranbringen. Der Satanismus bietet zum ersten Mal in der Geschichte die Möglichkeit, eine Herrenrasse aus genetisch geeigneten, gleichgesinnten Menschen zu züchten – und das hat nichts mit den Genen zu tun, die aus ihnen Weiße, Schwarze, Blaue, Braune oder Lilafarbene machen, sondern mit den Genen, die aus ihnen Satanisten machen. Wir benötigen eine öffentliche Diskussion, um unsere Kultur geltend zu machen. Jeder, dem ich bisher begegnet bin und der etwas erreicht hatte im Leben, verabscheute sein «Volk» geradezu. Nicht dass dieser Hass den Juden, den Deutschen, den Iren oder den Italiern per se gilt – nein, sie hassen einfach die Dummheit und Herdenmentalität. Sie hassen den Gedanken, ihre Volkszugehörigkeit zu ihrer Identität zu machen. Manchmal sind Leute jüdischer Herkunft, bei denen zu Hause großer Wert auf jüdische Traditionen gelegt wurde, die größten Judenhasser, die es gibt. Und ich bin ihnen da gar nicht böse. Wer in einer erstickenden Atmosphäre bei überzeugten Juden oder überzeugten Katholiken groß geworden ist, dem kann man es nicht verübeln, wenn er wegrennt, seinen Namen ändert, sich eine völlig andere Biografie auf den Leib schneidert und seine Eltern nie wieder sehen will! Auf diese Weise werden oft Führer geboren.

In meiner Position muss man ein Soziopath sein. Werfen Sie doch einen Blick auf all die Darstellungen Satans im Lauf der Geschichte – auf seine Satanische Traurigkeit und Betroffenheit angesichts dieser freudlosen Welt, die Menschen meinen, für sich errichten zu müssen. Als Satanist bin ich selbstverständlich ein Soziopath. Ich liebe das Leben und bin wahrhaft betroffen. Deshalb reagiere ich auch mit Argwohn, wenn andere mich unterstützen wollen – es ist für mich schwer zu akzeptieren, da diese Übersättigung, dieser Tod stets gegenwärtig ist.

Die Menschen betrachten den Satanismus von außen, sie sehen schwarz verhangene Kammern und düsteren Prunk und glauben vielleicht, wir stehen für den Tod ein. Christen gelten als die Lebensbejahenden, die nach Glück und Segen streben. In Wahrheit geht von «Gott», wenn er ihre Gebete erhört, ein regelrechter Fluch aus. Sie wollen nicht, dass ihre Gebete erhört werden. Sie wollen eigentlich gar nicht zufrieden sein. Deshalb beten sie zu einem Gott, den es gar nicht gibt. Die Wahrheit lautet, dass diejenigen, die sich am meisten mit dem Tod umgeben und am häufigsten von ihm sprechen, wahrscheinlich die Lebensbejahendsten von allen sind und Satan in der Tat sehr ähneln – sie sind betroffen davon, dass die Dinge nicht so rein und perfekt sein können wie sie sein sollten. Wenn Satanisten alles egal wäre, kämen sie nicht so finster und pessimistisch daher. Man findet eine Menge Optimisten in Irrenanstalten – nur Verrückte sind immer rundum zufrieden."

Ähnlich vielen Hellsehern seiner Zeit nahm LaVey, während wir uns der Jahrtausendwende näherten, tiefgreifende Veränderungen wahr. „Die Menschen treffen jetzt wichtige Entscheidungen. Wir haben uns an einen Punkt entwickelt, an dem sämtliches Wissen der Menschheitsgeschichte von jedermann eingesehen werden kann. Über sämtliche Methoden wurde etwas geschrieben. Es hängt jetzt vom eigenen Willen und dem Informationsstand ab, ob man den Satanismus annehmen will oder nicht. Ob man sich für den Tod entscheidet oder für das Leben. Die Christen haben ihre Apokalypse heraufbeschworen, und wir wollen sie auf gar keinen Fall enttäuschen. Das Ende des Millenniums kommt mit Riesenschritten."

Satanische Auslese, elitäre Schichtenbildung, die Befürwortung polygamer Beziehungen zu Auslesezwecken und schließlich die Errichtung von Gemeinschaften Gleichgesinnter sind Satanische Programme, die den Gegenpol bilden zum hochgelobten Ideal von der Gleichheit aller. Seit 1966 bilden diese Themen die zeitgeistige Grundlage für extremistische Strömungen, und es zeigte sich letztendlich, dass LaVey und die Church of Satan als deren Vorväter anerkannt werden sollten.

„Extremismus in jeglicher Form wirkt nur verstärkend", sagte LaVey. „Eine andere Sprache scheint die amerikanische Öffentlichkeit nicht zu verstehen. Sie sehen nur Schwarz und Weiß, keine Schattierungen. Extremismus beschleunigt und perfektioniert die Veränderungen. Satanismus ist nicht nur ein atheistischer, sondern auch ein anti-theistischer Standpunkt. Wir treten ein für die Zerstörung mystisch orientierter Religionen durch aktive Opposition anstatt einfacher Nichtbeteiligung."

Da ein Porträt von ihm im Moskauer Museum des Atheismus hängt, schuf LaVeys langjährige Verwendung authentischer schwarzmagischer Zeremonien und Symbole der Nazis sowie seine frühen Verbindungen zu zionistischen Terroristen stets ein unausweichliches Bindeglied zwischen ihm und extremistischer Gruppen aller Art. „Es ist ein Unterschied, ob du jemandem nachstellst, weil er dir Ärger macht, oder ob du jemanden belästigst, der nur sein eigenes Ding durchzieht. Es ist viel zu einfach, Menschen nur aufgrund ihrer Hautfarbe zu schikanieren. Warum kann man nicht die gleiche Energie einem produktiven Zweck zuführen, indem man zum Beispiel zu einer ernsthaften Bedrohung wird für die Dealer, Luden, Vergewaltiger, Mörder, Plünderer und Räuber da draußen? Nicht die Rasse ist wichtig, sondern das Individuum, der Typus Mensch. Es gibt eine wirksame magische Technik, Stellvertreter für deine Peiniger oder Möchtegern-Peiniger zu wählen, auf die du deinen Zorn richten kannst, so dass er auf den eigentlichen Peiniger zurückfällt. Wenn du deinen Wut und deine Frustration an solchen Leuten auslässt, werden die Zusammenhänge klar wie Kloßbrühe. Als Ersatz, als eine Art Opfer kannst du dir jemanden aussuchen, der dir zwar selbst nichts zuleide getan hat, aber genau diesen Typus verkörpert und vermutlich andere Leute als dich fertiggemacht hat. Das sind aber bereits magische Finessen, die ich nur wenigen Leuten guten Gewissens empfehlen kann.

Das ist die Stärke eines Diskussionsforums wie dem Satanismus. Wir sind nicht gegen Juden, Schwarze, Weiße ... Wir sind nicht bereit, unsere Standards weiterhin zu relativieren, um auf diese Weise Dummheit und Faulheit zu fördern. Der Anspruch lautet, dass sie unseren Standards entsprechen, und nicht dass wir die Hürden tiefer setzen, um ihnen entgegenzukommen. Wenn sie unfähig sind, muss es ihnen gesagt werden, auch wenn es vielleicht das erste Mal in ihrem Leben ist. «Wisst ihr was? Ihr seid bescheuert! Ihr seid minderwertig!» – das muss man ihnen sagen, anstatt sie vor den Wirkungen ihres eigenen Unvermögens zu schützen. Wenn jemand ein ethischer, produktiver, sensibler Mensch ist und weiß, wie man sich unter Menschen verhält – prima! Wenn er ein unmoralischer Parasit ist, sollte man rasch und grausam mit ihm verfahren."

LaVey verneinte die Existenz oder Notwendigkeit einer so demonstrativen Sache wie einer großen Satanischen Verschwörung. „Die Art von Veränderungen, die mir vorschweben, bedarf keiner Straßenunruhen und keiner Revolution, höchstens eines Geheimbunds. Zu einer Verschwörung gehört ein sorgfältig ausgearbeiteter Schlachtplan, der jedem Teilnehmer seine exakt umrissene Rolle zuordnet. Ein Geheimbund ist eine Gruppe nur lose miteinander verbundener Menschen, die ein und demselben Ziel in unbeirrbarer Loyalität und Treue ergeben sind und tätig werden, wie es sich von selbst ergibt. Sie haben die geheimen Telefonnummern; sie wissen, was sie aus ihrer jeweiligen Position heraus tun müssen, wenn die Zeit gekommen ist. Oh, wir haben Ziele. Und wir kennen diese Ziele. Ich vertraue auf alle Formen von Schläue, List und Tücke als Mittel zum Zweck."

Anstelle einer Revolution schlug LaVey eine Satanische Neubewertung vor. „Vielleicht hat ja die Evolution genug von uns aus ihren Kokons hervorgelockt, so dass wir uns mit echter Ästhetik umgeben können anstatt mit Maßstäben, die auf ökonomischen Zwängen gründen. Der Satanismus verhilft allen Kunst- und Ausdrucksformen zu neuer Disziplin. Wir legen Nachdruck auf eine Rückkehr zu den klassischen Grundlagen in der Musik, der

Malerei, der Bildhauerei, der Erzählkunst und der Dichtung – die Neuerrichtung eines Grundstocks des Wissens und Ausdrucks, so dass es wieder Orientierungsgrößen für Schönheit und Form gibt. Der Satanismus lehnt die «Spritz und Schmier»-Schule eines ungehemmten «künstlerischen Ausdrucks» ab.

Ein Satanist versteht, warum und wie man im machiavellischen Sinne auf gewisse ökonomische und politische Zwänge reagieren muss, aber er lässt sich nicht für blöd verkaufen. Je stärker wir zahlenmäßig werden, umso größer wird unser ökonomisches Mitspracherecht. Produktives Konsumdenken ist notwendig und empfehlenswert, wenn man sich dabei bewusst macht, dass auf dieser Erde nur Platz für eine gewisse Anzahl von Menschen ist. Aber nicht dieses blindwütige, unorganisierte, geldgeile, destruktive Konsumdenken, das unmittelbar der jüdisch-christlichen «Mehr Christen bedeutet mehr Geld»-Mentalität entspringt.

Die Menschen haben noch immer eine urzeitliche Angst vor der Nacht. Die ökonomische Macht der Satanisten wird jedoch bald stark genug sein, dass wir auch unsere eigenen Läden und Geschäftsräume die ganze Nacht lang öffnen können – zu unseren Zeiten. Wir werden nicht nur eine bedeutende Wählergruppe von ökonomisch-demografischer Bedeutung werden, die berücksichtigt werden muss, sondern uns in jene Bereiche vorarbeiten, in denen wir selbst die Fäden ziehen."

LaVey vollzog die Veränderungen auf einer persönlichen Ebene, was sich wiederum auf nationaler und internationaler Ebene widerspiegelte. „In diesem Spielabschnitt habe ich keine Zeit mehr für Geduld und Toleranz. Vor zehn Jahren, sogar noch vor fünf Jahren, hätte ich mir die Fragen der Leute angehört, ihnen alles erklärt, sie besänftigt. Das war einmal. Diese Zeit ist vorbei. Jetzt geht es mir so, wie Norman Mailer es in *Die Nackten und die Toten* beschreibt: «Ich hasse alles, was nicht in mir selbst ist.» Von all den Dingen, die keine unmittelbare Bedeutung haben für das, wofür ich einstehe, was nicht mein Leben bereichert oder mit Reiz erfüllt, will ich nichts hören. Es muss mir etwas geben. Es ist keine Zeit mehr für Erklärungen und für Ökumene. Keine Zeit mehr.

Das ist eine Eigenart, die ich mit der neuen Generation von Satanisten gemeinsam habe, die man am besten – was sie auch selbst in vielerlei Hinsicht getan hat – als «apokalyptische Kultur» bezeichnet. Das heißt nicht, dass sie an die biblische Apokalypse glauben – den schlussendlichen Kampf zwischen Gut und Böse. Ganz im Gegenteil. Doch es besteht ein Drang, ein Bedürfnis, die Dinge voranzutreiben und mit Jammern aufzuhören, und falls morgen alles vorbei ist, wissen wir wenigstens, dass wir heute gelebt haben. Es ist eine Philosophie im Stil von «Nach uns die Sintflut». Es ist die Satanische Philosophie. So wie die Generation, die in den Fünfzigern geboren wurde, im Schatten der Bombe aufwuchs und sich an den Gedanken gewöhnen musste, dass der gesamte Planet sich jederzeit selbst zerstören könnte, mussten die in den Sechzigern Geborenen sich mit der Unvermeidlichkeit unserer eigenen Zerstörung abfinden, diesmal aber nicht durch die Bombe, sondern durch eine hirnlose, unkontrollierte Überbevölkerung. Irgendwie gelangten sie nach einem Blick auf die Geschichte zu dem Schluss, dass auch noch so viel Geschrei, Proteste, Transparente, Märsche oder Wehklagen – ja, nicht einmal konstruktivere Möglichkeiten wie zum Beispiel selbst an die Regierung zu kommen oder Bücher zu schreiben, um die Menschen aufzurütteln – nichts, aber auch nichts um einen Deut besser macht. Die meisten Menschen haben einen angeborenen Todeswunsch – sie wollen sich und alles Schöne zerstören. Letztlich zu erkennen, dass wir in einer Welt leben, die den Zenit der Kreativität überschritten hat, und somit fähig zu sein, die Mechanismen unserer eigenen Zerstörung klar zu erkennen – das ist ein schrecklicher Erkenntnisprozess. Die meisten Menschen können ihn nicht ertragen. Sie ziehen sich lieber in die weitaus behaglichere Welt des New-Age-Mystizismus zurück. Das ist in Ordnung. Alles, was wir – die Wenigen unter uns, die stark genug sind, zu erkennen, was da vor sich geht – wollen, ist die Freiheit zu erschaffen, uns zu unterhalten und andere teilhaben zu lassen, zu erschaffen und zu hegen, was noch in unserer Macht steht, und uns eine eigene kleine Festung zu errichten, fernab der Empfindungslosigkeit der restlichen Welt."

Womöglich als Reaktion auf die Zwänge der Zeit nach der Jahrtausendwende belassen einige Leute es nicht beim Bau schützender Festungen. Manche, und es scheinen immer mehr zu werden, greifen zu Waffen und töten unschuldige Menschen. Die Ermittler, und mögen sie auch noch so objektiv sein, reagieren verstört darauf, dass immer mehr *Satanische Bibeln* an den Schauplätzen von Verbrechen oder unter den persönlichen Habseligkeiten von Massenmördern entdeckt werden. Es ist möglich, dass LaVeys Gedankengut bei instabilen Menschen Kräfte freisetzen kann, die sie selbst nicht kontrollieren können.

LaVey beteuerte, dass wir nie so richtig wissen werden, welchen Einfluss der Satanismus auf die sogenannten „Durchgeknallten"-Fälle ausübt. „Seien wir ehrlich, die Medien lassen so wenige Tatsacheninformationen durchsickern. Ich habe die beste Position, um so etwas aus erster Hand zu wissen. Die Medien werden den Satanismus stets nur aus einer streng vorgezeichneten Perspektive betrachten. Wie bei diesem Jungen aus New Jersey (Tommy Sullivan), der als angebliches Resultat seiner zunehmenden Beschäftigung mit Satanismus seine Mutter mit einem Pfadfindermesser tötete. Er war ein guter Junge aus streng katholischem Hause, und plötzlich soll er aufgrund von Satanismus ausgerastet sein. Quatsch mit Soße! In einigen Berichten sickerte die Wahrheit durch, aber man musste zwischen den Zeilen lesen. Der Junge war klug. Er wollte selbst erkunden und seinen Horizont und seine Fantasie auf Dinge ausweiten, die seine Eltern, vor allem seine Mutter, nicht tolerierten. Erst war er verwirrt, dann – als sie ihn weiterhin einengten und ausbremsten - reagierte er feindselig. Das ging viele Monate lang so, vermutlich nachdem sie ihn bereits jahrelang verzärtelt hatten, unter dem Vorwand, ihn beschützen zu wollen. Und schließlich, nach einer intensiven anti-Satanischen Beratungsstunde, in der auch zur katholischen Kirche gebetet wurde, hatte der Junge die Schnauze voll. Vielleicht der totale Filmriss! Vielleicht war er ein guter Junge, der den Bullshit einfach nicht mehr ertrug und die Gerechtigkeit, die er vergeblich suchte, selbst in die Hand nahm. Ihm war klar, dass er ungerecht behandelt wurde, und er sah keinen Ausweg mehr – also tat er das, was in diesem Moment in seiner Macht stand: Er schnitt erst seiner Mutter und dann sich selbst die Kehle durch. Hätte man ihm erlaubt, die Wege ungehindert zu erforschen, nach denen ihm der Sinn stand, wäre das vielleicht nie geschehen."

Die Satanisten der zweiten Generation haben fest umrissene Vorstellungen von Richtig und Falsch und benutzen die *Satanische Bibel* als Leitfaden, um dämonische Gerechtigkeit zu üben. Tom Wedge bringt ein Zitat von Tom Sellers, in dem er erläutert, was jemanden dazu qualifiziert, ein angemessenes Menschenopfer zu sein: „Geopferte Menschen sind Menschen, die ihre Frauen schlagen, Kinder sexuell belästigen, ihre Hunde treten und so weiter. Schließlich haben solche Leute ohnehin kein Recht zu leben."[39] Sellers wurde schließlich wegen Mordes an seiner Mutter, seines Stiefvaters und eines Drugstore-Verkäufers in den Jahren 1985/86 zum Tode verurteilt. Irgendwann schwor er seinem Satanischen Glauben ab und wurde von Christen für seine Tätigkeit als Jugendpfarrer vom Todestrakt aus bejubelt, bis er 1999 hingerichtet wurde. In seinem Buch *Say You Love Satan* beschreibt David St. Clair aus dem Blickwinkel eines Teenagers sehr authentisch, welche Freiheit *Die Satanische Bibel* verleihen kann: „Wenn es stimmte, was in diesem Buch stand, wenn es hielt, was es versprach, dann war nichts auf dieser Welt unmöglich. Niemand sollte sich mit der Scheiße abfinden müssen, in die er hineingeboren wird. Wenn der Typ, der das Buch schrieb, wirklich wusste, wovon er sprach, dann war Satan genau die richtige Wahl. Der Teufel hatte die Antworten für das Leben auf Erden. Der Teufel war es, zu dem man Kontakt aufnehmen musste, und der die Dinge für Menschen regelte, die etwas erreichen wollten."[40] Der Protagonist von St. Claires Buch, Ricky Kasso, tötete einen seiner Mitschüler und später sich selbst.

Anton LaVey behauptete, es bereite ihm keine Sorgen, wenn andere bezichtigt würden, im Namen Satans getötet zu haben. Jedes Mal, wenn er von einer neuen Mordorgie las, so beteuerte er, laute seine Reaktion: „Was, zweiundzwanzig Leute? Ist das alles?" Was ihn mehr bekümmerte, waren all die unbedeutenden Personen, denen er mit seiner Philosophie Göttlichkeit zusprach. „Es gibt Leute, die sich gerne der Symbolik, der Methoden und der hartgesottenen Philosophie des Satanismus bedienen, die aber nicht bereit sind, auch meinen Leitsatz «Verantwortung trägt, wer verantwortlich ist» zu beherzigen. Sie picken sich nur die Rosinen aus dem Kuchen und versuchen damit alles zu rechtfertigen, wonach ihnen der Sinn steht. Wenn es nirgendwo steht, erfinden sie es selbst, und was ihnen zu schwierig erscheint, um daran festzuhalten, das ignorieren sie. Als massentaugliches Buch führt die *Satanische Bibel* bei minderwertigen Menschen zur Anmaßung – jeder hält sich für einen Übermenschen. Das ärgert mich natürlich. Es widerspricht dem Wesen des Satanismus, Menschen hochzujubeln, die es nicht verdienen. In Wahrheit aber muss ich zugeben, dass es sich um eine wirkungsvolle Kurzform von Stratifikation handelt. Ich lasse mich lieber in die Gesellschaft von Mördern einreihen als in die Gesellschaft von Nieten. Ich glaube nicht, dass sich bei Menschen wie Ramirez, Stanley Dean Baker, Huberty oder Manson so etwas wie Anmaßung entdecken lässt. Man stößt man bei ihnen wahrscheinlich auch nicht auf den Lärm, den all diese aufgeblasenen, substanzlosen Möchtegern-Satanisten verursachen." In einem 1986 erschienenen Artikel über den als „Night Stalker" bekannten Mörder Richard Ramirez, der in Kalifornien des Mordes in dreizehn Fällen angeklagt wurde, schrieb LaVey: „Als ich Richard Ramirez kennenlernte, war er der netteste, höflichste junge Mann, den man sich vorstellen kann … ein Musterbeispiel guten Benehmens."

LaVey erinnerte sich deutlich an den Vorfall und bedauerte, dem jungen Ramirez gegenüber so kurz angebunden gewesen zu sein. „Er hielt mich auf der Straße an und sagte «Entschuldigen Sie, Mr. LaVey, kann ich Sie für einen Augenblick sprechen?» Nun, normalerweise mag ich es nicht, wenn Menschen mir auf diese

Weise kommen, also erteilte ich ihm eine Abfuhr: «Ich mache keine Geschäfte auf dem Gehsteig. Sie können mir unter meiner Postfachadresse schreiben.» Er wich zurück und entschuldigte sich dafür, mich belästigt zu haben. Er sagte, er würde mir gern ein paar Fragen stellen, sehe aber, dass ich beschäftigt sei – also wünschte er mir eine fröhliche Sonnwendfeier und lief mit seinem Freund – dem aus Texas, nehme ich an – die Straße hinab. Ich sah ihn davongehen, und als er fast schon an der Ecke war, wollte ich ihn beinahe rufen und sagen, er solle zurückkommen, ich würde mit ihm reden. Nach einigem Nachdenken kam ich mir ziemlich mies vor. Er schien so ein freundlicher Junge zu sein."

LaVey drückte sich nie vor der Verantwortung für das, was seine Schriften womöglich bewirkten. „Falls die *Satanische Bibel* zu einer plötzlichen Veränderung des Blickwinkels führte, um gewisse Dämonen, gewisse Elementale zu entfesseln und in die Welt zu entlassen, dann war es eben so. Wir werden viele, viele Jahrhunderte des Blutvergießens herbeiführen müssen, bis wir das Ausmaß an Grauen erreichen, das durch das Christentum über die Menschheit gekommen ist. Es wird zweifellos mehr Satanisch motivierte Morde und Verbrechen geben, die sich auf die Stelle in der *Satanischen Bibel* stützen: «Ihr braucht nicht noch mehr Scheiße hinzunehmen.» Wenn aber die jüdisch-christliche Gesellschaft diesen unmoralischen Einsatz für die Schwachen nicht gefördert und die Bewahrung der Nutzlosen nicht zu einer Tugend gemacht hätte, wäre dieses intensive Bedürfnis nach einer Gegenreaktion überhaupt nicht entstanden. Natürlich wird man diese extreme Gegenschwingung des Pendels, diese Selbstjustiz als «pure Anarchie» betrachten, die auf die Welt losgelassen wird, in Wirklichkeit jedoch wird es, zum ersten Mal seit der Zeit der Höhlenmenschen, wieder Gerechtigkeit geben."

LaVey verwies auf den Fall James Huberty als ein Paradebeispiel antichristlichen Abreagierens. Aus den frühen Berichten aus San Diego ließ sich heraushören, dass Arthur Lyons» grundlegendes Werk zum Thema Satanismus, *The Second Coming*, unter Hubertys

Büchern entdeckt wurde, als die Polizei nach der Schießerei bei McDonald's seine Wohnung durchsuchte. „James Huberty verlor seinen gutbezahlten Job infolge des unerklärlichen Konjunkturrückgangs. Auf der Suche nach Arbeit fuhr er hinab zur kalifornischen Küste und fand sich in einer Art Klein-Mexiko wieder, wo kaum ein englisches Wort an sein Ohr drang. Huberty wusste, dass er ziemlich unter Druck stand. Er konsultierte eine psychiatrische Klinik, doch aufgrund des scharfen Vorgehens gegen Valium in jener Zeit wurden nur Obdachlose und Drogendealer aufgenommen. Wer Valium auch nur in bescheidenen Mengen konsumierte, fiel sofort durch das Raster, und somit war Huberty nicht imstande, an das einzige Medikament zu gelangen, das ihm wieder auf die Beine geholfen hätte. Als Krönung des Ganzen war es dem McDonald's-Team innerhalb von zwei Wochen nicht gelungen, die verdammte Speiseeismaschine reparieren zu lassen! Er hatte die Inkompetenz der Menschen satt; er hatte es satt, dass die Schwachen überall alles umsonst bekamen, während andere, die versuchten, auf eigenen Füßen zu stehen, leer ausgingen. Er war einfach müde. Nach einer gewissen Zeit werden solche Dinge echt frustrierend, und irgendetwas muss sich ändern. Und ich verrate Ihnen ein Geheimnis: In den nächsten Jahren wird es noch eine Menge mehr Hubertys geben, die ihre Belastungsgrenze erreichen. Wir haben noch einen weiten Weg vor uns.

Auf ähnliche Weise wird ein Kind, das man gewaltsam in die Kirche schleppt und dessen Eltern seine *Satanische Bibel* zerreißen – das eine Buch, das für ihn mehr Wahrheit enthält als der enge Rahmen des christlichen Glaubens – förmlich dazu genötigt, zu einer «antisozialen, psychopathischen Persönlichkeit» zu werden. In der *Satanischen Bibel* liest es: «Ich werde auf meine eigene Weise für Gerechtigkeit sorgen. Ich finde, dass eine Ungerechtigkeit beseitigt werden muss, und ich fühle mich stark genug, es in die Hand zu nehmen.» Das erfüllt ihn mit dem Ideal: Wenn ich Gerechtigkeit will, muss ich auf meine Weise Gerechtigkeit schaffen. Sie wird mir nicht geschenkt.

Satanisten sind echte Reformer, ebenso wie wir echte Ökologen sind. Wir glauben an die Priorität der Naturgesetze. Der Inbegriff des Antihelden aus dem Film noir – die Grüne Hornisse, der Schatten, der Rächer, Batman – ist die perfekte Manifestation Satanischer Ethik. Das sind die Helden, die im Schatten agieren und das tun, was die offiziellen Behörden nicht tun können oder wollen. In der *Satanischen Bibel* steht nicht «Mein ist die Rache, spricht der Herr.» Sie hält euch dazu an, nicht auf die äußere Einmischung Gottes oder des Staates zu euren Gunsten zu warten. Es gibt keinen Schutz, nur ein Übermaß an Gesetzen. Der Satanismus tritt für persönliche Gerechtigkeit an, Gerechtigkeit aus eigenen Gnaden.

Der Satanische Entwicklungsplan ist schlimmer als alles, was die Kirche sich im Laufe der letzten fünfhundert Jahre zurechtgeträumt oder -gesponnen hat. Unser ganzes Leben ist von Beginn an wie von Teufelshand geführt. Alles, was dazu nötig ist, ist eine Handvoll Leute an den richtigen Stellen. Die Russische Revolution wurde von dreiundzwanzig Leuten angeführt."

Wenn man LaVey zuhört, wird das Unmögliche zur Wahrscheinlichkeit. In seiner *Hymne vom Satanischen Königreich* verdeutlicht er seine Absichten: „Einst gab es einen Wunsch nach schlichten Gemütern, einst gab es einen Wunsch nach Errettung der Seelen. Man musste die Narren zwingen, nicht aus der Reihe zu tanzen; Prediger und Bibeln waren gut dazu. Mit ihrer Heiligen Schrift und ihren Todsünden zwängten sie ihre papiernen Dämonen in ein Gefängnis aus Pappe, eine papierne Zelle – das können sie heute nicht mehr! … Mit unserem Morgenstern aus tiefster Nacht zerschmettert das bröckelige Kreuz, denn Macht ist Recht. Lasst die umherschlurfenden Untoten nach Licht tasten – und wir werden für alle Zeiten herrschen!"

KAPITEL ZWANZIG
Der böseste Mensch der Welt

„Ich versuchte einfach nur, dem Tod ein Schnippchen zu schlagen. Ich versuchte nur, eine Zeit lang standhaft zu bleiben, während die Dunkelheit – da war ich mir ein Leben lang sicher – über mich hereinbrach und mich auslöschte. Ich versuchte einfach nur, noch ein wenig am Leben zu bleiben, nachdem ich schon fast hinüber war. Im Licht zu verweilen und auch nach meiner Zeit noch ein Weilchen unter den Lebenden zu bleiben."

— Cornell Woolrich, Titelblatt von *Nightwebs*[41]

„Wenn ich in den Spiegel blicke, sehe ich diesen getriebenen, gehetzten Blick, der auch in Travens Augen war – oder in denen von Woolrich oder Gresham. Es ist der Blick eines Raubtiers und eines Gejagten zugleich. Man kann solche Merkmale bei anderen besser analysieren als bei sich selbst."

Sowie LaVey in der Lage war, in anderen Gesichtern besser lesen zu können als in seinem eigenen, galt das auch umgekehrt. Anton Szandor LaVey war nicht der Typ, der nach seinen eigenen Talenten fragte. Nach den Vorzügen des Satanismus, ja; nach den Errungenschaften seiner Satanischen Vorläufer, gewiss; wenn es jedoch um die Besonderheiten ging, die ihn selbst auszeichneten … „ …versuche ich, nicht darüber nachzudenken. Ich kann in mir nicht den einzigartigen Showman erkennen, als den andere mich anscheinend sehen. Ich wäre sonst vor Verlegenheit total beklommen. Sobald ich mich nicht selbst aus einer umfassenden Vogelperspektive betrachte, befällt mich eine gefährliche Starre. Ich werde entweder zum unerträglichen Größenwahnsinnigen und verliere an Glaubwürdigkeit, oder ich implodiere und bin wie gelähmt und kann überhaupt nicht mehr handeln. Am sichersten und produktivsten ist es für mich, wenn ich mich selbst wie in einem Traum betrachte – so als würde ich von außerhalb gleichzeitig agieren und mich selbst beobachten. Wenn ich zum Beispiel daran denke, dass ich in so jungen Jahren in der Manege war, erscheint mir das unwirklich. Ich weiß, dass ich es getan habe, trotzdem kommt es mir oft vor, als wäre es eine andere Person gewesen. Ich muss auf Distanz gehen. Es ist wie beim Keyboardspielen – ich kann es, solange ich nicht darüber nachdenken muss."

LaVey überließ es folglich anderen, eine Betrachtungs- oder Identifikationsweise zu liefern, zu der er von sich aus nicht in der Lage war. Zwei seiner entschiedensten Anhänger waren eine Zeit lang seine Töchter Karla und Zeena. Karla, ein gertenschlanker Augenfang mit pechschwarzem Haar, hielt seit Anfang der siebziger Jahre professionelle Vorträge zum Thema Satanismus und wurde auf der ganzen Welt zu einem bevorzugten Motiv für Fotos, Fantasien und Fixationen. Zeena, die zu einer aufreizend üppigen Blondine geworden war, übernahm einen Großteil der Öffentlichkeitsarbeit für die CoS, vertrat die Organisation vom Ende der achtziger bis in die neunziger Jahre hinein in zahlreichen amerikanischen TV- und Radiosendungen. Als vollendete Zauberin schrieb sie auch die Einführung zu LaVeys *Satanischer Hexe*. Sowohl Karla als auch Zeena bedienten sich ihrer ganz speziellen Reize, um LaVeys Einflussbereich unter der Leitung zweier dynamischer junger Innovatorinnen und Machthaberinnen auszuweiten. Zeenas Sohn Stanton Zaharoff, der passenderweise im Jahre 1978 während eines der verheerendsten Unwetter in der Geschichte San Franciscos zur Welt kam, offenbarte sofort einen zweifelsohne unabhängigen Geist – er las die *Satanische Bibel* für sich allein und bediente sich der Vorzüge der Unterweisungen seines Großvaters, wo er nur konnte. Allen drei gemeinsam sind die typischen La-Vey-Augen, ebenso wie der typisch LaVey'sche Zynismus. Obwohl der Hohepriester Anerkennung und Unterstützung zu schätzen wusste, spiegelte sich sein Argwohn gegen Typen, die ihn übermäßig vergötterten, auf einem Schild, das seinen Schreibtisch zierte: „Hüte dich vor denen, die vor dir auf die Knie fallen – kann sein, dass sie nur den Teppich wegziehen wollen." Am heftigsten jedoch griff er diejenigen an, die auf seinen Zug aufsprangen oder ihm seine Ideen klauten und dabei vorgaben, selbst originell oder innovativ zu sein, wobei sie allenfalls die Existenz ihrer Inspirationsquelle zähneknirschend anerkannten.

In späteren Jahren bezichtigte man LaVey, unerreichbar zu sein und kaum noch Interviews zu gewähren, selbst wenn die Honorarangebote für neues Material sich oft im sechsstelligen Bereich bewegten. Networks boten ein kleines Vermögen in Höhe von zehntausend Dollar für Kontaktpersonen, die ihnen Zugang zum Videomitschnitt irgendeines LaVey-Interviews verschafften. Angesichts seiner hartnäckigen Ablehnungen wunderte LaVey sich nicht über Gerüchte, er sei krank, tot oder würde die Führung der Church of Satan seinen Töchtern übergeben. „Wenn ich daran denke, wie oft ich mit dem Tod geflirtet habe … ich muss verrückt gewesen sein. Ich hätte mir selbst schaden können. Mit sechzehn glaubte ich fest daran, meinen einundzwanzigsten Geburtstag nie zu erleben. Dann bildete ich mir ein, mit Sicherheit keine dreißig Jahre alt zu werden. Dieses Gefühl von Sterblichkeit begleitete mich die ganze Zeit.

Wenn über mein frühes Ableben gemunkelt wird, überrascht mich das nicht. Solche Meldungen bin ich gewohnt, seit ich fünfundvierzig war. Mark Twain sagte: «Gerüchte über meinen Tod sind stark übertrieben.» Selbst innerhalb der Organisation gibt es Leute, die sich die müßige Frage stellen, was denn mit der Church of Satan geschehen werde, wenn ich nicht mehr da bin. Wer wird meinen Platz einnehmen? Sehr hilfreiche Leute, wirklich, die sich quasi jetzt schon vor lauter Vorfreude die Hände reiben. Ich mache mir darüber keine Gedanken – der Satanismus wird bestehen bleiben, und die Church of Satan wird für sich selbst sorgen. Es amüsiert mich, dass immer mehr düstere Geschichten über mich erzählt werden. Zuerst sagten sie «Er wird jung sterben» oder «Er hat seine eigene Vision hinterfragt und die ganze Idee aufgegeben.» Dann, als sie herausfanden, dass ich noch da bin, hieß es «Nun, mit seiner Gesundheit steht es nicht zum Besten». Ich vermute, wenn ich älter werde und immer noch da bin, werden sie so etwas sagen wie: «Na, wisst ihr, er ist verrückt geworden. Er erinnert sich nicht so gut und hat schon vor Jahren den Verstand verloren.» Es wird albern. Gewisse Leute würden sich lieber im Glorienschein meines Ablebens sonnen."

LaVey dampfte sein Leben auf einige wenige Leute ein, die bereit waren, sich seinen dämonischen Weisungen vollends hinzugeben. Die ihm am nächsten standen, so scherzte er, würden ihn in respektvoller Manier „Dr. LaVey", „Doc" oder „Herr Doktor" nennen, während andere, die er kaum kannte und vermutlich auch nicht kennenlernen wollte, ihn von Anfang an „Anton" nannten. Für alle, die er in seinen engsten Kreis von Mitarbeitern aufnahm, gab LaVey einen anspruchsvollen Lehrmeister ab. Es schien, als wären seine persönlichen Dämonen noch gnadenloser. Die Zeit reichte einfach nicht aus für einen Menschen wie LaVey, der – wie er selbst sagte – nur in Vier-Stunden-Etappen schlafen konnte. Es galt so viele Bücher herauszugeben, Plattenaufnahmen zu machen, Musik zu spielen, Musik zu hören. LaVey erkannte, dass sein wahres Publikum immer begrenzt sein werde und dass er es auch nicht anders haben wolle. Lachend erinnerte er sich daran, dass manche seiner wohlmeinenden Freunde und Verwandte seine Satanischen Errungenschaften nie so richtig zu schätzen lernten und stattdessen sagten: „Es ist ein Jammer, dass LaVey so geworden ist, wie er jetzt ist. Aus ihm hätte so ein brillanter (Maler, Musiker, Orgelmechaniker – je nach vorgeschlagener Alternative) werden können, wenn er sich nur bemüht hätte."

„Ich versuche nicht, jemand anderem zu gefallen als mir selbst. Es wird mir allmählich schnuppe, was die Menschen denken. Man hat mir vorgeworfen, ich würde mein Erscheinungsbild auf eine dramatische Wirkung ausrichten, nur deswegen trüge ich einen Bart und hätte mir den Kopf kahlgeschoren. Einmal rasierte ich mir den Bart ab, nur um zu sehen, wie es aussah. Mit dem Bart erschrecke ich die Leute mehr – ich wirke unnahbarer. Wir schienen uns darüber einig zu sein, dass ich mit dem Bart diabolischer aussehe, ohne ihn jedoch böser von Natur aus. Das tut sich nicht viel. Ich trage den Bart und rasiere mir den Schädel, weil ich denke, dass es so am besten aussieht. Die Menschen erwarten gewisse Dinge von dir und reißen dich in Stücke, wenn du ihnen das, was sie erwarten, nicht gibst."

Was wir von LaVey erwarteten, was wir auf ihn projizierten, war eine Mischung aus seinen angeborenen Merkmalen und seiner eigenen frühzeitigen Identifikation mit dem Inbegriff des Außenseiter-Rebellen, mit Satan. Es ist nicht so abwegig, dass LaVey unserer Vorstellung dieser Sagengestalt so stark entspricht. Je mehr wir das Prinzip des Sokratischen Ideals bemühen, umso stärker ist die Gedankenwelle, oder umso mehr Gedankenwellen richten sich auf das in sich geschlossene Bild eines Ideals, umso stärker prägt sich der Archetypus aus. Der Archetypus Satans verkörpert sich seit Anbeginn der Zeit mal unter diesem, mal unter jenem Namen. Anton LaVey fügte sich in die Attribute, die man mit diesem Archetypus verbindet, auf so vollkommene Weise, dass er zum Rollenbild, zum Ideal, zur Metapher für Satan wurde. Kann es sein, dass er so sehr in diese Rolle hineinwuchs, um auch Zugriff zu haben auf die metaphysischen Kräfte, die man diesem Archetypus zuordnet? Manche dieser Kräfte standen LaVey zweifelsohne zur Verfügung, doch um der natürlichen Balance zu genügen, wurde von ihm dafür auch etwas eingefordert: die Sorgen Satans.

Wie LaVey in seinen *Satanischen Ritualen* vorhergesagt hatte, war 1984 für ihn sowohl in persönlicher als auch organisatorischer Hinsicht ein bedeutendes Jahr. Obwohl er immer mehr Möglichkeiten fand, seine Weltsicht zum Ausdruck zu bringen und entsprechendes Feedback zu bekommen, kam es bei LaVey zu einer furchtbaren emotionalen Unruhe. „Falls Zufriedenheit den Verstand aufweicht, während Schmerz und wachsender Zynismus notwendig sind zur Schärfung der sprachlichen und geistigen Fähigkeiten, dann ist bei mir in den letzten Jahren ganz schön viel geschärft worden." Es stand für LaVey außer Frage, dass sein Satanischer Archetypus ihn dazu bestimmte, für alle Zeit allein zu bleiben, so dass er seine Erinnerungen und seine Vergangenheit mit keiner Frau dieser Welt teilen konnte. Marilyn und Jayne gab es nicht mehr. LaVeys erste Frau Carole starb im Jahre 1975. Und 1984, nach vierundzwanzig ereignisreichen Jahren zu zweit, beschloss auch Diane, nicht mehr zur LaVey'schen Welt zu gehören. Während sie ihn bezichtigte, sie körperlich misshandelt zu haben, und versuchte, den Verkauf und die Aufteilung all seines Eigentums zu betreiben, änderte Diane ihren Namen und wollte sich völlig von ihrer Vergangenheit mit LaVey lösen.

Ein immer wiederkehrender Albtraum suchte LaVey heim – er sah sich in einem überfüllten Filmpalast oder bei einem hektischen Mardi Gras nach einer Frau suchen – die er jedoch nicht fand. Sein Traum vermittelt eine fast kindliche Angst vor dem Alleinsein. Dennoch war es für ihn ein gewaltiger Unterschied, ob jemand einfach nur unter Menschen sein will oder in der Gesellschaft sorgfältig ausgewählter Personen. In Wirklichkeit hatte er das starke Bedürfnis, allein zu sein, sich allein zu fühlen, fernab der großen Masse. „Mir hat es nie etwas ausgemacht, mich als alten Mann zu sehen, der allein durch ein großes, altes Haus oder Schloss spaziert, durch langgestreckte Korridore, und dessen einziger Begleiter das Echo seiner Schritte ist. Vielleicht ist es ja ein geheimer Traum von mir aus den Tagen, als ich noch ein Junge war."

LaVeys Welt war schwelgerisch, hedonistisch, elitär ... aber auch brutal, rechthaberisch, extrem. Er brauchte keine anderen Menschen, um sie zu bevölkern, und jeder, der in seinen engeren Kreis aufgenommen wurde, wusste Bescheid über LaVeys emotionale/psychologische Unnahbarkeit und Distanz. LaVey glaubte nur wenig an den Wert von Hyazinthen, und nur selten duldete er Tagträumereien bei Leuten seines Rangs. Es hieß, er neige dazu, seine eigenen Erfahrungen, seine eigenen Überzeugungen, seine eigenen Fetische zu verallgemeinern und sie auf seine Umwelt zu projizieren, doch er erwartete, dass seine Vertrauten sich an diesen Einstellungen orientierten. Auch wenn er gegenüber den Leuten in seinem Umfeld normalerweise sehr hilfsbereit war, neigte er auch zur pathologischen Kritiksucht, was anderen vielleicht inkonsequent erschien. Er gab knappe, genaue Anweisungen und erwartete, dass seine Anordnungen buchstabengetreu ausgeführt wurden, selbst wenn es dem körperlichen, psychischen oder finanziellen Wohlbefinden des anderen schadete. Auch wenn LaVey an seine Schüler und freiwilligen Helfer aufzehrende (und das Ego aufweichende) Ansprüche stellte und bei jedem neuen Auftrag noch mehr Leistung erwartete, sah er auch ein: „Wenn ich es nicht selbst mache, macht es vielleicht jemand, der weniger qualifiziert ist als ich." Dennoch, so fügte LaVey rasch hinzu, werde niemandem die Pistole auf die Brust gesetzt. Wenn seine Leute ihm treu bleiben würden (und viele seiner Bekanntschaften reichten Jahrzehnte zurück), dann aufgrund der Loyalität und des Pflichtgefühls, das er in ihnen erwecke. LaVey erkannte an, dass seine wahre Stärke, die andere bei ihm suchten, um damit ihr Leben zu bereichern, vielleicht genau in diesem Punkt lag – in seiner Kraft, seiner Überlegenheit, seiner Disziplin. „Ich habe es nie bereut, zu gemein zu jemandem gewesen zu sein. Ich habe es immer nur bereut, wenn ich zu nett war."

Als er älter wurde, gestattete LaVey sich den Luxus, schroffer mit den Leuten umzugehen, mehr von ihnen zu verlangen, selektiver zu sein. „Von Tag zu Tag denke ich weniger darüber nach, was andere von mir denken. Es ist mir egal, was die Leute über mich sagen. Was sollen sie schon sagen? Dass ich verrückt bin? Dass der Lauf der Welt ganz anders ist als ich es mir vorstelle? Dass ich ein böser, mordlustiger Drahtzieher bin? Dass ich zu extrem bin? Dass ich ein schmieriger, schleimiger Judenzigeuner bin, ein Herumtreiber, der die Welt mit den Augen eines Jahrmarktsburschen sieht? Sie können denken, was sie wollen. Zumindest bin ich nicht anmaßend und auch nicht dumm. Und wenn jemand daherkommt, der die Musik, die ich spiele, in dem Stil spielen kann, in dem ich sie spiele, darf er gerne nach dem Abendessen bei mir vorbeikommen, damit wir uns darüber unterhalten können. Was alles andere anbetrifft, habe ich es mir zum Grundsatz gemacht, nichts zu leugnen. Ich bin der Menschen schlimmster Albtraum … und noch mehr. Ich möchte niemandem die Genugtuung geben, dass er mich völlig durchschaut hat, dass er alles über mich weiß und alle Antworten kennt. Wenn die Leute alles wüssten! Mir gefiel immer dieser allgegenwärtige Spruch aus einer Werbeanzeige der Johnson-Smith Company: «Stellt euch ihren Gesichtsausdruck vor …!» Es ist eine Art Leitmotiv, das mich zu den scheußlichsten, schlimmsten oder anrüchigsten Dingen verlockte, die ich je getan habe. Man stelle sich die Reaktion der Leute vor, wenn sie es herausfinden würden. Aber sie werden es nicht herausfinden. Es begann als Geheimnis; als solches soll es auch enden."

Niemand hat Anton LaVey je „kennengelernt". Wer Glück hatte, erhielt gerade so viel Einblick, um zu erkennen, wie wenig er enthüllte. Wer kein Glück hatte und in seinen Augen als nicht vertrauenswürdig galt, der war vielleicht sogar so glücklos, dass er selbstgefällig davonging und glaubte, er hätte seine Tiefen ausgelotet. In beiden Fällen jedoch verließ man ein Treffen mit LaVey mit dem Bewusstsein, eine einzigartige Erfahrung gemacht zu haben – die einfach seiner Präsenz entströmte, so natürlich wie ein Sonnenaufgang, und andere zu aufregenden Spekulationen verführte, nur indem er sie in seine Welt hatte eintauchen lassen. Doch letzten Endes wusste man über LaVey trotzdem nur, was er von sich preisgeben wollte. Er war der letzte Mystery Man, ganz in der Tradition von Howard Hughes, B. Traven, Basil Zaharoff – ein Paradoxon und eine Einheit, ein Rätsel und eine Antwort zugleich. Ein Mann, von dem man wusste, eigentlich müsste man ihn hassen, doch nachdem man ihn getroffen, ihm beim Spielen zugehört, Witze reißen und Dinge aussprechen hören hatte, die man selbst schon seit Langem genauso empfand, kam man sich lächerlich vor, wenn man LaVey ein böses Monster nannte. Und mit jedem Schritt, den man sich weiter von ihm entfernte, um hinaus in die kühle Morgendämmerung zu treten, fühlte man sich zwar behaglicher, aber innerlich auch leerer.

Mehr noch als die Welt regieren, mehr noch als anerkannt zu werden für das, was er vollbracht hatte, mehr noch als Anhänger für seine Sache um sich zu scharen, wollte LaVey einfach nur in Ruhe gelassen werden. Das war alles, was er jemals wollte. Und während man so vor sich hinlief, wurde einem klar: Er war kein Rattenfänger, er war kein Störenfried, er war kein Dampfplauderer. Er wollte nach seinen Vorstellungen schreiben, Musik spielen und erschaffen, er wollte die Gesellschaft einiger Weniger genießen, ebenso wie die einzigen materiellen Freuden, die er in all den Jahren seines Lebens um sich gesammelt hatte. Schlichte Wünsche, die jedes menschliche Herz mit Sympathie erfüllten. Und dann blieb man während des Laufens auf einmal stehen und erinnerte sich sehr deutlich an ein altes, fernöstliches Sprichwort – ein Apokryphon, das man den neun Unbekannten zuschrieb:

„Belüge den Lügner, denn Lügen sind seine Münze;
bestehle den Dieb, du wirst es nicht als schwer empfinden.
Betrüge den Betrüger und gewinne zum ersten Mal –
doch hüte dich vor dem, der gegen niemand was im Schilde führt."

V

DURCH DIE PFORTEN DES LEUCHTENDEN TRAPEZOEDERS

KAPITEL EINUNDZWANZIG

Danse Macabre

Einer von LaVeys Freunden, der bekannte Historiker Richard Lamparski aus Hollywood, sagte einmal, Anton sei bestimmt für ein Leben der Extreme. Das traf besonders auf LaVeys letzte Jahre zu. Als sein Aktionsradius und sein internationaler Einflussbereich sich stabilisierten, strengte seine langjährige Lebensgefährtin Diane Hegarty einen Prozess gegen ihn an, der ihn schließlich dazu zwang, sein geliebtes Black House zu verkaufen. In dem Jahr, in dem diese Biografie erschien, distanzierte seine jüngere Tochter Zeena – dasselbe blonde Kleinkind, das anlässlich der ersten Satanischen Taufe so stolz auf des Teufels Altar gesessen hatte – sich von ihrem Vater und brachte schließlich niederträchtige Beschuldigungen wegen Missbrauchs gegen ihn vor. Selbst als LaVey mehr veröffentlichte, mehr Tonaufnahmen machte und einige der besten Interviews seiner Laufbahn gab, verschlechterte sich sein Gesundheitszustand. 1995 erlitt er einen Sekundentod, konnte aber wieder auferstehen. Im Gegensatz zu vielen Männern, die ungewöhnliche Pfade durch das Unterholz aus Schicklichkeit und Wohlbehagen eingeschlagen hatten, lebte er lange genug, um wenigstens einen Abglanz seines Einflusses auf Film, Mode, Magie und Musik erhaschen zu können. Er nahm sogar wieder eine Frau in sein Leben auf und gründete eine neue Familie. Der Tag, an dem sein Sohn geboren wurde, so sagte er, sei der glücklichste Tag in seinem Leben gewesen. Doch wie ich an früherer Stelle schon schrieb: Anscheinend wird für ein solches Maß an Glück stets eine Gegenleistung gefordert, um das Gesetz des natürlichen Ausgleichs aufrechtzuerhalten. Anton LaVeys letzte Jahre mögen seine erfüllendsten gewesen sein, es waren aber auch seine schmerzlichsten.

Ich beendete diese Biographie im Jahre 1990 – vor vierundzwanzig Jahren also. Während das blühende Interesse an Satanismus (nicht selten als Gegenreaktion auf die lächerlichen Gerüchte über Menschenopfer und Leihmütter, die in täglichen Talkshows und nächtlichen „Enthüllungsreporten" vom Stapel gelassen wurden) LaVey mit Energie erfüllte, musste er sich mit der Tatsache abfinden, isoliert und einsam zu sein. Diane – die Frau, die er vierundzwanzig Jahre lang geliebt hatte und die ihm während der Gründung und des Aufbaus der Church of Satan zur Seite gestanden hatte – verließ ihn in der Walpurgisnacht 1984. Sie brachte vor Gericht Missbrauchsvorwürfe gegen ihn vor und bestand auf Gütertrennung, obwohl die beiden nie verheiratet gewesen waren. Seine Töchter waren weit weg; LaVey fühlte sich betrogen und beraubt.

Als wir unsere Arbeit an diesem Buch beendeten, stellten Anton und ich beide fest, dass unsere Beziehung viel mehr hergeben könnte. Er fasste wieder Vertrauen. Unsere Leidenschaften, Gewohnheiten und Interessenrichtungen schienen im Laufe der Zeit hervorragend zusammenzupassen, und er vertraute mir mehr von seinen Geheimnissen an. Er hatte mir bereits Einblick in sein Leben gewährt, damit ich dieses Buch schreiben konnte; nun begann er auch sein Herz zu öffnen. Schon frühzeitig warnte er mich, ich würde für den Fall, dass ich mit ihm zusammenbleiben wolle, nicht immer nur das Paradies erleben … außerdem müsse es diesmal für immer sein. Er wollte nicht noch mehr Leid ertragen, falls mir die Sache zu anstrengend, zu widerwärtig oder zu beängstigend werden würde. Aber ich war nie eine Dilettantin; wenn ich zu einer Sache Ja sage, springe ich mit beiden Füßen hinein, jubelnd und mich windend. Ich hatte Anton LaVey schon bewundert, als ich mit zwölf seine erste Biographie las. Nun, da ich sein Leben eingehend erforscht hatte und immer unentbehrlicher wurde, lud der berüchtigtste Schwarzmagier der Welt mich zu sich in sein Reich – um mein Mentor zu werden, mein Geliebter, der mich bis an die Grenzen der Gesundheit und körperlichen Belastbarkeit führte. Die Möglichkeiten und Herausforderungen, die meiner dort harrten, waren unwiderstehlich. Ich überantwortete ihm meine Seele, in Blut geschrieben, da ich wusste, dass mein Pakt mit dem Teufel bereits Jahre zuvor besiegelt worden war. Im Januar 1989 zog ich ins Black House ein.

The Secret Life Of A Satanist wurde gut aufgenommen und erschien zur rechten Zeit. Ich gab einige Fernseh- und Radiointerviews und gab dem wachsenden Zynismus, der „wiederauflebende Erinnerungen" an erschreckende Fälle von rituellem Satanischem Missbrauch und einer ganzen Reihe von Abscheulichkeiten aus dem Mund von Beratern zum Inhalt hatte, neue Nahrung. Unverantwortliche Therapeuten förderten obszöne Fantasien und verdienten sich während dieser von 1984 bis 1995 dauernden Hysterie, die als „Satanic Panic" in die Geschichte einging, eine goldene Nase mit dem Betrug an Krankenversicherungen aufgrund vermeintlicher Geisteskrankheiten. Zu guter Letzt traten die Versicherungsgesellschaften selbst auf den Plan, führten gründliche Nachforschungen durch und deckten allerlei Ungereimtheiten auf. Als sie sich weigerten, die millionenschweren Ansprüche auf Intensivtherapie und Klinikeinweisungen für die „Überlebenden rituellen Satanischen Missbrauchs" zu bezahlen, ließen die Anschuldigungen nach. (Auch das FBI überprüfte 1992 in stundenlanger Kleinarbeit verschiedene Aussagen über die angeblich kriminellen Machenschaften Satanischer Gruppierungen. Als sie nichts fanden, veröffentlichten sie einen umfassenden und mit Herzblut verfassten Entlastungsbericht. Die „Rechtgläubigen" jedoch wiesen den FBI-Lanning-Report zurück und versicherten beharrlich, auch die höheren Vollzugsbehörden seien mittlerweile von Satanischen Mächten infiltriert.) Nach und nach zogen sich die Urheber solch lächerlicher Vorwürfe von der nationalen Bühne zurück, viele von ihnen lösten sich in der Finsternis auf, andere kamen Jahre später mit ähnlich schauderhaften Geschichten wieder aus der Verbannung (und mindestens eine davon brüstete sich damit, eine Holocaust-Überlebende zu sein – nämlich „Barnyard Babe" Lauren Stratford).

Anton LaVeys Strategie während der Blütezeit der Satanischen Hysterie bestand darin, die wenigen erkennbaren Signale von Vernunft zu honorieren, indem er ausgewählte Interviews gab und fähige CoS-Vertreter dazu animierte, sich mit den Ellbogen den Weg in verschiedene Talkshows zu bahnen, um aus dem hüfthohen Haufen an Exkrementen, der da zusammengeschaufelt wurde, die Stimme zu erheben. Obwohl man ihm stattliche Geldsummen bot, um selbst in einigen dieser Klamauk-Shows zu erscheinen, befürchtete LaVey, den Anschuldigungen zu viel Geltung zu verleihen, wenn er als Hohepriester selbst im Fernsehen auftrat, um verblendeten Psychotikern mit Verstandesargumenten zu begegnen. So hielt er an seiner zynischen Verwirrung fest, im vollen Bewusstsein, dass die ganze Angelegenheit an ihrer eigenen Absurdität zugrunde gehen würde.

Schon bald kam auch eine Handvoll Bücher von Psychologen auf den Markt, die die ganze Hysterie hinwegzuerklären suchten. Ohne den Satanismus als solchen zu verteidigen, zeigten sie sich zutiefst verärgert über die Medien, die anscheinend versessen darauf waren, diese destruktiven Fantasien zu stützen. Einige der Autoren traten in Talkshows auf, um zu erläutern, dass eine bestimmte Art von Leuten es für ihr Ego brauchten, als „Überlebende" bekannt zu werden. Zu jener Zeit wurden viele Anschuldigungen dazu missbraucht, Familien auseinanderzureißen. Kinderschutzorganisationen wurden wegen „Satanischer Missbrauchsfälle" angerufen, verfeindete Elternpaare nutzten derlei Geschichten bei Scheidungsprozessen, und viel zu viele unschuldige Menschen wurden inmitten der Wirren dieser modernen Hexenjagd ins Gefängnis gesteckt. Als schließlich herauskam, dass ein beträchtlicher Teil des Wahnsinns auf dem Mist einer Handvoll christlich-evangelikaler Polizeibeamten gewachsen war, die sich ihr Geld verdienten, indem sie für andere Beamte Schulungsseminare veranstalteten, und dass die Polizei ebenso mitschuldig am Zusammenspinnen erfundener Satanischer Gewalttaten war wie die falschen Ratgeber und Talkshow-Moderatoren, geriet die gesamte Satanic Panic augenblicklich zu einem beschämenden Stillstand.

Anstatt seine schöpferische Energie zu vergeuden, indem er sich vor einem hirntoten TV-Publikum verteidigte, konzentrierte LaVey sich darauf, seine Bücher und Musik einem vielschichtigeren Publikum zugänglich zu machen – einem, das nach Satanischer Weisheit geradezu gierte. Seine Strategie bestand darin, den Leuten eher die positiven, genießerischen, sardonischen Aspekte des Satanismus vorzuführen, als die benebelten Massen mit hysterischen Unschuldsbeteuerungen zu unterhalten. Auch weiterhin erzürnte er die Fantasielosen mit seinen Essays, war die Erzählerstimme in *Death Scenes* (einem faszinierenden forensischen Film von Nick Bougas) und stellte ein weiteres Video mit exklusivem LaVey-Material zusammen, in dem er seine Ansichten kundtut, Musik spielt und herumflachst. All das wurde von einem wachsenden Underground begeistert in Empfang genommen – von Leuten, die eine dunklere Ästhetik und einen sinnenhaftere Musik zu schätzen wussten. Alle möglichen Arten von Freaks und Freidenkern fanden ihren Weg ins Black House und würdigten Anton LaVey dafür, eine Dachorganisation für ihre Dekadenz und ihre Skandalhaftigkeit erschaffen zu haben. Maler, Politiker, Bühnenkünstler, Musiker und exzentrische Geschäftsleute – alle bezogen sie Mut und Inspiration von diesem modernen C. A. Rotwang, der sich hinter unserem bedrohlich wirkenden Stacheldrahtzaun verbarg.

Anton jedoch vertraute denen, die Kraft von ihm bezogen, nur selten seine persönlichen Probleme an. Er begriff, was es bedeutete, eine Ikone zu sein, und wollte nicht, dass diese Probleme seine Leistungen überschatteten, wenn einst seine Geschichte geschrieben wurde. Während seiner letzten Jahre war er verschiedenen Herausforderungen ausgesetzt – sowohl gesundheitlich als auch seitens kleinlicher, rachsüchtiger Seelen – aber er hielt es für unter seiner Würde, diesen öden Aspekten seiner Existenz irgendwelche Aufmerksamkeit zu schenken.

1990 traf es ihn von drei Seiten gleichzeitig, noch während der Zeit, als die Originalausgabe dieser Biographie gedruckt wurde. Seine Ex-Partnerin Diane Hegarty stellte dabei das Hauptproblem dar. Seit

1985 hatte sie um einstweilige Verfügungen gegen Anton ersucht und jagte ihn auch weiterhin durch eine Gerichtsverhandlung nach der anderen. Sie erhob Ansprüche auf eidesstattliche Erklärungen auf Video sowie auf eine Inventur persönlicher Besitztümer – was für diejenigen, die ihre Nase in seine Privatangelegenheiten stecken wollten, natürlich ein gefundenes Fressen war. LaVey begann, eine Klärung ihrer Rechtsansprüche hinauszuzögern und hoffte, Diane und ihren Pulk von Notfallanwälten so abzuschrecken, dass sie ihn in Ruhe ließen. Fast wöchentlich bekamen wir Briefe, in denen befremdliche Zahlungen und Eigentum eingefordert wurde, das Diane nicht zustand. Der freche und brillante Filmemacher Kenneth Anger, ein langjähriger magischer Gefährte LaVeys, der in den neunziger Jahren eine Zeit lang im Black House gewohnt hatte, drängte Diane ungeduldig, „nicht weiterhin deinen BH zu verbrennen und einfach nach Hause zu kommen". Antons ältere Tochter Karla, die schon seit mehreren Jahren in Amsterdam lebte, zog 1985 zurück in die USA, teils aufgrund verlockender Geschäftsmöglichkeiten, hauptsächlich jedoch, weil ihr Vater sie als moralische Stütze brauchte. Obwohl sie erst ein Jahr vor seinem Tod zurück ins Black House zog, blieb sie in seiner Nähe, und wir besuchten sie alle ein oder zwei Wochen zum Essen in ihrer Wohnung. Ihr Vater wusste ihre Unterstützung und ihren Weitblick sehr zu schätzen.

Zeena hingegen wurde noch distanzierter. Obwohl sie ihren Vater stets unterstützt und ihm sogar den Dank erwiesen hatte, die Einführung zu einer Neuausgabe der *Satanischen Hexe* zu schreiben, fühlte sie sich im Konflikt zwischen ihrer Mutter und ihrem Vater immer mehr hin- und hergerissen. Anton sagte 1989 zu mir, er habe sich seiner jüngeren Tochter zuvor nie so nahe gefühlt. Obwohl sie zuvor mit ihrem jungen Sohn Stanton im Black House gelebt hatte, wohnte sie jetzt in Los Angeles und strebte eine Karriere als Schauspielerin an. Zum ersten Mal schien sie sich für die Church of Satan zu interessieren und echt stolz auf die Leistungen ihres Vaters zu sein. Stundenlang sprachen sie am Telefon über Zeenas Pläne, ihre Beziehungsgeschichten, über Stantons Erziehung. LaVey war stolz auf seine Tochter und verschaffte ihr ein paar wichtige Kontakte nach Hollywood. Doch je mehr er für sie tat, umso größer wurde Zeenas Unmut. Sie trat einige Male im Fernsehen auf, stellte den Satanismus auf hervorragende Weise dar, doch es verärgerte sie, Werbung für ihren Vater machen zu müssen; es war ihr unangenehm und unter ihrer Würde. Sie startete einen kurzlebigen Versandhandel mit dem Namen „The Black House" und verkaufte Satanische Bücher und andere Artikel von Interesse. Obwohl Anton sie anspornte, ihr die Exklusivrechte zur Verbreitung einiger seiner frühen Schriften und Plattenaufnahmen übertrug und unseren Info-Paketen sogar Werbeprospekte für ihre Firma beilegte, empfand Zeena ihn als zu kritisch.

Unterstützt von einer verbitterten Mutter und ihrem neuen Lebenspartner erschuf sich Zeena einen eigenen Mythos, in dem ihre Bedeutung die ihres Vaters bei Weitem übertraf. Eines Abend, als sie mit ihm zum Essen ging, schlug sie vor, Anton solle sich „zu seiner eigenen Sicherheit" in die Schweizer Alpen oder einen ähnlichen Ort des inneren Friedens zurückziehen und ihr die Erlaubnis zur Übernahme der Church of Satan erteilen. Die Satanische Hysterie war noch nicht abgeklungen, LaVey wurde langsam alt, und Zeena glaubte, dass die neuen CoS-Administratoren viele der Gründungsmitglieder vernachlässigten. Anton schlug ihr Angebot aus. Wenige Monate nach diesem Gespräch behauptete Zeena, sie habe sich auf rituelle Weise von ihrem Vater gelöst. Sie schrieb einen Brief an einen bekannten LaVey-Gegner, in dem sie sich von ihrem Nachnamen distanzierte und ihren Abscheu vor ihrem „Unvater" zum Ausdruck brachte. Ende 1989 hatte sie LaVey endgültig den Rücken gekehrt und sprach nie wieder ein Wort mit ihm.

Dass er von den Menschen, die er liebte, so hintergangen wurde, forderte seinen körperlichen Tribut von LaVey. Aufgrund der allgegenwärtigen rechtlichen Behelligungen seitens Diane musste er viele seiner wertvollen Sammlerstücke verkaufen – Schätze, die er seit seiner Kindheit gut gehütet hatte. Ständiger Ärger und Stress verschlimmerten seine Probleme mit dem Herz, das bereits seit dem Fieber, das er sich als Teenager in Europa zugezogen hatte, geschwächt war. Seit den fünfziger Jahren wusste LaVey, dass sein Zustand sich stetig verschlimmern würde, sofern er sich keine künstlichen Herzklappen implantieren ließ. Er kannte seinen Körper am besten und befürchtete, die künstlichen Herzklappen könnten abgestoßen werden oder sich infizieren und zu Komplikationen führen. Er traf die verhängnisvolle Entscheidung, sich keine neuen Herzklappen einsetzen zu lassen. 1990 bekam er die Folgen dieser Entscheidung am eigenen Leib zu spüren. Er wurde in jenem Jahr zweimal ins Krankenhaus eingeliefert. Nach einiger Zeit gelang es seinem Kardiologen, eine Medikamentenkombination zu finden, die die Schwellung des Herzens lindern und den Herzrhythmus stabil halten würde.

Obwohl es schlecht um Antons Gesundheit stand, blieb seine Tatkraft davon unbehelligt. Er knüpfte spannende Kontakte nach allen Seiten, nahm sich Zeit und gab Leuten Interviews, die seine Blasphemie, sein enzyklopädisches Wissen und seinen teuflischen Humor teilten. Trotz (oder gerade wegen?) der Satanischen Hysterie, die im bibeltreuen Mittleren Westen noch immer wütete, bekam der Hohepriester immer mehr Unterstützung von Häretikern in den USA und auf der ganzen Welt. LaVeys erste Essaysammlung *Des Teufels Notizbuch*[17] erschien 1992 bei Adam Parfreys Verlag Feral House. Adam und Anton lernten sich durch gemeinsame Freunde kennen und verstanden sich sofort. In einer Art Geheimcode mit obskuren Anspielungen sprachen sie über seltsame Verbrechen, gesellschaftliche Bewegungen und skandalöse Charaktere, als würden sie sich schon seit Jahrhunderten kennen. Ich habe nie jemanden getroffen, der Anton mit seinem breitgefächerten Wissen über die finstersten Winkel des menschlichen Daseins so ebenbürtig war wie Adam Parfrey. Als er hörte, dass Anton ein Manuskript besaß, das er bereits vor Jahren zusammengestellt hatte und das nur darauf wartete, dass die richtige Person es auf den Markt bringen würde, stimmte er einer Publikation von *Des Teufels Notizbuch*

[17] Enthalten in: LaVey, Die Satanischen Essays, Index-Verlag, 2009.

begeistert zu. Das Buch enthielt solche Schätze wie „Warum es wichtig ist, ein Geheimnis zu hüten", „Musik für den Ritualraum" und „Kleider machen Sklaven". In seiner Einführung zu dem Buch beschreibt LaVey seine Philosophie:

„Meine Art von Satanismus ist die ultimative, bewusste Alternative zu Herdenmentalität und institutionalisiertem Denken. Er ist ein erprobtes und ausgefeiltes Paket von Prinzipien und Übungen, die den Einzelnen von der Gefahr befreien sollen, sich mit jener Geistlosigkeit anzustecken, die jegliche Innovation unmöglich macht. Ich habe meinen Denkansatz «Satanismus» genannt, weil diese Bezeichnung stimulierender klingt. Selbstdisziplin und Motivation können unter stimulierenden Bedingungen viel leichter erreicht werden. Satanismus bedeutet «Widerspruch» und schließt sämtliche Symbole des Nonkonformismus ein. Satanismus ruft die starke Fähigkeit hervor, eine Neigung in einen Vorteil umzuwandeln und Entfremdung in Exklusivität. Mit anderen Worten, es heißt Satanismus, weil es Spaß macht und weil es treffend und produktiv ist."

Etwa um die gleiche Zeit drehte der Sänger/Populärhistoriker/Filmemacher Nick Bougas ein erfrischend aufrüttelndes Video über LaVey mit dem Titel *Speak Of The Devil*. Wie schon *Satanis* handelt auch dieser Film von LaVeys eklektischer Bandbreite. Man sieht ihn, wie er sich beim Durchblättern eines Novitätenkatalogs von Johnson Smith amüsiert, wie er Zirkushymnen und mitreißende Varieté-Musik auf dem Keyboard spielt, wie er sich über das breite Spektrum menschlicher Perversionen ergeht und die Dunklen Götter beschwört. Er enthält eine Menge Szenen mit LaVey im Black House, inklusive Aufnahmen von der berüchtigten Vorderen Ritualkammer, in der die Satanische Hochzeit und die Taufen stattfanden, ferner Material von der Höhle des Lasters, wo LaVey viele seiner künstlichen menschlichen Gefährten präsentierte, die lasziv neben der Hammondorgel herumlungerten oder an der Bar bei der alten Rock-ola-Jukebox schlummerten.

Nick Bougas verhalf uns damals zu einem weiteren wertvollen Kontakt. Er machte uns mit einem flotten Team bekannt, bestehend aus dem Künstler Coop und seiner eindrucksvollen Partnerin (und späteren Ehefrau) Ruth Waytz. Coop hatte einen gewagten Stil entwickelt, der seinen übersättigten Humor und seine kulturellen Obsessionen durch schrille Farben und provokativ bösartige Bilder widerspiegelte. Wir hatten uns kaum kennengelernt, da wussten wir bereits, dass Coop und Ruth sowohl die Verwegenheit der Kirmeswelt als auch die dunkle Romantik – die beiden Grundpfeiler des Satanismus – voll zu schätzen wussten. LaVey und Coop teilten nicht nur die jungenhafte Begeisterung für dralle, sexbesessene Frauen, sondern auch die für Autos und Waffen. Wie zuvor Jayne Mansfield fand auch Ruth Gefallen daran, mit ihren großzügigen Attributen vor den Gesichtern verlegener Männer herumzuwackeln, was nicht im Widerspruch stand zu ihrem Geistesreichtum und ihrem ätherischen Herzen. Da Coop bereits bekannt war für seine modischen Teufelsgirls, entwarf er 1996 ein knallbuntes, gewagtes Plakat für die Church of Satan, in dem sich Sinnlichkeit mit einem teuflischen Gespür für Effekthascherei paarte. Auch nach Anton LaVeys Tod blieb Ruth eine ergebene Freundin, eine Quelle der Kraft, deren ehrlich gemeinte Ratschläge ich nach wie vor beherzige.

Auch weiterhin scharten sich diabolische Geister um LaVey. Ein weiteres exzellentes Interview/Feature aus dem Jahre 1992, das drei Jahre später in *Splatterpunks II* aufgenommen wurde, erschien in Jim und Debbie Goads erkenntnisreichem und stets anregendem Magazin *Answer Me!* Aufgelockert durch die Misanthropie und elitären Neigungen der Goads stellte LaVey seine Satanischen Ansichten dar und sprach dabei auch über seine Abscheu gegen Dummheit und Störenfriede sowie die Notwendigkeit von Humor. „Ich glaube, eine Satanische Persönlichkeit ohne jeglichen Sinn für Humor wäre unerträglich“, sagte er. „Ich glaube, das alte Sprichwort «Ich lache, damit ich nicht weinen muss» passt auf Satan. Satans Unmut beim Betrachten dieser abgefuckten Welt bedarf einer Prise Humor oder irgendeines anderen Ventils, damit sie ihn nicht kaputtmacht." Jim Goad beendete den Artikel mit einem LaVey-Zitat über das edle Wesen von Tieren. „Ich könnte nie eine Spinne erschlagen, einen Menschen aber könnte ich töten. Eine Spinne ist immer die beste Spinne, die sie sein kann. Sie erfüllt als Spinne ihren Zweck. Sie fügt sich hervorragend in den übergeordneten Plan der Natur. In der Natur ist nichts überflüssig, was ich über den Menschen nicht behaupten kann."

Ein weiterer wertvoller Kontakt aus jenen Tagen war Boyd Rice. Wir stießen auf seinen Namen erstmals als Primärquelle in einem Buch mit dem Titel *Incredibly Strange Films*[18], einem von Andrea Juno und V. Vale herausgegebenen Forschungs- und Nachschlagewerk. Anton war überglücklich, als er das Buch entdeckte; als eifriger Sammler seltsamer, ausgefallener, übersehener und unterschätzter Filme hatte er oft erwähnt, es müsste eine umfassende Quellensammlung für solche Filme geben – und als genau das entpuppt sich *Incredibly Strange Films*. Irgendwann traten Vale und Juno mit einer Projektidee an LaVey heran, vielleicht einem Interview in einem bald erscheinenden Buch über die Modern-Primitive-Bewegung (Piercings, Body-Modification und Ritzen, Blutvergießen und so weiter), an dem sie gerade schrieb. Das Team arbeitete an einer Filmserie in San Francisco und lud uns dazu ein, verschiedenen Terminen beizuwohnen. An einem dieser Abende – es könnte der gewesen sein, an dem Ted V. Mikels vorgestellt wurde – lernten wir den berüchtigten Boyd Rice kennen, den Industrial-Musiker und unvergleichlichen Possenreißer. Anton und Boyd verstanden sich vom ersten Abend an hervorragend. Als Boyd in San Francisco lebte, trafen wir uns jeden Donnerstag zu einer nächtlichen Zusammenkunft, sahen uns seltene alte Filme an, hörten Dr. LaVey beim Spielen zu und tauschten Ideen aus, bis die Sonne aufging. Nachdem wir ihn den spärlich beleuchteten Korridor hinab zur Eingangstür begleitet und uns von ihm verabschiedet hatten, beobachtete ich Boyd oft durch den Türspion, wie er die Straße

[18] dt.: Unglaublich seltsame Filme (Anm. d. Übers.)

zu Geary überquerte und dazu seinen Barnabas-Collins-Stock im dunstigen Morgenlicht schwenkte.

Durch Boyd lernten wir auch Adam Parfrey und Nikolas Schreck von Radio Werewolf kennen, der viele Jahre später Zeenas Ehemann wurde. Schreck war damals mit einer bezaubernden Frau namens Fiona zusammen, die in einem nett eingerichteten Haus im Zentrum von San Francisco wohnte, mit tiefroten Samtbehängen und Radierungen von Friedhöfen, inklusive eines echten Satanischen Altars, den sie von einem frühen CoS-Mitglied erworben hatte. Es war Boyd, der Anton schließlich davon überzeugte, einige seiner längeren Keyboard-Sessions aufzunehmen. Da er selbst ein musikalischer Vordenker war, schauderte ihn bei dem Gedanken, LaVeys Musik werde nie ans Ohr derer dringen, die sie am meisten zu schätzen wüssten. Amerika stand kurz vor einer musikalischen Erneuerung. Sie nannte sich „Lounge Music", „Bachelor Pad Music" oder „Cocktail Music" – doch egal unter welcher Bezeichnung: Die Kids durchkämmten die Plattenregale von Second-Hand-Läden nach Hits von Sinatra, Russ Columbo, Little Peggy March, Helen Morgan, Martin Denny und anderen berühmten amerikanischen Musikern der dreißiger, vierziger und fünfziger Jahre. Rice hielt es für wichtig, dass LaVeys musikalischer Stil sowie sein schier endloses Repertoire auch anderen zur Verfügung stand. Wir lernten Gregg Turkington von Amarillo Records kennen, den die Idee, LaVeys Musik einem breiteren Publikum zugänglich zu machen, ebenfalls begeisterte. Ende 1993 war endlich eine Auswahl von Antons Aufnahmen erhältlich. Doch das war nur eine von vielen Veränderungen jenes markanten Jahres in Antons Leben.

Der Rechtsstreit mit Diane schleppte sich voran. Am 5. August 1991 gewährte man Ms. Hegarty ein seltsam verklausuliertes Urteil, in dem ihr Vermögenswerte in sagenhafter Höhe von einer Million Dollar zugesprochen wurden. Das Black House sowie all die wohlgehüteten Artefakte, hieß es darin, müssten innerhalb von sechzig Tagen verkauft werden, wobei sämtliche Einnahmen an Ms. Hegarty und ihre Anwälte fließen würden. Dass der Anwalt, der diese Verfügung unterzeichnete, ein bekannter katholischer Feminist war, tat man als irrelevant ab. LaVey blieb keine andere Wahl, als Konkurs anzumelden. Anfang 1993 erklärte sich einer seiner langjährigen Gefährten, der Hotelier und Multimillionär Donald Werby aus San Francisco bereit, das Black House zu erwerben und dem Schwarzen Papst darin wohnen zu lassen. Obwohl Diane über dieses Abkommen enttäuscht war, da es ihr, wie sie Freunden gestand, lieber gewesen wäre, LaVey zum Obdachlosen zu machen, war sie einverstanden mit den zweihundertvierzigtausend Dollar, die sie bekam. Das Abkommen ermöglichte es Anton, die Konkursverhandlung einzustellen. Obwohl er ab jetzt Miete bezahlen musste und entsprechend verbittert war, machte die Befreiung aus den gerichtlichen Verstrickungen mit Diane unsere Situation doch sicherer als während all der Zeit, die wir bisher zusammengelebt hatten. Wir beschlossen, es sei an der Zeit für ein Kind.

Ich wusste: Wenn wir kein gemeinsames Kind zur Welt brachten, würde ich das ein Leben lang bereuen. Einen Monat nachdem ich Anton LaVey kennengelernt hatte, schrieb er mir einen von Herzen kommenden Brief, in dem er seine Absichten klar machte – ich sollte nach San Francisco ziehen und zum festen Bestandteil seines Lebens werden. Vom ersten Moment unserer gemeinsamen Zeit an wussten wir, dass uns etwas Einzigartiges, etwas Dauerhaftes verband. Wir scherzten, es wäre fast so, als hätten wir vereinbart, uns irgendwann in diesem Leben zu begegnen, auch wenn wir uns in der Altersstufe um ein paar Jahrzehnte verpasst hätten. Wir spürten diesen Unterschied nie. In der Nacht, als wir uns kennenlernten – am 1. Mai 1984 – verzauberte er mich mit Musik, die ich schon so oft in meinem Kopf gehört hatte, als Plattenaufnahme jedoch nie entdecken konnte. Es war aufregend für mich, ihn kennenzulernen – um es gelinde auszudrücken. Da ich ihn schon seit vielen Jahren bewunderte, erwartete ich die Begegnung mit einem Mann im Herbst seines Lebens, vielleicht etwas dicklich, vielleicht mit einer etwas hohen Stimme, vielleicht ein wenig selbstbezogen. Solch kleine Schönheitsfehler hätten meine Bewunderung für ihn nicht geschmälert; ich wollte ihm vor allem die Hand schütteln, ihm danken dafür, eine Philosophie erdacht und ausgerufen zu haben, die mir stets half, geistig auf der Höhe zu bleiben.

Stattdessen jedoch begegnete ich einem aufrichtigen, belesenen und durch und durch entwaffnenden Mann. Schon in jener ersten Nacht wurde mir klar, dass Anton die Gabe besaß, eine Aura des Mysteriums und des bösen Omens um sich zu erzeugen, wie ein Magnetfeld, beinahe greifbar. Er umarmte mich zur Begrüßung, und ich atmete seinen charakteristischen, berauschenden Duft tief in mich ein – nach altem Holz, männlichem Moschus, alten Büchern und Leder. Wir küssten uns in der höllenroten Glut der untergehenden Sonne, auf dem Brückengeländer mit Blick auf das Haus an der Küste. Von diesem Moment an wusste ich, dass ich ihn nie würde verlassen können. Er verkörperte all das Selbstvertrauen, die Intelligenz und die gefährliche Intensität, die ich unsagbar verlockend fand. Während der folgenden Jahre stattete ich ihn mit jugendlicher Begeisterung und Energie aus, unterstützte seine blasphemischsten Anschauungen und Obsessionen und wurde zu seiner Pufferzone zwischen unserer Festung und der oftmals hässlichen, bedrückenden Welt jenseits der Pforten des Black House. Wir lockten gegenseitig den Teufel aus uns hervor. Wie Barrymore und so viele poetische Seelen vor ihm zog es LaVey stets zum Schmutzigen und Verkommenen; seine Sexualität war unersättlich und verspielt, und er lebte seine Genusssucht aus, wie sie nur dem Hohepriester der irdischen Freuden zu Gesicht stand. Unsere Persönlichkeiten und unser Denken fügten sich so gut zueinander, dass wir beschlossen, unser eigenes eugenisches Experiment zu wagen.

Nach diesem Entschluss ging das Leben für uns weiter. In üppiger Aufmachung erschienen in einem San-Francisco-Magazin namens *The Nose* lebenslustige Fotos von Anton an seinen Keyboards, in der Hand eine bedrohliche Messerklinge, außerdem ein Bild von ihm mit seinem preisgekrönten 1936 Cord, in das der Fotograf auch mich einbezog. Obwohl ich nur wenige Fotos habe, auf denen wir gemeinsam zu sehen sind (normalerweise fungierte ich immer als Fotografin), hat dieses Foto seinen festen Platz in meinem Herzen. Auch wenn es nur drei Personen zeigt (eine reizende Blondine diente dazu, das Foto noch lustbetonter zu gestalten), war unser Sohn ebenfalls anwesend, der sich wie so oft mutwillig in meinem Körper wand und drehte. Am 1. November 1993, dem „Tag der Toten" bei lateinamerikanischen Kulturen, wurde Satan Xerxes Carnacki LaVey geboren. Sein Vater war von dem kleinen Bündel Leben überwältigt. Antons Ärzte sagten später, nach Xerxes» Geburt sei ein anderer Mensch aus ihm geworden, der auf diese Weise sein Leben um einige kostbare Jahre verlängerte. Xerxes war etwas, woran er sich erfreuen konnte, ein Grund für ihn, am Ball zu bleiben.

Eine Frau, die an dem *The-Nose*-Foto beteiligt war, machte uns mit Gregg Turkington bekannt, der begeistert war von der Idee, Antons Musik einem erwartungsvollen Publikum zugänglich zu machen. In Xerxes» Geburtsjahr veröffentlichte LaVey *Honolulu Baby und Answer Me* auf Vinyl – als Testlauf, ob es dafür einen Markt gab. Die Platte war sehr schnell ausverkauft. Man schmiedete Pläne für ein Album – und im Jahre 1994 erschien das Zehn-Inch-Album *Strange Music*, ferner eine Neuveröffentlichung von *The Satanic Mass*, die authentische Aufnahmen von Ritualen und Rezitationen der CoS enthielt und ursprünglich 1968 erschienen war.

In einer Art Rückerinnerung an die zahllosen Männermagazine, die in der Frühzeit der Church mit dem nackten weiblichen Altar auf dem Cover erschienen waren, brachte das *High-Society*-Magazin 1994 einen spannenden Artikel, verfasst von dem Erotik-Showstar Bob Johnson. Auch ein längerer Artikel für das eklektische Magazin *Ben Is Dead* war in Planung. Wir verbrachten viel Zeit damit, unseren Sohn besser kennenzulernen, speisten in unseren Lieblingsrestaurants, trafen uns mit Freunden und gönnten uns die ab und zu stattfindende Gun Show im *Cow Palace*. Es war ein Bild für Götter – die üppige Blondine, die auf Zehn-Zentimeter-Stöckelschuhen herumschaukelte, einen Kindersportwagen zwischen den Lugers und Colts herumschob, in der Paladin Press Bücher mit dem Titel *Wie man sein eigenes Unternehmen gründet* durchblätterte und von Satans berüchtigtem Hohepriester begleitet wurde. Nicht jeder erkannte Anton LaVey (zum Glück); er wusste jedoch stets, jenen zwingenden „Command to look" (Befehl zum Hinsehen) auszusenden, und die ihn erkannten, gaben sich respektvoll und zurückhaltend.

Am 22. Februar 1995 erwarteten wir einen Freund und örtlichen Repräsentanten der Church zum Essen. Kurz bevor wir uns für den Abend zurechtmachten, probte Xerxes seine ersten Schritte. Er hatte es nicht eilig mit dem Laufenlernen, war auch nie sehr erpicht darauf gewesen, am Rand von Sofas und Tischen zu üben wie die meisten Babys. An diesem Tag jedoch stand er plötzlich auf eigenen Beinen.

Sein Dad hatte Probleme, sich hinüberzulehnen und mit ihm mitzuhalten; er wollte so rasch wieder wegrennen. Eilends drehten wir ein Video von dem großen Moment, in dem Xerxes, stolz auf sich und seinen Erfolg, über beide Backen strahlt, und wir strahlen zurück. Bis unser Freund endlich eintraf, war Xerxes erschöpft und schlief bereits wieder friedlich in seinem Kinderbettchen. Wir bestellten uns was beim Chinesen, und während wir aßen, hörten wir uns das Mastertape zu Antons neuestem Album *Satan Takes A Holiday* an. Als wir so am Esstisch in der engen Küche im Black House saßen und über die schwächende Wirkung von Glutamaten sprachen, schloss Anton auf einmal die Augen und sank auf die Seite.

Sobald uns klar war, dass Anton bewusstlos geworden war, sprang unser Freund ans Telefon und wählte den Notruf, während ich alles versuchte, damit Anton sein Bewusstsein zurückerlangte. Unser Freund musste wie bei den Marx Brothers zwischen einer Reihe verschiedener Telefone hin- und herjonglieren; wir hatten einen betriebsuntüchtigen alten Apparat aus den Zwanzigern, der gleich neben dem echten Telefon auf einem antiken Operationstisch im Nebenzimmer stand. Er sprach mit der Vermittlung und gab ihnen unsere Adresse. Währenddessen begann ich Anton zu schütteln und schrie ihn an, er möge nicht sterben, sein Sohn und ich, wir würden ihn doch beide brauchen. Es war, als zeige er eine schwache Reaktion, doch er schien sich in tiefem Schlaf zu befinden, aus dem er von selbst nicht erwachen konnte. Unter der Notrufnummer riet man uns, ihn flach auf den Boden zu legen und Wiederbelebungsmaßnahmen einzuleiten, was wir auch taten. Ich bat unseren Freund, die Katzen im Badezimmer einzuschließen, und erklärte ihm rasch, wie man den Notrufschalter am Eingangstor betätigte. Er ging hinaus und wartete auf den Krankenwagen. Während ich atmete und pausierte, atmete und pausierte, um den Mann zu retten, der meine ganze Welt war, schien Anton einen tiefen, bebenden Atemzug zu machen, dann noch einen. Ich schrie ihm entgegen, wie sehr ich ihn liebte und dass er uns nicht im Stich lassen könne, und es war, als spräche ich in einen tiefen Brunnenschacht, ohne zu wissen, ob er mich nun hörte oder nicht. Die Sanitäter kamen in rekordverdächtiger Zeit, nach fünf Minuten etwa, und schoben mich zur Seite, damit sie ihren Job erledigen konnten. Ich ging ins Nebenzimmer, um nach Xerxes zu sehen, der soeben wieder erwacht war. Unser Abendessengast wurde vom vorbeieilenden Notrufpersonal und ihren Gerätschaften in eine Ecke bei den Keyboards gedrängt. Von dort hatte er den besten Ausblick auf die Durchführung der lebensrettenden Maßnahmen; ich sah nicht viel mehr als die Rücken der Feuerwehrleute. Später erfuhr ich, dass beim Eintreffen der Sanitäter das EKG bei Anton keine Herztätigkeit mehr feststellen konnte; es bedurfte dreier Elektroschocks, bis wieder eine Reaktion kam. Ein Mitarbeiter des Rettungsdienstes erzählte Antons Arzt später, er sei verstört gewesen, als Anton trotz der fehlenden Herzströme dem Rettungssanitäter an die Kehle gegriffen habe, als er sich über ihn lehnte.

Das Rettungsteam bemühte sich, Anton auf einer Bahre aus dem Haus zu bringen, wobei sie die sperrigen Antiquitäten und die Reste von Antons Kuriositätensammlung im engen, rot erleuchteten

Treppenhaus großräumig umfahren mussten. Sie brachten ihn in die Universitätsklinik von San Francisco. Wir befreiten die Katzen aus dem Bad, schnappten uns das Baby und fuhren mit hohem Tempo hinter ihnen her (wobei wir uns unterwegs nur ein einziges Mal verloren). Anton kam sofort auf die kardiologische Intensivstation, während unser Besucher Xerxes bei Laune hielt und mit ihm spielte und ich in der Station hin- und herschwirrte, mit Ärzten sprach und – sofern es erlaubt war – einen Blick auf Anton warf. Unser Gast verließ die Klinik gegen zwei oder drei Uhr morgens; ich blieb bis fünf oder sechs Uhr, als das Personal mich schließlich drängte, ein wenig zu schlafen. Antons Zustand sei stabil; er würde mich später noch brauchen. So ging ich heim in ein stilles, einsames Haus. Die Sanitäter hatten einige gebrauchte Nadeln, leere Spritzenpackungen und elastische Plastikschläuche hinterlassen, ebenso wie Antons teures, schwarzes Seidenjackett und das Hemd, die sie ihm vom Körper geschnitten hatten, um sich einen schnelleren Zugang zu schaffen. Ich räumte die Küche auf und entsorgte das chinesische Essen, das die Katzen verschmäht hatten. Xerxes war erschöpft und sehnte sich nach Schlaf; ich lag neben ihm auf der Couch und versuchte die Ängste zu verscheuchen, die sich in meinem Kopf wie Windmühlenflügel drehten.

Ich rief meine Eltern an und bat sie, Xerxes zu versorgen, da ich wohl die meiste Zeit im Krankenhaus verbringen würde. Sie nahmen den nächsten Flieger und trafen am späten Vormittag in der Uniklinik ein; ich war bereits dort. Die Ärzte hatten neue Informationen: Was Anton erlitten hatte, sei ein „Sekundentod" gewesen. Soweit sie es beurteilen konnten, habe er wohl heftiges Herzrasen bekommen, bei dem das Blut zu schnell und in nicht ausreichender Menge fließt, um das Gehirn mit Sauerstoff zu versorgen – deshalb sei er auch ohnmächtig geworden. Der diensthabende Arzt erklärte mit ruhiger Stimme, Anton werde aufgrund dieses Sauerstoffmangels wohl einen Teil seiner Erinnerung einbüßen und je nach Schwere der Gehirnschädigung auch ein paar Einschränkungen seiner Körperfunktionen hinnehmen müssen. Richtig beurteilen könnten sie es aber erst, wenn er ein wenig mehr zu sich gekommen sei.

Ich nickte abwesend. Ich schob Xerxes in seinem Sportwagen den endlosen Gang des Klinikums auf und ab, gedankenverloren und wie blind, und versuchte mich an den letzten Song zu erinnern, den ich Anton hatte spielen hören, den letzten Witz, den er gemacht hatte, und versuchte alles in meine Erinnerung einzuschließen, für den Fall, dass ich ihn nie wieder spielen oder sprechen hören würde.

Die nächsten Tage saß ich an seiner Seite, lauschte dem Brummen und Piepen verschiedener Monitore und Regler, dem stillen Gelächter und den Gesprächen von der Kinderstation, und fragte mich, was nun aus unserem Leben werden würde. Von Zeit zu Zeit wachte Anton auf, murmelte „Oh, shit!" und zerrte an dem Schlauch, der in seine Nase führte. Ich hielt seine Hand und erklärte ihm leise, was passiert war, wo er sich befand und warum, und dass es besser für ihn sei, zu schlafen. Er blickte eine Weile verwirrt um sich, dann sank er wieder in den Schlaf. Allmählich, im Laufe der ersten beiden Tage, begann er sich darauf zu konzentrieren, wer ich war, und erklärte, er könne sich an nichts erinnern, was geschehen sei. Ich löcherte ihn nicht mit Fragen, um seine Erinnerungsfähigkeit zu prüfen, doch offenbar kam er wieder zu sich, und die Ärzte freuten sich, dass er anscheinend, wie durch Zauberei, keinerlei Beeinträchtigung der Gliedmaßen und des Körpers davongetragen hatte. Am nächsten Tag brachte ich Xerxes zu ihm. „Hi, Kumpel", sagte Anton, der ihn sofort erkannte. „Warum bringst du ihn nicht runter ins Casino, damit er sich die Spielautomaten ansehen kann?" Seine Wahrnehmung war noch immer etwas getrübt, hatte sich aber verbessert.

Als ich in jener Nacht in unsere Wohnung schlich, um etwas Schlaf zu bekommen, rief mich eine Nachtschwester an und bat mich mit panischer Stimme, sofort in die Uniklinik zurückzukehren. Also fuhr ich wieder los und sah dort Anton, der, fast völlig nackt, auf einem Stuhl neben dem Fenster saß. Er hatte sich die Infusions- und Sauerstoffschläuche vom Körper gerissen und bestand darauf, sofort nach Hause zu gehen. Er war die Gänge auf- und abgeirrt, um herauszufinden, wo sie seine Kleider versteckt hatten. Drei Sicherheitsleute waren notwendig, um ihn zurück ins Zimmer zu bekommen. „Er hat erstaunlich viel Kraft – sind Sie sicher, dass das von Ihnen angegebene Alter korrekt ist?", fragte die Schwester, als wir zu ihm ins Zimmer spähten. „Seine Hände und Unterarme sind so muskulös."

„Er hat fast sein Leben lang drei oder vier Stunden täglich Keyboard gespielt", antwortete ich geistesabwesend, während ich mich ins Zimmer vortastete.

„Hi." Ich glitt an seinem Bett vorbei; mein Blick fiel auf eine benutzte Zwangsjacke, die dort lag. „Was geht hier vor?"

„Diese Leute wollen mich nicht gehen lassen. Ich will, dass sie mir meine Kleider geben und mich hier rauslassen", sagte er im Brustton der Überzeugung. „Ich bin freiwillig hierhergekommen, ich will auch freiwillig wieder gehen können."

„Ich habe deine Kleider mit nach Hause genommen." Ich streichelte seinen Rücken. „Du kannst noch nicht gehen. Du warst sehr krank, und sie müssen erst sicher sein, dass alles wieder in Ordnung ist. Weißt du noch, was passiert ist?"

„Ich weiß noch genau, was passiert ist", sagte er. „Ich weiß auch noch, dass ich irgendwann einverstanden war, dass sie ihre Tests an mir durchführten. Ich weiß noch, wie ich die Treppe hinaufgegangen bin und mich registrieren lassen habe. Meine Kleider sind gleich nebenan im Zimmer. Ich will nur hier raus. Du musst mir meine Kleider bringen."

„Liebling, bitte vertrau mir jetzt. So wie du es erzählst, war es nicht. Du warst sehr krank. Es muss dir erst besser gehen."

Schließlich gelang es einer ausgesprochen fürsorglichen Schwester und mir, ihn so weit zu beruhigen, dass er wieder ins Bett ging. Sie verabreichte ihm eine sanfte Massage und fragte ihn nach seinen Kindern. Für den Rest der Nacht mussten sie ihm Beruhigungsmittel geben und ihn festschnallen, und sie sagten, er sei ziemlich immun gegen die Medikamente. Sie setzten die schweren Sedativa ab, als er im Laufe der nächsten Tage allmählich die notwendigen Heilungsstufen durchlief. Manchmal glaubte er, er sei in Las Vegas (wo ich mich um eine Gesangsrolle bewarb) oder an Bord eines Schiffs (er lobte die Schwester für die ausgezeichnete Bordverpflegung). Erst Jahre später, als meine Mutter an Krebs starb, begriff ich, dass Anton vermutlich auf die Opiate reagiert hatte, die sie ihm verabreichten. Als sie im Krankenhaus operiert wurde, halluzinierte meine Mutter, ich hätte einen schweren Autounfall gehabt und wäre gelähmt; auch behauptete sie, eine der Schwestern habe versucht, sie umzubringen. Schließlich klärte uns jemand auf, dass manche Menschen auf bestimmte Opiate mit Verfolgungswahn reagieren, doch damals machte sich keiner die Mühe, mir zu erklären, was Anton gerade durchlebte. Wir glaubten fest daran, es habe mit seinem traumatisierten Zustand zu tun.

Irgendwann kam eine Zeit, in der er nicht mehr halluzinierte, und wir staunten, was er alles durchgestanden hatte. Als wir nach seiner Entlassung aus dem Krankenhaus mit ihm und seinem Arzt zu einer Nachuntersuchung gingen, klagte Anton hauptsächlich über Schmerzen in der Brust. Er fragte den Arzt, ob das normal sei bei Leuten, die so etwas wie er durchgemacht hatten. „Ich weiß nicht", antwortete der Mediziner. „Weniger als sieben Prozent der Leute mit einer Nahtoderfahrung überleben, um diese Frage überhaupt stellen zu können." Der Kardiologe sagte, ich hätte Anton mit meiner künstlichen Beatmung das Leben gerettet; dass er jedoch am Leben geblieben sei, verdanke er seiner extremen Willenskraft. Anton konnte sich nicht daran erinnern, was an dem Tag, an dem er den Anfall erlitt, alles geschehen war. Er sagte, er habe auch keine weißen Lichter, Tunnel oder Engel gesehen. Wir scherzten, nun da er gestorben und wieder auferstanden sei, könne er ja seine eigene Religion gründen. Er schrieb nie viel über seinen Sekundentod, erwähnte ihn auch anderen Leuten gegenüber nicht.

In den wenigen Zeilen, die er darüber schrieb, steht nur, es sei „die un-denkwürdigste Erfahrung seines Lebens" gewesen.

Wir reagierten beide völlig unterschiedlich auf seine Nahtoderfahrung. Ich wollte sofort noch ein Baby haben. Aus welchem Grund, kann ich nicht sagen ... vielleicht ging es mir um Leben im Angesicht des Todes, vielleicht wollte ich, dass Anton noch eine weitere Person hatte, an der er sich festhalten konnte, vielleicht wollte ich Xerxes auch einfach nur ein Brüderchen oder Schwesterchen schenken, solange es noch ging ... wahrscheinlich spielten all jene Faktoren zusammen. Anton war nicht bereit, versprach mir aber, falls er im Jahr 2000 noch am Leben sein sollte, würden wir noch ein weiteres Kind zeugen. Eine seine ersten Amtshandlungen nach seiner Entlassung bestand darin, ein Testament abzufassen. Er war in puncto Testament und Todesvorkehrungen ziemlich abergläubisch, doch er war knapp mit dem Leben davongekommen und wollte, da wir ja nicht verheiratet waren, auf jeden Fall dafür sorgen, dass für Xerxes gut gesorgt war. Er glaubte, ein handgeschriebener letzter Wille, in der er seine Absichten klar machte, sei alles, was ich brauchte. Er ist auf den 9. März 1995 datiert und lautet einfach nur:

„Hiermit verfüge ich, dass im Falle meines leiblichen Todes all meine Schriften, Kunstwerke sowie mein gesamtes Eigentum und mein gesamter Besitz von Blanche Densley Barton als meiner Nachlassverwalterin verwaltet werden sollen. Alle Außengaben [sic], die sie bezüglich dieses Vermögens tätigt, unterliegen der ihr von mir verliehenen Vollmacht. Des Weiteren sollen sämtliche Gelder und sonstigen Entlohnungen für meine irdischen Leistungen für meinen Sohn Xerxes zurückgehalten werden, bis er alt genug ist, seine Angelegenheiten selbst zu regeln, es sei denn, Blanche Barton trifft eine anderweitige Entscheidung. Anton Szandor LaVey."

Er ließ mich wissen, dass er vor allem Wert darauf lege, seinen 1936 Cord und seine Whitney Wolverine, eine seltene Schusswaffe, seiner Tochter Karla zu hinterlassen. Darüber hinaus betraute er mich damit, verschiedene Güter gemäß den Erfordernissen zum Zeitpunkt seines unvermeidlichen Todes zu verteilen. Zeena hatte ihm bereits vor Jahren den Rücken gekehrt, doch er gab die Hoffnung nicht auf, dass sie sich eines Tages miteinander aussöhnen würden. Auch Karla hatte zu jener Zeit bereits entschieden, nicht mehr Teil unseres Lebens zu sein, und auf Vorschläge und Bitten ihres Vaters, sich doch einmal zu treffen, nicht reagiert. Er wusste jedoch, dass ich, falls sich zwischen ihnen etwas ändern sollte, seinen Wünschen nachkommen würde. Karla führte ihr eigenes Leben und war während meiner gemeinsamen Zeit mit Anton nie direkt an der Leitung der Organisation beteiligt gewesen, und so vergingen oft Monate, ohne dass sie uns anrief oder Kontakt zu uns aufnahm, auch wenn sie noch immer in der Gegend lebte. Am 21. Juni 1995 ernannte mich Anton feierlich zur neuen Hohepriesterin der Church of Satan, auch wenn ich schon seit vielen Jahren die entsprechenden Tätigkeiten ausübte und längst als Kirchenoberhaupt anerkannt wurde. Gemäß den Statuten der Organisation war jedoch ein Dokument vonnöten, das mich als Hohepriesterin auswies; nur so konnte ich im Falle von LaVeys Arbeitsunfähigkeit auf legalem Wege die Leitung der Organisation erlangen. Wir vertrauten voll und ganz darauf, dass Xerxes und ich mithilfe dieser beiden Schriftstücke ausreichend geschützt und versorgt seien, wenn das Unvermeidliche sich ereignen sollte. Hätten wir bereits Erfahrungen mit dem Rechtssystem von San Francisco gemacht, wären wir besser beraten gewesen.

Satan Takes A Holiday, Anton LaVeys skurriles und sehr persönliches Album mit berühmten amerikanischen Songs, erschien später im Jahre 1995, erntete eindrucksvolle Kritiken und wurde von zahlreichen Subkultur-Sendern rauf- und runtergespielt. Auch weiterhin erschienen Interviews über den Hohepriester und die CoS (darunter auch der Artikel in *Ben Is Dead*), und nur wenige unserer Kollegen hatten eine Ahnung davon, was Anton durchgemacht hatte. Wir glaubten auch, die Zeit sei reif für eine Umstrukturierung der Organisation. Schon 1975 hatte LaVey das Grotto-System aufgelöst, bei dem kleine Gruppen von Satanisten auf lokaler

Ebene Rituale ausführten und zusammenarbeiteten. Es war zu umständlich geworden, all jene Grottos zu verwalten, außerdem waren sie eine ständige Quelle für Reibereien anstatt als hilfreiche, anregende Ortsgruppen zu fungieren. Trotzdem gab es immer mehr CoS-Mitglieder, die sich zu örtlichen Zusammenkünften und Studiengruppen treffen wollten. Wöchentlich erreichten uns Briefe von Gruppen wie der Church of Dark Souls, den Brethren of Darkness, dem Temple of Baphomet, der Angel of Light Assembly und anderen, die uns fragten, ob und wie sie eine Grotto ins Leben rufen könnten. Sofern Anton es den Fragestellern zutraute, auf adäquate Weise zu agieren, stimmte er in der Regel zu, jedoch stets mit dem warnenden Beisatz: „Es wird Ihnen noch leidtun." Nur selten gelang es den Gruppen, aus den Startlöchern zu kommen, und falls doch, dauerte es nicht lange, bis Mitglieder sich mit Ehrfurcht einflößenden Titeln schmückten und um eine Position innerhalb der Gruppe wetteiferten, so dass nach wenigen Monaten der Schuss für die irregeleiteten Führer meist nach hinten losging. Als ich das Buch *The Church of Satan* veröffentlichte, widmete ich den „Richtlinien für Grottos und Gruppen" ein ganzes Kapitel, in dem ich in Kürze erklärte, wie man seine eigene Gruppe bilden und was man erwarten könne, doch die Mitglieder verlangte es nach etwas Hochoffiziellem.

Am Horizont zeichnete sich eine Revolution ab. Als das Internet populärer wurde, traten immer mehr CoS-Mitglieder online in Kontakt zueinander, bildeten ihre eigenen Grottos und strebten danach, von der Church anerkannt zu werden. Da wir kein Forum für Gruppenaktivitäten bereitstellten, taten sie es auf eigene Faust – und oftmals schlecht. Anton fand es in Ordnung, dass engagierte Mitglieder auf diese Weise eine Chance bekamen, doch wenn sie von uns anerkannt werden wollten, mussten wir sie mit Richtlinien versorgen, die auf der langjährigen Erfahrung der Kirchenleitung gründeten. Auf diese Weise konnten wir uns bis zu einem gewissen Grad schützen, falls ein paar Irre sich nachts in den Wäldern trafen, Katzen opferten und im Namen Satans gegen das Gesetz verstießen. Auch uns bot sich dadurch die Chance, unsere besten

Mitglieder dazu zu animieren, ihre gebündelten Energien unseren gemeinsamen Zielen zuzuführen und wohlabgestimmte Rituale mit gleichgesinnten Individuen nach eigenen Wünschen auszuführen.

Mit diesem Gedanken im Hinterkopf beschloss LaVey 1995, das Grotto-System wiederzubeleben, ebenso den einstigen Newsletter für Mitglieder mit dem Titel *The Cloven Hoof*. Beide Maßnahmen sollten denen, die es nach Satanischer Theorie und Praxis dürstete, Führung, Inspiration und Zugang zu Informationen gewähren und die Aufmerksamkeit auf all jene lenken, die es wert waren, anerkannt zu werden. Wir sprachen sehr ausführlich über die besten Methoden, unsere weltweit wachsende Mitgliederschar bei der Gründung eigener Grottos zu unterstützen, und ich verzeichnete alles, was Anton beschloss, in einem internen Buch – dem *Handbuch für Grotto-Meister in der Church of Satan*. Die erste Ausgabe unseres neu aufgelegten *Cloven Hoof*, der sieben Jahre lang nicht mehr erschienen war, enthielt Artikel, künstlerisch verfremdete Werbeanzeigen, Rezensionen und Limericks. Im Leitartikel hieß es: „Unser Schwerpunkt liegt auf einer Mischung aus Sex und Sarkasmus, aus Bildung und Libido, aus Skandal und flammendem Feuer." Die radikalen Veränderungen wurden vom herrschenden Council of Nine ebenso begeistert aufgenommen wie von engagierten Mitgliedern, deren Wunsch es war, mit anderen Satanisten in Kontakt zu treten. Für LaVey war es in vielen Bereichen eine Zeit der Verjüngung und der Neuordnung. Sein eiserner Wille triumphierte, und die Schwingungen aus Erneuerung und Wiedergeburt griffen über auf das gesamte Netz aus Ikonoklasten, das er Zeit seines Lebens gehegt und gepflegt hatte. Auch Karla LaVeys Leben nahm eine interessante Wendung. Obwohl sie zuletzt ein angenehmes Leben in der Nachbarstadt Tiburon, jenseits des Bay geführt hatte, änderte sich ihre Situation, und sie musste wieder ins Black House ziehen. Natürlich hieß ihr Vater sie aufs Neue in seinem Leben willkommen. Zu Halloween war Karla bereits eingezogen; daraufhin schrieb und nahm LaVey mehr auf als je zuvor.

Doch auch wenn der Geist noch willig war, wurde das Fleisch immer schwächer. Anton war immer gern auswärts essen gegangen; regelmäßig besuchten wir die besten Restaurants von Santa Rosa bis Half Moon Bay. Doch aufgrund seiner Herzprobleme ließ sein Stehvermögen kontinuierlich nach. Immer seltener gingen wir noch aus. Zum Glück hatten die meisten unserer Lieblingsrestaurants einen Lieferdienst. Wir trafen uns mit Freunden im Black House, und auch weiterhin gewährte LaVey ausgesuchte Interviews. Seine Essays erschienen regelmäßig in *The Cloven Hoof* und *The Black Flame*, einem hervorragenden Satanischen Magazin, das nun schon seit mehreren Jahren erschien und von Peter Gilmore herausgegeben wurde. Websites, die mit Satanischem Gedankengut sympathisierten, schossen wie Pilze aus dem Boden, und plötzlich war es leichter als je zuvor, an Informationen über echten Satanismus zu gelangen. Überall im Land und auf der ganzen Welt entstanden Grottos, deren Grotto-Meister dankbar waren für unsere Führung und unsere Mitgliederempfehlungen. Und auch wenn die Church of Satan immer weiter wuchs, ermöglichten LaVeys Veränderungen es doch, viel schneller die Spreu vom Weizen zu trennen, so dass wir uns auf unsere vielversprechendsten Mitglieder konzentrieren konnten. Da Antons Lage sich zusehends verschlechterte, wurden öffentliche Auftritte im folgenden Jahr jedoch zur Seltenheit. Er wollte nicht, dass man sah, wie er ein Sauerstoffgerät hinter sich herschleppte oder im Rollstuhl herumgeschoben wurde. Wir blieben zu Hause, spielten mit unserem geliebten Söhnchen, sahen uns erquickende alte Filme an, trafen uns mit einigen ausgewählten Individualisten und verbrachten viele Stunden damit, miteinander zu reden oder zu schreiben.

Zum ersten Mal im Leben beschäftigte Anton sich näher mit Belletristik. Im Laufe der Jahre hatte er viele Freundschaften zu Belletristik-Autoren geschlossen, selbst jedoch hatte es ihn nie zu diesem Handwerk hingezogen. Plötzlich aber öffneten sich die Schleusen, und er begann, ein umfassendes Kleinstadt-Universum zu erschaffen, das er Plotzville nannte. Er bevölkerte seine Welt mit achtundvierzig Frauen, die alle einen Namen hatten, genau beschrieben wurden und auf Fotos festgehalten waren (Bilder, die er in mühsamer Kleinarbeit mit Photoshop modifiziert hatte). Die meisten von ihnen waren zwischen dreiunddreißig und fünfundfünfzig, in der Regel verheiratet, und ihre Ehemänner tauchten lediglich in ihren Kurzbeschreibungen auf und waren eher notwendige Dekoration, so wie die männlichen Humanoiden in seiner *Höhle des Lasters*: „Iris Zbyszko, neununddreißig. Verheiratet mit Baris Zbyszko, Verkäufer im Matratzenlager." „Harriet Billings, einundvierzig. Verheiratet mit Barney, Inhaber von Barneys Bohnenküche." Viele dieser Kleinstadtepisoden schrieb er in Form von Zeitungsartikeln, von denen manche im *Cloven Hoof* erschienen; er schrieb jedoch ebenso kleine Szenen, die sich mit den überaus schmuddeligen Umtrieben in Plotzville beschäftigten und kapitelweise erschienen. Anton versammelte sein Material in einem Buch mit dem Titel *Raus mit dem Müll! Die Missgeschicke der Blanche Beerbower, die ihr Baby für ein Thunfisch-Sandwich und einen dreißig Zentimeter langen Hot Dog verkaufte,* von Adulto Piepcheau.

In der Einleitung schrieb LaVey: „Dies ist eine Saga über das Leben in Amerika, wie man sie weder in der Unterhaltungsliteratur noch in irgendeiner historischen Abhandlung findet. Ursprünglich verfasst im Jahre 1947, enthüllt sie eine Seite amerikanischer Lebensart, die zwar oft angedeutet, nie jedoch aufgezeichnet wurde. Der stilistische Ansatz ist ganz entschieden *noir*, doch enthält sie auch Elemente des Idyllischen, gehörig durch den Kakao gezogen. Obgleich aller Fetisch auf schmerzliche Weise obsessiv ist, entspricht sie peinlicherweise den Tatsachen. Viele literarische Formen fließen hier zusammen. Es wimmelt geradezu vor Bezügen aus der Ära. Elemente des Groschen-Gruselromans vermischen sich mit Blondie und Dagwood, Cornell Woolrich trifft auf Nathanael West, beide in Gesellschaft von James M. Cain. Man kann im Saal nur die Seite mit dem Junggesellenabend sehen. Besudelte Unterwäsche hängt an Wäscheleinen von Norman Rockwell, die Schrecken des Krieges sind der Eintönigkeit des Friedens gewichen."

Als die organisatorische Arbeitslast wuchs und sowohl Xerxes als auch LaVey mehr von meiner Hilfe benötigten, lud Anton meinen Vater ein, nach San Francisco zu ziehen, um bei uns zu leben und mir bei meinen Besorgungen, dem Versenden von Informationspost und anderen Aufgaben zu helfen. In all den Jahren hatten wir stets zwei oder drei vertrauenswürdige Teammitglieder als Büropersonal für uns arbeiten lassen, doch Antons gesundheitliche Probleme machten es erforderlich, dass ich ihn nicht mehr länger als eine halbe Stunde am Stück allein lassen konnte. Er begegnete meinem Dad bei mehreren Anlässen, und obwohl mein Vater sich nie als Satanist bezeichnet hatte, ist er ein atheistischer Weggefährte. Er half mir dabei, auf die üblichen Informationsanfragen zu reagieren und unsere Adressliste auch nach 1990 über weite Entfernungen hinweg aufrechtzuerhalten, als meine Schreib- und Repräsentationspflichten nach Erscheinen dieser Biografie sich vergrößert hatten. Er und Anton kamen gut miteinander klar, und beide sahen sie, dass ich Hilfe brauchte.

Im April 1997 zog mein Vater bei uns ein. Einen Monat später ging es mit Antons Gesundheitszustand rapide bergab. Er wurde wegen starken Blutmangels ins Krankenhaus gebracht und bekam Transfusionen. Obwohl man ihm schon wenige Tage später erlaubte, nach Hause zu gehen, blieben seine Ärzte besorgt, da sie nicht wussten, wo diese scheinbaren Blutverluste herrührten. Während der letzten sechs Monate seines Lebens war Anton fünfmal im Krankenhaus – auch in der Nacht, als er starb. Karla und ich trösteten einander im Wartesaal der Universitätsklinik, als ihr Vater auf dem Operationstisch wegen einer heftigen Darmblutung fast gestorben wäre. Nachdem man den Darmabschnitt entfernt hatte, sagte der zuständige Chirurg zu uns, es handle sich zwar um keine krebsartige Veränderung, doch sei der Darm so in sich verschlungen und nekrotisiert gewesen, dass er ihm seit Jahren starke Schmerzen bereitet haben musste. Ich konnte das nur bestätigen. Manchmal hatte LaVey sich stundenlang im Bett gekrümmt, seine 45er fest im Griff, schreiend und fluchend. Auch wenn er oft daran dachte, dass Selbstmord für ihn eine Wohltat wäre, sagte er doch auch, dass er Xerxes und mir die Nachwirkungen einer solchen Bluttat nicht zumuten wolle. Zu oft war er als Polizeifotograf selbst Zeuge solcher Geschehnisse gewesen, und er wollte nicht, dass Xerxes von ähnlichen Bildern seines eigenen Vaters heimgesucht würde.

Auch während der Schmerzen und Komplikationen jener letzten sechs Monate schaffte es Anton, einige gelungene Interviews zu geben. Er sprach ausführlich mit Boyd Rice für ein *Seconds*-Interview, das posthum veröffentlicht wurde. Da Rice sehr eng mit Anton befreundet war und über ein tiefes Verständnis der Satanischen Philosophie verfügte, wurde daraus eins der besten Interviews, die LaVey jemals gegeben hatte. Ein weiteres Interview gewährte er dem gnadenlosen Agent Provocateur Shane Bugbee und seiner Frau Amy für ihr kurzlebiges *MF Magazine*. Ein weiteres Juwel, das Anton beisteuern konnte, war ein Liebesdienst in Gold, verfasst auf Dr. Cecil E. Nixon, *Isis And Beyond* aus der Feder des anachronistischen Doran Wittelsbach. Sowohl Karla als auch Anton hatten lebhafte Erinnerungen an Nixon, einen Mann, der den Hohepriester von Grund auf beeinflusst hatte. Sofern sein Stehvermögen es zuließ, übte Anton auch jeden Tag noch ein wenig Musik. Wir schmiedeten Pläne für eine neue CD. Er schrieb mehr denn je, an manchen Tagen ein ganzes Essay für seine neue Sammlung *Jetzt spricht Satan!*, die für Frühjahr 1998 geplant war. Antons Enkel Stanton LaVey kam erst auf seinen Großvater zu, nachdem er achtzehn geworden war. Er lebte bei seiner Großmutter Diane, die ihm untersagte, vor Beginn seiner Volljährigkeit Kontakt zu Anton aufzunehmen. Es gelang ihm, einen oder zwei kostbare Abende mit seinem Großvater zu verbringen, von dem er seit seiner Kindheit isoliert war.

Wir lebten größtenteils so weiter wie bisher und genossen es, uns mit kinematographischen Meisterwerken zu zerstreuen. Natürlich bevorzugten wir den Film noir und die Old-Dark-House-Filme (LaVey besaß die ganze Sammlung auf Video, im Laufe vieler Jahre zusammengetragen.) Wir sahen uns auch Streifen an wie *Key Largo*, *Johnny O'Clock*, *Der Seewolf*, *Die schwarze Katze* und *Rio Rita*, außerdem Filme mit Laurel und Hardy oder Charlie Chan. Eines Abends, irgendwann während seiner letzten beiden Wochen, sahen wir uns den Film *Ein Doppelleben* mit Ronald Colman an, der darin jemanden spielt, dessen Realitätswahrnehmung zu verschwimmen beginnt. Der Schluss ist ziemlich bewegend, und ich begann ungehemmt zu weinen. Ich neige nicht zu Gefühlsduseleien, doch manchmal bricht es unerwartet aus mir hervor. Wir kuschelten uns auf dem Sofa zusammen; Anton konnte mich nur festhalten. „Ich will nicht, dass du gehst", flüsterte ich ihm ins Ohr. Er sagte nichts.

Dann kam der 22. Oktober. Anton hatte einen „Teufelsdoktor" angeheuert – einen bekannten Chirurgen aus San Francisco, der ihn bewunderte und es zu seiner Aufgabe machte, den Hohepriester zu betreuen, wofür Anton sehr dankbar war. An diesem Mittwoch kam er vorbei, um Antons Blut zu untersuchen und sich zu vergewissern, dass Antons Anämie nicht wieder eingesetzt habe. Er sagte, Anton würde nicht gut aussehen. Er war schwach, wurde immer depressiver und hatte ein paar kleine Blackouts. Später rief der Chirurg an und teilte uns mit, er habe die Laborergebnisse: Anton müsse wieder ins Krankenhaus; sein Blut enthalte erneut sehr wenig rote Blutkörperchen, was keinen von uns überraschte. „Wir gelangen immer wieder an die gleiche Flussbiegung, oder?", sagte Anton. „Es ist wie ein Alptraum, aus dem es kein Erwachen gibt." Erneut ließ er sich kurz nach Sonnenaufgang in die Universitätsklinik einweisen. Sie bestanden darauf, eine Endoskopie zu machen. Die Ärzte entdeckten eine kleine blutende Stelle in seinem Magen, kauterisierten sie und ließen ihn am Samstag wieder nach Hause.

Drei Tage später kam ich von der Post zurück, mehrere Päckchen mit Geburtstagsgeschenken für Xerxes unter dem Arm – Höschen, Bücher und Spielzeug von Freunden aus New York, Schweden und anderswo. Wir öffneten sie zusammen mit unserem Jungen und planten für dieses Jahr eine richtige Party. Am Abend zuvor hatte Anton darauf beharrt, das Geschenk zu sehen, um das Xerxes ihn gebeten hatte – ein leuchtendrotes Feuerwehrauto. Ich hielt es für eine dumme Idee, da ich es schon versteckt hatte und Anton es in ein paar Tagen, an Xerxes» Geburtstag, ohnehin sehen würde. Doch für Dr. LaVey machte ich mir die Mühe und zeigte es ihm – inklusive Leitern und Blaulicht. Er freute sich, als er es sah, und sagte, jeder kleine Junge sollte ein leuchtendrotes Feuerwehrauto haben. Dann klagte er, ihm sei kalt und er habe Schluckbeschwerden. Was nicht überraschte, denn es war Herbst in San Francisco. Vielleicht war bei ihm eine Grippe im Anzug.

Eine unserer Freundinnen namens Margie Bauer kam an jenem Abend vorbei, um bei der Büroarbeit zu helfen. Wir aßen eine schnelle Suppe, dann begrüßte ich sie und versuchte, selbst auch einige Korrespondenz zu erledigen. LaVey und Xerxes sahen sich Szenen mit Laurel und Hardy an, was sie gern gemeinsam taten. Karla war oben in ihrer eigenen Wohnung, mein Vater befand sich im unteren Stockwerk, um ebenfalls Post zu bearbeiten. Als ich irgendwann an diesem Abend zu Anton und Xerxes hineinsah, um zu prüfen, ob alles in Ordnung war, sagte Anton, er habe Schmerzen beim Atmen. Mussten wir denn nach so kurzer Zeit schon wieder ins Krankenhaus? Bekam er eine Lungenentzündung? Wir beschlossen zu warten, bis Margie gegen elf Uhr gehen würde; falls es dann nicht besser sei, würden wir in die Notaufnahme fahren. Unglücklicherweise wurde uns diese Entscheidung abgenommen.

Anton begann rastlos umherzuwanken, dann – kurz vor elf Uhr – verlor er das Bewusstsein. Ich rief zur Karla hinauf, ihr Vater sei zusammengebrochen und brauche sie jetzt. Sie rannte herunter und blieb an seiner Seite, versuchte ihn zu wecken, während ich die Notrufnummer wählte und Marge rasch zum Eingangstor hinausbegleitete. Sie spürte, dass etwas nicht in Ordnung war, war jedoch zu diskret, um zu fragen. Bevor sie und ihr Lebensgefährte um die Ecke gingen, sahen sie noch den Krankenwagen, der vor unsere Haustür raste. Auch Xerxes spürte, dass etwas nicht stimmte, und er wusste bereits, was jetzt zu tun war: Er zog selbständig seinen Mantel an und eilte pflichtbewusst die Treppe hinab, um bei seinem Vater zu sein.

Diesmal brachten die Sanitäter Anton nicht in die Uniklinik; sie sagten, die Herzstation von St. Mary's sei näher und viel besser. Sein Chirurg, der uns im Krankenhaus begrüßte, pflichtete bei. Und wieder einmal schritten Karla und ich auf und ab und versuchten uns abzulenken, indem wir die Hinweistafeln im Aufenthaltsraum und in den stillen Gängen lasen und dabei den Blick nicht von der Tür abwandten, hinter der die Ärzte Antons Leben zu retten versuchten. Es schien sich nicht viel zu tun, deshalb ging Karla gegen sechs Uhr früh nach Hause. Ich versuchte, in der winzigen Wartezone auf einer viel zu kleinen Couch eine Mütze Schlaf zu erhaschen. Am 29. Oktober, kurz vor neun Uhr morgens, brachte mich ein Arzt, den ich zuvor nur kurz im Korridor gesehen hatte, in ein anderes kleines Zimmer und sagte mir, Anton LaVey sei tot. Ich rief Karla an und bat sie, ins Krankenhaus zurückzukommen, ihr Vater sei gestorben. Sie kam schnell, und wir verbrachten ein paar Minuten bei Anton, ehe sie ihn wegrollten. Erschöpft und wie benommen fuhren wir nach Hause.

Da es kurz vor Halloween war, beschlossen wir, Antons Tod für ein paar Tage geheim zu halten, damit denjenigen, die sich um ihn sorgten, (zumindest in diesem Jahr) nicht ihr Feiertag durch den Schmerz verdorben wurde, ihn verloren zu haben. Auf diese Weise blieb uns auch ein wenig Zeit für unseren privaten Kummer, bevor wir unseren Verlust der Welt mitteilen und uns den unvermeidlichen Entscheidungen, Fragen und Konsequenzen stellen mussten. Anton hatte beschlossen und uns einige Zeit zuvor auch wissen lassen, dass er verbrannt werden wollte. Ihm gefiel die Idee, inmitten derer zu bleiben, die er liebte, wenn auch nur in Gestalt von etwas Asche in einer Urne. Er bevorzugte das nachtodliche Leben eines Jeremy Bentham, dessen Leichnam über Jahre hinweg erhalten blieb und bei wichtigen Sitzungen mit in den Raum gesetzt wurde. So etwas jedoch ist in den USA verboten, ebenso wie das Begraben geliebter Verstorbener im eigenen Garten. Ich kann mir jedoch vorstellen, er hätte es als passend empfunden, inmitten all seiner geliebten Tiere zu ruhen, die er im Laufe der Jahre dort begraben hatte.

Anton wollte nicht auf einem der örtlichen Friedhöfe begraben werden; die Versuchung für Fans oder Feinde, ihn dort auszugraben, mit seinem Leichnam eine Spritztour zu machen oder ihn wie Eva Peron jahrzehntelang zu verstecken, wäre zu groß gewesen. Karla traf die Vorkehrungen für seine Einäscherung, und bevor sein Körper von den Flammen verzehrt wurde, hielten wir eine kleine Zeremonie ab. Wir spielten seine Aufnahmen der *Hymne vom Satanischen Königreich* und das Begräbnismotiv aus der CD *The Satanic Mass*. Wir beschworen die Dunklen Götter und baten sie, ihren Bruder in seiner neuen Gestalt willkommen zu heißen und zu stärken; wir rezitierten ein Gedicht von Robert E. Howard mit dem Titel *The Men That Walk With Satan*. Wir warteten draußen inmitten der Grabsteine und sahen dem schwarzen Rauch nach, der gleich einem Gespenst in einen klaren, strahlenden Himmel trieb.

KAPITEL ZWEIUNDZWANZIG
Die Zeit danach

Um das Hinscheiden unseres Hohepriesters offiziell bekanntzugeben, berief Karla eine Pressekonferenz ein. Ich hatte bereits leidvolle Telefonanrufe mit verschiedenen Schlüsselpersonen geführt, damit sie die Nachricht nicht erst aus dem Fernsehen erfuhren. Die Besitzer des Wachsfigurenkabinetts am Fisherman's Warf, langjährige Freunde der Familie LaVey, stellten Antons gespenstisch detailgetreue Wachsnachbildung für die Vordere Ritualkammer des Black House zur Verfügung, und man sieht sie direkt hinter uns stehen, als wir mit Journalisten und vor laufenden Kameras sprachen. Wir kündigten an, Dr. LaVeys Vermächtnis fortzuführen, und ich versprach, die CoS als Co-Hohepriesterin in die Zukunft zu führen. Bei der Pressekonferenz fragte jemand, ob Anton tatsächlich, wie in seiner Sterbeurkunde vermerkt, an Halloween gestorben sei. Dr. Miller, der diensthabende Arzt, hatte die Urkunde erst ein paar Tage nach Antons Ableben ausgestellt und aus irgendeinem Grund Halloween als seinen Todestag angegeben. Karla und ich waren bereit, diesen Umstand als eine letzte Prise LaVey'schen Mysteriums hinzunehmen, doch Zeena, gewissenhaft wie sie nun mal war, ließ die Sterbeurkunde auf den tatsächlichen Todestag ihres Vaters am 29. Oktober korrigieren, damit keine misstrauischen Mythen sich um das Datum entspannen.

Zeena konnte es sich auch nicht verkneifen, stolz zu verkünden, sie habe ihren Vater verflucht und getötet. Sie verfasste eine mehrseitige Schmähschrift über LaVey, in der sie jedes Detail seines Lebens sowie die meisten in seiner Biografie enthaltenen Geschehnisse in Frage stellte. Dummerweise stützt Zeena sich mehr auf Schuld und Unsicherheit als auf Fakten. Ich war lange genug mit ihrem Vater zusammen, um alles, was ich in diesem Buch zur Sprache bringe, auf angemessene Weise prüfen und belegen zu können;

ich habe Personen interviewt, die mit LaVey zu bestimmten Zeiten seines Lebens zusammen waren und bereitwillig Zeugenaussagen aus erster Hand sowie Dokumente lieferten, die bestätigten, was ich schrieb. Um ihre Angriffe publik zu machen, hatte Zeena bis drei Monate nach LaVeys Tod gewartet, so dass Anton keine Chance hatte, diese Punkte selbst anzusprechen. Sowohl Diane als auch Zeena bezichtigten ihn der physischen und psychischen Misshandlung, gefolgt von einer noch absurderen Anklage wegen Tierquälerei. Ich weiß, dass diese Beschuldigungen falsch sind. Menschen, die zu Missbrauch neigen, können ihre Neigungen nicht einfach für dreizehn Jahre abstellen. Anton hat weder mir noch Xerxes noch irgendeinem Tier jemals wehgetan. Hätte er das getan, wäre ich nicht bei ihm geblieben. Ich musste mich in meiner weitverzweigten Familie mit Menschen auseinandersetzen, die wirklich zu Missbrauch neigen, und hätte schon bei dem Hauch einer Bedrohung reagiert, vermutlich sogar überreagiert. Anton war ein dominanter, beherrschender Mann mit unerschütterlichen Meinungen und Überzeugungen, denen er mit Begeisterung Ausdruck verlieh. Vielleicht empfanden Diane und Zeena seine Anschauungen als einengend oder sogar richtend, doch um daraus eine Anschuldigung wegen Missbrauchs zu machen, dafür hatten sie wohl ihre eigenen rechtlichen oder sozialen Beweggründe. Ich kann nur aus meiner persönlichen Erfahrung sprechen. Menschen, die zu Übergriffen neigen, gewöhnen es sich schnell an, diejenigen, die unter ihrer Obhut stehen, körperlich zu bedrohen; es ist ein Reflex, sie brauchen nicht darüber nachzudenken und können es nur selten kontrollieren. Natürlich stritten wir gelegentlich wie jedes andere Paar, doch nicht ein einziges Mal fühlte ich mich von ihm körperlich bedroht.

Kurz nach der Pressekonferenz übergaben Karla und ich LaVeys Testament an seinen Anwalt, damit er es bei den entsprechenden Behörden einreichen konnte. Irgendwie jedoch spürte ich, dass Karla mich abdrängte. Ich hatte ihre Position als Co-Hohepriesterin zunächst aus dem Stegreif erdacht, obwohl aus den Bestimmungen der Organisation klar hervorging, dass die Church nach dem Tod des Hohepriesters von der Hohepriesterin weiterzuführen sei, und obwohl sie mit unseren täglichen Verpflichtungen nie viel zu tun gehabt hatte, wollte ich sie nicht ausschließen, da sie sagte, sie wolle sich nun, nach dem Tod ihres Vaters, stärker engagieren. Als Karla zurück in unser Leben gekommen war, hatte LaVey unverblümt gesagt, er werde sich darauf verlassen, dass sie und ich die Sache am Laufen halten und sich nach seinem Tod um die Erhaltung seiner seltenen Sammlungen kümmern würden. Ich hoffte, Karla würde die Gelegenheit nutzen und mir dabei helfen, der Kirche Stabilität zu verleihen in einer Zeit, als unsere Mitglieder es am nötigsten hatten. Ich erläuterte ihr die Grundstrukturen und Arbeitsweise unserer Organisation und übertrug ihr ein paar kleinere Pflichten. Als sie jedoch mehrere Monate dazu brauchte, eine Handvoll Papierkram zu erledigen, den ich ihr ausgehändigt hatte, wurde mir klar, dass sie es nicht gewohnt war, der CoS in ihrem Leben Vorrang einzuräumen. Sie reichte beim Gerichtshof Akten ein, um Antons Testament anzufechten und bezichtigte mich, manipuliert und ihren siechen Vater mittels Drohungen dazu veranlasst zu haben, überhaupt ein Testament zu verfassen. Sie behauptete, er habe sich im Koma befunden, was zu keiner Zeit stimmte, und unter starken Medikamenten gestanden, als er seinen letzten Willen zu Papier brachte. Er hatte ihn an unserem Küchentisch geschrieben, nachdem er aus dem Krankenhaus entlassen worden war. Da Karla es jedoch vorgezogen hatte, in dieser Zeit (etwa von April 1993 bis Oktober 1995) nicht an unserem Leben teilzuhaben, konnte sie gar nicht so genau wissen, was ihr Vater zu jener Zeit alles durchmachte. Sie wusste Bescheid über die Absichten ihres Vaters, denn sie standen vor ihr auf einem Blatt Papier, in seiner eigenen Handschrift – dennoch ignorierte sie sie.

Indem sie das Testament anfocht, sorgte Karla für eine Situation, in der sowohl die Church of Satan als auch der Nachlass ihres Vaters von außen angreifbar wurden. Als bestellter Testamentsvollstrecker wäre ich LaVeys Wünschen einfach nachgekommen, hätte seinen Besitz und seinen Anspruch auf Tantiemen zu gleichen Teilen zwischen Karla und Xerxes aufgeteilt und Zeena einfach im Regen stehen lassen, wie es ihr, die ihren Vater betrogen und im Stich gelassen hatte, nicht anders gebührte. Stattdessen jedoch machte Karla mit Zeena und sogar mit Diane gemeinsame Sache gegen mich. Sie zerrten mich vor Gericht und stachelten auf diese Weise Querulanten an, sich im Internet zu Wort zu melden. Gerüchte über Unmut und geplante neue Konkurrenzorganisationen überschlugen sich in Bulletins und Foren geradezu. Ein paar pseudo-Satanische Wichtigtuer erschienen auf der Bildfläche, angeheizt vom Zerwürfnis zwischen Karla und mir. „Die Mädels", wie ich sie inzwischen nannte, behandelten mich nicht wie die ergebene Gehilfin ihres Vaters, sondern wie das Scharlachweib aus der Offenbarung, und Xerxes wie einen Wechselbalg, den sie am liebsten komplett ignoriert hätten.

Vom Nachlassgericht erfuhren wir nur wenig Gerechtigkeit. Die quälenden Anhörungen und Verhandlungen per Fax zogen sich über Monate hin. Am 22. Juli gab es erneut schlechte Nachrichten. Don Werbys Unternehmen Grosvenor, dem das Black House inzwischen gehörte, ließ mir einen Räumungsbefehl zustellen. Werby hatte ein paar Monate vor LaVeys Tod einen Schlaganfall erlitten und war in seiner Firma nicht mehr weisungsbefugt. Wir waren verpflichtet, das Anwesen bis Ende August zu räumen. Da aber keiner von uns je zum Nachlassverwalter von LaVeys Grundstück bestellt worden war, war es uns gesetzlich verboten, irgendetwas aus dem Haus zu schaffen. Die beste Taktik, so fand ich, bestand wohl darin, stillzuhalten und gar nichts zu unternehmen. Im Falle einer Räumungsklage wäre das Nachlassgericht gezwungen, eine Person mit der Konfiszierung, Sortierung und Aufbewahrung der zahllosen Sammlerstücke und Antiquitäten zu betrauen, die Dr. LaVey im Laufe der einundvierzig Jahre, die er als Hohepriester in seinem geliebten Black House verbrachte, zusammengetragen hatte. Noch immer hatte ich eine vage Hoffnung, das wertvolle viktorianische Gebäude retten zu können, und glaubte, unsere Chancen stünden besser, wenn wir uns einer Räumung widersetzten. Im Juni verschickte ich Briefe an unsere Mitglieder, in denen ich die drohende Räumungsklage bekanntgab und vorschlug, wir sollten versuchen, genügend Geld zusammenzubekommen, um das Gebäude kaufen zu können, damit es nicht abgerissen wurde. Das Haus war gut einhundert Jahre alt und dringend reparaturbedürftig. Falls Grosvenor uns loswurde, gab es für ihn keinen Grund, die große alte Lady nicht abzureißen und das erstklassige Grundstück stattdessen mit gewinnbringenden Eigentumswohnungen zu bebauen. Die Unterstützung, die uns zur Rettung des Black House zuteilwurde, reichte jedoch nicht aus für die hohe Summe, die Grosvenor auf das Grundstück ausgesetzt hatte. Das Geld, das ich für das Black House eingenommen hatte, wurde den Spendern wieder zurückerstattet.

Zu diesem Zeitpunkt, gegen Ende Juli, war ich fest entschlossen, mich um keinen Zentimeter zu bewegen, als unbeugsamer Gegenspieler des Nachlassgerichts aufzutreten und Grosvenor Paroli zu bieten, bis es zu einer Entscheidung kam und die Dinge auf geordnete Weise fortgeführt werden konnten. Ich hatte geglaubt, Karlas und Zeenas gesunder Menschenverstand sei groß genug, um dies als die beste Strategie zu erkennen. Doch ihre Gier war größer. Wir hatten über unsere Anwälte vereinbart, dass die Mädels und ich uns am Morgen des 22. August 1998 im Black House (wo Xerxes und ich noch immer lebten) treffen würden. Es war auf den Tag genau ein Jahr, nachdem Anton auf dem Operationstisch beinahe gestorben wäre und Karla und ich ihn (und auch uns gegenseitig) trösteten und beruhigten, bevor die Operation begann. Obwohl noch immer kein Nachlassverwalter bestimmt worden war, hatten wir vereinbart, ein paar wertvolle, wichtige Gegenstände aus dem Haus zu schaffen, für den Fall, dass Grosvenor uns am Ende des Monats auszusperren gedachte oder mit Umzugswagen anrückte, um das Grundstück zu räumen. Unsere Anwälte waren nicht anwesend, empfahlen uns aber, alles, was über die Türschwelle ging, sorgfältig zu katalogisieren und auf Video festzuhalten. Wir glaubten fälschlich, es könne sich höchstens um ein Dutzend unersetzbarer Gegenstände handeln.

Was jedoch am betreffenden Morgen stattfand, war eine obszöne Vergewaltigung des Black House. Karla und Zeena waren mit ein paar Dutzend Freunden und mindestens zwei großen Trucks angerollt. Wie Heuschrecken fielen sie über das Haus her, verpackten Bücher in Kartons, karrten Möbel und Waffen hinaus, nahmen Kleidungsstücke aus den Schränken und Bilder von den Wänden und plünderten sie auf der gepflasterten Fläche vor dem Haus. Während Zeena und ihr Mann dafür sorgten, dass ich mit dem Filmen von Videos beschäftigt blieb, und so taten, als würden sie Inventur in der Vorderen Ritualkammer machen, sausten Karla und ihr Klüngel die Treppe rauf und runter, um sich den Hausrat schnellstmöglich unter den Nagel zu reißen. Zusammen mit LaVeys Kollektionen verschwand auch ein Teil meines Schmuckes und meiner Garderobe, Xerxes» Babykleidung und seine Stofftiere (einschließlich eines kostbaren schwarzen Panthers, den sein Vater ihm als ganz besonderes Geschenk verehrt hatte). Nichts wurde katalogisiert oder schriftlich festgehalten.

Als ich mir endlich vergegenwärtigt hatte, was da vor sich ging, stand ich zwischen zwei Stühlen. Ich hätte die Cops anrufen und sie alle davonjagen lassen können; schließlich entwendeten sie LaVeys Eigentum aus meiner Wohnung. Zeenas und Karlas Anwälte hatten mir unmissverständlich zu verstehen gegeben, dass ich keinerlei Vollmacht besaß, irgendwelche Gegenstände aus dem Black House zu entfernen, bis ein Testamentsvollstrecker ernannt war. Da ich die einzige Person war, die in dem Haushalt lebte, hatten sie mich bereits auf rechtlichem Wege darüber in Kenntnis gesetzt, dass ich beschuldigt wurde, Gegenstände aus dem Haus entwendet zu haben, und drohten mir gerichtliche Schritte an. Und nun waren hier die Mädels und ihre Begleiter und schafften alles weg, was nicht niet- und nagelfest war. Irgendwann musste das Nachlassgericht zu einer Entscheidung kommen, dann würde der persönliche Besitz zwischen Karla, Zeena und Xerxes aufgeteilt werden. Warum also sollte ich Karla und Zeena daran hindern, sich den Besitz bereits jetzt zu holen, wenn sie ihn schon so dringend haben wollten? Warum sollten sie nicht eine Lagergebühr dafür bezahlen, bis das Nachlassgericht eine Entscheidung fällte? Ich fühlte mich verletzt und betrogen und schäumte vor Wut, aber ich musste vorausschauender denken und mein Möglichstes tun, um LaVeys Interessen zu dienen, wie ich es versprochen hatte.

Auch den vierjährigen Xerxes durfte ich nicht vergessen. Was er durchgemacht hatte, war traumatisch genug. Nun aber folgte er mir durch die Korridore und Geheimgänge des Black House und sah, wie seine ganze Welt auseinandergenommen wurde. Da drängten sich Leute vorbei, lachten, schnatterten und latschten über intime Gegenstände aus unserem Leben, als handle es sich um billiges Talmi bei einer Tauschbörse. Mir kam eine der Schlussszenen aus dem Film *Alexis Sorbas* in den Sinn, in dem die alten Dorfweiber neben dem Bett einer schillernden, wohlhabenden Frau auf dem Fußboden sitzen und wie Geier auf ihren Tod warten, um sämtlichen Schmuck, sämtliche Kleider und sämtlichen Staat aus dem Zimmer mitgehen lassen zu können.

Keiner von uns konnte es noch ertragen. Ich brachte Xerxes weg, damit er sich nicht ansehen musste, was da geschah. Als wir hinausgingen, hörten wir von unten aus der Garage das Klopfen eines Vorschlaghammers. Karlas Freund riss eine der Wände der Höhle des Lasters ein, damit sie die Flipperautomaten, die Rock-ola-Jukebox, die Hammondorgel und die künstlichen menschlichen Gefährten hinausschaffen konnten, die Anton mit so viel perversem Vergnügen hergestellt hatte. Als wir gegen Sonnenuntergang zurückkamen, blickten wir auf die Verwüstung. Bücher und zerbrochene Teile von Achtundsiebziger-Schallplatten lagen auf dem Gehsteig herum. Die Betten und Möbel hatten sie umgestoßen; unser Wohnbereich war ein einziges Schlachtfeld. Und noch immer waren sie da, die Heuschrecken, stopften die Besitztümer ihres Vaters in Kisten und kicherten. Meine Gegenwart ignorierten sie ostentativ. Xerxes und ich würden niemals wieder hier schlafen können. Ich sammelte rasch ein paar Kleidungsstücke, Spielsachen und private Gegenstände ein, danach verbrachten wir die Nacht in einem Hotel. Zwei Tage später holten wir noch unsere Katze und unsere Boa Constrictor nach und verließen San Francisco.

Da Karla und Zeena sich nunmehr untereinander um die Position der Testamentsvollstreckerin zankten, teilte das Gericht dem Anwesen LaVeys am 27. Oktober 1998 kurzerhand einen staatlichen Nachlassverwalter zu. Soweit ich es überblicken konnte, unternahm das Gericht nichts, um die Interessen des einzigen minderjährigen LaVey-Unterhaltsberechtigten zu wahren. Die Mädels hatten Antons persönliche Gegenstände verstaut und stellten nun meine Ansprüche auf die Church of Satan in Frage. Sie stellten klar, dass sie an den philosophischen Aspekten des Satanismus nur wenig interessiert seien; sie wollten nur die Einnahmen, und mich wollten sie kaltstellen. Sowohl meine finanziellen als auch emotionalen Ressourcen begannen sich zu erschöpfen. Karla hatte LaVeys Willen erfolgreich umgangen; ich konnte den Versuch nicht wagen, mich des einzigen Aspekts von Antons Vermächtnis, für den ich mich verantwortlich fühlte, auf rechtlichem Wege zu bemächtigen. So war ich gezwungen, eine Verzichterklärung für Xerxes» Ansprüche auf ein Drittel des väterlichen Eigentums zu unterzeichnen, um die CoS erhalten zu können. In einem Übereinkommen vom 5. Januar 1999 versprachen die Mädels, Xerxes einige Gegenstände zuzugestehen, „zur Erinnerung an seinen Vater". Unter Murren erklärten sie sich damit einverstanden, dass Xerxes den verhexten Rasputin-Stoßschlitten, das Nagelbrett, den Sandschak-Krug, eine große Baphomet-Skulptur sowie ein emailliertes Altarbild bekam, das jahrzehntelang den Hauptaltar geschmückt hatte. Bis auf den heutigen Tag hat Xerxes keinen dieser Gegenstände bekommen, und ich bezweifle, dass sich daran je etwas ändern wird.

Laut Bericht des staatlichen Nachlassverwalters brach am 29. Januar jemand in einen der Lagerräume mit LaVeys Kollektionen ein und ließ ihn leer zurück. Als ich Jahre später eine Inventarliste mit Antons Besitztümern erhielt, war darin nicht einmal ein Zehntel der wertvollen Gegenstände, die ihm gehörten, aufgeführt. Kurz nachdem sie das Black House geleert hatten, schickten Zeena und Karla eine lange Liste mit Gegenständen, von denen sie behaupteten, ich hätte sie gestohlen. Ich erklärte ihren Anwälten, sie hätten mehreren Dutzend Leuten über mehrere Tage hinweg unbeaufsichtigt Zugang zum Black House gewährt und eine Situation hergestellt, in der das Haus nicht mehr gesichert werden konnte und außerdem aufgrund ihrer übereilten Aktionen unbewohnbar geworden war, so dass ich nicht mehr in der Lage war, aufzupassen und die betreffenden Gegenstände zu sichern, während jedermann alles aus dem Haus entwenden konnte, wonach ihm gelüstete. Danach kamen diese Gegenstände kein weiteres Mal zur Sprache.

Doch damit war das rechtliche Hickhack noch nicht beendet. Es gab ja schließlich noch Diane, die ihr Augenmerk nun, nach LaVeys Tod, auf ein anderes Stück des Kuchens richtete. Seit Jahren behauptete sie, die *Satanische Bibel* geschrieben und erst Zeena, dann Karla dazu ermutigt zu haben, die Church of Satan zu übernehmen. Als Anerkennung für ihre Hilfe in der Frühzeit der Organisation sowie für ihre Tipp- und Organisationsarbeiten bei der Erstellung der *Satanischen Bibel* hatte LaVey ihr zehn Prozent der Tantiemen für das Buch gewährt, die aber nach seinem Tod nicht mehr bei ihr eingingen. Dennoch saß ich im Sommer 2000 in einem Gerichtssaal in San Francisco und hörte Diane, wie sie erklärte, weshalb ihr zehn Prozent der Tantiemen an allen Büchern und Schallplatten von Anton LaVey zustünden, von 1993 bis 2000, und dass diese Regelung auf Lebenszeit gelte. Sie schien jetzt vor allem wütend auf Karla zu sein, die sie im Glauben gelassen hatte, sie brauche keine Anträge einzureichen, sondern sie, Karla, würde sich um alle Gelder kümmern, die Diane zustanden. Dianes Klage wurde kurzerhand abgewiesen.

Dieser Gerichtstermin bot mir die erste Gelegenheit, Karla zu sehen, seit wir San Francisco verlassen hatten. Sie wirkte zitterig und verhärmt. Ihre Großmutter war in der Zwischenzeit gestorben. Als wir im Korridor vor dem Gerichtssaal (wo die meisten rechtlichen Übereinkünfte geschlossen werden) mit unseren Anwälten über

Dianes lächerliche Ansprüche verhandelten, zog sie mich zur Seite und sagte, es tue ihr leid, dass die Dinge sich so entwickelt hätten. Ich antwortete, es sei schade, dass sie sich auf die Seite der falschen Leute gestellt habe. „Ich weiß das inzwischen", sagte sie, als ich mich umdrehte, um zurück in den Verhandlungssaal zu gehen. Seit jenem Tag hat sie nie wieder versucht, mit mir ins Gespräch zu kommen.

Anton LaVeys Tod wirkte sich nicht auf seine Buchverkäufe aus. 1998 kam wie geplant *Jetzt spricht Satan!* in die Buchhandlungen, mit einem überwältigenden Cover von Coop und einem Vorwort des lustigen Troublemakers Marilyn Manson. Wir hatten Manson 1994 kennengelernt, als Xerxes ihn unterhielt, indem er sich an den Rand seines Laufstalls stellte, mit den Armen wedelte und Vortragsgeräusche von sich gab, als wäre er Hitler, der eine aufrüttelnde Rede vor seinen Anhängern hielt. Marilyn besaß einen verrucht aussehenden Ring mit einer Vogelkralle, der Xerxes faszinierte; er wurde irgendwann von kanadischen Grenzposten konfisziert. Anton fühlte sich Manson vom ersten Moment an verbunden. Seiner ausgeflippten Bühnen-Persona zum Trotz verhielt er sich bei uns sehr leise … eine wortgewandte romantische Seele. Er erklärte uns, seine Bühnenerlebnisse seien für ihn echte Rituale, bei denen er all die niederen und verruchten Leidenschaften exorzieren könne, die in ihm wogten. Anton schätzte bei Manson die Mischung aus Schausteller-Couleur und Tamtam auf der einen sowie skandalösem Sex auf der anderen Seite. Er erkannte, was Manson gerne verkörperte – eine schräge Mixtur aus Willy Winka und dem spinnenähnlichen Kinderdieb aus *Chitty Chitty Bang Bang*. Marilyn fragte Anton oftmals um Rat, wenn es um neue Ideen ging, die er für seine Musik oder seine Bühnenshows in Betracht zog – manchmal auch nur, um den Kontakt zu wahren. Als er erfuhr, dass LaVey noch kein Gemälde von John Wayne Gacy besaß (wie zu jener Zeit alle Avantgardisten), schenkte er Anton ein von Gacy gemaltes Bild von Elvis. Er signierte es auf der Rückseite und bemerkte, es erscheine ihm angemessener als die Gacy'schen Clowns und Zwerge – da war eine Ikone, die einer anderen Ikone das Bild von einer weiteren Ikone schenkte, gemalt von einem berüchtigten Massenmörder. Marilyn rief mich an, als ihn die Nachricht von Antons Tod erreichte, und war wirklich traurig darüber, einen Mann zu verlieren, der für ihn eine so mächtige Vaterfigur gewesen war. Seine Einleitung zu *Jetzt spricht Satan!* zeugte von seiner Bewunderung für LaVey, den er als den „rechtschaffensten Mann, den ich je kennengelernt habe" bezeichnete.

Ein anderes Buch, das nach LaVeys Tod auf den Markt kam – *Lords Of Chaos* – zitierte ausführlich Antons Aussagen über Satanischen Metal, vor allem in Bezug auf die Bluttaten, die von gewissen skandinavischen Rockern verübt wurden. In dem von Michael Moynihan und Didrik Sřderlind verfassten Buch fand LaVey Gelegenheit, sein lückenlosestes Statement zum Thema Rockmusik loszuwerden, aber auch auf seine eigene Musik, seine Gedanken zur Ritualmagie und die Zukunft des Satanismus einzugehen. Auf die Frage „Was sagen Sie über Black-Metal-Typen, die Sie gern bezichtigen, in Ihrer Satanischen Philosophie jeglichen echten Okkultismus zu untergraben?" antwortete LaVey: „Die Church of Satan erkennt die Wirksamkeit von praktischer Ritualmagie an, aber es gibt daneben noch etwas anderes. Diese vom Okkultismus besessenen Leute – ich nenne sie gern «Okkultniks» – können sich keinen Pragmatismus vorstellen, der mit der Magie Hand in Hand geht. Wir sind zu praxisbezogen für Leute, die nach «dem Schlüssel» suchen. Und genau da verpassen diese Leute den Anschluss. Ihnen fehlt das Rationale, die Erdung. Wir sind es, die über die Macht verfügen – Satan ist zum Herrscher der Erde geworden. Unsere Vorstellung von Satan bedarf keiner Anbetung, aber sie erfordert Skepsis und rationale Forschung. Bei unseren persönlichen Satanischen Praktiken sind dem Übernatürlichen, das man einbringen kann, keine Grenzen gesetzt … Manche können sich ihren Bühnenauftritt als Ritual denken – ein sehr mächtiges Ritual, zu welchem Zweck auch immer. Ich befürworte das. Ein emotional aufgeladenes Rockkonzert, präsentiert von passionierten Satanisten – so sieht heutzutage die Zusammenkunft, das Ritual, der Ruf zu den Waffen aus."

Gavin Baddeley fand für sein Buch *Lucifer Rising* erst relativ spät den passenden Verlag; im Jahre 1999 erschien es dann endlich. Mr. Baddeley hatte uns schon Jahre zuvor seine Idee unterbreitet, ein Buch über Satanischen Black Metal zu schreiben, dem damals sein Hauptinteresse als Autor galt. Als er jedoch tiefer in seine Recherchen einstieg, reichte der Inhalt des Buches weit darüber hinaus und entwickelte sich zu einer weitschweifigen Geschichte des zeitgenössischen Satanismus, gespickt mit wertvollen LaVey-Zitaten. „Satanisten", so schreibt Baddeley, „werden weiterhin mit spirituellem Nitroglyzerin herumspielen, indem sie selbst die Verantwortung für ihr Handeln übernehmen und darauf beharren, dass auch andere diesem Beispiel folgen. Indem wir uns seit Jahrhunderten bestehenden christlichen Tabus zuwenden und sowohl die alte Sündenbock-Tradition als auch die «Opferkultur» zurückweisen, wollen wir verhindern, dass die Idiotien von heute auch das nächste Jahrtausend zu einem Dunklen Zeitalter des Elends umgestalten. Wenn ein neues Satanisches Zeitalter kommt, wird es geboren aus den Konzepten von Neugier, Unabhängigkeit und Vergnügen. Aus Satanischer Perspektive besteht Grund zum Optimismus. Der Teufel hat den Siegeszug angetreten."

Ein umfassendes, aber unvollständiges Werk zum Thema ist das im Januar 2002 erschienene Buch *Satanism Today* von James R. Lewis. Es wurde geschrieben, um als fester Bestandteil jeder Bibliothek des Landes das Thema so lückenlos wie möglich zu behandeln und jede noch so kleine „Satanische Gruppe" im Internet zu berücksichtigen (auch wenn es in Wahrheit gar keine war), vor allem jedoch enthält es eine Fülle an Zitaten von und über LaVey. Der Autor würdigte LaVey als die maßgebliche Figur des modernen Satanismus, durchleuchtet zahlreiche Aspekte seiner Philosophie aufs Genaueste und stellt erfolgreich die Mythen über „Satanischen Missbrauch" an den Pranger, die Anfang der 1990er Jahre noch an der Tagesordnung waren. Im Jahre 2006 schrieb J. C. Hallman *The Devil Is A Gentleman*. In respektvollem Tonfall bat er um einige Interviews für sein Buch, die ihm auch gewährt wurden – Interviews nicht nur mit mir, sondern auch mit Xerxes, den er in dem Buch groß herausstellte. Ebenfalls 2006 veröffentlichte Gavin Baddeley *Goth Chic: A Connoisseur's Guide To Dark Culture* – ein wertvolles Handbuch zum Thema, das LaVeys weitreichenden Einfluss in diesem Bereich zur Kenntnis nimmt.

Überdies erschienen in den vergangenen Jahren einige hervorragende Bücher bei Kleinverlagen, unter denen besonders hervorzuheben sind: *The Fire From Within: Nemo On Satanism, Bearing The Devil's Mark* von Matt Paradise, sowie Corvis Nocturnums *Embracing The Darkness* – alles Zeugnisse echten Satanischen Gedankenguts. Weitere Bücher und Veröffentlichungen sorgen regelmäßig für Nachschub in den ohnehin schon ächzenden Satanischen Bücherregalen.

Ich tat mein Möglichstes, um meiner Aufgabe sowohl als Nachlassverwalterin von Antons Kirche wie auch als Mutter seines Sohns gerecht zu werden. Ende 1998 veröffentlichte ich eine mit Trauerrand versehene Ausgabe des *Cloven Hoof*, die eine Menge Gedanken über LaVeys Einfluss enthielt. Von *The Black Flame* und *Not Like Most* erschienen ähnliche Ausgaben mit gleichermaßen berührenden Essays. In meinem *Cloven-Hoof*-Artikel schrieb ich: „Es wäre leicht für uns, LaVey jetzt, da er gegangen ist, auf eine Art Satanischen Heiligen zu reduzieren und uns darauf zu konzentrieren, wie viel er uns geschenkt hat … einen schwarzen Nimbus über sein Haupt zu zeichnen und sein Bild wie das unseres hauseigenen Jesus Christus zu verwenden. Aber in ihm steckte viel mehr als das. Ihn auf diese Weise einzugrenzen und damit seine Philosophie zu schmälern, hieße, ihm einen Bärendienst zu erweisen, denn seine Feinde wollen ja, dass man ihn schmälert. (…) Für alle, die näher mit ihm bekannt wurden, erschuf er einen Strudel, ein magisches Reich, in dem alles Bedeutung und Tragweite hat. In seiner Gegenwart wurde die ganze Atmosphäre schwer und berauschend vor mystischer Wahrscheinlichkeit und Subtext. (…) Er hatte ein unglaubliches Gedächtnis, eine schnelle Auffassungsgabe, und war geistig sehr beweglich und vielschichtig – und er erschuf eine Religion, in der sich sein eigenes dramatisches, facettenreiches

Wesen widerspiegelte und das scheinbar Unvereinbare sich vereinigte. Das Schmutzige, Perverse an ihm war ebenso ein Gesamtkunstwerk wie seine Capes und Schemen – getragen von seinem Groll gegen selbstgerechte Menschen sowie der festen Überzeugung, man müsse sie beleidigen und ihnen ins Gesicht schlagen, noch bevor sie zu denken beginnen. Es war sein Sinn für schwarzen Humor und sein ironischer Widerwille gegen die «menschliche Befindlichkeit», den er im romantischen Antihelden – Satan – wiederentdeckte und in sämtlichen okkulten Systemen vermisste, mit denen er sich vor der Gründung der Church of Satan beschäftigt hatte."

Obwohl ich mich in meiner Rolle als Hohepriesterin wohlfühlte und von den Organisationsmitgliedern, die mir am meisten bedeuteten, willkommen geheißen und ermutigt wurde, geriet meine Produktivität ins Wanken. Mitgliedsanträge wurden langsamer bearbeitet, die Grotto Masters bekamen weniger Aufmerksamkeit, das Verfassen neuer Projekte stagnierte und kam schließlich ganz zum Stillstand. Ich kann nicht sagen, ob ich nun depressiv wurde, weil ich weniger arbeitete, oder ob ich weniger arbeitete, weil ich depressiv wurde. Ich weiß nur, dass Antons Tod mich bis ins Mark erschüttert hatte. Ich konnte mir seine Musik nicht anhören; ich konnte mir die Filme, die wir gemeinsam gesehen hatten, nicht ansehen, ohne verzweifelt und uferlos zu weinen. Ich neige wirklich nicht zum larmoyanten Selbstmitleid; deshalb bekümmerte mich mein Mangel an Produktivität umso mehr. Obwohl ich nie zu tief ins Glas schaute oder mich einer psychiatrischen Beratung unterzog, war jeder Tag für mich, als müsste ich ein Auto mit angezogener Handbremse bergauf schieben. Xerxes benötigte, als er älter wurde, mehr Hilfe bei seinem offiziellen Homeschooling, und ich gelangte zu dem unliebsamen Schluss, dass es mir nicht möglich war, den täglichen Ablauf der stetig wachsenden Church zu kontrollieren und außerdem noch mein Kind zu betreuen und zu unterrichten sowie meine persönlichen Pläne zu verfolgen.

Anders als in Satanischen Kreisen üblich gab es in der Church of Satan jedoch Leute, die danach strebten, die entstandene Lücke zu füllen. Es existierten eine Menge von LaVey bevollmächtigte Vertreter, Mitglieder und Sympathisanten, denen es ein Anliegen war, die Organisation auf ihren Webseiten, in Magazinen und mithilfe ihrer Produktivität in Schutz zu nehmen und zu erläutern. Auch wenn jeder von uns auf seine Weise bekümmert war, blieb die CoS dennoch stark – gestärkt von fähigen Mitarbeitern, die LaVeys Philosophie auch weiterhin in ihren Bann schlug. Namentlich zwei Vertreter, die mit Anton und mir seit Jahren eng verbunden waren, nahmen, als meine Kräfte schwanden, ein Mehr an Verantwortung auf sich. Peter Gilmore war schon von Kindheit an Satanist und der Church beigetreten, als er das Gefühl hatte, einen etwas größeren Beitrag leisten zu können. Über die Jahre hatte er sich Dr. LaVeys Anerkennung für sein Können in puncto musikalischer Komposition, Schriftstellerei, Kunst und der praktischen Anwendung von Höheren und Niederer Magie redlich erworben. Als die Zeit reif war, erstellten und pflegten Peter und ich die CoS-Website. Peters Frau Peggy Nadramia wurde unsere erste Online-Repräsentantin. Auch sie war schon in sehr jungen Jahren zur eingeschworenen Satanistin geworden, die, als ihre magischen Fähigkeiten wuchsen, ihre Mitschüler und Arbeitskollegen bezauberte und erleuchtete. Gilmore und Nadramia waren bereits die Herausgeber des gut geschriebenen Satanischen Magazins *The Black Flame* sowie des preisgekrönten Horror-Vierteljahreshefts *Grue*. Als das Internet so richtig ins Laufen kam, lancierten sie auf geschickte Weise Kampfansagen und allgemeine Befragungen, die sie stets nahtlos auf LaVeys Ansichten und Taktiken ausrichteten. Bis 1997 war das Satanische Paar praktisch zu unseren Medienrepräsentanten geworden. Nach Antons Hinscheiden wurden Peter und Peggy zu meinen entschlossensten Fürsprechern. Ihre Aktionen bezeugten nicht nur ihr lückenloses Verständnis von Antons Ideen, sondern auch ihre unerschütterliche Loyalität. Als mir schließlich klar wurde, dass ich die Church of Satan durch das Verteilen von Aufgaben und Autorität stärken musste, stand für mich außer Frage, wem es Führungspositionen zu übergeben galt. In der Walpurgisnacht

2001 ernannte ich Peter H. Gilmore zum neuen Hohepriester, die CoS-Zentrale wurde nach New York verlegt. In unserer Internet-Ankündigung schrieb ich: „Anton LaVey war ein Original. Niemand wird ihn je ersetzen können. Er wollte jedoch nie, dass die Philosophie, die er erdacht und für die er sich starkgemacht hatte, von seiner Persönlichkeit in den Schatten gestellt wurde. Er hätte nicht gewollt, dass aus falsch verstandenem Respekt vor seiner Person die Rolle des Hohepriesters auf unbestimmte Zeit unverfügbar geblieben wäre. Er wollte eine CoS, die immer stärker wird, sich weiterentwickelt; eine CoS, die für Exzentriker weiterhin ein Sammelbecken bleiben soll, und für skandalträchtige Genies eine Inspiration."

An Walpurgisnacht 2002, ein Jahr später also, vervollständigte ich den Kreis, indem ich Peggy Nadramia den Rang einer Hohepriesterin verlieh. Wie ich damals schrieb, kann „Hohepriesterin Nadramia törichte Menschen nicht ausstehen. Auf elegante Weise verbindet sich bei ihr ein großes Herz mit einer eisernen Faust, und beides hat sie jahrelang im persönlichen wie auch virtuellen Umgang mit Mitgliedern und Medien unter Beweis gestellt. Gemeinsam als Eheleute haben Hohepriester Gilmore und Hohepriesterin Nadramia eine leistungsfähige Quelle magischer Energie zwischen sich erschaffen, so dass sie nun in der Lage sind, ebenjene Balance, Kooperation und Lebenskraft der Church of Satan zuzuführen." Bei meinem Ja zu Satanischen Prinzipien und LaVeys Organisation geriet ich nie ins Wanken; heute jedoch, nachdem ich der Church of Satan über achtzehn Jahre hinweg meine Zeit, meine Reserven und meine Talente gewidmet habe, kann ich auch darauf vertrauen, einen positiven, bleibenden Einfluss hinterlassen zu haben. Gilmore und Nadramia sind medienerfahren, auf Satanische Weise verschmitzt und technisch unübertroffen. Ich habe die Anfänge dessen gesehen, was sie, jetzt wo sie die Ärmel hochkrempeln können, aufbauen, und wie sie, mit der Unterstützung treuer Anhänger auf der ganzen Welt, alte Ziele mit neuen Methoden anvisieren. Peggys Schreibtalent wurde bei der zweiten Neuauflage der *Satanischen Hexe* im Jahr 2003 deutlich, für die sie eine ausgezeichnete neue

Einführung verfasste. Peter schrieb eine aktualisierte Einleitung zur *Satanischen Bibel*, und 2007 schließlich wurden wir mit einer erlesenen Sammlung von High Priest Gilmores Gedankenspielen und Gemütsausbrüchen beschenkt, die unter dem Titel *Die Satanischen Schriften* auf den Markt kamen. In meiner Einführung schrieb ich über Gilmore: „Peter hat gleichzeitig den besten und schlimmsten Job der Welt. Auf der einen Seite … hat er jeden Tag Gelegenheit, der Philosophie, der er sich seit seinem dreizehnten Lebensjahr verbunden fühlt, wesentliche Dinge beizusteuern. Andererseits sind es die Fußstapfen unseres Religionsgründers, in die er treten muss." Gilmore und Nadramia haben sich bereits vielen Herausforderungen gestellt, mit denen die Kirche fertig werden musste, und sie haben es jedes Mal mit Gelassenheit und Selbstvertrauen gemeistert. Zur Feier des infernalen Datums 06.06.06 leitete Peter das größte öffentliche Satansritual, das je dokumentiert wurde. Zu diesem von Mitgliedern der CoS-Hierarchie organisierten Treffen brachten wir Teufelsanhänger aus aller Herren Länder zusammen, was ein umwerfendes Erlebnis für die Sinne war; man konnte das Aroma von Pech und Schwefel in der Luft förmlich riechen. Ich bin dankbar, so entschieden zu haben, wie ich es tat; Nadramias und Gilmores Führungsqualitäten erfüllen mich mit Inspiration. Sie haben die Church of Satan auf eine Weise zum Erblühen gebracht, wie ich es damals nicht konnte, und ich freue mich auf unsere Erfolge in den nächsten Jahren.

Siebzehn Jahre sind nun seit Antons Tod vergangen, und wenn man mich fragen würde „Wie hat die Church sich seitdem verändert?", müsste ich antworten: „Nicht allzu sehr." Anders als bei Sekten hängt die Lebensfähigkeit des Satanismus nicht von der charismatischen Präsenz ihres Gründers ab. Aufgrund bestimmter technischer Fortschritte (vor allem des Internets) findet zwischen den Mitgliedern mehr Austausch statt, sowohl virtuell als auch persönlich. Es entstehen Beziehungen auf der Grundlage gemeinsamer Interessen, die weit über Satanismus hinausgehen (wie etwa Fotografie, Kampfsport, Wirtschaft, Politik, Springreiten, Haute Cuisine und Cocktails …). Dank Internet, Chatrooms und sozialen Netzwerken haben wir auch eine Menge aussortiert, so wie LaVey es selbst Anfang der siebziger Jahre tat. Die Church of Satan ist dem ursprünglichen Magischen Zirkel heute viel näher als das über Jahre hinweg der Fall war; sie entspricht wieder mehr LaVeys Ideal von einer Gesellschaft der gegenseitigen Bewunderung, einem Versammlungsort für exzentrische Erforscher der dunkleren Pfade. Das Internet ermöglichte es auch vielen, die zu schüchtern gewesen wären, in einer Buchhandlung nach dem „gefürchteten schwarzen Buch" zu fragen, auf einigen Dutzend ausgewählter Webseiten alles zum Thema Satanismus und CoS zu lesen, wonach sie verlangen, und das in der Abgeschiedenheit und Behaglichkeit des eigenen Schlafzimmers. Viele von denen, die einst hervorragende Satanische Rundschreiben posteten, unterhalten heute hervorragende diabolische Webseiten. Der aufrichtige Sucher muss sich auch durch den Misthaufen an Desinformation einiger anderer Webseiten kämpfen – natürlich unter Befolgung Satanisch-magischer Prinzipien. Der Pfad zur Linken ist mitunter ohne Zweifel ein verwirrender, herausfordernder und einsamer Pfad. Wenn der Eingeweihte, nach gründlichen Recherchen und Denkprozessen, endlich den Schluss fasst, der echten Church of Satan beizutreten, deutet das darauf hin, dass er bereits einen ziemlich guten Bullshit-Detektor herausgebildet hat.

Das berühmte, alte, viktorianische Haus, einst ein Mekka für dämonisch Interessierte aus nah und fern, wurde im Oktober 2001 abgerissen. Obwohl für das Haus bis zu siebenhundertfünfzigtausend Dollar geboten wurden, war Grosvenor entschlossen, es abreißen zu lassen und durch ein gewinnbringenderes Grundstück zu ersetzen. Die Apartments, die dort entstanden, haben eine beängstigende Ausstrahlung; der Hohepriester erklärte, die Wurzeln des Hauses würden bis zur Hölle reichen. Ich bin mir sicher, dass viele Bewohner des Grundstücks recht seltsame Dinge erleben. Was uns selbst anbelangt, so hätte der Nachlassverwalter mit der Bearbeitung des LaVeyschen Eigentums eigentlich längst fertig sein müssen (der letzte Anhörungstermin war der 31. Oktober 2001), dennoch erhielt ich erst Ende März 2002 einen Barscheck für

Xerxes. Im Laufe der viereinhalb Jahre, die für die Aufarbeitung des Falls benötigt wurden, wuchsen LaVeys Tantiemen auf 270.735 Dollar an, die zwischen den drei Erben aufgeteilt werden sollten. Nachdem der Nachlassverwalter seine Gebühren abgezogen hatte, blieb für Xerxes nur ein magerer Scheck über 1.859,19 Dollar.

Xerxes ist inzwischen ein junger Mann, von dem ich weiß, dass sein Vater stolz auf ihn gewesen wäre. In den ersten Jahren nach dem Tod seines Vaters lautete jeder seiner Geburtstags- und Sternschnuppenwünsche „Ich wollte, mein Daddy wäre noch hier". Als er sich zu seinem siebten Geburtstag jedoch ein spezielles Lego-Set wünschte, merkte ich, dass in ihm ein Heilungsprozess stattfand. Heute ist Xerxes zwanzig Jahre alt und bekannt für seine aufgeschlossene, energiegeladene, arbeitsame und geistreiche Art. Er ist ein ergebener Freund und ein ausgezeichneter Student mit einer Neigung zu Anthropologie, Kunst und Finanzwesen. Als er noch jünger war, stellte er mir detaillierte Fragen über bestimmte Schusswaffen oder Autos, und ich wünschte mir, sein Vater wäre hier gewesen, um sie ihm zu beantworten – ich selbst musste immer erst nachschlagen. Xerxes weiß, wer sein Vater war, doch er erinnert sich an diese frühen Jahre nicht allzu gut, meist nur an flüchtige Bilder und Eindrücke … eine Stimme, ein Lachen, ein Bild, das sein Dad für ihn malte, ein Tag, an dem sie im Golden Gate Park die Enten fütterten. Sein Studium der Grundlagen des Satanismus integrierten wir in seinen vergleichenden Religionsunterricht, neben Christentum, Judentum, Islam, Buddhismus und anderen. Als er älter wurde, erprobte er vielerlei Philosophien und entschied sich zuletzt für eine entschieden atheistische Position. Er hat ein wissbegieriges, offenherziges Gemüt, neigt zu übertriebener Selbstkritik und fühlt sich oft genötigt, sich von seinem recht übermächtigen Erbe zu distanzieren. Vor Kurzem kam er zu dem Schluss, wirklich verstanden zu haben, was sein Vater plante, und dass es aufregend gewesen sein musste, im San Francisco der sechziger und siebziger Jahre an vorderster Front einer Gegenkulturbewegung zu kämpfen. Während seiner prägenden Jahre hatte Xerxes Gelegenheit, enge Bande mit männlichen

Satanisten, seinem Großvater und etlichen Lehrern zu knüpfen, die ihm viel bedeuteten und einen sehr positiven Einfluss auf ihn ausübten. Ich weiß, dass Anton dankbar wäre für die Fürsorge und Geduld, die sie seinem Sohn entgegenbrachten.

Als ich diese Biografie im Jahre 1990 zu Ende schrieb, zeichnete ich das Porträt eines Mannes, der dazu bestimmt war, ein einsames Leben zu führen, ohne Gefährtin. Eines Mannes, dem die drohende Einsamkeit nichts ausmachte und der wusste, dass seine Philosophie von kommenden Generationen lautstark begrüßt werden würde, entweder für alle sichtbar oder in ihren privaten unterirdischen Tempeln. Doch das Leben folgt oft unerwarteten und wunderbaren Pfaden. Gemeinsam erlebten Anton und ich Leidenschaften und Fallgruben, wie das nur bei wenigen Paaren der Fall ist. Es war keine Beziehung aus dem Lehrbuch. Natürlich nervten wir uns im Laufe von dreizehn Jahren von Zeit zu Zeit, doch solche Momente waren kurz und schnell wieder vergessen. Mit Anton zusammenzuleben hieß fernab der Welt zu leben. Wir sahen nicht fern; wir lasen nicht viele aktuelle Zeitschriften. Was es Neues gab, erfuhr ich aus den Zeitungsschlagzeilen auf dem Weg zum Postamt; mehr brauchte ich nicht. Stattdessen redeten wir oft stundenlang bis in die Nacht hinein; nun habe ich den Rest meines Lebens Zeit, über jene Gespräche nachzudenken. Ein paar Tage vor seinem Tod bat er mich, dafür zu sorgen, dass die Leute, die ihm schrieben, um ihr Gefühl von Freiheit und Bewunderung zum Ausdruck zu bringen, erfuhren, wie viel diese Worte ihm bedeuteten und wie es ihm Kraft gebe, zu wissen, dass er die richtigen Leute erreicht hatte. Ich versprach ihm, mich darum zu kümmern. Manchmal bezeichnete er mich als seine Wächterin zwischen den Welten. Ich werde diese Rolle auch weiterhin auskosten, indem ich mich still zwischen den Schatten und dem schimmernden Sternenlicht hin- und herbewege, gestärkt und weiser geworden durch unsere gemeinsame Zeit. Er führte mich in schäbige, finstere Seitengassen und in elegante Ballsäle in San Francisco, manchmal beides in einer einzigen Nacht. Allem, was ich von nun an erlebe, wird das anhaften, was ich von ihm lernte und was wir teilten. Ich sehe die Welt jetzt sowohl mit seinen als auch mit meinen Augen.

Ich werde heimgesucht, aber da sind keine Furien, die mich durch die Hallen des Schlafes jagen, ich bereue es nicht, manche Dinge nicht gesagt, nicht getan zu haben. Ich war immer anständig zu dem Mann, den ich liebte, und auch zu allen, die in seinem Leben eine Rolle spielten. Wir liebten einander innig und grenzenlos, und eine Woche vor seinem Tod sprachen wir auch übers Heiraten. Wir sagten oft die Worte „Ich liebe dich". Ich wünschte, er hätte seine Gemälde und die Geige seiner Kindheit noch ein letztes Mal sehen dürfen, denn danach hatte er sich immer gesehnt. Aber Reue zeigen müssen andere, nicht ich. Seine Töchter gingen oft unduldsam und herablassend mit ihm um – sie kümmerten sich nicht um das, was er gern mit ihnen geteilt hätte. Und als Zeenas und Karlas Anwälte ihre Beutezüge durchs Haus machten und buchstäblich keinen Stein auf dem anderen ließen, nur um die wertvollen Goldbarren und Juwelen zu entdecken, die sie hier versteckt glaubten, wusste ich, dass die eigentlichen Schätze schon längst in Sicherheit waren – seine Liebe, seine Zeit, sein Wissen. Was ich als Zwölfjährige in meinen Träumen ersehnte, genau das habe ich schließlich bekommen. Xerxes und ich, wir betrachten uns beide als Glückskinder.

Um dieses zusätzliche Material für die Neuauflage des Buches schreiben zu können, musste ich erst über meine Verlustgefühle und über meine Verbitterung hinwegkommen, damit ich keine Sentimentalitäten und weinerlichen Plattitüden zu Papier brachte. Anton LaVey verdient mehr als das. Ich musste mein Gleichgewicht und meine innere Perspektive wiederfinden, diesmal ohne den Mann, den ich so lange Zeit bewundert und an den ich mein Leben gehängt hatte. Ich bin so glücklich und optimistisch wie schon lange nicht mehr. Ich vergnüge mich beim Segeln, Fechten oder Musizieren und schreibe auch wieder. Nach zehn Jahren ohne Partner habe ich wieder einen wundervollen Mann gefunden, der mich herausfordert, inspiriert und verehrt. Und die faszinierendsten, genialsten und erfrischendsten Menschen lernte (und lerne ich noch immer) durch die Church of Satan kennen. Während der ersten Jahre kümmerten sich meine Freunde darum, dass ich in der Zeit um Halloween nicht allein war, und benutzten Xerxes» Geburtstag als Vorwand, um uns zu sich nach New York, nach Texas oder nach Los Angeles einzuladen. Ohne die engen Freundschaften, die ich mithilfe der Church of Satan geschlossen hatte, hätte ich die Machtkämpfe und den Aufruhr, die Antons Tod nach sich zog, wohl kaum überlebt. Ihre unermüdliche Fürsorge und Loyalität machten mich wirklich demütig. Ich will auch weiterhin eine Führungsrolle innerhalb der Organisation einnehmen, dem Council of Nine dienen und – wie schon in den vergangenen fünfunddreißig Jahren – lehren und forschen.

Wie jede wertvolle Philosophie erschließt sich uns auch der Satanismus ständig neu, während wir uns selbst verändern, wachsen und uns ihm immer wieder nähern. Aufgrund der Vielschichtigkeit des Pfades zur Linken bin ich auch nach all den Jahren als Satanistin noch immer fasziniert von den Umsetzungsmöglichkeiten, die ich erschaffe und entdecke, gebannt vom Sirenengesang meiner eigenen unerbittlichen Dämonen. Für uns ist das die einzige Führung im Leben – dieses dunkle Flüstern unserer verlorenen, selbstsüchtigen Seelen. Auch wenn die vergangenen siebzehn Jahre ohne Anton schwierig waren und der Schmerz über seinen Tod mir das Herz zerriss, würde ich nicht einen Augenblick der Zeit nach 1984 verändern. Was ich von ihm gelernt und mit ihm erlebt habe, war ein solch peinigendes Nachspiel wert. Ich bin heute mehr entschlossen denn je, die Geheimnisse, die er mir anvertraute, den Wahnsinn und die Leidenschaft, die uns antrieb, nicht verlorengehen zu lassen. Er hat mir viele Geheimnisse sowohl pragmatischer als auch mysteriöser Art enthüllt. Ich will diese Techniken und all das okkulte Wissen einer Veredelung seines bleibenden Vermächtnisses zuführen.

Anton LaVey bereute nichts. Seine Satanische Überzeugung festigte sich nur noch; so etwas wie Reue auf dem Totenbett gab es für seine der Hölle zugewandte Seele nicht. Er lebte sein Leben exakt nach seinen Vorstellungen, und zwar bis zum letzten Tag. Er war nie an den Rollstuhl gefesselt noch auf andere angewiesen, die ihn füttern, baden oder anziehen mussten. Er hat immer geschrieben, was ihn bewegte, auch wenn er es nicht mehr bis zu seinen Memoiren oder seinem Buch mit komischen Satanischen Parabeln schaffte. Er spielte die Musik, die er spielen wollte. Er erntete weltweit Anerkennung von den Menschen, deren Meinungen zählten. Auch wenn sein Name nicht jedermann bekannt war, übte er auf die Untergrund-Bewegten und Erneuerer doch einen riesigen Einfluss aus, und genau das war es, was er wollte. Er hatte die Attacken im Zuge der „Satanic Panic" ebenso überstanden wie persönliche Vertrauensbrüche, die einen weniger widerstandsfähigen Mann sicher zugrunde gerichtet hätten. Sei einziger Wunsch war es gewesen, noch ein wenig in der Nähe seines Sohns bleiben zu dürfen, ihn zu unterrichten und ihn reifen zu sehen. Manchmal wäre er gern sein Sohn gewesen. Er saß neben Xerxes, während er schlief, und übertrug sein Bewusstsein auf dessen schlafende Gestalt. Manchmal wenn Xerxes Interesse für etwas Bestimmtes zeigte oder eine spezielle Redewendung benutzte, war ich überzeugt, dass der Hohepriester erreicht hatte, was er wollte.

Am Schluss des Essays *Als ich starb* schreibt LaVey, nach seinem Tode wolle er die Zukunft sehen, Freunde von damals besuchen, seine Gegner peinigen und an verschiedenen Orten herumspuken. Vielleicht gibt es ja ein Walhalla, wo seine Musik und seine Geschichten noch immer widerhallen und sich mit den süßen Geräuschen der Qual vereinen. Was nun aus ihm wird, das wird Teil von uns allen sein – eine exotische Mischung aus mystischen, halb verstandenen Sprachen und halb erinnerten Blutmythen. Nicht was er war, sondern die Gesamtheit dessen, was er in unseren Träumen war, vermischt mit dem, was er in unseren Gedanken und Wünschen war: das Reinste aller Traumgebilde. Er transmutierte zu reinstem Gold durch die Denkinhalte, die er erschuf, und tut es noch immer. Anton LaVey wird für alle Zeit leben und mitten unter uns auf der Erde wandeln. Ein Satyr, ein Kojote, ein Dracula, das rhythmische

Säuseln des Windes, das Hämmern des Blutes, ein Kitzeln im Kopf, das Rascheln eines schwarzen Samtgewandes, emporwirbelnder Weihrauch in einer kalten, schwarzen Ritualkammer.

Blanche Barton
Magistra Templi Rex
11. April XLIX A.S.

VI

TEXTE VON ANTON LAVEY

DIE NEUN SATANISCHEN GRUNDSÄTZE

aus: Die Satanische Bibel,

© 1969 by Anton Szandor LaVey

1. Satan repräsentiert Hingabe anstatt Enthaltsamkeit!

2. Satan repräsentiert vitale Existenz anstatt spiritueller Hirngespinste!

3. Satan repräsentiert reine Weisheit anstatt heuchlerischer Selbsttäuschung!

4. Satan repräsentiert Güte gegenüber denen, die sie verdienen, anstatt an Undankbare verschwendete Liebe!

5. Satan repräsentiert Vergeltung anstatt Hinhalten der anderen Wange!

6. Satan repräsentiert die Verantwortung derer, die verantwortlich sind, anstatt Rücksicht auf psychische Vampire!

7. Satan repräsentiert den Menschen als eins von vielen Tieren manchmal besser, meist jedoch schlechter als diejenigen, die auf allen Vieren gehen; ein Tier, das aufgrund seiner „göttlichen spirituellen und intellektuellen Entwicklung" zum bösartigsten aller Tiere geworden ist!

8. Satan repräsentiert alle sogenannten Sünden, da sie allesamt zu physischer, geistiger oder emotionaler Befriedigung führen!

9. Satan ist der beste Freund, den die Kirche jemals hatte, da er sie all die Jahre über beschäftigt gehalten hat!

DIE ELF SATANISCHEN REGELN DER ERDE

1. Gib keine Stellungnahmen oder Ratschläge ab, wenn dich niemand gefragt hat.

2. Erzähle deine Sorgen nicht anderen Leuten, es sei denn, du bist sicher, dass sie sie hören wollen.

3. In der Behausung eines anderen erweise ihm Respekt, ansonsten halte dich von ihr fern.

4. Wenn ein Gast dich in deiner Behausung belästigt, behandle ihn grausam und ohne Gnade.

5. Unternehme keinen sexuellen Vorstoß, solange du keine Paarungssignale empfangen hast.

6. Nimm nichts an dich, das dir nicht gehört, außer es ist eine Bürde für den anderen, und er bettelt förmlich darum, entlastet zu werden.

7. Erkenne die Macht der Magie an, wenn du sie erfolgreich eingesetzt hast, um deine Wünsche zu verwirklichen. Wenn du die Macht der Magie leugnest, nachdem du sie erfolgreich angewendet hast, wirst du alles verlieren, was du erreicht hast.

8. Beschwere dich nicht über Dinge, denen du nicht selbst ausgesetzt bist.

9. Füge Kindern keinen Schaden zu.

10. Töte keine nichtmenschlichen Tiere, außer du wirst angegriffen oder benötigst sie als Nahrung.

11. Wenn du dich auf öffentlichem Territorium aufhältst, belästige niemanden. Wenn jemand dich belästigt, bitte ihn, damit aufzuhören. Wenn er nicht aufhört, vernichte ihn.

DIE NEUN SATANISCHEN SÜNDEN

© 1987 by Anton LaVey

1. Dummheit — Steht ganz oben auf der Liste der Satanischen Sünden. Die Kardinalsünde des Satanismus. Unwissenheit ist eine andere Sache, doch unsere Gesellschaft gedeiht in wachsendem Ausmaß auf Dummheit. Sie baut darauf, dass die Leute auch weiterhin alles machen, was man ihnen erzählt. Die Medien kultivieren Dummheit als eine Haltung, die nicht nur hinnehmbar, sondern sogar erwünscht ist. Satanisten müssen lernen, diese Tricks zu durchschauen; sie können es sich nicht leisten, dumm zu sein.

2. Anmaßung — Inhaltsloses Gehabe kann ausgesprochen ärgerlich sein und hat mit einer Anwendung der Hauptregeln der Niederen Magie nichts zu tun. Mit Dummheit auf einer Ebene, wenn es um Dinge geht, die den Umlauf des Geldes aufrechterhalten. Jeder darf sich wie eine große Nummer vorkommen, egal ob er die notwendigen Voraussetzungen hat oder nicht.

3. Solipsismus — Kann für Satanisten sehr gefährlich sein. Man projiziert seine Reaktionen, seine Reflexe und sein Feingefühl auf Leute, die völlig anders funktionieren. Es ist ein Fehler, zu erwarten, dass andere einem das gleiche Maß an Rücksicht, Höflichkeit und Respekt entgegenbringen, das man ihnen gegenüber wie selbstverständlich aufbringt. Satanisten müssen sich bemühen, das Sprichwort „Wie du mir, so ich dir" in die Praxis umzusetzen. Für die meisten von uns ist das anstrengend und erfordert ständige Wachsamkeit, um nicht in die bequeme Illusion zu verfallen, jeder wäre wie man selbst. Wie schon gesagt, manche Utopien wären in einer Nation aus lauter Philosophen erste Wahl, unglücklicherweise jedoch (oder glücklicherweise, vom machiavellischen Standpunkt aus betrachtet) sind wir davon weit entfernt.

4. Selbstbetrug — Er wird bereits in den „Neun Satanischen Aussagen" erwähnt; es lohnt sich jedoch, ihn hier noch einmal aufzuführen. Eine weitere Hauptsünde. Wir dürfen nicht den heiligen Kühen huldigen, die uns vorgesetzt werden, ebenso wenig den Rollen, von denen erwartet wird, dass wir sie verkörpern. Dem Selbstbetrug sollte man sich nur hingeben, wenn es mit Spaß verbunden ist – das Ganze natürlich mit Scharfblick. Aber dann ist es wiederum kein Selbstbetrug mehr.

5. Zugehörigkeit zur Herde — Aus Satanischer Sicht völlig offensichtlich. Es ist durchaus in Ordnung, den Wünschen einer Person nachzukommen, wenn man letztendlich davon profitiert. Aber nur Narren folgen der Herde und lassen sich von einem unpersönlichen Wesen lenken. Die Lösung besteht darin, sich mit viel Gespür einen Meister zu suchen, anstatt sich von den Launen der Massen versklaven zu lassen.

6. Mangel an Perspektive — Auch dieser Punkt kann bei einem Satanisten eine Menge Leid hervorrufen. Du darfst niemals den Blick dafür verlieren, wer und was du bist, und was für eine Bedrohung du durch deine bloße Existenz sein kannst. Wir schreiben Geschichte, jetzt und hier und jeden Tag. Das ist ein wichtiger Schlüssel sowohl zur Niederen als auch zur Höheren Magie. Betrachte die Muster und füge die Dinge zusammen, wenn du willst, dass jedes Teilchen an seinen Platz fällt. Lass dich von den Begrenzungen der Herde nicht verunsichern – denk daran, dass du auf einer völlig anderen Ebene arbeitest als der Rest der Welt.

7. Vergesslichkeit gegenüber früheren Grundsätzen — Denk daran: Das ist einer der Schlüssel, um die Leute mittels Gehirnwäsche dazu zu bringen, etwas „Neues" und „Anderes" zu akzeptieren, das in Wirklichkeit einst allgemein akzeptiert wurde, jetzt aber in neuer Verpackung präsentiert wird. Man erwartet von uns, die Genialität des Erfinders zu preisen und das Original zu vergessen. So werden wir zu einer Wegwerfgesellschaft.

8. Kontraproduktiver Stolz — Wichtig ist dabei das erste Wort. Stolz ist eine feine Sache – bis zu dem Punkt, wo man das Kind mit dem Bade ausschüttet. Die Satanische Regel lautet: Wenn es dir nicht mehr nützlich ist, wenn du dich selbst in die Ecke gepinselt hast und der einzige Ausweg besteht darin, zu sagen, „Es tut mir leid, ich habe einen Fehler gemacht, lass uns einen Kompromiss schließen" – dann tu es.

9. Mangel an Ästhetik — Das ist die physische Anwendung des Balancefaktors. Ästhetik ist wichtig in der Niedereren Magie und sollte kultiviert werden. Es liegt auf der Hand, dass so gut wie niemand die klassischen Standards von Schönheit und Form zu Geld machen kann, darum werden sie in der Konsumgesellschaft nicht gefördert, doch ein Auge für Schönheit, für Ausgewogenheit, gehört zu den grundlegenden Satanischen Werkzeugen und muss zum Erreichen optimaler magischer Resultate angewandt werden. Das heißt nicht, dass etwas so gefällig wie möglich wirken muss – es muss das sein, was es ist. Ästhetik ist eine persönliche Sache und spiegelt die eigene Natur wider, doch es gibt universelle Merkmale für Schönheit und Harmonie, die man nicht leugnen sollte.

WANDEL IM ZEICHEN DES PENTAGRAMMS
EIN FÜNF-PUNKTE-PROGRAMM
© 1988 by Anton Szandor LaVey

In den letzten Jahren haben wir viel zu viel Zeit damit verschwendet, immer wieder zu erklären, dass Satanismus nichts zu tun hat mit Kidnapping, Drogenmissbrauch, sexueller Belästigung von Kindern, Tier- oder Kinderopfern und allen möglichen anderen Taten, die uns von Idioten, Hysterikern oder Opportunisten stets aufs Neue unterstellt wurden. Satanismus ist eine lebensbejahende, sinnvolle Philosophie, nach der Millionen von Menschen leben. Nun sind wir bereit, ein paar Schritte über die bloße Erklärung unserer Grundsätze hinauszugehen. Jede Revisionsbewegung benötigt eine Reihe von Zielen – Richtlinien, die klar und konkret sind und zu bedeutenden Veränderungen führen.

Im folgenden Fünf-Punkte-Programm wird eine Reihe von Grundeinstellungen aufgezeigt, mit deren Hilfe andere entscheiden können, ob sie sich dem Satanismus anschließen wollen oder nicht. Jede von ihnen ist notwendig, damit ein Satanischer Wandel stattfinden kann. Wenn wir gefragt werden, was wir anstreben – hier sind die Antworten:

1.) *Schichtenbildung* – Der Punkt, auf dem alle anderen Punkte letztlich gründen. Es darf keinen Mythos von der Gleichheit aller geben – so etwas führt nur zu Mittelmäßigkeit und unterstützt die Schwachen auf Kosten der Starken. Man muss dem Wasser gestatten, sich seinen eigenen Pegel zu suchen, ohne von den Fürsprechern der Inkompetenz gestört zu werden. Keiner sollte vor den Auswirkungen seiner eigenen Dummheit bewahrt werden.

2.) *Strikte Besteuerung aller Kirchen* – Wenn Kirchen ihr ganzes Einkommen und Vermögen besteuern müssten, würden sie über Nacht unter ihrer eigenen Verbrauchtheit zusammenbröckeln, und ebenso schnell wären die Staatsschulden getilgt. Die Produktiven, Kreativen und Findigen sollten subventioniert werden. So lange die Nutzlosen und Inkompetenten bezahlt werden, sollen sie wenigstens saftige Steuern bezahlen.

3.) *Kein Verständnis für die Verweltlichung von religiösem Glauben und seine Einbindung in rechtliche Belange* – Die Wiedereinführung des Lex Talionis würde einen völligen Umsturz des gegenwärtigen, auf monotheistische Ideale gestützten Un-Rechtssystems erfordern, in dem das Opfer/der Selbst-Verteidiger kriminalisiert werden. Für jeden, der wegen seines vermeintlichen „Einflusses" auf den tatsächlichen Straftäter im Gefängnis sitzt, sollte eine Amnestie erwogen werden. Jeder ist in seinen Taten von irgendwo beeinflusst. Das Erschaffen von Sündenböcken ist zu einer Lebensart geworden, zum Mittel für die Unfähigen, um zu überleben. Als Erweiterung des monotheistischen Ausweichmanövers, dem Teufel für alles die Schuld zu geben, können Kriminelle mit Nachsicht, ja Anerkennung rechnen, wenn sie die Schuld auf einen passenden Schurken abschieben. Gemäß dem Satanischen Grundsatz „Verantwortung tragen die, die verantwortlich sind" muss in einer Satanischen Gesellschaft jeder die Folgen seines eigenen Handelns zu spüren kriegen, egal ob gut oder schlecht.

4.) *Entwicklung und Herstellung von künstlichen menschlichen Gefährten* – Die verbotene Industrie. Ein wirtschaftliches „Geschenk des Himmels", das jedem Menschen Macht über einen anderen einräumt. Eine verfeinerte, fortschrittliche und technisch machbare Form von Sklaverei. Und der einträglichste Wirtschaftszweig seit Fernsehen und Computer.

5.) *Die Möglichkeit für jeden, in einer geschlossenen Lebenswelt eigener Wahl zu leben, mit der Verpflichtung, sich an die ästhetischen Maßstäbe und Verhaltensnormen dieser Welt zu halten* – Welten, die privat betrieben und verwaltet werden, als Alternative zu solchen, die gleichförmig und mehrsprachig sind. Die Freiheit, sich in einem gesellschaftlichen Milieu persönlichen Wohlempfindens abzusondern. Die Möglichkeit, das zu fühlen, zu sehen und zu hören, was in ästhetischer Hinsicht am angenehmsten ist, ohne von jenen beeinträchtigt zu werden, die dieses Wahlrecht besudeln oder streitig machen wollen.

Soweit eine Zusammenfassung der aktuellen Richtung Satanischen Denkens. Wenn dich also jemand fragt „Was machen Satanisten eigentlich?“, bist du nun gerüstet, ihm zu antworten.

DIE CHURCH OF SATAN, EIN KOSMISCHER VIBRATOR
© 1992 by Anton Szandor LaVey

Im Jahre 1966 wurde die Church of Satan geboren, eine Hexe namens Sybil machte Amerika nass[19], und über dem Land verdichtete sich eine Art von Zellmembran, die „die okkulte Bewegung" heißen würde. Die einen wandten sich an einen gelehrten Rosenkreuzer, der sich auf der Rückseite einer Illustrierten über die Geheimnisse des menschlichen Schicksals ausließ; die anderen besuchten Zusammenkünfte zum Thema fliegende Untertassen, hielten Händchen bei „hermetischen Zirkeln" von Spiritisten oder lasen täglich ihr Horoskop. Dennis Wheatley, einem Schreiberling von der Insel, gelang es, dass mondgesichtige Engländerinnen sich davor gruselten, in der eigenen Wohnung zu schlafen. Ein Abtrünniger namens Seabrook schrieb über seltsame Dinge, die sich zwischen Werwölfen und weiblichen Vampiren abspielen (sein *Asylum* war übrigens das Original vom *Kuckucksnest*), und zwei Typen namens Symonds und Mannix zeichneten, unabhängig voneinander, die Heldentaten des „verruchtesten Mannes der Welt" und des Hell Fire Clubs auf. *Das Sechste und Siebente Buch Moses* und der *Albertus Magnus* erschienen als handliche Ausgaben für die Hosentasche, noch bevor man so etwas Taschenbücher nannte. Ein alter Mann namens Roy Heist machte auf sich aufmerksam, indem er „Mumienstaub" an Medizinmänner verkaufte. Doch, es gab schon eine okkulte Bewegung vor dem Jahre eins – aber eine Bewegung wie die eines schlummernden Saufbruders, der in einem Türeingang liegend die Position wechselt.

Es bedarf keiner detaillierten Chronik, um die Ereignisse des vergangenen Jahrzehnts[20] zu illustrieren. Im zunehmend liberalen

---

[19] Im Original unübersetzbares Wortspiel: „a witch named Sybil leaked on America", was eine Anspielung auf den Namen dieser Hexe – Sybil Leek – ist. „To leak" bedeutet wörtlich „lecken, tropfen, eine undichte Stelle haben". (Anm. d. Übers.)

[20] Gemeint ist das Jahrzehnt vor Gründung der Church of Satan. (Anm. d. Übers.)

gesellschaftlichen Klima der sechziger Jahre wurden eine Menge einstiger Tabus gelockert. Die Welt des Dunklen zeigte ihr Gesicht in feinen Kreisen, wo Beatnik-Poeten und Bongotrommler sich hervorgetan hatten, und wo Hexen und Tarotdeuter Hof hielten. Aus der Sicht der meisten Theologen war für alles – vom Prophetentum bis hin zur Meditation – nur eine einzige Wesenheit verantwortlich. Egal wie harmlos manch esoterische Handlung auch war und wie wortgewandt das Dementi derer, die sie ausübten – schuld an allem war der Teufel. Wenn es um das Okkulte ging, machte „Satan" mehr Schlagzeilen als jeder andere Plagegeist. TV-Bearbeitungen von klassischen Schauer- und Geistergeschichten wurden als „Satanisch" angepriesen. Trotz empörter Versuche, Hexenkunst und Satanismus voneinander zu differenzieren, warf die Öffentlichkeit beides weiter in einen Topf, wobei sie – bereitwillig und eifrig – ihre Zweifel erst einmal beiseiteschob. Obwohl die Curanderas[21] etwas von „gottgegebenen Kräften" raunten, werden sie von den Fundamentalisten noch immer als Teil der okkulten Bewegung und als Günstlinge Satans denunziert.

Der Mangel an Fantasie und Durchhaltevermögen der okkulten Bewegung schimmert unter der Politur der Stümper hervor, aus denen sie sich zusammensetzt. Ist der Lack erst einmal ab, bietet der Okkultist ein ähnlich lächerliches Bild wie der mit seiner Bibel herumfuchtelnde Prediger. Die Church of Satan hätte leicht zu einem psychischen Ellis Island für Flüchtlinge und Emigranten der okkulten Bewegung werden können. Für Vertriebene, die ihren Coven verloren haben, für Neunzig-Tage-Weise, die es satt haben, über die Henochischen Schlüssel und Crowleys Lehren nachzugrübeln, für Schwuchteln im Messgewand, die es in der katholischen Kirche zu nichts bringen konnten, für jämmerliche Wiccaner, die bemerkt haben, dass der Busen der Göttin versiegt ist, für Ägyptologen, die sich besser als Shriners[22] in Laurel und

[21] Mexikanische Schamanen bzw. Heiler. (Anm. d. Übers.)
[22] Verbindung ähnlich den Freimaurern (masons), werden in besagtem Laurel-Hardy-Film persifliert und auf die Schippe genommen. (Anm. d. Übers.)

Hardys *Wüstensöhne* machen würden, für Pyramidenhocker, die nichts weiter bekamen als Klaustrophobie, für Atlantis-Freaks, die zur Seekrankheit neigen, für UFO-Forscher, die das Gesetz der Schwerkraft neu definiert haben, selbst aber keinen einzigen Klimmzug schaffen, für einfältige Hexenmeister, sexuell ausgehungerte Hexen, mittellose Wünschelrutengänger, kurzPSIchtige PSI-Medien – für all die wachsenden Überreste eines Phänomens, das aufgrund seiner Popularität den Zauber, den es vorgaukelte, verlieren MUSSTE.

Satan heißt übersetzt „Widersacher" (für den Fall, dass jemand den Inhalt der *Satanischen Bibel* vergessen hat). Satanismus ist im Wesentlichen das, was aus der Balance wirft und das Pendel nach der anderen Seite ausschlagen lässt. Daher sind im Satanismus die Tatsachen oft so viel härter als das schauerlichste Melodram oder die spekulativste Science-Horror-Story. Diese reale Härte spiegelt sich in der Bestürzung mancher Neuankömmlinge wider, die vorher in der verfallenden okkulten Szene verstrickt waren. Das Interesse an der Church of Satan war nie größer als jetzt, aber ich mache mir nichts vor, indem ich mir einrede, die Menschen seien nun aufgeklärter als je zuvor – sie sind lediglich desillusionierter und/oder gelangweilter. Trotzdem ist mir klar, dass wir – nachdem die okkulte Bewegung sich als glaubwürdiger Identitätsfaktor nicht bewähren konnte – mit einem Zustrom noch zu rettenden menschlichen Potentials aus oben erwähnten Kategorien ebenso gesegnet sind wie mit anderen, die nicht beitraten, weil sie erst warten wollten, bis die Wogen sich geglättet hatten. Somit hat sich das Elitestreben, das mir zu Beginn vorschwebte, gleich in vierfacher Hinsicht realisiert.

In den zehn Jahren ihres Bestehens hat die Church of Satan eine philosophische Gegenkultur angefacht, die – in unkontrolliertem Zustand – leicht das Kind mit dem Bade hätte ausschütten können. Sie beschwor fantasievolle Freizügigkeit und vernünftigen Eigennutz, und sie nötigte der sterbenden Theologie nicht nur ein haarsträubendes Torschlussverhalten ab

(Hexenmobile, päpstliche Verkündigungen usw.), sondern auch knieschlotternde Neuinterpretationen (plötzlich wollte man mit den „gesellschaftlichen Veränderungen" mithalten). Sie trieb auch scharenweise Blödmänner auf den Plan, bis deren neuentdeckte Gottheiten undichte Stellen bekamen oder einfach hopsgingen. Der Anzeigenteil des *Fate*-Magazins ist eine ebenso sprudelnde Quelle an begabten Medien, Instituten für kosmisches Bewusstsein und anderen Bewusstseins-Dealern, wie sie in den Kontaktanzeigen von Swinger-Magazinen oder Underground-Blättern zu finden sind. Nehmen wir die parasitären Randgruppen dazu: die Ex-Typen, die Anerkennung als *Ex*-Hexen, *Ex*-Satanisten und *Ex*-orzierte suchen, und alle sonstigen „Ich-würde-ja-gern-aber-ich-kann's-nicht-lassen"-Typen. Ja, die okkulte Bewegung hat jede Menge Leute hervorgebracht, die sich etwas vormachen.

Warum hatte der Satanismus Erfolg? Weil wir von unseren frühesten Schriften an bis hin zur *Satanischen Bibel* nie großartige Versprechungen von unfehlbarer Erleuchtung gemacht und stets betont haben, dass jeder zu seinem eigenen Erlöser werden muss. Dass das Ausmaß der eigenen Überlegenheit (falls vorhanden) vom eigenen menschlichen Potential gesteuert wird. Jener „Satan" ist ein Vorstellungskonzept, das jede(r) gemäß seinen oder ihren eigenen Bedürfnissen akzeptieren kann. So war es am Anfang, und so ist es auch heute. Wir lehnen alles ab, was zur Zeiterscheinung wird, während wir uns für das Unzeitgemäße stark machen. Wenn es zum Syndrom der „Nachäfferei" kommt, auch auf dem Pfad zur Linken, machen wir das nicht mit. Wir haben das Beste vom Schlechtesten genutzt, und wir haben das Schlechteste im Besten erkannt und durch beides dazugewonnen. Wir haben uns der Kategorisierung widersetzt und Schubladendenker vor den Kopf gestoßen, weil wir wissen, dass die einzige Schublade, in die wir gehören – nämlich Satan – in sich selbst widersprüchlich ist.

Beim Rückblick auf mehr als ein Jahrzehnt fällt es leicht, die einzelnen Phasen unserer Entwicklung voneinander zu trennen. Nicht nur als eine Lektion in Verhaltenspsychologie hat es sich für uns gelohnt; es diente auch unabsichtlich als das, was Soziologen ein „unbezahltes Forschungsprojekt" nennen.

In der ersten Phase, der *Entstehung,* wurde der Zeitgeist zur Realität – und schickte das Wissen eines Satanischen Staatsgebildes hinaus in ein aufnahmebereites, jedoch auf Dummheit gegründetes soziales Klima.

In der zweiten Phase, der *Entwicklung,* kam es zur organisatorischen und institutionellen Ausbreitung als Ergebnis einer sorgfältigen Nutzung, die die vielfältigsten Menschentypen anzog, aus denen es ein Satanisches „Idealbild" zu destillieren galt.

Die dritte Phase, die *Qualifizierung,* bot genügend Aufklärung, um die Grundlagen eines zeitgenössischen Satanismus zu etablieren, im Gegensatz zu früheren oder heutigen Fehlinterpretationen. *Die Satanische Bibel, Die Satanischen Rituale* und *Die Satanische Hexe* wurden vielleicht geflissentlich übersehen, waren aber für jeden leicht zugänglich, der entschlossen war, mehr über unsere Lehre und Methodik zu erfahren. Eine Aura von Angesehenheit setzte sich durch – oft bis hin zur Überkompensation –, um ein Gegengewicht zu den Vermutungen Außenstehender zu setzen.

Die vierte Phase, die *Kontrolle,* förderte die Aufsplitterung und die Anwendung des Petrus-Prinzips, wodurch sich das in Phase zwei definierte „Ideal" herauskristallisierte. Ent-Institutionalisierung trennte die Erbauer von den Bewohnern, und was als Einweihungsorganisation oder -überzeugung begonnen hatte, wurde gefiltert und geschichtet, bis eine erkennbare gesellschaftliche Struktur entstand.

Die fünfte Phase, die *Anwendung,* liefert greifbare Ergebnisse und ist sozusagen der Beginn der Erntezeit. Die Techniken, die entwickelt wurden, können nun angewendet werden. Die Mythen des zwanzigsten Jahrhunderts dürfen erkannt und als wichtige

Anregungen genutzt werden. Menschliche Eigenheiten können unter dem Aspekt radikaler Verbesserungen betrachtet werden.

Die Iden des März hatten ihren Wahnsinn verströmt, und das Äquinoktium erreichte seinen Höhepunkt. Bei Sonnenuntergang am Vorabend des neuen Satanischen Zeitalters tauchte ich mein Rasiermesser in die Wasser von Zamzam und begann in eine neue Rolle zu schlüpfen. Manchmal frage ich mich, ob ohne Zeremonie alles anders verlaufen wäre. Hat ein ritueller Katalysator dazu beigetragen, diesen pyrrhischen Teufel davon zu überzeugen, dass hier sein Schicksal angemessen gefeiert wurde?

Symbolik, Ritual, Zeremonie, Totem und Tabu wird es immer geben, und sie werden sich entwickeln oder dahinschwinden, je nachdem wie die Bedingungen es vorgeben. Als Satanisten müsst ihr solche Dinge erkennen, und wenn ihr sie erkannt habt, euch je nach euren Bedürfnissen dafür oder dagegen entscheiden. Gegenkulturen enden unweigerlich als beherrschende Kulturen. Wenn das Okkulte (Verborgene) zur Mode wird, ist es nicht mehr okkult. Dennoch wird es stets eine Welt des Dunklen geben. Es ist der geborene Satanist, den es zu jenem Abyssos der Andersartigkeit hinziehen wird, sei er nun von abstrakter oder konkreter Art. Alle, die die letzten Jahre mit festgefahrenen Abstraktionen verbracht haben, können die Wärme spüren, die beim Abkühlen ihrer vergänglichen Identitäten frei wird. In ihrer Verängstigung wissen sie nicht, auf welche Ikonen sie zurückgreifen sollen, und sie sind verwirrt von wertlos gewordenen Lehren und befangen von vorgegebenen Hypothesen. Viele werden „Satanisten" werden, obwohl sie diesen Namen einst scheuten. Andere werden den Namen weiterhin meiden und trotzdem mithilfe des Satanismus überleben, wie sie es unbewusst (oder ohne es zuzugeben) bereits in der Vergangenheit taten. Den Verlorenen, den Entrechteten, den Gelangweilten, den Gespaltenen haben wir einen Ort bereitet.

Die letzten zehn Jahre waren sehr erfreulich. Ich danke allen, die mir über die Jahre hinweg die Treue hielten und mir das Feedback gaben, das jeder symbolische Führer braucht. Denen von euch, die bereits am Anfang bei mir waren, als wir loslegten, und denen, die seitdem geistig und seelisch oder auch nur aus reiner Streitlust ein Teil von uns wurden, bin ich dankbar für ihre Unterstützung. „Evil“ (böse) heißt rückwärts gelesen noch immer „live“ (leben), und sind wir böse, so leben wir! Gut zu leben ist immer noch die beste Rache an allem Unglück. Liebt, lacht, lasst eurer Phantasie freien Lauf, erschafft, erneuert, erntet und feiert – in dieser besten aller Welten, Welt ohne Ende. Und denkt daran, die ersten neunundneunzig Jahre sind immer die härtesten.

Rege Satanas!

WIE MAN ZUM WERWOLF WIRD: DIE GRUNDLAGEN LYKANTHROPER METAMORPHOSE; IHRE PRINZIPIEN UND IHRE ANWENDUNG
von Anton Szandor LaVey

Jeder ist ein potentieller Werwolf. Unter emotionalem Stress fällt das Wesen des zivilisierten Menschen zurück in animalische Verhaltensweisen, und die Schwelle zur potentiellen körperlichen Veränderung wird erreicht.

Temperament
Man könnte meinen, dass Menschen, die schon im Normalfall eine raue und rüpelhafte Art haben, sich nahe am Stadium des Tiers befinden und einen perfekten Übergang daher mühelos schaffen. Dies ist ein Irrtum, denn gerade Flegel betrachten den Menschen, also auch sich, als die erhabenste und edelste Lebensform. Da sie schon die *ganze* Zeit über *fast* Tiere sind, wagen sie es nicht, „die Schwelle zu überschreiten", da dies abscheulich wäre.

Jemand, der sich nur bis zur Bordsteinkante erhoben hat, wagt es nicht, in den Rinnstein zurückzukehren. Nur der höher entwickelte Mensch kann sich verwandeln, da sein Ego es ihm erlaubt, die Sache bis zum Ende durchzuziehen. Er weiß, dass er die meiste Zeit seines Lebens umsichtig und kultiviert ist. Somit kann ein Übergang zum Tierstadium bedenkenlos vollzogen werden. Für dieses Phänomen gibt es zahlreiche Beispiele. Die wohlerzogensten Menschen werden zu den verderbtesten, sobald sich die passende Gelegenheit bietet. Kein Trinker ist so liederlich wie ein reicher Trinker. Analogien zu diesem Gegensatz gibt es zuhauf: betrunken sein wie ein Lord, Dr. Jekyll und Mr. Hyde, Graf Dracula, Jack London und so weiter. Eigentlich wird der Lykanthrop in jedem Roman, jedem Stück, jedem Film als jemand gezeichnet, der im Normalzustand ein warmherziger, verständnisvoller, sensibler und intelligenter Mensch ist.

Die drei grundlegenden Emotionen Sex, Gefühl und Wunder können als Auslösemechanismen betrachtet werden; dies zeigt sich auch in folgender Anleitung, mit deren Hilfe man die Verwandlung vom Menschen zum Tier vollziehen kann.

Umgebung
Jeder ist irgendwann einmal in eine jener Gegenden gekommen, die so unheilverkündend sind, dass man das Gefühl hat, jemand lauere in der Dunkelheit darauf, loszuspringen und einen zu verschlingen. Vielleicht war es ein unbewohntes Haus, vielleicht ein einsamer Pfad zwischen Bäumen hindurch, vielleicht ein verlassener Steinbruch. In vielen Fällen weiß oder entdeckt man, dass solche Gegenden der Schauplatz von unerwarteten oder ungewöhnlichen Todesfällen waren, vielleicht auch von Körperverletzung, Vergewaltigung oder anderen Gewalttaten. Auf jede Handlung, die mit einer heftigen oder erhöhten Adrenalinproduktion bei dem Opfer oder dem Täter verbunden ist (Begierde, Grauen, Aggression, Gegenwehr usw.), folgt ein Abklingen in Form von unterschiedlichen Stadien der Empfänglichkeit (Schock, totale Unterwerfung, Bewusstlosigkeit, Tod usw.).

Die Polarität, die einer solchen Atmosphäre anhaftet, kann verglichen werden mit einem Bereich, in dem sich hohe Konzentrationen elektrischer Spannung angesammelt und entladen haben, wobei sich die Ionisierung der Atmosphäre in ungeordneter und störender Weise zyklisch wiederholt. Die ursprüngliche „Aufladung" und die Anziehungskraft eines solchen Ortes sind die Folge seiner räumlichen und geometrischen Beschaffenheit. Man kann es mit einer Futterkrippe vergleichen, die von Tieren aus mehreren Kilometern Umkreis genutzt wird, die dabei die Kadaver ihrer Vorgänger verspeisen.

Der nach Ausdruck strebende sadomasochistische Zwiespalt versorgt eine solche Gegend stets großzügig sowohl mit Jägern als auch Gejagten. Die Gejagten zieht es wegen des angsteinflößenden, wenn auch mit Unterwerfung verbundenen Nervenkitzels dorthin, den sie aus dieser Umgebung beziehen. Die Räuber folgen dann nach, angelockt von den idealen Jagdbedingungen und dem Überfluss an Wild. Oft jedoch haben die Jäger das Revier nicht von vornherein als Jäger betreten, sondern angsterfüllt und auf der Suche nach Nervenkitzel.

Wem das abwegig erscheint, der betrachte ein Phänomen, das häufig bei Kindern zu Halloween oder jeder anderen geeigneten Nacht zutage tritt. Das Kind geht freiwillig hinaus und erwartet, dass ihm Angst eingejagt wird; dann, nachdem ihm Angst eingejagt *wurde*, überlegt es sich, wie viel Spaß es – jetzt wo es von seinem Furchtbedürfnis befreit ist – machen würde, anderen Angst einzujagen. Es wird daraufhin zum Jäger, und das nächste vorbeikommende Kind wird seine Beute. Das gesamte Phänomen ist verwandt mit einer psychologischen Manifestation, die man bei Leuten vorfindet, die sich nach außen hin vor einer Situation fürchten, gleichzeitig jedoch alles in ihrer Macht Stehende tun, um jene Situation herbeizuführen.

Vorbereitung

In diesem Spiel der Kinder zu Halloween liegt der Schlüssel zum Rollentausch, der für die lykanthrope Verwandlung unerlässlich ist. Kurz gesagt funktioniert es so: Begib dich in die Gegend, von der du weißt, dass sie bei dir ein Trauma hervorruft. Sei fest entschlossen, Angst zu bekommen. Gestatte es dir, Angst zu haben. Falls es nötig ist, trage Kleidung, die zu einem höchst unterwürfigen und verletzbaren Aussehen beiträgt. „Zufällige“ Opfer sind stets so gekleidet. Spüre den Ort aus der Sicht eines Opfers, gestatte dir so viel Angst zu haben wie möglich. Wenn du deine Angst mit dem Gefühl sexueller Erregung anreichern kannst, umso besser. Gestatte dir, vor Angst regelrecht durchgeschüttelt zu werden, und bediene dich wenn möglich jedes notwendigen Mittels, um zum Orgasmus zu kommen, da dies die bevorstehende lykanthrope Verwandlung leichter macht.

Nachdem du deine ganze Angst abgeleitet und den Schauplatz deines Grauens/deiner Ekstase fluchtartig verlassen hast, geh nach Hause und denk über das nach, was du empfunden hast. Bald wirst du bemerken, wie eine Art magnetischer Sog entsteht, der dich an den verderbten Ort zurücklocken will. Diese unbehagliche Anziehungskraft wird mit jedem folgenden Tag größer und kommt im Idealfall einem Zwang gleich. Wenn du meinst, der Versuchung, an deinen Gefahrenort zurückzukehren, nicht mehr widerstehen zu können, dann wiederhole das erste Ereignis auf möglichst identische Weise. Du wirst deinen zweiten Ausflug in diese Gegend als noch tiefgehender empfinden als den ersten, was auf die Angst und die Erwartung zurückzuführen ist, die sich in den zurückliegenden Tagen aufgebaut hat.

Du hast im wahrsten Sinne des Wortes ein Ritual vollzogen, bei dem du deine Energie ausgesandt hast in eine lebende, atmende Umgebung. Diese Umgebung verhält sich – da ihr ständig Lebenskraft entzogen wird – wie ein Vampir, indem sie die Energie derjenigen aufsaugt, die von ihr angezogen werden, und jene – nachdem sie sie einmal angezogen hat – auf ansteckende Weise dazu verführt, sie immer wieder neu zu versorgen. Wilhelm Reich nannte solche Gegenden DOR, womit er einen beständigen Hunger nach Orgon, beziehungsweise eine Entkräftung der Atmosphäre meinte. Solche Gegenden haben eine hungrige Atmosphäre und schreien in ihrer Auszehrung danach, gefüttert zu werden. Jedes angebliche Spukhaus und jeder Ort des Grauens wird durch die Ansammlung von Energie gestärkt, die ihm aufgrund der Ängste seiner Bewohner sowie der Erwartungshaltung von Besuchern, dorthin zurückzukehren, also durch die obsessiven Gedanken aller, die von ihm beeinflusst sind, zufließt.

Wenn du die von dir gewählte Gegend zum zweiten Mal aufsuchst, wirst du vielleicht nicht so lange dort bleiben können wie beim ersten Mal, und zwar aufgrund deiner gesteigerten Angst und dem daraus entstehenden Bedürfnis, sie rasch auszuleben/auszutreiben und dich davonzumachen. Zu diesem Zeitpunkt bist du bereit für die Metamorphose, es sei denn, du findest zum zweiten Mal einen „Reiz" darin und sehnst dich danach, deine Ängste in noch größere und ekstatischere Höhen zu tragen, was wiederum bedeutet, dass du dich entweder noch nicht genug geängstigt hast oder dass die Chancen für einen Rollentausch bei dir schlecht stehen. Mit anderen Worten: Bevor du zum Jäger werden kannst, musst du das Bedürfnis, ein Opfer zu sein, erst erweckt und dann ausgetrieben haben.

Wenn du ein gewohnheitsmäßiges Opfer bist, empfiehlt es sich, achtsam vorzugehen. Dein Wunsch, geängstigt zu werden, sowie die daraus folgenden Manifestationen, könnten dich in eine Situation treiben, in der du ernsthaft verletzt oder getötet wirst. Bist du jedoch in der Lage, deinem Furchtbedürfnis zu begegnen und es auszutreiben, dann geh zum nächsten Schritt über:

Metamorphose

Kleide dich so, dass es der Verwandlung, die du anstrebst, dienlich ist. Die Legenden von Berserkern, die das Fell eines Wolfs oder Bären anlegten, sind hinsichtlich der Wichtigkeit, sich bei Ritualen zu verkleiden, von grundlegender Bedeutung. Kleide dich auf die klischeehafteste „altmodische" Weise, denn die zweite Haut, die du trägst, ist bei einer perfekten Wandlung ein machtvoller Bestandteil. Dies ist ein Beispiel für hermetische oder sympathetische Magie (wie oben, so unten). Wenn du die Maske eines Wolfes oder das Fell eines Bären tragen willst, dann ist es günstiger, keine echten zu verwenden, da du eine Nachbildung des gewählten Tieres besser mit deiner eigenen Persönlichkeit füllen kannst, während du dich der bekannten Eigenschaften der von dir repräsentierten Spezies bedienst. Das Fell oder die Maske dienen dir als Katalysator, als Idealbild dessen, was aus dir wird, wenn du damit verschmilzt.

Betrete das verderbte Gebiet mit brennender Erwartung. Wenn du dich den Stellen näherst, an denen deine Angst zuvor am größten war, gestatte es dir, in dem Gedanken zu schwelgen, wie furchtbar es für andere wäre, wenn sie nicht nur dieselbe Angst verspüren würden wie du, sondern durch den Anblick der realen Manifestation einer ungewöhnlichen und grotesken Kreatur auch noch Grauen empfänden. Kurz gesagt, es ist nun deine Aufgabe, zu der Grauenhaftigkeit des Ortes beizutragen.

Die Bühne ist bereitet, und alle notwendigen Komponenten sind in Gang gesetzt. Du hast intensive Furcht erfahren, nun ist es an dir, intensiven Schrecken in Form von Bestialität zu verkörpern. Gestatte es dir, gebeugt dahin zu schlurfen und nahezu auf allen Vieren zu gehen. Kinder sind im Nachahmen von Tieren sehr geschickt. Erinnerst du dich? Auch du bist einmal auf allen Vieren mit einem Hund oder einer Katze herumgetollt, ganz bestimmt. Warst du dir dabei jemals der Tragweite bewusst?

Ziehe die Luft ein, koste sie aus, zusammen mit den Gerüchen der Umgebung, in der du dich befindest. Falls Bäume in der Nähe sind, trete dicht an sie heran, berühre sie, betaste sie, klettere hinauf und schüttle sie. Tu alles Mögliche, um einem Tier zu ähneln. Befindest du dich in einem Gebäude, dann uriniere an die Wand oder auf den Boden. Denk daran, wilde Tiere sind nicht stubenrein! Schnaube, knurre, brülle, grunze - mach jedes widerwärtige Geräusch, das dir einfällt.

Je mehr die Empfindung dich durchdringt, ein Tier zu sein, desto mehr wirst du tatsächlich bemerken, wie verschiedene Teile deines Körpers auf eine der menschlichen Anatomie fremde Weise reagieren. Deine Beine werden zu Läufen, deine Arme zu Vorderläufen für die Klauen oder Tatzen, die sich danach sehnen, das nächstliegende Etwas zu reißen. Dein Gesichtsausdruck wird sich verändern. Deine Gesichtsmuskeln werden in bestialischen Grimassen zu zucken beginnen. All deine Sinne werden sich schärfen. Du wirst den Drang verspüren, häufiger zu urinieren. Der Mond wird dich faszinieren, vor allem wenn er voll ist. Bist du in einem Raum, wirst du versuchen, hinter den Gegenständen herumzuschnüffeln, in den Ritzen und unter den Schränken. Du wirst den Wunsch verspüren, geschlossene Bereiche auszuschnüffeln, indem du Kopf und Körper hineingräbst.

Verspürst du sexuelles Verlangen, dann in Form von Gier, und solltest du eine andere Person bemerken, die dich in sexueller Hinsicht sonst kaltließe, dann wird das Wesen deiner Verwandlung ihre mangelnde Attraktivität ausgleichen. Du wirst den Impuls verspüren, anzugreifen, doch deine höhere Vernunft muss dich bremsen, muss die Kontrolle übernehmen, so dass du dich nicht vom Fleck bewegst, sie sollte dir aber genügend Schwung lassen, dich zu entladen. In diesem Stadium der Transformation ist Kontrolle unerlässlich, es sei denn du hast einen willigen Partner bei dir, der als Gejagter in das Spiel einsteigt und in dieser Rolle aufgeht. Ist dies der Fall, kann ein sexueller Angriff ohne Abstriche vollzogen werden. Falls nicht, musst du genügend Zurückhaltung üben, um eine sexuelle Entladung auch ohne Übergriffe auf dein „Opfer" zustande zu bringen.

Im Augenblick des Orgasmus muss eine vollständige und unwiderrufliche Einkreisung des Tieres in dir stattfinden, mit so viel Ungeniertheit, wie dieses Stadium es nur zulässt. Denn just in dieser Stimmung findet die Veränderung statt, und sollte irgendein Unglücklicher (oder Glücklicher?) dir bei deiner Metamorphose zusehen, kannst du sicher sein, dass er es niemals vergessen wird.

Dieses gesamte Prinzip, durchgeführt als rituelle Übung zwischen dem vorher festgelegten Jäger und Gejagten, ist selbstverständlich die Grundlage von Kinderspielen wie Verstecken, bei dem das eine Kind darin schwelgt, geängstigt zu werden, während das andere sich daran erfreut, zu ängstigen – wobei die Rollen oft während der gleichen Spielepisode getauscht werden. Da Kinder dem Zustand eines Tieres von Natur aus näher sind, eignen sie sich bestens dazu, uns beizubringen, wie wir selbst näher dorthin gelangen können. Es ist die Übergangs-Natur von Kindern, die sie zu idealen Lehrern macht.

Hast du deine Verwandlung erst einmal vollzogen (denk daran, eine wirklich tiefgreifende Manifestation kann nur stattfinden, wenn du dich zuvor genügend „aufgeladen“ hast), gestatte es dir, wieder „herunterzukommen“, nachdem du dich – falls nötig – irgendwohin zurückgezogen hast, wo du dich unbehelligt auf die Erde oder den Fußboden fallen lassen kannst. Hast du deine Übung gut gemacht, dann solltest du bei deiner Rückkehr in den Normalzustand den Wunsch verspüren, etwas Essbares zu dir zu nehmen.

Bei der gewaltigen Aufnahme und Abgabe von Energie zum Erreichen dieses Zustands hast du bestimmt eine riesige Menge Kalorien verbraucht. Deshalb besteht das Nachspiel zu deinem Ritual und die Vollendung des Tierzyklus voraussichtlich darin, dich satt zu essen und schlafenzugehen.

Die Hymne des Satanischen Königreichs[23] Oder: Die Schlachtenhymne der Apokalypse

Höret die Trommeln aus der Dunkelheit!
Trommeln wie Donnerschläge, direkt aus der Hölle.
Trompeten schmettern, die Zeit ist da –
Satan ist hier, um sich zu holen, was ihm gebührt!

Refrain
Die Erde ist grün, und die Erde ist frei,
hier ist ein Platz für dich, und ein Platz für mich.
Doch die zarten Gemüter ließen das nicht zu,
wir brauchen sie jetzt nicht mehr!

Schickt Löwen und Tiger, um sie zu zerreißen,
die Arena schreit nach Christenblut.
Zerkaut werden sollen sie und dann ausgespuckt,
denn wir brauchen sie jetzt nicht mehr!

Einst waren sie nötig, die schlichten Gemüter,
einst war sie nötig, die Rettung der Seele.
Die Narren musste man in Reih und Glied zwingen,
Prediger und Bibeln waren dazu gut.

Refrain
Mit ihrer Heiligen Schrift und ihren Todsünden
sperrten sie ihre papiernen Dämonen ein
in ein Pappmaché-Gefängnis, eine Zelle aus Papier –
Heute können sie das nicht mehr!

Die Furien der Hölle stürzen sich herab!
„Lex Talionis" rufen sie!

---

[23] Es handelt sich hier um eine wörtliche, keine literarische Übersetzung, die lediglich als Lesehilfe des Originals gedacht ist.

Auch wenn Schwindler das Gesetz machen:
Reißzähne und Klauen sorgen für Gerechtigkeit!

Refrain
Und sie schlitzen sie auf mit ihren Schnäbeln aus Stahl,
das selbstgerechte Christen-, Buddhisten-, Muslimen- und Judenvolk;
sie sind zur Plage geworden, darum fangen wir neu an –
Wir brauchen sie jetzt nicht mehr!

Höret die Trommeln aus der Dunkelheit!
Trommeln wie Donnerschläge, direkt aus der Hölle.
„Rege Satanas!" – die Zeit ist da,
Satan ist hier, um sich zu holen, was ihm gebührt!

Abschlussrefrain
Ruft unseren Morgenstern aus tiefster Nacht
und zertrümmert das zerbröckelnde Kreuz – Macht ist Recht!
Mögen die schlurfenden Zombies ihre Hände nach Licht ausstrecken,
Wir regieren jetzt für alle Zeit.

GLOSSAR LAVEY'SCHER BEGRIFFE

Auto-erotische Bewegungsbehälter. – Behältnisse, in deren Innerem eine Person auf harmlose Weise herumgewirbelt und rotiert werden kann, wodurch überschüssige Energie frei wird und Spannungen gelockert werden, die von aufgestauten sexuellen Impulsen herrühren.

Bühnenmagie. – Fingerfertigkeit und Taschenspielertricks für ein Publikum, das keine übernatürlichen Fähigkeiten erwartet. Bühnenmagie lässt sich sehr wirksam in Kombination mit Höherer oder Niederer Magie einsetzen, um eine überzeugende Atmosphäre zu erschaffen, die der Erreichung magischer Ziele förderlich ist.
Command to Look, The. – Titel einer 1937 erschienenen Abhandlung zum Thema Fotografie von William Mortensen. Dient auch als Bezeichnung für die in der Niederen Magie (Lesser Magic) angewandten Methoden zur Bezauberung des gewählten Opfers mit Hilfe bestimmter Techniken, um dessen Blick zu bannen und ihn zu Aufmerksamkeit und Folgsamkeitt zu zwingen.

Council of Nine. – Regierende Abteilung der Church of Satan.

Cui Bono. – "Zu wessen Vorteil?" (lateinisch); was springt für jeden dabei heraus? Unterstellt, dass jeder nur das tut, was ihm zum Vorteil dient.

Dämonische Persönlichkeit. – Der Personentypus, der jemandem auf der Synthesizer-Uhr direkt gegenüberliegt. Entspricht dem Typus, auf den man selbst am anziehendsten wirkt, und umgekehrt.

Dominante Masse. – Gewaltige visuelle (und somit magische) Kraft, die alle umliegenden Elemente übertrumpft und in den Schatten stellt.

E. C. I. (Erotic or Emotional Crystallization Inertia. – Der Zeit-und Erlebnispunkt, in dem die emotionalen/sexuellen Fetische einer Person sich manifestieren.

Frustrationsmusik. – Musik, die oftmals hektisch oder wild daherkommt, und der es an der Form des Ur-Song mit den Elementen von Spannung und Auflösung mangelt.

Geschlossene Erlebniswelten. – Eine geschlossene Erlebniswelt ist ein privat betriebenes und kontrolliertes Umfeld, das einem bestimmten Ort oder einer bestimmten Ära in der Geschichte nachempfunden ist und deren Bewohner oder Besucher sich strikt an die Vermittlung visueller und verhaltensmäßiger Illusionen halten müssen, die für diese Welt charakteristisch ist.

Gesetz der Unsichtbarkeit. – Eine Finte des Geistes, die dazu führt, dass man Dinge oder Menschen – unabhängig von optischen Reizen – oft übersieht, wenn sie sich in einem Umfeld oder einer Umgebung befinden, in der man sie nicht erwartet.

Gesetz des Trapezoid. – Ein immer wiederkehrendes magisches Gebilde, das aussieht wie eine Pyramide, deren Spitze abgetrennt wurde („Frustum" genannt) und das auf Grund der ihm innewohnenden dominanten Masse wie ein Magnet für überwältigende, oftmals verheerende Phänomene wirkt. LaVey schrieb 1976: „Winkel und Raumebenen, die Angst hervorrufen – sich also disharmonisch zur optischen Orientierung verhalten – sorgen für abweichendes Verhalten, sprich: Veränderung."

Gesetz des Verbotenen. - Was nicht gesehen oder wahrgenommen werden soll, übt die größte Faszination aus.

Greater Magic. – Höhere Magie, sprich: Zeremonial- oder Ritualmagie, ausgeführt unter speziellen Bedingungen mit bestimmten Hilfsmitteln, um ein angestrebtes Ziel zu erreichen. Abzugrenzen von der Niederen Magie oder Bühnenmagie.

INKT-Syndrom. – Die Abkürzung steht für „I never knew that!" Gemeint ist die Pose der Unwissenheit hinsichtlich gewisser Fähigkeiten oder Talente, die unbemerkt bleiben und nicht anerkannt werden, bis sie auf überwältigende Weise zur Schau gestellt werden.

Is, Not Does. – Die Überlegenheit dramatischer, zeitloser, archetypischer Klangsymbolik zwecks visueller Beeinflussung. (Gehört zum *Command to Look*).

KISS. – Nicht die Rockgruppe, sondern eine Kurzform für „Keep it simple, stupid!" („Halte es einfach, Dummkopf!"). Ein nützliches Sprichwort, das sich vielfältig anwenden lässt.

Künstliche menschliche Gefährten – Eine der nächsten großen Industriezweige in Amerika; Humanoiden, die zur persönlichen, sexuellen oder emotionellen Befriedigung für den Massenabsatz hergestellt werden.

Lesser Magic. – Angewandte Psychologie und Alltagszauber zum Erreichen angestrebter Ziele.

Lex Satanicus. – Gesetz des Satanisten, wie es in den Elf Satanischen Regeln der Erde beschrieben ist, inklusive Lex Talionis und „Behandle andere so, wie sie dich behandeln."

Lex Talionis. – Gesetz des Dschungels (wörtlich „Gesetz der Raubvogelklaue"); die natürliche Ordnung, in der es dem Schwachen gestattet ist, umzukommen, dem Starken jedoch, erfolgreich zu sein. In der Mythologie des jüdisch-christlichen Alten Testaments bekannt als „Auge um Auge, Zahn um Zahn". Von Charles Darwin, der seine Evolutionstheorien darauf stützte, als „Überleben der Fähigsten" bezeichnet.

More of the Same. – Nützliche Faustregel, um einen passenden Archetypus zu erschaffen, sowie im Umgang mit anderen, indem man ihnen genau das liefert, was sie erwarten – oft mehr, als sie ausgehandelt haben.

Nine Unknown. – (wörtlich „Die neun Unbekannten"). Viele Schriftsteller – darunter Shakespeare, John Dryden, Talbor Mundy und Richard Johnson – bezogen sich indirekt auf diese rätselhafte Geheimgesellschaft, eine archetypische Zellenbildung, die sich heute im Council of Nine sowie den neun Mitgliedern widerspiegelt, die am Obersten Gerichtshof der Vereinigten Staaten an maßgeblichen Stellen sitzen.

No-Bullshit Music. - Musik mit Form, Gefühlsüberschwang und einer Dynamik, die ähnlich dem Ur-Song emotionale Reaktionen hervorruft. Die Melodien und Harmonien sind in der Regel vorhersehbar und werden deshalb von vielen musikalischen Möchtegern-Gelehrten abgelehnt oder geschmäht.

Orden des Trapezoid. – Der innere Kreis der Church of Satan, auf dem im Sechsten Henochischen Schlüssel der *Satanischen Bibel* Bezug genommen wird und der aus LaVeys ursprünglichem Magischem Zirkel der späten 50er Jahre, vor Gründung der Church of Satan hervorging. In Übereinstimmung mit LaVeys Erkundungen der dämonischen Geometrie (siehe Gesetz des Trapezoid) ging man bei dem formlosen magischen Workshop dazu über, ein von LaVey entworfenes trapezförmiges schwarzrotes Medaillon zu tragen, das ein Dämon mit Fledermausflügeln zierte, der sich entfernen ließ und den Blick freigab auf das darunter verborgene Pentagramm/666-Design. Als ihre magischen Experimente Gestalt annahmen, bezeichnete die Gruppe sich als „Orden des Trapezoid" und stellte schließlich die Gründungsmitglieder der Church of Satan. Der Orden des Trapezoid besteht heute als führende Kraft innerhalb der Organisation.

Peitschende Musik. – Musik, deren Rhythmus über dem begleitenden Text oder der Melodie zu hören/spüren ist und auf diese Weise die unaufhörlichen, hypnotischen Trommelschläge nachahmt, mit deren Hilfe Galeerensklaven dazu angetrieben wurden, Wikingerschiffe zu bewegen.

Psychische Vampire. – Von LaVey geprägter und inzwischen häufig verwendeter Begriff zur Beschreibung manipulativer Persönlichkeiten, die anderen ihre Lebenskraft entziehen, Schuld- und Verantwortungsgefühle wecken, jedoch keinen erkennbaren Zweck verfolgen.

Schwarze Messe. – Dieses Ritual, wie es von der Church of Satan durchgeführt wird, dient der Blasphemie sowie der Befreiung der Teilnehmer aus dem Zugriff von Dingen, die allgemein als geheiligt anerkannt werden. Dabei muss es sich, wie bei der traditionellen Schwarzen Messe, die als Lästerung gegen den Katholizismus gedacht ist, nicht unbedingt um organisierte Religion handeln.

Sex, Gefühl und Wunder. – Werden in *The Command to Look* als die drei grundlegenden Kategorien beschrieben, in die sich sämtliche archetypischen Bilder einteilen lassen; wurden später sowohl in der *Satanischen Bibel* als auch in der *Satanischen Hexe* näher ausgeführt.

Shibboleth-Ritual. – Psychodramatisches Ritual, das in den frühen Tagen der CoS durchgeführt wurde: Die Teilnehmer spielen die Rolle, die sie am meisten verabscheuen oder die ihnen Probleme bereitet und exorzieren sie auf diese Weise.

„Stock mit dem Silberknauf"-Prinzip. – Alte Rummelplatzmethode. Das Prinzip besteht darin, jemandem einen Titel, einen Posten oder eine körperliche Repräsentanz zu verleihen, die zwar hochtrabend anmutet, in Wirklichkeit jedoch auf die Inkompetenz oder Anmaßung des Trägers hinweist. Eine Variante des Spiels „Pumpe jemanden so sehr auf, dass du sehen kannst, wo er Löcher hat."

Synthesizer-Uhr. – Methode aus LaVeys *Satanischer Hexe*, um die Menschen in Typen einzuteilen. Je nach deren Position auf der Uhr (zum Beispiel als „Neun-Uhr-Typ" oder „Drei-Uhr-Typ") lässt sich eine Person an gewissen Persönlichkeitsmerkmalen identifizieren, die zu ihrer physischen Erscheinung passen.

Transmogrifikation. – Eine Verwandlung der körperlichen Gestalt und Erscheinung, entweder aus eigenem Bemühen oder durch das Einwirken eines weiteren mächtigen Magiers.

Ur-Song. – Eine Reihe archetypischer Vibrationen und Resonanzen, die – seit den Uranfängen der Musik – offensichtliche, oftmals schlummernde emotionale Reaktionen hervorrufen – Aufregung, Besorgnis, Verzweiflung, Begeisterung, und so weiter.

Zweifel außer Kraft setzen. – Ein Begriff, der oft in Bezug auf fiktive Geschichten verwendet wird. Hier lässt er sich beschreiben als die Bereitschaft, Erwartungen vorübergehend zurückzuschrauben, um eine für magische Experimente geeignetere Atmosphäre zu erschaffen.

ENDNOTEN

[1] Burton H. Wolfe, *The Devil's Avenger* (New York: Pyramid Books, 1974), S. 35

[2] Don Boles, *The Midway Showman* (Atlanta: Pinchpenny Press, 1967), S. 24

[3] ebenda, S. 30

[4] Lenni Brenner, *Zionism In The Age Of The Dictators* (Westport, CT: Lawrence Hill and Co., 1983)

[5] Wolfe, *The Devil's Avenger,* S. 52

[6] ebenda, S. 98

[7] ebenda, Seiten 186/187

[8] Shana Alexander, "The Ping Is The Thing," *Life* (Februar 1967), S. 31

[9] Arthur Lyons, *The Second Coming: Satanism In America* (New York: Dodd, Mead And Co., 1970), S. 192

[10] "Evil, Anyone?", *Newsweek* (August 16, 1971), S. 56

[11] Wolfe, *The Devil's Avenger*, S. 216

[12] ebenda, S. 215/216

[13] ebenda, S. 216

[14] ebenda, S. 96

[15] Dick Russell, "Anton LaVey: The Satanist Who Wants To Rule The World," *Argosy*, S. 43, S. 59

[16] Fred Harden, "Anton LaVey: Disciple Of The Devil," *Hustler* (Dezember, 1979), S. 102

[17] Anton LaVey, "Misanthropia," *The Cloven Hoof,* Mai-Juni, 1977

[18] Arthur Lyons, *Satan Wants You: The Cult Of Devil Worship In America* (New York: Mysterious Press, 1988), S. 183

[19] Charles G. Finney, *The Circus Of Dr. Lao* (New York: Vintage Books, 1983), S. 61-62

[20] Peter Heiss, "Draculas Zartliche Kinder," *Tempo* (May 1988), S. 74

[21] Charles Higham and Joel Greenberg, *Hollywood In The Forties* (New York: Paperback Library, 1970), S. 19-20

[22] Gabe Essoe, *The Book Of Movie Lists* (Westport, CT: Arlington House, 1981), S. 156/157

[23] ebenda, S. 156

[24] Anton LaVey, *The Satanic Rituals* (New York: Avon Books, 1972), S. 122/123

[25] Anton LaVey, *The Satanic Bible* (New York: Avon Books, 1969), S. 155

[26] William Mortensen, *The Command To Look* (San Francisco: Camera Craft Publishing Co., 1937), S. 24, S. 54

[27] LaVey, "The Law Of The Trapezoid," *The Cloven Hoof,* November-Dezember, 1976

[28] LaVey, "We're All Going Calling On The Kaiser," *The Cloven Hoof,* März-Juni, 1980

[29] Anton LaVey, *The Devil's Notebook* (Portland, OR: Feral House, 1992), S. 130

[30] LaVey, "On Androids," *The Cloven Hoof,* Juli-August, 1979

[31] Wolfe, *The Devil's Avenger*, S. 70

[32] Jacques Vallee, *The Network Revolution: Confessions Of A Computer Scientist* (Berkeley, CA: And/Or Press, 1982), S. 190/191

[33] Richard Cavendish, *The Black Arts* (New York: Capricorn Books, 1968), S. 5-6

[34] Tom Wedge and Robert Powers, *The Satan Hunter* (Canton, OH: Daring Books, 1987), S. 127

[35] *20/20*, "The Devil Worshippers," American Broadcasting Co., 16. Mai, 1985

[36] Shawn Carlson, Ph.D., and Gerald Larue, Ph.D., *Satanism In America: How The Devil Got Much More Than His Due* (Buffalo, NY: Committee for the Scientific Examination of Religion, 1989), p. v.

[37] LaVey, *The Satanic Rituals*, S. 12

[38] Burton H. Wolfe, "Interview with Anton LaVey," *Fling* (July 1978), S. 60

[39] Wedge and Powers, *The Satan Hunter*, S. 22

[40] David St. Clair, *Say You Love Satan* (New York: Dell Publishing Co., 1987), S. 51

[41] Cornell Woolrich, *Nightwebs: A Collection Of Stories By Cornell Woolrich* (New York: Harper and Row, 1971), p. VI